经以济世

继往开来

贺教育部

重大攻关项目

启动立项

李崇林

教育部哲学社会科学研究重大课题攻关项目

"十三五"国家重点出版物出版规划项目

城镇化进程中新生代农民工职业教育与社会融合问题研究

RESEARCH ON THE VOCATIONAL EDUCATION AND SOCIAL INTEGRATION OF NEW-GENERATION MIGRANT WORKERS IN THE PROCESS OF URBANIZATION

褚宏启 薛二勇 等著

中国财经出版传媒集团
经济科学出版社
Economic Science Press

图书在版编目（CIP）数据

城镇化进程中新生代农民工职业教育与社会融合问题研究/褚宏启等著. —北京：经济科学出版社，2019.7

教育部哲学社会科学研究重大课题攻关项目"十三五"国家重点出版物出版规划项目

ISBN 978 - 7 - 5218 - 0641 - 0

Ⅰ.①城⋯　Ⅱ.①褚⋯　Ⅲ.①民工 - 职业教育 - 研究 - 中国　②民工 - 城市化 - 社会管理 - 研究 - 中国　Ⅳ.①D422.6　②G719.2

中国版本图书馆 CIP 数据核字（2019）第 121227 号

责任编辑：杨　洋
责任校对：靳玉环
责任印制：李　鹏　范　艳

城镇化进程中新生代农民工职业教育与社会融合问题研究

褚宏启　薛二勇　等著

经济科学出版社出版、发行　新华书店经销
社址：北京市海淀区阜成路甲 28 号　邮编：100142
总编部电话：010 - 88191217　发行部电话：010 - 88191522
网址：www.esp.com.cn
电子邮件：esp@esp.com.cn
天猫网店：经济科学出版社旗舰店
网址：http：//jjkxcbs.tmall.com
北京季蜂印刷有限公司印装
787×1092　16 开　26.25 印张　510000 字
2020 年 4 月第 1 版　2020 年 4 月第 1 次印刷
ISBN 978 - 7 - 5218 - 0641 - 0　定价：92.00 元
（图书出现印装问题，本社负责调换。电话：010 - 88191510）
（版权所有　侵权必究　打击盗版　举报热线：010 - 88191661
QQ：2242791300　营销中心电话：010 - 88191537
电子邮箱：dbts@esp.com.cn）

课题组主要成员

首席专家 严隽琪 褚宏启
主要成员 薛二勇 赖德胜 和 震 胡晓江
　　　　　　周秀平 高 莉

编审委员会成员

主　任　吕　萍
委　员　李洪波　柳　敏　陈迈利　刘来喜
　　　　　樊曙华　孙怡虹　孙丽丽

总 序

哲学社会科学是人们认识世界、改造世界的重要工具，是推动历史发展和社会进步的重要力量，其发展水平反映了一个民族的思维能力、精神品格、文明素质，体现了一个国家的综合国力和国际竞争力。一个国家的发展水平，既取决于自然科学发展水平，也取决于哲学社会科学发展水平。

党和国家高度重视哲学社会科学。党的十八大提出要建设哲学社会科学创新体系，推进马克思主义中国化、时代化、大众化，坚持不懈用中国特色社会主义理论体系武装全党、教育人民。2016年5月17日，习近平总书记亲自主持召开哲学社会科学工作座谈会并发表重要讲话。讲话从坚持和发展中国特色社会主义事业全局的高度，深刻阐释了哲学社会科学的战略地位，全面分析了哲学社会科学面临的新形势，明确了加快构建中国特色哲学社会科学的新目标，对哲学社会科学工作者提出了新期待，体现了我们党对哲学社会科学发展规律的认识达到了一个新高度，是一篇新形势下繁荣发展我国哲学社会科学事业的纲领性文献，为哲学社会科学事业提供了强大精神动力，指明了前进方向。

高校是我国哲学社会科学事业的主力军。贯彻落实习近平总书记哲学社会科学座谈会重要讲话精神，加快构建中国特色哲学社会科学，高校应发挥重要作用：要坚持和巩固马克思主义的指导地位，用中国化的马克思主义指导哲学社会科学；要实施以育人育才为中心的哲学社会科学整体发展战略，构筑学生、学术、学科一体的综合发展体系；要以人为本，从人抓起，积极实施人才工程，构建种类齐全、梯队衔接的高校哲学社会科学人才体系；要深化科研管理体制改革，发挥高校人才、智力和学科优势，提升学术原创能力，激发创新创造活力，建设中国特色新型高校智库；要加强组织领导、做好统筹规划、营造良好学术生态，形成统筹推进高校哲学社会科学发展新格局。

哲学社会科学研究重大课题攻关项目计划是教育部贯彻落实党中央决策部署的一项重大举措，是实施"高校哲学社会科学繁荣计划"的重要内容。重大攻关项目采取招投标的组织方式，按照"公平竞争，择优立项，严格管理，铸造精品"的要求进行，每年评审立项约40个项目。项目研究实行首席专家负责制，鼓励跨学科、跨学校、跨地区的联合研究，协同创新。重大攻关项目以解决国家现代化建设过程中重大理论和实际问题为主攻方向，以提升为党和政府咨询决策服务能力和推动哲学社会科学发展为战略目标，集合优秀研究团队和顶尖人才联合攻关。自2003年以来，项目开展取得了丰硕成果，形成了特色品牌。一大批标志性成果纷纷涌现，一大批科研名家脱颖而出，高校哲学社会科学整体实力和社会影响力快速提升。国务院副总理刘延东同志做出重要批示，指出重大攻关项目有效调动各方面的积极性，产生了一批重要成果，影响广泛，成效显著；要总结经验，再接再厉，紧密服务国家需求，更好地优化资源，突出重点，多出精品，多出人才，为经济社会发展做出新的贡献。

作为教育部社科研究项目中的拳头产品，我们始终秉持以管理创新服务学术创新的理念，坚持科学管理、民主管理、依法管理，切实增强服务意识，不断创新管理模式，健全管理制度，加强对重大攻关项目的选题遴选、评审立项、组织开题、中期检查到最终成果鉴定的全过程管理，逐渐探索并形成一套成熟有效、符合学术研究规律的管理办法，努力将重大攻关项目打造成学术精品工程。我们将项目最终成果汇编成"教育部哲学社会科学研究重大课题攻关项目成果文库"统一组织出版。经济科学出版社倾全社之力，精心组织编辑力量，努力铸造出版精品。国学大师季羡林先生为本文库题词："经时济世　继往开来——贺教育部重大攻关项目成果出版"；欧阳中石先生题写了"教育部哲学社会科学研究重大课题攻关项目"的书名，充分体现了他们对繁荣发展高校哲学社会科学的深切勉励和由衷期望。

伟大的时代呼唤伟大的理论，伟大的理论推动伟大的实践。高校哲学社会科学将不忘初心，继续前进。深入贯彻落实习近平总书记系列重要讲话精神，坚持道路自信、理论自信、制度自信、文化自信，立足中国、借鉴国外，挖掘历史、把握当代，关怀人类、面向未来，立时代之潮头、发思想之先声，为加快构建中国特色哲学社会科学，实现中华民族伟大复兴的中国梦做出新的更大贡献！

教育部社会科学司

摘　要

　　新生代农民工的职业教育和社会融合关乎教育综合改革，关乎新城镇化战略的顺利推进，关乎全面建成小康社会战略目标实现，是重大的国计民生问题。本书通过教育学、经济学、管理学、社会学相结合的跨学科研究方式，以"职业教育—就业能力—社会融合"为研究主线，深入新生代农民工集中流入地流出地，与相关政府职能部门领导、新生代农民工较为集中的企业人力资源负责人、开展与新生代农民工职业教育培训的职业学校和社会培训机构的负责人和教师、新生代农民工代表的座谈和问卷调查，灵活运用社会统计、经济计量模型和政策分析方法，探讨如何通过职业教育发展新生代农民工的就业能力和社会能力，实现有质量、体面就业，适应城市生活方式，进而促进其城镇化进程。

　　职业教育是帮助新生代农民工提升就业能力，进而实现高质量就业，达成社会融合目的的有效手段之一。建立现代职业教育体系是近十余年来我国政府回应经济社会发展对劳动力素养的要求而提出来的重大教育战略。职业教育部分首先描述了新生代农民工接受职业教育的现状，发现其接受正规职业教育比例低、技能形成连续性差、拥有职业资格证书比例低。企业培训水平差、培训供给单一且层次低、管理上各自为政。接着分析新生代农民工职业教育体制机制，提出：创新新生代农民工职业教育体制机制的核心在于建立政府、农民工、企业及职业教育机构等利益相关方的新型合作伙伴关系；共同决策制度是构建政府、农民工、企业、职业教育机构之间新型合作伙伴关系的前提和基础；建立基于共同决策制度下的利益联盟，是改革新生代农民工职业教育体制机制的重要抓手。需要重新合理定位政府和市场的关系，建立适应我国公共权力模式的校企合作关系。然后从促进移民职业教育和促进移民子女教育公平切入，比较了中美两国的职业教育与社会融合政策体系、政策项目和政策特点。最后从内容体系、认证与资格体系、信息支撑体系、治理体系入手提出创新新生代农民工职业教育顶层设计的基本原则和具体建议。

关注和重视新生代农民工就业质量是促进社会公平、构建和谐社会的主要内容。新生代农民工就业机会是否平等、就业结构是否合理、就业规模是否适宜等深刻地影响着他们的就业质量满意度和社会融合。本部分首先从就业结构、就业渠道、劳动关系、工作时间与劳动强度、工作稳定性、创业与就业、劳动者收入与福利保障等，及其与职业教育、社会融合问题的关系入手分析新生代农民工就业现状与特点。随后梳理和借鉴国内外就业质量的相关研究成果，从新生代农民工自身、个体环境、外部环境三个方面构建新生代农民工就业质量指标体系，对影响新生代农民工的就业质量的工作流动性、工作时间、劳动关系进行计量分析，最后提出增强新生代农民工就业能力，提高就业质量，促进社会融合的政策建议。

新生代农民工的社会融合是城镇化战略的重要构成。本文在系统综述新生代农民工社会融合已有研究的基础上，从经济融合、社区融合、社会关系融合、心理融合等维度，建构新生代农民工社会融合指数，描述新生代农民工社会融合现状，分析城市社会政策、城市文化资本、社会能力对新生代农民工社会融合水平的影响。研究发现，当前新生代农民工的社会融合指数普遍较低，经济层面、社会层面的融合影响心理融合，三个层面的融合相互影响，心理融合为最高境界。城市社会政策的包容性、城市文化资本的多寡、社会能力的高低对于新生代农民工社会融合具有显著影响。接受过职业教育的新生代农民工对新的生活和工作环境拥有较强的适应能力，其社会能力更强，可以更快地融入城市之中。建议从经济层面、社区融合层面、心理与文化融合层面、制度建设层面入手为新生代农民工社会融合提供良好的政策环境，通过职业教育培训和大众传媒提高新生代农民工的城市文化资本，坚持全人教育理念，调整新生代农民工职业教育的内容模块，关注对新生代农民工社会能力的培育，以促进他们的社会融合和城市融入。

Abstract

The vocational education and social integration of new-generation migrant workers have a bearing on the comprehensive education reform, the advance of the new urbanization strategy, and the attainment of the goal of building a moderately prosperous society in all respects. It is a significant issue that concerns national interest and people's livelihood. Using interdisciplinary research methods that cut across education, economics, management and sociology, this study inquiries into the vocation education, employability and social integration of new-generation migrant workers based on interviews and questionnaires with officials of relevant government departments, human resources chiefs of enterprises employing new-generation migrant workers, heads and teachers of vocational schools and training institutions providing vocational education and training for this group, and flexibly adopts methods such as social statistics, econometric models and policy analysis to explore how to develop the employability and social competence of new-generation migrant workers through vocational education, so that they can achieve quality employment, have decent work and better adapt to urban life, thus contributing to the progress of urbanization.

Vocational education is an effective way to help new-generation migrant workers to improve their employability and quality of employment and achieve social integration. Establishing the modern vocational education system is a major educational strategy the Chinese government proposed about a decade ago in response to the demand of social and economic development for labor force quality. In this research, the section about vocational education first describes the status quo of vocational education for new-generation migrant workers, and finds that a low proportion of them have received vocational education, experienced consistent skill development or obtained vocational qualification certificates, and enterprises provide single and low-level training without effective management in this regard. Next, it analyzes the vocational education system for new-generation migrant workers, proposing that the key to the vocational education system lies in establishing the new-type partnership among such stakeholders as governments, migrant workers, enterprises and vocational education institutions. The shared decision-making system is the prerequisite and foundation for establishing such partnership, and the alliances of interest based on the shared decision-making system is an important way to reform the vocational education system for new-generation migrant workers. It is necessary to coordinate the relations between the government and market, and establish the school-enterprise relationship suitable for the public power model of China. Then the section, starting from promoting vocational education and educational equality of migrants, compares the policy systems, projects and characteristics of the Chinese and American vocational education systems. Finally, it puts forward the basic principles and specific suggestions on the top design of vocational education for new-generation migrant workers covering the content system, certification and qualification system, information support system and governance system.

Paying high attention to the quality of employment of new-generation migrant workers is an essential part of promoting social justice and building a harmonious society. Whether they have equal job opportunities and their employment structure and scale are reasonable has a profound influence on their job satisfaction and social integration. In this section, we first analyze the employment status and characteristics of new-generation migrant workers in such aspects as employment structure, employment channels, labor relations, working hours, labor intensity, job stability, entrepreneurship, income, benefits and the relations with vocational education and social integration. Based on relevant researches at home and abroad, we establish the indicator system for employment quality of new-generation migrant workers which covers their own conditions, individual situations and the external environment, conduct quantitative analysis on job mobility, working hours and labor relations that influence the employment quality, and finally bring forward proposals for enhancing the employability of these workers, improving employment quality and promoting social integration.

Social integration of new-generation migrant workers is an integral part of the urbanization strategy. On the basis of systematic literature review, this research establishes indicators for social integration covering such dimensions as economic integration, community integration, social relation integration and psychological integration, describes the status quo of social integration of this group, and analyzes the influences of urban social policies, urban cultural capital and social competence on the level of social integration. It is found that new-generation migrant workers generally get low scores in indicators for social integration, and economic and social relation integration affect psychological integration, which represents the highest level of integration and influences the other two. The inclusiveness of urban social policies, situation of urban cultural capital and level of social competence have significant influences on social integration of migrant workers. Those having received vocational education better adapt to the new living and working environment, have higher social competence, and integrate themselves into cities more quickly. Thus, it is necessary to provide a good policy environment at such levels as economic integration, community integration, psychological and cultural integration and institutional construction for new-generation migrant workers, increase their urban cultural capital through vocational education and mass media, stick to the "education for all" concept, adjust the content modules of vocational education, and emphasize the development of social competence so as to promote their social integration and help them integrate into urban life.

目录

第一章 ▶ 导论　1

　　第一节　研究意义　1
　　第二节　研究内容　6
　　第三节　研究方法　18

第二章 ▶ 新生代农民工的职业教育现状调查与问题分析　27

　　第一节　新生代农民工的职业教育现状调查　27
　　第二节　新生代农民工的职业教育问题分析　65

第三章 ▶ 新生代农民工的职业教育变革与体制机制创新　76

　　第一节　职业教育的制度改革：新合作伙伴关系　78
　　第二节　职业教育宏观调控：政府与市场的选择　94
　　第三节　职业教育的校企关系：建立新承诺关系　109

第四章 ▶ 中国新生代农民工职业教育与美国促进移民职业教育的比较　119

　　第一节　新生代农民工职业教育与社会融合的比较基点　119
　　第二节　美国促进移民职业教育与培训的政策分析　121
　　第三节　美国促进移民子女教育公平的政策分析　130
　　第四节　职业教育与社会融入的比较结论　139

第五章 ▶ 新生代农民工职业教育体系的顶层设计　150

　　第一节　新生代农民工职业教育的内容体系　151

第二节　新生代农民工职业教育的认证体系　158

　　第三节　新生代农民工职业教育的支撑体系　169

　　第四节　新生代农民工职业教育的治理体系　172

第六章 ▶ 新生代农民工的就业现状和就业能力分析　176

　　第一节　新生代农民工的就业现状分析　176

　　第二节　新生代农民工的就业能力研究　188

第七章 ▶ 新生代农民工就业质量的调查分析与建议　206

　　第一节　新生代农民工就业质量指标体系的构建　207

　　第二节　工作流动对新生代农民工就业质量的影响　221

　　第三节　工作时间对新生代农民工就业质量的影响　230

　　第四节　有效提升新生代农民工就业质量的政策建议　241

第八章 ▶ 新生代农民工社会融合理论分析与调查研究　246

　　第一节　社会融合理论分析　246

　　第二节　社会融合的研究设计　259

　　第三节　新生代农民工社会融合指数　265

第九章 ▶ 新生代农民工社会融合与制度包容和文化资本　286

　　第一节　新生代农民工社会融合与制度包容　286

　　第二节　新生代农民工社会融合与文化资本　308

第十章 ▶ 新生代农民工的职业教育、社会能力与社会融合　329

　　第一节　理论分析与变量分析　329

　　第二节　数据模型和影响分析　337

　　第三节　研究结论与政策路径　347

附件　问卷　353

参考文献　376

后记　391

Contents

Chapter 1　Introduction　1

　1. 1　Meaning of the Research　1

　1. 2　Research Contents　6

　1. 3　Research methodology　18

Chapter 2　Survey on Status Quo of the Vocational Education of New – Generation Migrant Workers and Analysis of Problems　27

　2. 1　Survey on Status Quo of the Vocational Education of New – Generation Migrant Workers　27

　2. 2　Analysis of Problems of the Vocational Education of New – Generation Migrant Workers　65

Chapter 3　Reform and System innovation of the Vocational Education of New – Generation Migrant Workers　76

　3. 1　System Reform of Vocational Education: The New Cooperative Partnership　78

　3. 2　Macro-regulation of Vocational Education: Choices of Government and Market　94

　3. 3　Relations between School and Enterprise: Building a New Commitment Relation　109

Chapter 4 Comparison of the Vocational Education between Chinese New – Generation Migrant Workers and American Migrant Workers   119

4.1 Basic Points of Comparison with Vocational Education and Social Integration of New – Generation Migrant Workers   119

4.2 Policy Analysis of American Migrant Worker Vocational Education Promotion   121

4.3 Policy Analysis of American Migrant Worker's Children Education Equality   130

4.4 Comparison Conclusion of Vocational Education and Social Integration   139

Chapter 5 Top Design of Vocational Education System of New – Generation Migrant Workers   150

5.1 Content System of the Vocational Education of New – Generation Migrant Workers   151

5.2 Certification System of the Vocational Education of New – Generation Migrant Workers   158

5.3 Support System of the Vocational Education of New – Generation Migrant Workers   169

5.4 Governance System of the Vocational Education of New – Generation Migrant Workers   172

Chapter 6 Analysis of Employment Status and Employment Competence of New – Generation Migrant Workers   176

6.1 Analysis of Employment Status of New – Generation Migrant Workers   176

6.2 Research of Employment Competence of New – Generation Migrant Workers   188

Chapter 7 Survey and Suggestions of Employment Quality of New – Generation Migrant Workers   206

7.1 Indicator System Structure of Employment Quality of New – Generation Migrant Workers   207

7.2　Influence of Job Mobility on Employment Quality of New – Generation Migrant Workers　221

7.3　Influence of Working Hours on Employment Quality of New – Generation Migrant Workers　230

7.4　Suggestions on Improvement Policy of Employment Quality of New – Generation Migrant Workers　241

Chapter 8　Theoretical Analysis and Survey Research of Social Integration of New – Generation Migrant Workers　246

8.1　Theoretical Analysis of Social Integration　246

8.2　Research Design of Social Integration　259

8.3　Indicator of Social Integration of New – Generation Migrant Workers　265

Chapter 9　Institutional Inclusiveness and Cultural Capital with New – Generation Migrant Workers Social Integration　286

9.1　Institutional Inclusiveness with New – Generation Migrant Workers Social Integration　286

9.2　Cultural Capital with New – Generation Migrant Workers Social Integration　308

Chapter 10　Vocational Education, Social Competence and Social Integration of New – Generation Migrant Workers　329

10.1　Analysis of Theories and Variables　329

10.2　Analysis of Data Model and Influence　337

10.3　Research Conclusion and Policy Path　347

Appendix Questionnaire　353

References　376

Postscript　391

第一章

导　论

第一节　研究意义

　　城镇化是伴随工业化发展，非农产业在城镇集聚、农村人口向城镇集中的自然历史过程，是人类社会发展的客观趋势，是国家现代化的重要标志。城镇化的核心是人的城镇化，重要内容是农业人口向城镇非农产业的转移和集中，推进农业转移人口市民化，促进其真正融入城镇。

　　农民工是伴随我国改革开放和工业化、城镇化快速发展而成长起来的一个庞大社会群体，是基本脱离农村但又没有真正融入城市、尚处于社会结构中第三元状态的特殊群体。长期以来，我国城镇化速度长期滞后于工业化的发展，产业集聚与人口集聚不同步，使得快速发展的工业所吸纳的农村劳动力不能在城市沉淀下来，变成城市的市民；与此同时，又由于城乡分割的二元体制，尤其是城乡分割的户籍制度存在，使得农村剩余劳动力转移到城市后不能顺利融入城市，这两个因素导致了农民工群体的出现和壮大。当前，受城乡分割的户籍制度影响，被统计为城镇人口的 2.7 亿农民工及其随迁家属，未能在教育、就业、医疗、养老、保障性住房等方面享受城镇居民的基本公共服务，难以融入城市社会，市民化进程滞后，甚至在城镇内部出现新的二元矛盾，给经济社会发展带来诸多风险隐患。[①] 根

---

① 《国家新型城镇化规划（2014～2020 年）》，人民出版社 2014 年版。

据国家统计局抽样调查结果,2015年全国农民工总量为27 747万人,其中30岁以下农民工占32.9%。[1](见表1-1)未来二三十年,我国仍处于城镇化快速发展阶段,转移劳动力规模将持续增长,农民工市民化进入关键阶段。根据国务院农民工办课题组的研究推测和目前我国农村剩余劳动力供应特点,综合中长期经济增长对劳动力的需求,以及中国人口结构变化等因素,"十三五"期间每年将新增农民工350万~450万,2020~2030年间每年将新增农民工200万~300万人,到2030年前后农民工累计将达到2.9亿人以上,农民工峰值估计为3亿人左右。[2] 农民工已成为我国产业工人的主体,是推动国家现代化建设的重要力量,正在改变中国的经济社会基本格局,并将对未来经济社会发展产生全局性、战略性、历史性的影响。

表1-1　　　　　　　　农民工年龄构成[3]　　　　　　　　单位:%

年龄	2009年	2010年	2011年	2012年	2013年	2014年	2015年
16~20岁	8.5	6.5	6.3	4.9	4.7	3.5	3.7
21~30岁	35.8	35.9	32.7	31.9	30.8	30.2	29.2
31~40岁	23.6	23.5	22.7	22.5	22.9	22.8	22.3
41~50岁	19.9	21.2	24.0	25.6	26.4	26.4	26.9
50岁以上	12.2	12.9	14.3	15.1	15.2	17.1	17.9

农民工群体正在经历代际更替,随着时间的推移,不断有新生群体进入、老一代退出,新生代农民工在数量、流向、结构等方面的特征代表着人口流动迁移新的变动趋势。新生代农民工既具有上一代农民工的一般性特征,又有其自身的特点。他们更加注重体面就业和发展机会,逐步由生存型向发展型转化;其流动目的由以前经济动因为主向经济、社会、发展等多种动因转变;流动方式由个体劳动力流动向家庭化迁移转变;流动形态由频繁的"钟摆式"流动向在城市稳定生活、稳定工作转变;流动意向由"外出务工、返乡养老"向扎根城市、融入城市社会转变。在情感上,一方面对家乡的认同越来越淡漠,另一方面还没有真正确立起对城市社会的认同,因此他们进入了社会认同的丧失和重构的艰难阶段,有可能成为一群没有认同或认同的无"根"漂泊者。同

---

[1] 国家统计局:《2015年农民工监测调查报告》,http://www.stats.gov.cn/tjsj/zxfb/201604/t20160428_1349713.html。
[2] 国务院农民工办课题组:《中国农民工发展研究》,中国劳动社会保障出版社2013年版,第15页。
[3] 根据国家统计局2008~2014年全国农民工监测调查报告数据整理。

时，他们这类群体出现了情感需求强烈、相对被剥削感强化和放大、群体内向化和孤立无助感加重、市民化愿望迫切、职业技能提升乏力、就业待遇预期高等特点。

新生代农民工在城市追求美好生活的梦想，是中国梦的重要组成部分。他们的职业技能、知识水平成为决定择业优势的关键，劳动技能高低直接影响着我国产业的国际竞争力，能否顺利融入城镇直接影响着和谐社会建设。他们在城市获得市民化待遇，完成家庭的永久性迁移，实现社会阶层的纵向流动，是我国提高城镇化发展质量、保持经济社会发展动力、实现经济社会可持续发展的战略重点。近年来，国家着力推进新型城镇化建设，大力推进城乡基本公共服务均等化，新生代农民工群体生存发展状况不断改善。但是由于深层次的体制机制改革滞后，以户籍制度为基础的社会保障和公共服务制度还没有重大突破，财税体制、就业制度、社会保障制度改革也还没有起到调动地方政府聚集人口、提供公共服务的积极性作用，职业教育尚没有成为给予农民工体面就业与转变经济发展方式的有力支撑，农民工群体还无法达成深层次的社会融入。在此背景下，解决好新生代农民工职业教育与社会融合问题，不仅直接关系到从根本上解决农业、农村和农民问题，也关系到工业化、城镇化乃至整个现代化的健康发展，关系到从城乡二元结构向现代社会经济结构转变，关系到改革发展稳定的全局。所以必须站在全局和战略的高度，充分认识到在全面建设小康社会和实现现代化进程中推进新生代农民工职业教育与社会融合的重大意义。

一、为推进新型城镇化战略实施提供决策参考

农民工社会融合问题不仅仅是工业化和城市化的问题，从长远来看，涉及整个国家的现代化建设进程。从城市化、工业化、现代化关系的角度看，现代化以工业化和城市化为基础，而要实现工业化、提高城市化，就必须保障人的自由流动权利，把有城市居留需求的农业转移人口逐渐转移到城市，并融入城市发展。中华人民共和国成立后，我国逐渐建立起以户籍制度为核心，推行城市发展工业、农村发展农业的产业政策，从而形成了特殊的二元经济结构。这样的经济结构显然不符合现代化发展的需要，打破城乡封闭的二元经济结构必然要求促进人口的自由流动，因而大量农民从农村走向城市是经济结构调整的大势所趋。

当前，我国城镇化面临的主要社会矛盾是，阻碍劳动力流动的制度障碍还依然存在，农民工成功进入城市后，但无法实现职业非农化、生活方式城市化和身份市民化，城乡分割的二元体制还没有解决，城市内部又出现了新的二元结构，对社会与稳定造成了威胁。一方面是在城市的农民工无法享受到户籍制

度以及建立在户籍制度之上的就业、教育、培训、医疗、住房和社保项目等社会公共服务;另一方面是各省市及城乡之间公共服务的数量与质量仍然存在较大差异,跨地区的社会保障福利无法接续,造成了地区之间、城乡之间各种问题盘根错节。

下一步,社会政策改革的重点就是进一步消除人口流动的制度障碍,解决流动人口的基本公共服务问题,如果不能在制度上根本解决农民工融入城市的体制障碍,不能提供给农民工同"市民待遇"的公共服务,不能充分就业与高质量就业,不能帮助农民工找到最适合自身才能的工作并提供支持性的培训和学习条件,不能帮助他们不断保有与经济发展高效匹配的能力,就极易导致此群体缺乏城市生活的知识和技能,不能社会融入,这是一种不完全、不彻底、"夹生"状态、"数字化"的城镇化,长久以往会削弱劳动力在城乡间流动性的驱动力,减缓中国经济的增长潜力。

二、为转变经济发展方式提供人才支撑

城镇化是加快产业结构转型升级的重要抓手。城镇化,涉及深刻的产业结构调整、人口结构和就业结构的变化。当前我国城镇化发展中一个突出问题是,各地大张旗鼓进行的"土地扩张型"城镇化多由人为驱动,缺乏产业支撑,使得"产""城"分离,城镇化发展后继无力。无产业根基的城镇化是违反规律的城镇化。新型城镇化发展更为强调产城融合,将工业化作为城镇化的主要拉动力,提升产业对城镇就业和服务的支撑水平,促进城镇发展与产业支撑、就业转移和人口集聚相统一,保障城镇化和城市经济发展的持久动力。①

优化城市产业结构、促进城市经济转型升级、增强城市创新能力、实施制造强国战略、支持战略性新兴产业发展、加快推进服务业优质高效发展,都需要打造一支稳定的、技能熟练、高素质的劳动者队伍,但农民工就业不稳定、素质相对较低是长期困扰我国经济快速发展和产业结构升级的短板。随着我国经济发展方式转变的推进和经济结构的进一步调整,许多劳动密集型企业的生产技术含量有了明显的提升,对劳动者的技能、素质也提出了更高要求,近年来频频发生的"民工荒",其实质上是"技工荒"。2012 年我国已是世界制造业大国,占全球制造业产出的 19.8%,但不是制造强国;2013 年我国劳动力效率排在世界第 34 位,每万名劳动力拥有的研发人员数量比韩国少 97 人、比日本少 95 人、比俄罗

---

① 褚宏启:《城镇化进程中的教育变革——新型城镇化需要什么样的教育改革》,载于《教育研究》,2015 年第 11 期,第 4~24 页。

斯少 73 人，技能劳动者占从业人员比例不足 20%，低于发达国家 20 个百分点。① 中国人力资源市场信息监测中心数据显示，近些年，我国拥有技术等级职业资格的求职者比重始终低于对技术等级职业资格的企业比重，各技术等级和技术职务的人才需求均大于求职人数。其中，高级技师、技师、高级专业技术职务尤为突出，岗位空缺与求职人数的比率长期处于高位，表明高技能人才严重供不应求。以 2015 年第一季度数据为例，高级工程师、技师、高级技师、高级工求人倍率（即岗位空缺与求职人数的比率）分别为 2.25、2.11、1.93、1.93，技能人才严重供不应求。② 如果任由农民工的整体素质长期停留在传统的体力型层面，就业选择范围狭窄，就业同质化严重。一旦就业形势发生变化，其就业压力就会增加。实施培养新生代农民工的职业教育，提高专业技能、从业本领和城市生活能力，将极大地提高其科学技术素质，高质量就业，对推动社会经济发展具有重大而长远的意义。

三、为保障社会的公平正义提供制度保障

根据世界城镇化发展普遍规律，较之城镇化的低速发展和成熟阶段，城镇化高速发展阶段中后期（即城镇化率 40% ~ 60%）经济社会矛盾具有更加明显的系统性和结构性特征，即城镇化率达到 50% 左右的发展阶段是提升质量的关键期，需要通过系统的、主动而积极的体制和政策调整加以应对。1978 ~ 2013 年，我国城镇化率从 17.9% 提升至 53.7%，在城镇化快速推进、国民经济保持快速增长的同时，也积累了不少经济、社会、环境的矛盾，出现了诸多社会不稳定因素，如大量农业转移人口难以融入城市社会，市民化进程滞后。③ 未来一段时间内在全球经济低速增长成为常态、国内传统竞争优势减弱的背景下，我国经济增速可能会放缓，过去累积的社会矛盾可能会凸显释放。如果继续延续过去粗放的城镇化模式与城乡二元的管理体制，可能会带来产业升级缓慢、经济关系复杂、就业压力加大、社会结构多元、社会矛盾增多、环境资源恶化等诸多风险，新老矛盾相互交织、相互作用，极易引发激烈的社会动荡。

新型城镇化，要求将城镇化的动力、目标和发展过程回归到人本身，将人的

---

① 首部《国家创新蓝皮书》（2014），http://politics.gmw.cn/2014-09/01/content_12954387.htm。
② 中国人力资源市场信息监测中心：《2015 年第一至第四季度部分城市公共就业服务机构市场供求状况分析》，载于《职业技术教育》，2016 年第 3 期，第 74~80 页。
③ 国务院发展研究中心课题组：《中国新型城镇化：道路、模式和政策》，中国发展出版社 2014 年版，第 230~238 页。

权利、人的发展能力、人的福利和幸福作为城镇化的核心，重视更为平等和积极的经济参与和社会投入。① 只有将人的发展和参与作为城镇化的真正动力，重视农业转移劳动力城市融入过程的发展能力与权利公平，才能创造出生机勃勃的城市发展图景，使城镇化发展得以成为城乡之间社会整合、人民福利提高的工具。当前，农民工及其随迁家属不能同城镇居民享有同样的、整体的公共服务，平均受教育年限、文化素养偏低，只能从事收入低的低端行业，不能顺利融入城镇。其中既有户籍制度以及在此基础上衍生出的劳动力市场、社会保障制度和教育制度对农民工的"制度排斥"，也有自身教育程度与培训不足所带来的"能力排斥"。随着户籍制度等制度性屏蔽逐渐打破消解后，农民工人力资本短缺将成为制约其社会融入的最重要障碍。职业教育作为一种与经济社会发展联系最直接、最密切的教育类别，是帮助其增进劳动技能、获得职业向上流动机会、获得社会融合最直接、有效的方法。通过职业教育，引导农民工积极融入社会，有利于调动农民工的积极性和创造性，为社会发展增添新的活力；有利于促进城乡、区域的统筹和协调发展；有利于提高农民工的收入并进而带动农村收入水平的提高，从而有效地拉动内需，促进经济增长；有利于防止农民工因长期处在边缘状态而影响到社会稳定的危险，以维持社会运行的安定有序。

第二节　研究内容

城镇化（urbanization，也称"城市化"）是指伴随工业化发展，非农产业在城镇集聚、农村人口向城镇集中的社会变迁过程，是人类社会发展的客观趋势，是国家现代化的重要标志。根据世界城镇化发展普遍规律，我国仍处于城镇化30%～70%的快速发展区间，但延续过去传统粗放的城镇化模式，会带来产业升级缓慢、资源环境恶化、社会矛盾增多等诸多风险。随着我国农业富余劳动力减少和人口老龄化程度提高，主要依靠劳动力廉价供给推动城镇化快速发展的模式不可持续；随着资源环境瓶颈制约日益加剧，主要依靠土地等资源粗放消耗推动城镇化快速发展的模式不可持续；随着户籍人口与外来人口公共服务差距造成的城市内部二元结构矛盾日益凸显，主要依靠非均等化基本公共服务压低成本推动城镇化快速发展的模式不可持续。随着内外部环境和条件的深刻变化，城镇化必

---

① 任远：《人的城镇化：新型城镇化的本质研究》，载于《复旦学报》，2014年第4期，第134～139页。

须进入以提升质量为主的转型发展新阶段。① 我国城镇化发展由速度型向质量型转变势在必行，必须走新型城镇化道路。

新型城镇化是对城镇化本质的回归，是对传统城镇化偏差的纠正，其重要特征是：推进以人为核心的城镇化，推动大中小城市和小城镇协调发展、产业和城镇融合发展，促进城镇化和新农村建设协调推进。新型城镇化注重人的发展，注重基本公共服务提供，关注人的生活质量。以人为本的新型城镇化要求政府为所有公民特别是农村转移人口，提供更加公平更有质量的包括教育、就业、社会保障等在内的公共服务。这种服务更为人性化，当然也更加昂贵。传统城镇化重视基础设施的建设，容易见物不见人，而新型城镇化更重视人的需要，廉价发展的城镇化模式、基于权利剥夺的城镇化模式已经丧失其合理性与合法性。

城镇化是我国改革开放以来最显性的社会变迁过程，是一场全面深刻的社会变革，是一项综合性和系统性的现代化工程，对于中国社会进步和社会结构转型具有重大意义。新型城镇化的进程也是经济、政治、社会、文化等走向现代化的过程，是人走向现代化的过程。

一、新型城镇化进程中农民工职业教育和社会融合的定位

新型城镇化要求重构教育目标是要求从"人的发展"的视角、以"人道尺度"衡量城镇化的意义和价值。教育目标要反映出城镇化变迁对教育的特殊要求、要展现出教育对于城镇化变迁的主动适应与积极应对。在新型城镇化视角下，教育促进人的发展，核心使命就是促进人的城镇化、促进农村转移人口的市民化；而教育促进社会发展，核心任务就是促进社会融合、政治民主、经济发展。当然，教育促进社会发展，也是通过促进人的发展去间接实现的。

（一）教育要促进人的城镇化和人的全面发展

"人的城镇化"是新型城镇化的核心，"人的城镇化重视人的权利、人的福利、人的主体性，以人的全面发展为出发点和最终归宿"②。城镇化的第一目标和核心任务是从过去突出"物"的城镇化向今天突出"人"的城镇化的战略转变。③《国家新型城镇化规划（2014～2020年）》提出推进城镇化的首要原则是"以人为本，公平共享"，具体要求是："以人的城镇化为核心，合理引导人口流

---

① 《国家新型城镇化规划（2014～2020年）》，人民出版社2014年版，第13页。
② 邬巧飞：《人的城镇化及实现路径研究》，载于《求实》，2015年第2期，第65～70页。
③ 李强：《多元城镇化与中国发展》，社会科学文献出版社2013年版，前言第4页。

动,有序推进农业转移人口市民化,稳步推进城镇基本公共服务常住人口全覆盖,不断提高人口素质,促进人的全面发展和社会公平正义,使全体居民共享现代化建设成果。"①

"人的城镇化"与"农业转移人口市民化"同义,从字面上看,是指把农村人"变成城镇人""变成市民",使农村人与城镇人、市民一样,没有差别。具体而言,人的城镇化包括四个方面:(1)职业由次属的、非正规劳动力市场上的农民工,变成首属的、正规劳动力市场上的非农产业工人;(2)居住条件不再处于边缘地位和"区隔"状态,融入城镇居民的住房体系,有资格购买商品房,有资格购买经济适用房、廉租房、限价房;(3)社会身份由农民工变成市民,没有户籍造成的身份分割;②(4)与城镇居民在教育、就业、医疗、养老、保障性住房等方面,享有同样的基本公共服务;(5)具有市民素质,具备现代市民的生活方式、人格特征和综合素养。

当前,人的城镇化水平较低。农业转移人口尽管工作在城镇,但是并不低水平是指农业转移人口尽管工作在城镇,尽管也享有一定的基本公共服务(如义务教育),但是他们的职业往往是收入低的低端行业,他们不能与城镇居民享有同样的、整体性的公共服务,他们的平均受教育年限、文化素养与城镇居民相比偏低。

农村转移人口在城市的生存状况有四个典型特点:

第一,在次属或者二级劳动力市场就业,就业非正规化,劳动力市场"分割"。整个社会的劳动力市场可以划分为一级劳动力市场和二级劳动力市场,一级劳动力市场就业稳定、培训和晋升机会多、工作环境好、工资高;二级劳动力市场则相反,就业不稳定、缺乏培训和晋升机会、工作环境较差、工资低,两种类型劳动力市场有着不同的工资决定机制,且劳动力在这两类劳动力市场间很难流动。农民工只是次属的、非正规劳动力市场上的农民工,即二级劳动力市场的非正式工人。

对于进城务工的农民工来说,迁移的主要动机在于增加家庭收入,但由于体制及他们自身素质等方面的原因,他们通常不能进入具有高工资和稳定职业的城市正规部门就业,而只可能在非正规部门从事低收入的工作或处于间歇性的失业状态。农民工不但收入低,而且所做的都是苦、累、脏、重、险的工作。他们工作时间长,劳动强度大,就业不稳定。③增加农民工收入、消除贫困需要让农民

---

① 《国家新型城镇化规划(2014~2020年)》,人民出版社2014年版,第16页。
② 刘传江:《中国农民工市民化研究》,载于《理论月刊》,2006年第10期,第5~12页。
③ 范先佐:《人口流动背景下的义务教育体制改革》,中国社会科学出版社2011年版,第148页。

工获得进入一级劳动力市场的机会。①

第二，居住条件恶劣，没有进入城镇住房体系，处于住房体系的边缘地带，形成"区隔"现象。"安居"才能乐业，"定居"而非"流动不居"，才算是扎根城镇，才算是城镇化。但住房体系的不融入，阻碍了居住维度的人的城镇化。

农村转移人口的居住条件远不如城镇居民，在城镇住房体系中处于边缘地位。虽然目前有少数农民工在城镇购置了住房，但绝大多数在城镇的居住上处于边缘化状态：（1）在地理位置上他们处于城镇的偏僻角落、城乡接合部；（2）人均住房面积小，房屋质量差，居住环境比较恶劣；（3）与城镇居民的居住条件在快速地改善形成鲜明对照，他们的居住条件呈恶化趋势，出现"贫民窟"化倾向。在城镇住房体系中，农民工的居住条件不仅仅处于边缘地位，本质上已经形成"区隔"（segregation）现象，不能融入城镇居民的住房体系，表现出"住房体系的不融入"。虽然由于国情不同，我国农民工的住所与西方的贫民窟有本质的不同，但是其居住条件较差，农民工住房的不融入是断裂式的不融入，即基本没有可能进入城市住房体系，城市的商品房体系不要说农民工买房，就连城市居民也难以承受如此高的房价。户籍制度又限制了农民工享受经济适用房、廉租房、限价房的可能性。当然，打工者租房应该是多数人的选择，但是实际上，农民工连正常的租房市场也很难进入，农民工有能力承租的房屋，基本上是城乡接合部私搭乱建的违章房屋。所以，农民工居住的房屋本身是有隐患的，事实上由于城市管理的严格化，农民工常常处于被驱赶的状态。② 新型城镇化要求建立市场配置和政府保障相结合的住房制度，推动形成总量基本平衡、结构基本合理、房价与消费能力基本适应的住房供需格局，有效保障城镇常住人口的合理住房需求。对城镇低收入和中等偏下收入住房困难家庭，实行租售并举、以租为主，提供保障性安居工程住房，满足基本住房需求。2015年12月14日的中共中央政治局会议要求化解房地产库存，通过加快农民工市民化，推进以满足新市民为出发点的住房制度改革，扩大有效需求，稳定房地产市场。鼓励中小城市对在城镇首次购房的农民给予财政补贴和税收减免。从房地产行业自身持续发展的需求来看，三四线城市库存量已经严重高企，但中小城市、城镇居民的住房需求已经释放得较为充分。目前对购房置业有着潜在巨大需求的，是已进入城市但尚未有购房能力的农民工群体。农民工在城镇有住房需求，但收入低，如何让农民工在城镇买得起房，是对整个社会的考验。

谁也不想四处漂泊、到处流浪，农民工更想定居就业、安居乐业。但经济收

---

① 戴维·哥伦斯基：《社会分层（第2版）》，华夏出版社2005年版，第382页。
② 李强：《多元城镇化与中国发展》，社会科学文献出版社2013年版，第317页。

入、在城市的社会距离感、因户口而遇到的困难、年龄等因素对农民工的定居意愿有重要影响。[①] 要让农村转移人口定居城镇，先要关注这些因素并解决其中的关键问题，特别是经济收入问题。

第三，不能与城镇居民一样享受到同等的基本公共服务，社会地位较低。

第四，在社会空间和社会交往上，与城镇居民生活在两个世界，如同生活在孤岛之中，处于"隔离"状态。首先，他们缺少公共生活空间。尽管城镇公共生活空间不断拓展，但农民工却大多享受不到。其次，农民工缺少对城镇文明的了解渠道，农民工既没有时间也没有经济条件去了解城镇文明。再次，农民工与城镇居民缺少交往，形成封闭的群体。[②] 不论是就业市场"分割"、居住条件"区隔"，还是基本公共服务"排斥"、社会空间与社会交往"隔离"，都反映出农村转移人口还没有真正市民化、还没有实现人的城镇化、还没有真正融入城镇社会。而导致这种结果的原因，既有制度因素，也有农村转移人口个人素质的因素。

与人的城镇化的五个维度以及存在的问题相对应，教育对于人的城镇化表现为：通过提供优质公平的、具有针对性的各级各类教育，使农村转移人口具备现代市民的生活方式、人格特征和综合素养，提升他们的就业能力，从而使他们提高就业质量，增加经济收入，改善居住条件，最后真正融入城镇生活和城市社会。农业转移人口都是带着对于美好生活的向往从乡村走向城镇的，他们希冀在城镇获得更多的机会、更好的发展。教育是他们实现城镇"美好生活"梦想的基石。

严格来讲，人的城镇化的五个维度中，只有第五个维度——使农村转移人口"具有市民素质，具备现代市民的生活方式、人格特征和综合素养"，是从"教育目标"层面即从"培养什么样的人"的层面来论述人的城镇化的，它揭示了人的城镇化的本质内涵。

进一步讲，人的城镇化、市民化，其实质是人的现代化，要求教育造就现代人，增进人的现代性，增强人的主体性（积极性、主动性和创造性），培养全面发展的现代公民。[③] 在人口流动的城镇化背景下，农村教育目标"离农"还是"为农"的争论已经丧失实际意义。消解农村教育"离农"和"为农"悖论的逻辑前提是进行城乡一体化建设和确立系统化思维方式。走出"离农"和"为农"逻辑困境后，农村教育的价值选择应该定位在为城乡共同发展服务上，[④] 定位在

---

① 李强：《多元城镇化与中国发展》，社会科学文献出版社2013年版，第351~352页。
② 范先佐：《人口流动背景下的义务教育体制改革》，中国社会科学出版社2011年版，第149页。
③ 褚宏启：《教育现代化的本质与评价》，载于《教育研究》，2013年第11期，第4~10页。
④ 邬志辉、马青：《中国农村教育现代化的价值取向与道路选择》，载于《中国地质大学学报（社会科学版）》，2008年第11期，第58~62页。

培养合格公民而不是局限在培养"新型农民"上。

（二）教育通过提升农村转移人口适应城镇生活的能力和城镇居民的包容性素养，促进农村转移人口与城镇人口之间的社会融合

目前农民工已成为我国产业工人的主体，受城乡分割的户籍制度影响，但总体上他们未能在教育、就业、医疗、养老、保障性住房等方面与城镇居民享受平等的基本公共服务，难以融入城市社会。农民工与市民的社会距离不断扩大，城市内部的社会空间分化与阶层分化加剧，中国的"新城市贫困"已经形成。在城镇化进程中，我国传统的城乡二元结构还未破除，新的"城市内部二元结构"已经成型甚至固化，积累的深层次矛盾逐步显现，给经济社会发展带来诸多风险隐患，甚至有可能引发社会危机和政治危机。城镇内部的二元矛盾和社会分化将超过传统的城乡分化、区域分化，而成为困扰我国城镇化进程的关键问题。

导致城市内部社会距离扩大、社会分化加剧的根本原因是二元体制，但是农村转移人口的教育水平和综合素养相对较低也是重要原因。

教育对于促进社会融合的作用在于：(1) 通过教育提升农村转移人口的综合素质，使其形成城镇生活方式，提高就业能力，提升经济地位和社会地位，缩小与城镇人口的社会距离，促进经济融合和文化融合；(2) 通过教育改变某些城镇居民（包括一些中小学生）对于农村转移人口的认识，增进包容性，为建设包容性城市奠定认识基础。教育在推进农民工融入企业、子女融入学校、家庭融入社区、群体融入社会方面，应该发挥更大作用。

（三）教育通过培养农村转移人口的民主参与能力，促进政治发展

我国城镇化进程中，在涉及农村土地征用、城镇规划、基本公共服务提供、社区建设与管理等公共事务时，农民、农民工及其子女参与不够，其知情权、参与权、决策权、监督权不能得到有效保障，致使其很多法定权利受到损害，引发诸多社会矛盾。

城镇化涉及多方利益冲突，必须通过一定的制度安排，完善治理结构，提升治理水平，让各方利益相关者特别是农村转移人口通过民主参与机制充分表达利益诉求，并在此基础上有效整合利益诉求，以达成利益共识，提高决策的科学化、民主化水平，有序和谐推进城镇化进程。

政治民主化、治理现代化必须与新型城镇化同步推进。重点是完善农业转移人口社会参与机制，具体要求是提高各级中国共产党全国代表大会代表、人民代表大会代表、中国人民政治协商会议委员中农民工的比例，积极引导农民工参加党组织、工会和社团组织，引导农业转移人口有序参政议政，积极参加社会管理、社区管理、学校管理。

在农村转移人口民主参与问题上，除了存在"不让参与"的制度性问题外，农村转移人口"不会参与""不敢参与"的问题也很突出。因此，农村转移人口的教育，不论是农民工的职业培训还是农民工子女的基础教育和职业教育，都应该把培养民主参与能力作为培养目标。在教育实施中，通过课程建设、管理民主和教学民主，以民主的手段培养各类受教育者的民主素养。

（四）教育通过培养技能型人才，加快产业结构转型升级，促进经济发展

产业集聚是城镇化的首要特征。城镇化是经济发展水平及其结构等内在因素的外在表现，推进中国城镇化的发展，决不像许多人想象的那样，只要废除户籍制度、放开"城门"即可。城镇化的基本动力在于经济结构的变化。积极调整经济结构，促进产业结构的优化升级是推进我国城镇化发展的根本出路。城镇化对经济结构、产业结构有决定性的影响。[①] 无产业根基的城镇化是违反规律的城镇化。

在全球经济再平衡和产业格局再调整的背景下，全球供给结构和需求结构正在发生深刻变化，国际市场竞争更加激烈，我国面临产业转型升级的挑战巨大。当前我国城镇化存在的一个突出问题是，城镇化进程与产业发展不同步，产业发展滞后于城镇扩张、滞后于土地城镇化。城镇化缺乏产业支撑，使得产城分离、土地城镇化快于人口城镇化，就业转移和人口集聚难以实现，城镇化发展后继乏力，甚至出现了"空城""鬼城"现象。

因此，促进城镇发展与产业支撑、就业转移和人口集聚相统一，促进城镇化进程与产业结构转型升级相统一，成为新型城镇化的重要内容和基本要求。而制约我国产业结构转型升级的一个关键因素是技能型人才不足。在城镇化背景下，教育促进产业结构转型升级的关键是培养数量足够、结构合理、质量良好的技能型人才，特别是做好农村转移人口的职业培训和继续教育，把农民工大国变为技工大国、技能大国。通过培养技能型人才，以教育结构转型升级支撑产业结构转型升级，为产城融合提供人力支持，促进经济发展。

---

① 钟水映、李晶：《经济结构、城市结构与中国城市化发展》，载于《人口研究》，2002年第5期，第63~70页。

二、研究框架与研究内容

城镇化的基本动力在于经济结构的变化。积极调整经济结构，促进产业结构的优化升级是推进我国城镇化发展的根本出路。经济结构决定了就业结构的调整，也对农民工就业能力以及职业教育改革提出了更高的要求。在城镇化进程中，农民工的流动不仅是从农村到城市谋生方式的转向，需要掌握必要的非农就业能力，也是生活方式、价值观的"乡—城""农—工""传统—现代"的转变；农民工的社会融合困难是由于其"流动"（职业流动与地理空间上的流动）的特殊性所导致的个人非农就业能力与社会能力不足，难以获取相对稳定、能够向上流动的职业，融合动力不足。显然，农民工这种动态素质和能力是不足的，而教育、培训是重要的干预力量，可以提高新生代农民工的就业能力与社会能力，获取高质量就业，进而帮助其达到深层次的社会融合。为此，本书将社会融合定义为，农民工与城市市民之间差异的削减。差异削减的过程是农民工发展相应的能力、学习并获得市民的基本资格、适应城市并具备一个城市市民基本素质的过程。

本书基于能力视角，以问题为导向，进行跨学科研究，建构"职业教育—就业能力—社会融合"分析框架，通过社会调查与访谈、政策分析等方式，分析了新生代农民工群体接受职业教育、就业及就业能力、社会融合的现状，探讨了影响其接受职业教育、就业质量提升、社会融入的主要因素，并从职业教育内部、就业质量与社会融合外部视角探讨了如何改革职业教育体系，发展新生代农民工的就业能力和社会能力，获取有薪就业，提高就业质量，适应城市生活方式，进而促进其社会融合。

在职业教育部分首先描述了新生代农民工接受职业教育的现状，其次分析新生代农民工职业教育体制机制问题，提出建立政府、农民工、企业及职业教育机构等利益相关方的合作伙伴关系的基础、路径与形成方式，探讨如何合理定位政府和市场的关系，建立校企承诺关系。再次比较了中美两国的职业教育与社会融合政策体系、政策项目和政策特点，最后从内容体系、认证与资格体系、信息支撑体系、治理体系入手提出创新新生代农民工职业教育顶层设计的基本原则和具体建议。

就业部分首先从就业结构、就业渠道、劳动关系、工作时间与劳动强度、工作稳定性、创业与就业、劳动者收入与福利保障等，及其与职业教育、社会融合问题的关系入手分析了新生代农民工就业现状与特点。其次从新生代农民工自身、个体环境、外部环境三个方面构建新生代农民工就业质量指标体系，对影响新生代农民工的就业质量的工作流动性、工作时间、劳动关系进行计量分析，最后提出增强新生代农民工就业能力，提高就业质量，促进社会融合的政策建议。

社会融合部分从经济融合、社区融合、社会关系融合、心理融合等维度，建构新生代农民工社会融合指数，描述新生代农民工社会融合现状，分析城市社会政策、城市文化资本、社会能力对新生代农民工社会融合水平的影响，探讨了城市社会政策的包容性、城市文化资本的多寡、社会能力的高低对新生代农民工社会融合的影响，并提出如何通过职业教育培训，关注对新生代农民工社会能力的培育，以促进他们的社会融合和城市融入（见图1-1）。

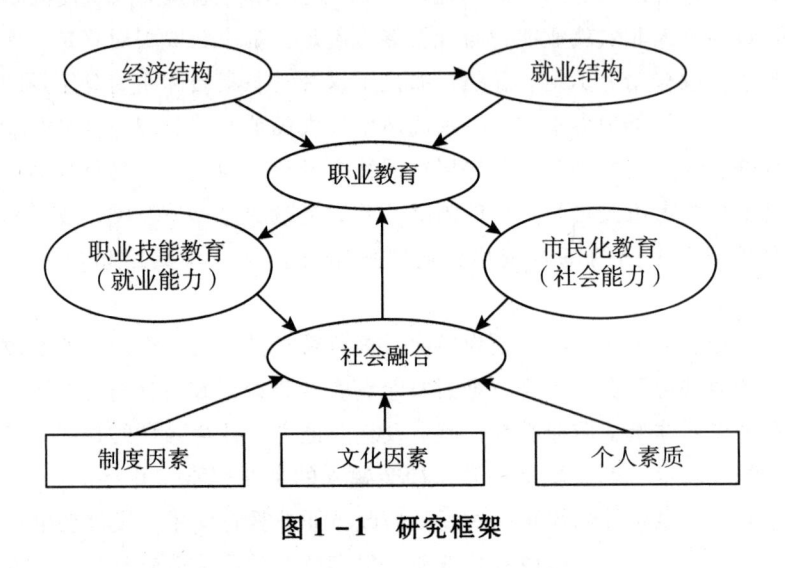

图 1-1 研究框架

（一）新生代农民工职业教育研究

职业教育是培养和提升农民工职业能力，提高人力资本与市场需求的匹配度，促进其由初级技能型人才向中高级技能型人才迈进的关键措施；同时，提升农民工的整体素养，有助于其适应并积极融入城市；也是治理我国高技能人才短缺，关系到建成技工大国和技能强国、实现和谐社会的全局性问题。

本部分的主要内容是对新生代农民工接受职业教育的状况进行分析，发现存在接受正规职业教育比例低、参与岗前培训比例低、企业培训水平差、相关教育与培训层次低、技能形成连续性差、拥有职业资格证书比例低、培训供给单一、管理上各自为政等问题。问题的原因既有农民工的主观方面，也有教育与培训供给不足、管理主体关系不畅、法制不健全等客观原因，农民工职业教育体制机制存在桎梏。

新生代农民工职业教育问题的核心在于政府、农民工、企业及职业教育机构等相关各主体合作关系的处理，应从各主体合作的前提、途径、新平衡的构建三个方面着手。本书从以下三个角度分析新生代农民工职业教育体系中的合作关系：首先，各方合作关系的形成，结合调研结果和对新形势的分析，进一步探讨新型合作伙伴关系的基础，形成路径及构建过程；其次，探讨政府和市场的定位，并分析在不同的政府角色下新生代农民工职业教育与培训问题的可能走向，及其分工和协调问题；最后，主要探讨企业和学校之间的承诺关系的建立，这一问题不仅反映为新生代农民工职业教育的问题，更应该是职业教育作为社会职业技能的主要提供者所面对的主要问题。其中，培训市场的失效、校企合作中互信关系的建立以及产教融合作为高技能人才培养的必由路径是三个核心议题。

建立现代职业教育与培训体系是近十余年来我国政府回应经济社会发展对劳动力素质和能力的要求而提出来的重大教育战略。新生代农民工亟须一个较为完善的职业教育与培训体系贯穿终身，既要解决他们进城务工的技能提升需求，更需兼顾到融入城市，促进个人发展的需求。新生代农民工职业教育与培训体系需要突破原来狭义的职业教育和培训在时空上的限制、部门分工的分割、教学内容的迟滞、提供主体功能上的重叠等问题，融入国家整体的职业教育与培训体系之中。本部分重点关注职业教育与培训的治理体系、内容体系、认证与资格体系、信息支撑体系，基于调研发现的新生代职业教育管理、需求、参与、流动与定位等存在问题的解决针对性，运用职业教育关系重组和体系建构的基本原理，提出构建职业教育与培训体系的建议。

（二）新生代农民工就业研究

就业作为保障和改善民生的头等大事，其机会是否平等、结构是否合理、规模是否适宜、质量是否满意等深刻地影响着劳动者个体的生活与社会融合，同时也关乎经济可持续增长、创新型国家建设、社会和谐构建和法治国家建设。

关注和重视新生代农民工就业现状及其特点，深入分析其内在原因，提炼出易于操作的政策建议，是新常态下更好促进他们充分就业、体面就业、和谐就业的基础，是研究和破解城市化进程中新生代农民工职业教育与社会融合问题的关键。本部分着重从就业结构、就业渠道、劳动关系、工作时间与过度劳动、工作稳定性、创业带动就业情况、劳动者收入与福利保障等与职业教育、社会融合问题相关联的维度对新生代农民工就业现状与特点进行了分析。

提升新生代农民工就业能力，是促进新生代农民工更高质量就业和社会融合的关键环节，同时对国家产业结构升级和走新型工业化道路也有重要意义。当前新生代农民工的就业能力呈现哪些特点？哪些主要因素影响了新生代农民工就业能力塑造与提升？如何调适相关政策，协同改善新生代农民工就业能力？本部分进行了系统探究，研究发现，新生代农民工就业能力问题受新生代农民工自身因素、个体环境因素、外部环境因素等多种因素共同制约，提升新生代农民工就业能力是一个基于多元动力的系统工程。

高质量就业是影响新生代农民工实现自我认同、社会认同、社会融合、体面生活的重要变量，更高质量的就业是促进社会公平、构建和谐社会的主要内容。就业质量是当前劳动经济学中的热点议题，就业质量是一个多维、复杂的概念。构建适当的新生代农民工就业质量评价体系，对当前新生代农民工就业质量状况予以科学判断，准确揭示影响新生代农民工就业质量的主要因素，具有重大的理论和实践价值。基于课题组大样本问卷数据，采用文献法、统计分析法、计量分析法等研究方法，结合劳动力市场分割理论、人力资本理论和产业经济相关知识，围绕上述主题展开系统研究，力图揭示出我国新生代农民工就业质量的共性与特性，提出促进新生代农民工更高质量的就业与社会融合的具体政策建议，是本部分另一主要研究目的。

（三）新生代农民工社会融合研究

随着工业化和城市化的不断发展，我国流动人口大规模增长的同时，呈现出新的特点和新的要求，流动人口的社会融合问题特别值得关注。新生代农民工社会融合是指新生代农民工与城市市民之间差异的削减。差异削减的过程是新生代农民工发展相应的能力，学习并获得市民的基本资格、适应城市并具备一个城市市民基本素质的过程。

本部分在系统综述新生代农民工社会融合理论的基础上，结合课题组在河南、广东、福建等省市收集的问卷和访谈资料，从经济融合、社区融合、社会关系融合、心理融合等维度，建构了新生代农民工社会融合指数，对新生代农民工个体的社会融合现状进行了分析。

为了更加深入地研究影响新生代农民工社会融合的具体因素，本部分还从布迪厄的文化资本理论及心理学的社会能力理论出发，分别提出城市文化资本概念和社会能力概念，探索了城市文化资本、社会能力与新生代农民工社会融合的关系。并且通过调查数据验证了城市文化资本、社会能力对于新生代农民工社会融合具有显著积极的影响。同时，研究还发现接受过职业教育的新生代农民工无论在城市文化资本还是社会能力方面都比没有接受过职业教育的新生代农民工要好，间接证明了职业教育对新生代农民工社会融合具有积极作用。最后，探讨了如何促进职业教育转型与课程改革推进新生代农民工社会融合（见图 1-2）。

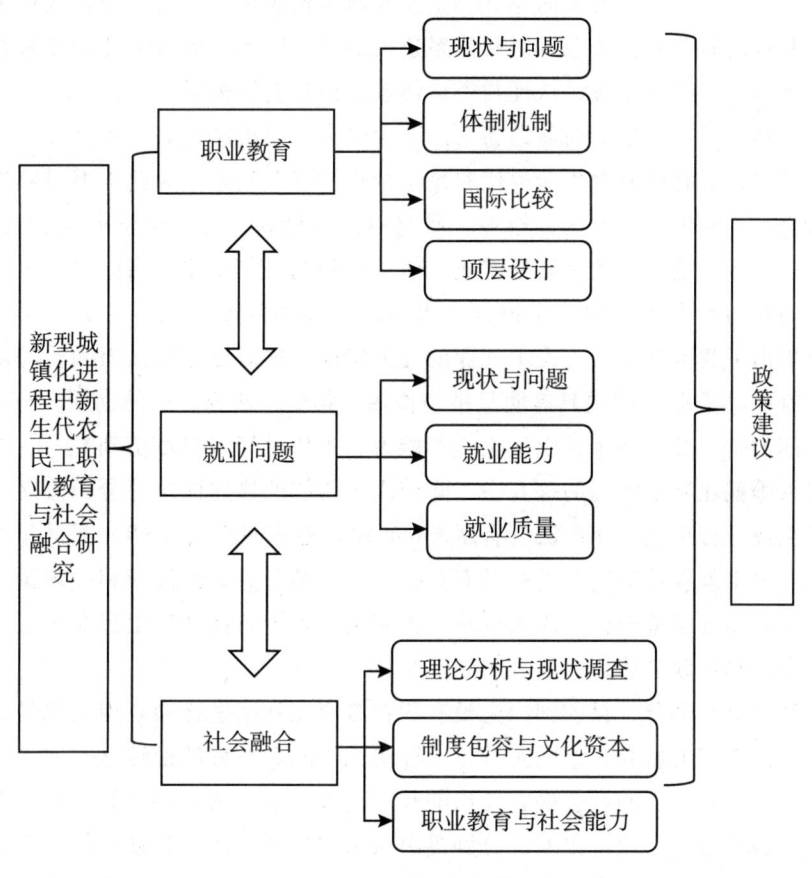

图 1-2　研究内容关系

三、创新之处

本书是职业教育学、经济学、管理学、社会学等跨学科研究的实践，建构了"职业教育—就业—社会融合"的分析框架，从社会融合角度研究如何提升农民工的城市文化资本与社会能力、如何改进职业教育；利用劳动力市场分割理论、人力资本理论和产业经济等理论，探讨如何从劳动力市场、产业结构与职业教育方面提高农民工就业质量；对职业教育内部的体制机制、主体合作关系、体系建构提出了创新性的观点。研究问题具有战略性，研究视角宽广，多学科交融推进，方法合理规范。

职业教育部分，在研究思路、内容与诸多观点上有所创新，大大拓展了农民工职业教育研究的广度与深度。较为系统地研究了新生代农民工职业教育的现状与体制机制问题，深度探讨分析职业教育改革中政府和市场的定位与分工协调、企业和学校之间的承诺关系的建立、企业和新生代农民工之间的合作伙伴关系的建立，并运用职业教育关系重组和体系建构的基本原理，重点关注职业教育与培训的治理体系、内容体系、认证与资格体系、信息支撑体系。

结构性就业问题更加凸显是新常态下中国劳动力市场显著变革之一。从现有相关文献看，鲜有研究聚焦新生代农民工结构性就业问题，为此本书对此进行了拓展研究，主要创新之处为：第一，研究对象的创新。与大学毕业生、农民工、残疾人、已婚女性、少数民族等就业群体就业问题研究相比，当前对新生代农民工就业问题的研究明显缺乏系统性。本书基于专项问卷数据，在文献研究基础上，提炼出了我国新生代农民工就业的九大特征，这对更好地认识和治理新生代农民工就业（失业）问题具有明显推动作用。第二，研究方法的创新。与大多数文献不同的是，在对新生代农民工就业能力、工作时间（过度劳动）、工作流动、劳动关系等就业质量问题的探究中，除使用了传统的描述性统计分析法之外，还使用了主成分分析法、OLS法、有序Probit法、逐步回归法（SR）等计量方法对新生代农民工就业质量问题进行了有益探索，并结合劳动经济学相关理论，基于中国实情对实证结果进行了深入分析，提炼出了若干条促进新生代农民工就业和社会融合的具体政策建议。

在社会融合部分，目前国内尚没有职业教育在社区融合和心理文化融合等方面如何发挥作用的研究，也没有基于实证研究为职业教育理论转型和课程改革如何推进新生代农民工的社会融合提出政策建议，本书从布迪厄的文化资本理论及心理学的社会能力理论出发，分别提出城市文化资本概念和社会能力概念，探索了城市文化资本、社会能力与新生代农民工社会融合的关系，识别出对社会融合有重要意义的个人能力，并区分出职业教育对不同社会能力的培养和促进作用。此研究可以为大力发展职业教育促进新生代农民工社会融合这一重要政策提供有价值的实证资料。

第三节 研究方法

新生代农民工的职业教育与社会融合问题研究涉及教育学、社会学、公共管理、经济学等多个学科，不仅仅是一个教育问题，更是一个就业问题、社会问题和政治问题。

一、研究方法

本书综合运用教育学、社会学、经济学、管理学等多学科的资料收集、数据整理和分析方法，因研究问题具体需要灵活运用社会统计、经济计量模型和政策分析手段，以更好地认识和解决新生代农民工问题。问卷调查法、访谈法是最主要的资料搜集方法。课题组开发了研究工具问卷与访谈提纲，并深入新生代农民工集中流入地流出地开展调查研究。2011~2014年课题组分赴河南省、广东省、福建省、北京市等地，与政府职能部门、新生代农民工较为集中的企业、开展农村转移劳动力相关培训的职业学校和社会培训机构、新生代农民工代表进行座谈。通过现场督导、委托调查、访谈员调查等方式发放问卷，共收集6 289份有效问卷。资料分析上主要运用了演绎、归纳、描述统计、推断统计和模型检验等方法。推断性统计法又具体分为主成分分析法、多元线性回归（OLS）模型分析、有序Probit法、逐步回归法（SR）等计量方法。

（一）研究工具

多学科专家组成员共同研发研究工具问卷和访谈提纲。问卷由教育部重大攻关项目"城市化进程中的新生代农民工职业教育与社会融合问题研究"课题组开发。在研究实施的第一年，四个子课题组每周一次集中讨论，运用近10个月时间开发出包含个人情况、就业、职业教育、社会融合四个维度，共计142个题项，603个变量的问卷。（问卷详见附件）

人口信息部分，包括被访者本人的基本情况、受教育与培训、打工原因、父母的户籍、就业与受教育情况、子女抚养与入托就学、个人能力评价等内容。

职业教育与培训部分，从培训机会的充足性、培训过程、培训质量三方面设置了题项，以培训发生率、培训强度、培训时间来作为衡量培训的机会和充足性的概念和测量指标；以培训提供者、时间、内容、方式、设施、费用、信息获得作为培训的过程指标；以培训内容满意度、培训整体满意度、培训效果作为衡量培训质量指标；工作能力评价、需求与意愿等内容。具体见第二、三、四章。

工作情况部分，包括职业寻找、技能获取来源、工作行业、劳动收入、工作时间、工作流动、劳动关系、工资福利、工会信息、维权状况、工作与生活满意度、第一次就业、政策了解等内容。具体见第五、六章。

社会融合部分，包括日常生活开支、社会保险参与、居住类型、社区服务与参与、闲暇时间利用、日常办事能力、城市归属感、社会距离、城市居留意愿、对未来期望等内容。具体见第七、八、九章。

课题组开发了政府教育、人力资源和社会保障（以下简称"人社"）、工会、财政、公安、住房和城乡建设（以下简称"住建"）、农业、计划生育部门访谈的具体提纲和通用提纲，与企业人力资源负责人和新生代农民工座谈的提纲。此外，在通用提纲的基础上，根据访谈对象社会身份的不同，如全国人民代表大会代表、市委书记等的不同进行相应的调整。访谈方式上，根据现实情况灵活开展一对一、多对一、多对多等访谈方法。

（二）抽样方法

结合研究的可行性，本调查抽样方式为多层分层不等比随机抽样方法，即按照 GDP 分层的经济生产单位为样本，抽样以级分层，最后随机选择符合条件的生产样本。具体方法如下（见表 1-2）：

表 1-2　　　　抽样地市 2010 年的经济、产业结构发展

指标	从业人口	三大产业占 GDP 比例		
		第一产业	第二产业	第三产业
郑州	103.96	3.12	54.00	42.89
洛阳	52.36	8.68	58.31	33.01
焦作	33.67	7.98	67.33	24.68
漯河	21.83	13.30	68.88	17.82

资料来源：2010 年河南城市年鉴。

第一级抽样：经济区域。

首先，根据经济和社会调查通用的 GDP 发展指标与便利性条件，选择经济区域。在河南省内选择郑州、洛阳、焦作、漯河等市县，在广东省选择了广州、惠州、珠海等市。

第二级抽样：产业结构。

第二级抽样以该地区的三类产业就业人口比率抽样确定参与研究的单位数量。在每个市县，分别在农业、工业和服务业中选择样本企业，样本企业的数量是参考该市县的经济结构数据确定的。抽样标准按就业人数在三类产业中的比例抽取单位数量。

第三级抽样：企业特征。

企业单位特征包括职工规模、所有制形式、企业单位地址，在各县农业、工业和服务业三个行业内，选择普遍存在的 10 种不同所有制的企业，这 10 种不

同所有制企业为：国有企业、集体企业、私营企业、个体企业、联营企业、股份企业、中外合资合作企业、外资企业、港澳台合资合作企业及其他所有制类型企业。

在10种所有制企业类型中，根据每种所有制企业的规模，按大型（人数为800人及以上）、中型（人数介于300~800人）、小型（人数在300人及以下）三类企业的比例，选择相应数量的样本企业。

按该类型的企业在就业人口及单位数量两个因素综合抽取，选定各类的参与数量。

第四级抽样：单位抽取。

在各类型的企业单位数量选定后，由当地提供企业名单，以任意数的方式选取不同种类的单位。在选取单位时，选取数量应是所需单位抽取量的1.5倍，随机选择企业。

第五级抽样：新生代农民工人员抽样。

在每个企业中，根据生产线或工作班组的人数情况，挑选1~2个生产主要产品、主要业务或代表本单位技术水平的车间、生产线，根据新生代农民工的数量和比例，随机抽取新生代农民工个体。

除此之外，还进行了校园调研，通过地区、行业和性别进行配比抽样，招募北京师范大学73名学生进行访谈员问卷调查，发放问卷2 200份，回收1 789份。合并后得到总数据样本6 289个。此次调查覆盖了全国29个省市地区，从被访者户籍来看，主要是来自山东、安徽、河南、河北、山西、江西六省，合计占到被调查总数的71.4%。

（三）资料搜集过程

课题组在2011年底到2012年初，在北京市开展了探索性研究，为问卷形成打下了基础。之后从2012年初到2014年间，先后开展了河南省调研、校园调研员回乡调查、福建省调研、广东省调研等大规模调研。具体过程如下（见表1-3）：

表1-3　　　　　　　　调研组织情况

调研类型	地区	调研方式	调研对象
2011年10~12月，预研究	北京市	无结构访谈车间参观	北京市全聚德三元金星食品厂负责人、人力资源科科长、开膛车间主任；新生代农民工代表；北京市全聚德公司和平门店人力资源主管

续表

调研类型	地区	调研方式	调研对象
2012年1月，预研究	北京市	半结构访谈	北京师范大学后勤集团新生代农民工代表30名
2012年3月，河南调研	河南省郑州市	访谈	河南省政府人社、教育、农业、科技、总工会、妇联、扶贫办等政府职能部门代表
	河南省郑州市	访谈 问卷调查	郑州市萧记烩面、华威齿轮、建筑工地企业人力资源负责人；新生代农民工代表
	河南省郑州市	访谈 问卷调查	郑州发达职业学校、郑州商业技师学院、郑州荥阳电子商贸学校负责人；农村户籍学生代表
	河南省漯河市	访谈	漯河市政府人社、教育、农业、科技、总工会、妇联、扶贫办等政府职能部门代表
	河南省漯河市	访谈 问卷调查	漯河市产业园某纺织企业负责人；新生代农民工代表
	河南省漯河市	访谈 问卷调查	漯河市第一中等专业学校负责人、教师代表；农村户籍学生代表
	河南省漯河市	访谈	舞阳县政府人社、教育、农业、科技、总工会、妇联、扶贫办等政府职能部门、乡镇村代表
	河南省洛阳市	访谈	洛阳市教育、人社、农业、科技、工会、妇联、住建委等政府职能部门代表
	河南省洛阳市	访谈 问卷调查	洛阳市沁园春食品服务有限公司、交通运输集团公司、河南六建建筑集团有限公司、全福食品有限公司、路桥建设集团有限公司、河南国安建设集团有限公司各企业人力资源部或培训部负责人；新生代农民工代表
	河南省焦作市	访谈 问卷调查	焦作技师学院负责人；教师代表
	河南省焦作市	访谈 问卷调查	焦作建工集团人力资源部门负责人；新生代农民工代表
2013年1～3月，校园调研员返乡调研	全国29个省市地区	问卷	合格问卷1 652份

续表

调研类型	地区	调研方式	调研对象
2013年6月，福建省调研	福建省晋江市	访谈	晋江市发展和改革局、人社局、公安局、教育局、农业局、科技局、总工会等政府职能部门代表；工商联、陶瓷经贸行业协会、装备制造业协会、制鞋工业协会等行业协会代表
	福建省晋江市	访谈	晋江三艺职业培训学校、晋江兴闽企会计职业培训学校、晋江信德会计培训学校、雅氏职业技能培训学校，益信会计职业培训中心，阳光职业培训中心等职业培训机构负责人、教师；新生代农民工代表
	福建省晋江市	访谈问卷调查	安踏公司、七匹狼服装、恒安公司、晋工机械、大自然彩印公司、蜡笔小新（福建）食品工业有限公司等企业人力资源管理部门；新生代农民工代表
	福建省晋江市	访谈问卷调查	晋江职校、华侨职校、晋兴职校、安海职校等职业学校负责人；新生代农民工代表
2013年7月，广州调研	广东省广州市	问卷	广州市教育局、人社局、发改委、农业局等政府职能部门代表
	广东省广州市	访谈	广州市穗东职业技术学院、广州市华夏职业学院
	广东省惠州市	访谈	惠州市教育局、人社局、发改委、农业局等政府职能部门代表
	广东省惠州市	访谈	惠州市高迪技工学校、惠州市交通运输职业培训学校、惠州市工程技术学校、惠州市宝山职业技术学校等职业院校代表
	广东省惠州市	访谈问卷调查	惠州市华阳多媒体公司、科贝德无线科技、德赛集团、九联集团、金泽集团、富海人才开发、泰豪实业、珠海建安昌盛工程有限公司、建粤建筑工程有限公司等企业负责人

续表

调研类型	地区	调研方式	调研对象
2013年7月，广州调研	广东省珠海市	访谈	珠海市教育局、人社局、发改委、农业局等政府职能部门代表
	广东省珠海市	访谈问卷调查	珠海建安昌盛工程有限公司、珠海市广东建粤建筑工程有限公司等企业负责人
2013年10月，北京调研	北京市大兴区	访谈	北京市大兴区教委、成人学校

1. 河南省调研。

2012年3月在河南省郑州、漯河、洛阳、焦作四个城市进行实地调研。实地调研采取了座谈、现场考察、问卷调查、文献资料收集、照片拍摄、现场录音等方法。收集政府工作报告、政策文件等文献资料30多份。发放问卷1 493份，回收1 275份，有效问卷1 096份，有效回收率86%。访谈的河南省省政府与郑州市、洛阳市、漯河市、焦作市政府职能部门有国有资产监督管理委员会（以下简称"国资委"）、人社、教育、农业、工业和信息化（以下简称"工信"）、住建、科技、总工会、妇联、扶贫办、旅游服务等部门；访谈了郑州华威齿轮公司、洛阳信息通信产业园、洛阳路桥公司、焦作市建工集团、河南六建建筑集团有限公司等代表性企业十余家，郑州荥阳电子商贸学校、郑州市商业技师学院、郑州发达职业学校、漯河市第一中等专业学校、漯河技师学校、焦作技师学院、焦作大学等学校和培训机构，与多名新生代农民工代表和中职院校学生代表进行了专题座谈和讨论互动。

2. 校园调研员返乡调研。

2013年1~3月，课题组通过地区、行业和性别进行配比抽样，招募学生调查员，进行访谈员问卷调查，73人参与实施，发放问卷2 200份，回收1 789份，调查对象为出生在1980年以后，农村户籍的新生代农民工，合格问卷1 652份。本调查覆盖了全国29个省市区，从被访者户籍地来看，主要是来自山东、安徽、河南、河北、山西、江西六省，合计占被调查总数的71.4%。从目前务工所在地的从高到低的比例排序来看，依次是山东、安徽、广东、江苏、浙江、河南，六省合计占比57.6%。为保证调查质量，课题组事先还对60名北京师范大学研究生和本科生进行了专门的培训。此外，部分调查员还对近20位研究对象进行了半结构化深度访谈，主要涉及的问题有：劳资关系、劳务派遣、自主创业、社会认同、职业培训、就业援助，等等。

3. 福建省调研。

2013年6月在福建晋江市进行实地调研。问卷由课题组委托晋江市教育局代为调查，或由各职业学校、培训机构联系企业，或由课题组直接进入企业，采用下班后时间集中或自由填答的方式进行数据填答，问卷填写比较规范且质量较高。晋江市调研共发放问卷800份，回收有效问卷673份，有效回收率84.125%。访谈的有：福建省晋江市政府职能部门，包括市发展和改革局、人社局、公安局、教育局、农业局、科技局、总工会、工商联、陶瓷经贸行业协会、装备制造业协会、制鞋工业行会有关农民工职业教育与社会融合等部门代表；晋江职校、华侨职校、晋兴职校、安海职校等职业学校代表；晋江三艺职业培训学校、晋江兴闽企会计职业培训学校、晋江信德会计培训学校、雅氏职业技能培训学校、益信会计职业培训中心、阳光职业培训中心等职业培训机构；安踏公司、七匹狼服装制造有限公司、恒安公司、晋工机械、大自然彩印公司、蜡笔小新（福建）食品工业有限公司等企业代表。

4. 广东省调研。

2013年7月在广东省广州市、珠海市、惠州市进行实地调研。问卷由课题组直接进入企业，采用下班后时间集中或自由填答的方式进行数据填答，或委托当地政府发放回收问卷，共回收有效问卷2 731份。访谈的有：广州市、惠州市、珠海市三地教育局、人社局、发改局、农业局等部门的领导与负责人，惠州市华阳多媒体公司、科贝德无线科技、德赛集团、九联集团、金泽集团、富海人才开发、泰豪实业，珠海建安昌盛工程有限公司、建粤建筑工程有限公司等企业负责人，广州穗东职业技术学院、广州华夏职业学院、惠州市高迪技工学校、惠州市交通运输职业培训学校、惠州市工程技术学校、惠州市宝山职业技术学校等职业院校代表。

（四）问卷录入

本次数据由课题组选聘了具有专业统计工作经验的调研员或回本家乡调研，或者由课题组成员在当地政府（主要是人力资源和社会保障部门和教育部门）的陪同下深入企业，部分采用上班前、下班后时间集中填答、调研员指导填答的方式，问卷填写比较规范且质量较高。此后，调查问卷又经过了课题组调研员自查、课题组专家审查、数据录入单位验收等环节。数据质量较高，具有较高的可信度。

但是，问卷中也存在信息偏差：一是抽样误差，由于调查对象非随机抽取，而是到新生代农民工集中的企业，根据行业、规模和区域等方面的结构进行主观抽样，或者抽取的新生代农民工不愿耽误工作而认真填答问卷，这些都导致了抽样误差；二是回答误差，主要有三点：（1）对问卷中一些概念，不同主体有不同的认识，比如"培训"，部分被试对象认为，只有从原来企业脱岗出来进行一定学习的才能称为"培训"，而不认为企业中的班前班后讲解、民间的师傅带徒弟的学徒工是培训的一种形式；（2）新生代农民工文化素质低下，采取自答问卷，无法很好地理解问卷内容；（3）问卷受到第三方因素的干扰，比如由于时间限制或工厂急于让新生代农民工填答完继续工作，对填答者进行督促，导致无法认真回答。三是无回答误差，即在问卷的某个或某些问题上，由于被访者拒答，或者填答不完整造成残卷、空卷。如上三种信息偏差，在问卷中，或辅以调研员集中指导填答，或请地方政府监督问卷保证填答率。

问卷的录入工作。本次问卷全部由专业数据录入公司进行录入，课题组成员以抽检的方式对录入质量进行核对，以保证录入质量，进行双录检验。采取这种方法后，课题组又对双录检验后的数据进行逻辑检验和野值清理，再次检验过程中，最后发现问卷录入错误率不到千分之一，从而最大限度地保证了录入资料的准确性，达到最大化地消除录入错误的目标。

二、数据说明

研究所使用的数据来源于北京师范大学中国教育政策研究院"城市化进程中新生代农民工职业教育与社会融合问题研究"课题组总库数据，有效样本6 289个。总库数据显示，样本年龄均值为26岁，男性占比58%，已婚者占比42%；本地农民占比42.7%、外地农村占40.36%；政治面貌为党员的比例为8.33%，团员、民主党派、群众依次占比40.42%、0.73%和50.52%；平均受教育年限为12年，职业主要以生产或加工工人（32.18%）、专业技术人员（14.81%）为主，六成新生代农民就业于民营企业，行业分布以制造业为主要代表（39.53%）；在劳动合同关系方面，43.9%的新生代农民工为长期合同工（一年及以上合同工），平均月工资为2 851.5元，其中，男性新生代农民工月工资均值为3 161.09元，女性对应为2 541.91元。数据信度和效度检验结果显示，总库数据可靠性和稳定性较好。有关数据的使用，本书各部分会给予详细说明。

第二章

新生代农民工的职业教育现状调查与问题分析

第一节 新生代农民工的职业教育现状调查

农民工是中国经济社会发展过程中出现的一个特有称谓,从20世纪70年代末出现至今,已经发生了代际的变迁,在第一代农民工逐渐退出城市产业舞台、落叶归根之时,形成了一个数量庞大的新生代农民工群体。同其父辈相比,他们在成长经历、个人诉求、文化素质、身份认同、社会心态、生活方式、价值取向、行为逻辑等方方面面有了新的特点,[①] 进入城市的目的已不再是寻找一份可以谋生的工作,他们当中很多人已同土地分离,其中有一部分是随着父辈迁移到城市,在城市出生或成长,生活经历与成长经历同城市里的孩子没有什么区别,对城市的认同感和依恋程度远高于老家,他们无论从就业技能到心理预期都将自己定位于城市。[②] 但是这一年轻群体面临着比其父辈更加尴尬的身份认同问题,特别是"新生代农民工"这个称谓所承载的东西让他们在城市中难以追寻到自己的坐标。一些既已存在的制度如户籍制度与教育制度等的壁垒成为该群体融入城

[①] 符平、唐有财:《倒"U"型轨迹与新生代农民工的社会流动——新生代农民工的流动史研究》,载于《浙江社会科学》,2009年第12期,第41~47页。

[②] 刘俊彦:《新生代——当代中国青年农民工研究报告》,中国青年出版社2007年版,第43页。

市的障碍，他们往往接受过九年义务教育或相对更高一点的教育，普遍拥有一定的学历但缺乏职业技术技能，大多数初入城市只能从事低技能或无技能的工作。由于各种主客观原因的制约，他们就业之后获得继续教育与培训的机会很少，往往无法通过提升自身的人力资本改变所处的弱势地位。与此同时，与他们在城市中的弱势社会地位形成反差的是，这一庞大的劳动力群体逐渐成为城市经济建设的主力，为城市现代化的发展做出了不可磨灭的贡献。事实上，他们技能水平的现状是我国技能人才匮乏的真实写照。因此改变新生代农民工群体职业技能培训的现状，帮助这些有理想、有朝气、有活力的年轻人提升工作技能，助推他们沿着以技能生存、工作并融入城市的轨道发展，为他们创造更美好的生活前景，构建一个可以向上流动的职业阶梯，实现他们的城市梦不仅关系到这个年轻群体的未来，更是关系到治理我国高技能人才短缺、建设我国技术技能人才、建成技工大国和技能强国、实现和谐社会的全局性问题。

一、新生代农民工职业教育现状的调查设计

拥有一定量的人力资本是新生代农民工进城就业的基础。① 技能作为人力资本的重要表现形式，直接决定了劳动者在劳动力市场上的价值与选择权利。劳动力市场分割理论认为劳动力市场并非是完全统一和通畅的，存在着各种形式的分割，主要表现为主要劳动力市场和次要劳动力市场的划分。② 与次要劳动力市场相对应，主要劳动力市场的特点是就业稳定性强、工资高、工作条件好，在工作中可以获得技能，有培训和晋升的机会。一般而言，少数族裔、妇女等弱势人群更多在次要劳动力市场就业。新生代农民工技能短缺最直接的结果就是无法进入主要劳动力市场。农民工的问题根源是教育的严重缺失，因为大量出生在农村，但是已经获得大专及以上教育或者接受过系统职业培训而拥有一技之长的人，在城市中的收入、地位已与教育和技能水平相似的城市人口没有什么显著区别。③ 而对大量就业于二、三产业的新生代农民工而言根源就是技能的严重缺失。

为深入了解当前新生代农民工的培训意愿、需求、影响因素以及新生代农民工技能水平和接受职业教育与培训的现状，自2011年11月至2013年7月，本课题组对河南省郑州、洛阳、漯河、焦作四个城市，北京市，福建省晋江市，

---

① 简新华、黄锟：《中国工业化和城市化过程中的农民工问题研究》，人民出版社2008年版，第105页。
② Wachter M L, Gordon R A, Piore M J, et al: Primary and Secondary Labor Markets: A Critique of the Dual Approac. Brookings Papers on Economic Activity, 1974（3）：637-693.
③ 李明华：《农民工高等教育需求、供给和认证制度研究》，中国言实出版社2011年版，第111页。

广东省惠州、广州等地开展实地调研，调研采用访谈法和问卷法回收有效问卷4 500份。访谈对象涉及人力资源社会保障局、农业局、教育局等与新生代农民培训相关的政府部门以及职业学校、职业培训机构和新生代农民工。另外，课题组于2013年寒假，通过校园调研员，由学生将问卷带回生源地，采用随机抽样的方式，共回收问卷1 789份，合计问卷数为6 289份，如没有特殊说明，本章数据分析使用的均为6 289份总样本。

二、新生代农民工职业教育的基本状况分析

新生代农民工群体相对于父辈接受了更长时间的学校教育，但是受教育年限的延长并不代表新生代农民工具备胜任工作的能力。因为"对于许多职业来讲，劳动技能培训可能比正式的教育更重要"。① 技能短缺才是制约新生代农民工收入增加和职业发展的重要因素，而造成技能短缺最主要的原因是技能培训的短缺。从图2-1可见，42.6%的新生代农民工认为"缺乏专业技术或技能"是自己找工作中面临的最大困难，其比例远高于排在第二位的"学历较低"（14.1%）。

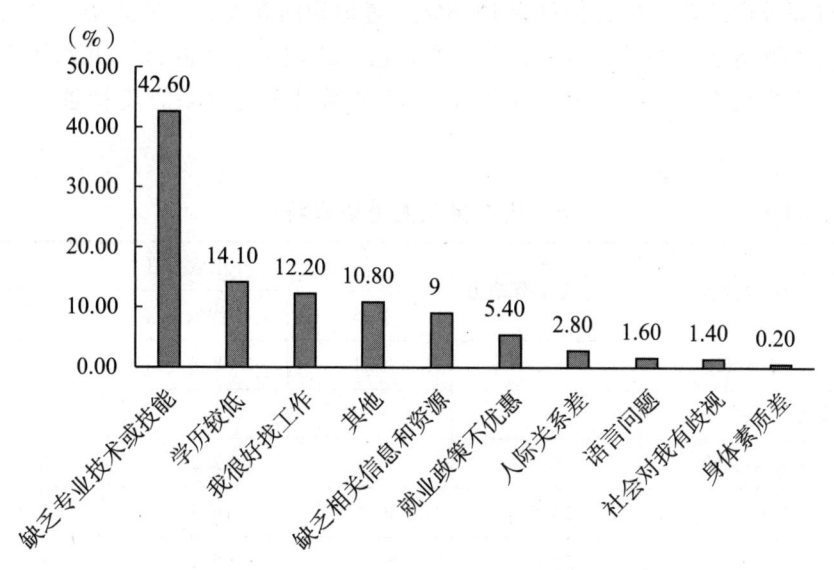

图2-1 影响新生代农民工找工作的因素

---

① 麦肯锡全球研究院：《全球劳动力报告：35亿人的工作、薪资和技能》，http：//www.mckinseychina.com/wp-content/uploads/2012/07/Global-labor_CN.pdf。

缺乏技能的年轻劳动者进入次级劳动力市场之后只能日复一日地从事着只需要单一技能和手艺相同的工作，这样培养出来的技能工人不能掌握整个工作流程，而只擅长其中的一个环节。对于新生代农民工而言，在次级劳动力市场只能获得低薪，没有职业上升空间的工作，一旦发生经济波动，就会首先面临失业危机。2008年全球金融危机波及我国沿海制造企业，出现大批一线生产工人失业，返回家乡待业就是这一后果的例证。新生代农民工技能短缺主要表现在：

（一）接受正规职业教育比例低

同其父辈一代农民工相比，新生代农民工接受教育的年限和层次都有了较大提升。国家统计局住户调查办公室的数据显示，新生代农民工平均接受教育年限为9.8年，比上一代农民工增加了1年。[①] 课题调研数据显示新生代农民工接受教育的年限更长，平均年限为11.74年。根据表2-1中数据可知，76.9%的新生代农民工完成了九年义务教育，接受过高等教育的比例明显提升，新生代农民工人力资本存量显著增加。但该群体接受过职业教育的比例约有30.4%（见图2-2、图2-3），其中接受过中等职业教育的比例为25.4%，接受过高等职业教育的比例仅为15.8%。考虑到问卷发放主要集中在对技能要求较高的制造业，如果从整体行业来看，这一比例会大大降低。也就是说绝大多数的新生代农民工是在完成9年或者12年普通教育之后，直接进入劳动力市场。

表2-1　　　　　　新生代农民工人力资本特征

人力资本特征	农村从业劳动力	外出农民工		
		平均	上一代农民工	新生代农民工
受教育年限（年）	8.2	9.4	8.8	9.8
文化程度（%）				
不识字或识字很少	6.6	1.1	2.2	0.4
小学	24.5	10.6	16.7	6.3
初中	52.4	64.8	65.2	64.4
高中	11.2	13.1	12.4	13.5

---

① 国家统计局住户调查办公室：《新生代农民工的数量、结构和特点》，http://www.stats.gov.cn/tjfx/fxbg/t20110310_402710032.htm。

续表

人力资本特征	农村从业劳动力	外出农民工		
		平均	上一代农民工	新生代农民工
中专	3.1	6.1	2.1	9.0
大专及以上	2.2	4.3	1.4	6.4
参加职业培训	14.3	28.8	26.5	30.4

资料来源：国家统计局住户调查办公室：《新生代农民工的数量、结构和特点》。

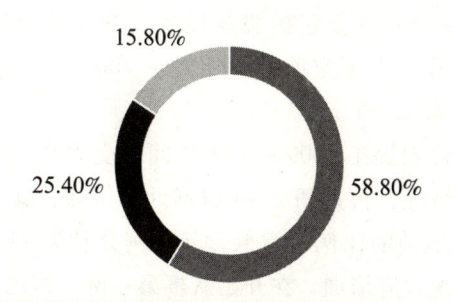

图 2-2 新生代农民工接受职业教育的情况

（没有接受过职业教育 58.80%；上过技校/中专/职业高中 25.40%；上过高职/大专 15.80%）

资料来源：根据作者调查问卷整理。

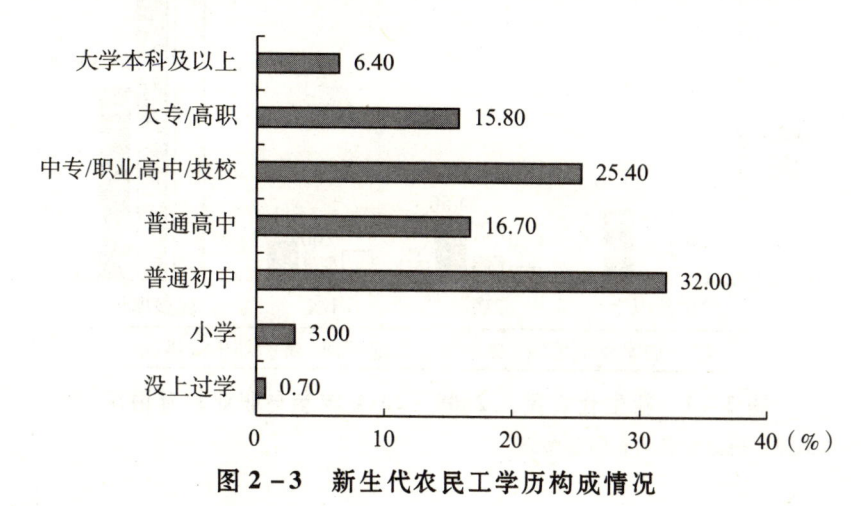

图 2-3 新生代农民工学历构成情况

- 大学本科及以上 6.40
- 大专/高职 15.80
- 中专/职业高中/技校 25.40
- 普通高中 16.70
- 普通初中 32.00
- 小学 3.00
- 没上过学 0.70

资料来源：根据作者调查问卷整理。

（二）参与岗前技能培训比率低

国家高度重视农民工的培训问题，自 2003 年六部委联合颁布《2003~2010 年全国农民工培训规划》之后，国家相关部委推出了一系列针对农民工群体技能培训的利好政策，包括农业部、教育部等六部委的"农村劳动力转移培训阳光工程"（下文称"阳光工程"），扶贫办的"雨露计划"，人社部每年的"春风行动"①，等等。这些政策措施旨在解决进城务工人员无技能、少技能的问题，以期为该群体顺利进城谋得一份工作提供便利。

政府主导的岗前技能培训并不能完全解决农民工这一庞大群体技能提升的困境。以六部委的"阳光工程"为例，自2004年实施启动之后，当年在河南等26个省（区、市）和新疆生产建设兵团、黑龙江垦区实现培训农村劳动力250万人，转移农村劳动力220万人，转业就业率达到88%。至2013年，"阳光工程"已经实施了10年，培训内容不仅包括职业技能，还包括农业创业培训和农业专项技术培训。虽然国家投入力度空前，但相对于2004年超过1亿的进城务工人员来讲，培训覆盖率仅有2.4%。

问卷直接询问新生代农民工2009~2011年间接受家乡地政府、务工地政府以及企业职业技能培训的情况，根据图2-4数据计算可知，新生代农民工参与家乡地或是务工地政府提供培训的比例非常低，其比例分别为14.9%和16.2%。务工地政府培训稍高于家乡地政府培训。在开始从事第一份工作之前参与短期培训的情况也并不乐观，有71%的新生代农民工表示从未接受过短期培训（见图2-5）。

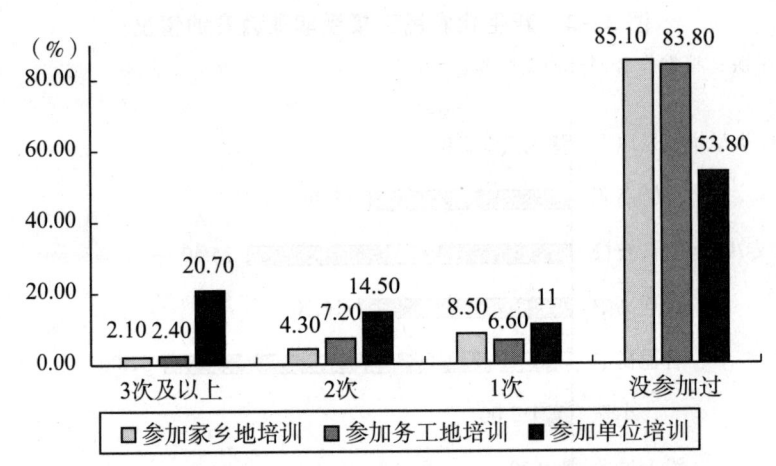

图2-4　新生代农民工2009~2011年参与职业教育情况

资料来源：根据作者调查问卷整理。

---

①　"阳光工程"是由政府公共财政支持，主要在粮食主产区、劳动力主要输出地区、贫困地区和革命老区开展的农村劳动力转移到非农领域就业前的职业技能培训示范项目。"雨露计划"是以中等职业教育、劳动力转移培训、创业培训、农业实用技术培训为手段，帮助贫困地区青壮年农民解决在就业、创业中遇到的实际困难，最终达到发展生产、增加收入，最终促进贫困地区经济发展的政府培训项目。"春风行动"的内容更宽泛，它专门帮助进城务工人员实现就业。其内容包括为农民工提供就业机会、保障农民工的合法权益以及整顿劳动力中介机构等。

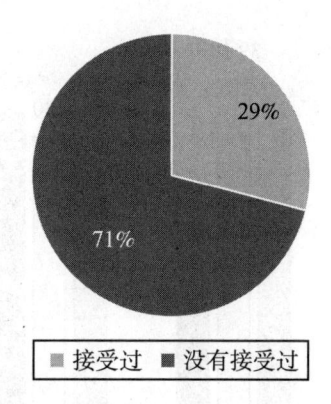

图 2-5　就业前参与短期培训情况

资料来源：根据作者调查问卷整理。

相对而言，参与过企业培训的农民工比例较高，近半数（46.2%）的工人表示接受过企业培训，参加企业培训 3 次及以上的比例远远高于其他两种培训方式。

（三）企业技能培训参与率高但水平差

企业培训在所有员工中的分配非常不平衡，大多数集中在技术比较纯熟的高技能人群和在工资结构中处于上层的管理人员之中，对于在一线从事生产工作的新生代农民工来说，可以获得的培训机会非常少。国内外已有研究证明教育和培训之间存在着互补关系，[①] 这种互补关系表明人力资本投资具有较强的积累作用，即有较好教育背景，在学校成绩较好，进入工作岗位之前接受过相关职业技能培训的工人能得到企业培训的机会就越多。员工原有的受教育水平会影响进入企业后接受企业培训的机会：因为一方面，有较好教育背景的员工接受培训的意愿较强，学习的能力也较高；另一方面，企业对有较好教育背景的员工提供培训可以节省培训时间和成本，能更好地提高生产效率。

从实际的企业培训情况看，有 20.7% 的新生代农民工认为在 2009～2011 年间接受企业培训的次数在 3 次及以上，认为接受了 2 次和 1 次的比例分别为 14.5%、11%。从图 2-6 中可以看到，各行业新生代农民工参与企业培训的情况具有较大相似性，三大新生代农民工就业密集行业企业培训情况大致相同，有超过 70% 的新生代农民工表示企业提供过培训机会，培训参与率明显高于政府培训。

---

① Bishop J H. What We Know About Employer-Provided Training: A Review of Literature. Research in Labor Economics, 1996 (16).

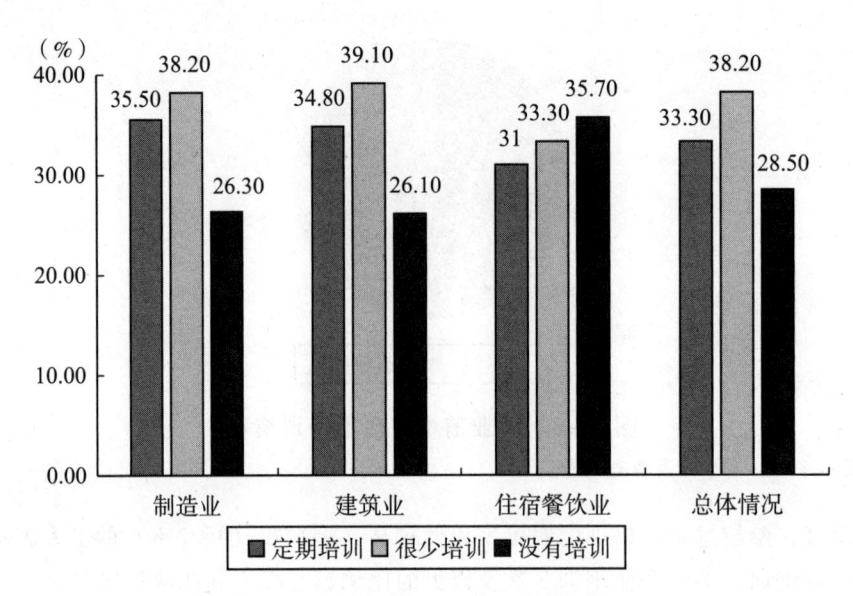

图 2-6 新生代农民工企业定期培训情况

资料来源：根据作者调查问卷整理。

但是在开展培训活动的企业中，针对新生代农民工技能的培训并不多，培训质量差，内容主要集中在上岗前的安全培训（特别是与安全生产密切相关的采掘业、建筑业等行业），与完成工作密切相关的上岗培训，比如流水线上每一道工序的具体操作步骤的讲解；宣传本企业文化与价值观的培训，例如最近流行于餐饮业和服务业，每日将员工聚集在一起唱歌跳舞、喊口号等形式来提升员工团队精神与企业忠诚度。真正的技能培训年均不足 3 次，技能培训时间年均不足 12 天。

同新生代农民工访谈的情况也印证了上述结论。"刚开始来一般都是安全教育，因为一般都以安全为主。首先开始是安全，只有安全保证了才能保证其他的。技能培训很少。"尤其是劳动密集型企业、半手工操作企业，所谓培训不过是领导训话。即使是未经培训不能上岗的技术岗位，培训也以边干边学居多。对于与技术相关的操作原理、设备故障判断、工作环境劳动保护等知识新生代农民工很难全面掌握。接受上岗培训并不能确保新生代农民工工作的稳定性，简单初级培训只能应对当前的工作需要，却无法为工人继续胜任本职工作或职业能力发展提供长久的保障。

（四）拥有职业资格证书比率低

职业资格证书是表明劳动者具有从事某一职业所必备的学识和技能的证明。

它是劳动者求职、任职的资格凭证，是用人单位招聘、录用劳动者的主要依据。职业资格证书制度为的是发挥信息传递的功能，使用人单位能通过求职者所持有的职业资格证书来判定其技能水平，并期望求职者在职位上能发挥出该技能，降低搜寻及进一步检验求职者技能水平的信息成本。作为拥有一定级别技能的凭证，是我国技能型人才培养的成果形式之一。目前我国的职业资格证书分为五个级别，从五级到一级分别对应着低级工、中级工、高级工、技师和高级技师五个技能职称。拥有职业资格证书人数的多寡和等级的高低反映了技能人才在数量上和质量上的程度。

《全国职工教育培训统计（汇总）表及分析报告》中的数据显示，我国企业技能人才比例偏低，[①] 从2007年职工中技能人才分布图中可以看到，我国技能人才的结构分布以中级工、初级工及其以下为主，占到了技能人才比例的80%以上，我国高技能人才短缺情况严重，国家职业技能形成依旧延续着低技能路线（见图2-7、图2-8）。

调查数据显示（见图2-9），59.8%的新生代农民工没有职业资格证书，若将研究对象缩小到未接受过职业教育的群体中，这一比例将增至78.7%。而在拥有职业资格证书的被调查者中，初级工占18.3%（未接受职业教育比例13.6%），中级工占17.5%（5.0%），高级工占2.0%（未接受职业教育比例1.6%），技师及以上的比例仅有2.4%（未接受职业教育比例1.2%）。接受过正规职业教育的新生代农民工拥有职业资格证书的比例明显高于平均水平，职业教育是提升新生代农民工技能的有效途径。

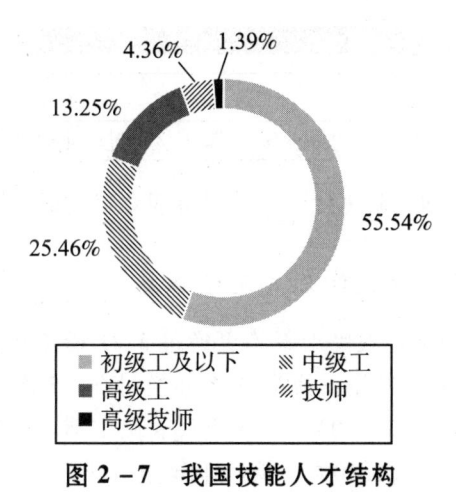

图 2-7　我国技能人才结构

[①] 教育部：《2007年全国职工教育培训统计（汇总）表及分析报告》，http://www.moe.cn/publicfiles/business/htmlfiles/moe/moe_728/201001/xxgk_78912.html。

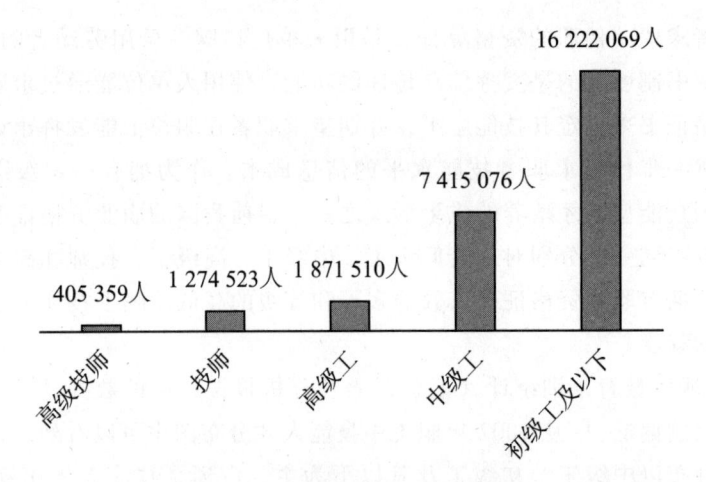

图 2-8 我国技能人才数量

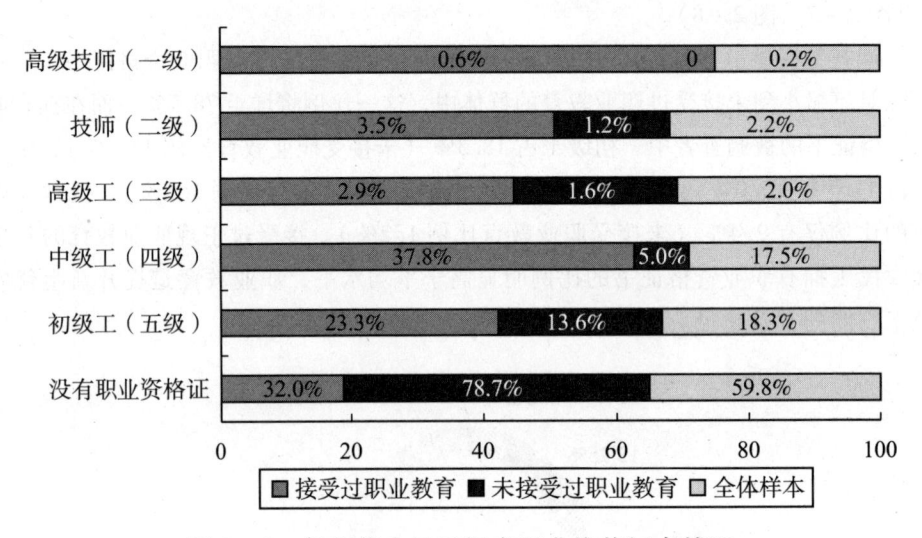

图 2-9 新生代农民工拥有职业资格证书情况

（五）高流动性导致技能形成连续性差

调查数据显示，新生代农民工平均更换过 3.21 份工作，约有两成的新生代农民工明确表示没有换过工作，换过 2 次和换过 3~5 次的比例最高，分别占 22.90% 和 38.70%（见图 2-10）。对新生代农民工第一份工作持续时间的调查显示，不满半年的占到了 51.50%，持续半年至一年的占 22.40%，一年至两年的占 19.50%，两年及以上的仅占 6.60%。

频繁的流动经历是两代农民工的重要差别之一。虽然流动对他们来说是一个不断寻找更好的发展机会的过程，也体现出他们的主体性和能动性，但流动频次与他们的社会流动之间却并非简单的线性关系。学者符平、唐有财研究指出,农民工的流动轨迹呈现出倒 U 型的曲线:在首次流动时,流向是更好的工作地点和更好的工种,体现为垂直流动,但到第 3 次或第 4 次流动之后都呈现了逆向选择或向下流动的特点。① 调研的数据也基本印证了已有研究结论,从表 2-2 可以看到,新生代农民工工作变动在两次之内时,平均月工资随着变动次数的增加而有所提升,但当变动次数超过三次及以上时,工资水平呈下滑的趋势。也就是说过于频繁的流动反而不利于新生代农民工个人的发展。

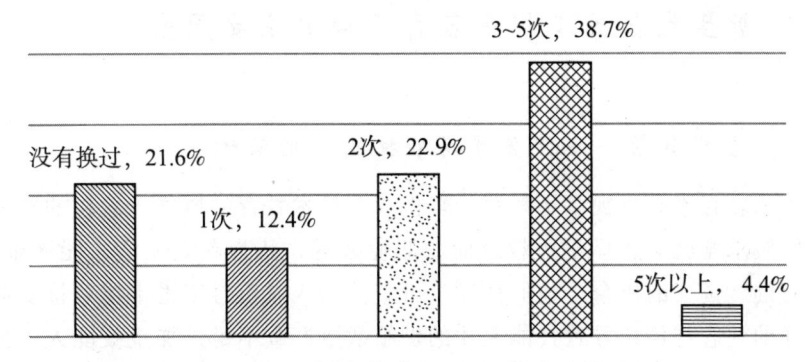

图 2-10 新生代农民工工作变动情况

表 2-2　　新生代农民工工作变动次数与平均月工资的情况②

	您换过几次工作?	响应数	均值	标准差	均值的标准误
	没有换过	1 014	2 874.91	41.482	21.584
	1 次	509	3 014.30	95.697	84.961
您平均月工资大约多少元?	2 次	998	3 103.69	69.592	99.864
	3 次	870	2 941.26	68.911	87.102
	4 次	296	2 846.35	22.662	34.994
	5 次	475	2 865.75	16.320	77.472
	6 次	64	2 464.29	58.477	81.135

资料来源:本表的数据基于河南调查。

从技能形成特点讲,技能的可转移性是新生代农民工高流动的现实原因。但是技能形成还具有持续性和可积累性的特点,技能的形成与提升是持续的过程,

---

① 符平、唐有财:《倒"U"型轨迹与新生代农民工的社会流动——新生代农民工的流动史研究》,载于《浙江社会科学》,2009 年第 12 期,第 41~47 页。
② 流动次数超过 6 次的不再做统计分析。

新生代农民工的高流动会打断这一过程,造成培训的中断,不断地跳槽会导致新生代农民工培训的重复化、表面化。只要工作的工种不发生改变,工人每到一个新的企业都要重新接受上岗培训,培训的内容没有实质性的差异,在技能尚未提升时再次发生流动,其技能水平始终保持在初级培训的低水平。对企业而言是培训的浪费,对新生代农民工而言是时间的浪费和接受较高水平技能培训机会的缺失。

三、新生代农民工职业教育短缺的主要原因

(一) 宏观背景——"重学历轻技能"的传统

我国的教育素有重视学历教育,轻视职业技术教育的风气,农村的青年只要有机会继续求学就会选择学历教育而非职业教育,认为考上大学才能光耀门楣,如果没有继续读书的机会,他们往往宁可直接进入城市打工也不愿意接受职业教育。这样的观念与传统导致技能人才的供给数量严重不足,加重技能人才短缺程度。图2-11显示,从用人单位的角度,59.4%的企业会对新生代农民工的最低学历做出要求,但对职业资格证书的重视程度远低于学历证书,仅有38.1%。企业内部二元人事管理制度与收入待遇的差距也反映了社会对技能人才的不重视。企业内部人为地将工作人员分为管理者与被管理者两种身份,干部与工人在工作岗位、政治待遇、工资福利个人升迁等方面都存在着较大差异,有突出贡献的技能人才也难以获得相应的待遇。我国各类企业中技能人才的劳动报酬水平普遍偏低,进入企业后从初级工到高级工通常需要20~30年,即使成为高级技工,薪酬

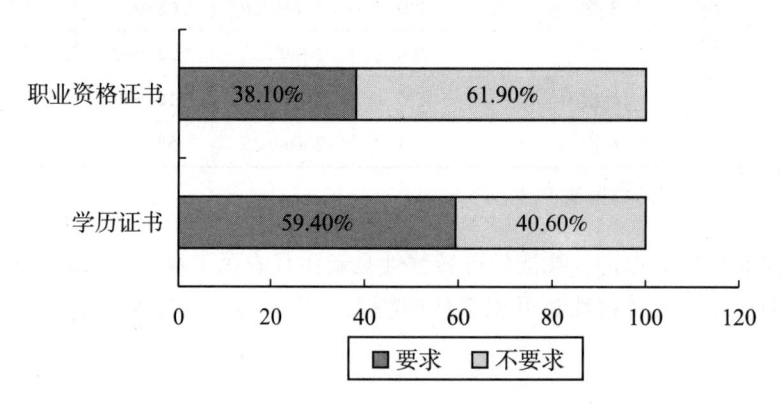

证书类型	要求	不要求
职业资格证书	38.10%	61.90%
学历证书	59.40%	40.60%

图2-11 新生代农民工求职时企业对相关证书要求情况

资料来源:根据作者调查问卷整理。

福利待遇也比不上底层的管理人员。① 此外技能人才的收入结构亦不合理，结构类同，形式单一，多以工资为主。在调研中，我们发现工人的技能水平和收入并没有挂钩，拥有初级职业资格证书的工人平均工资只比没有资格证的多出100余元，虽然拥有中等及以上水平的资格证书工资稍有提升，但幅度也并没有吸引力，企业对于新生代农民工参与培训的激励措施长期不足，使得工人参与培训活动的动力亦不足（见表2-3）。

表2-3　　　　拥有不同等级职业资格证书的月收入情况

您有职业资格证书吗？	均值	响应数	标准差
1. 没有	2 900.50	4 313	114.943
2. 初级（国家职业资格五级）	3 071.07	1 332	213.030
3. 中级及以上（国家职业资格四级）	3 570.34	644	191.324

（二）客观原因——有效培训提供不足

新生代农民工技能短缺是"天然的"。随着城市化的推进，越来越多的农村劳动力进入城市工作，农业社会向工业社会转变需要成熟的技术工人，但是熟练技工无法直接从农村中来。② 因为农业技术与工业技术存在着本质的差别。对于新生代农民工而言，进入城市工作并不是预想的结果，而是城镇化和农村劳动力向城市转移的现实选择。人力资本理论代表人物舒尔茨认为，在多种投资中最有价值的是对人本身的投资。他所指出的五种人力资本投资的方式中最重要的方式就是正规教育与培训。③ 新生代农民工接受职业教育与培训的情况可以用"先天不足，后天缺失"来形容。"先天不足"指接受正规教育年限与水平低于同龄城市青年，接受正规职业教育比例仅为同龄群体的四成左右，且以中等职业教育为主。在进入企业之前的初始技能水平和存量均较低。"后天缺失"指完成正规教育之后获得职业技能培训机会少，技能培训质量有待提升。虽然全社会对新生代农民工转移就业问题高度重视，涉及培训的政府部门众多，但培训参与率与培训效果并不理想。

在企业传统的观念中，新生代农民工就是一群无技能低技能的廉价劳动者，从事的是不需要过多技能的简单重复或者繁重的工作。由于从事的是低技能无技

---

① 马振华：《我国技能型人力资本的形成与积累研究》，天津大学硕士学位论文，2007年。
② 厉以宁：《历经风雨　学以宁国——工业化的比较研究》，载于《北大商业评论》，2006年第1期，第9~11页。
③ ［美］西奥多·W.舒尔茨著，吴珠华等译：《论人力资本投资》，北京经济学院出版社1990年版，第9页。

能的工作，企业会认为对该群体进行技能培训没有必要，作为企业，他们只对和工作密切相关的技能培训感兴趣，即需要什么培训什么，而对一般技能没有培训的兴趣。即使生产线上的工人跳槽，企业只要提供同行业内相对具有竞争力的工资，便可以通过招聘新工人的方式来填补空缺，这样的用工思路导致了企业不愿意为新生代农民工提供技能培训机会，即使提供也是最简单的初级培训，其水平与质量根本无法满足工人技能提升的需要。

（三）主观原因——培训动力不足

对人力资本进行投资的前提是接受培训的人员对培训具有需求或者意愿，即拥有培训的动力。培训动力是研究新生代农民工技能培训的前提与基础（见图 2-12、表 2-4）。

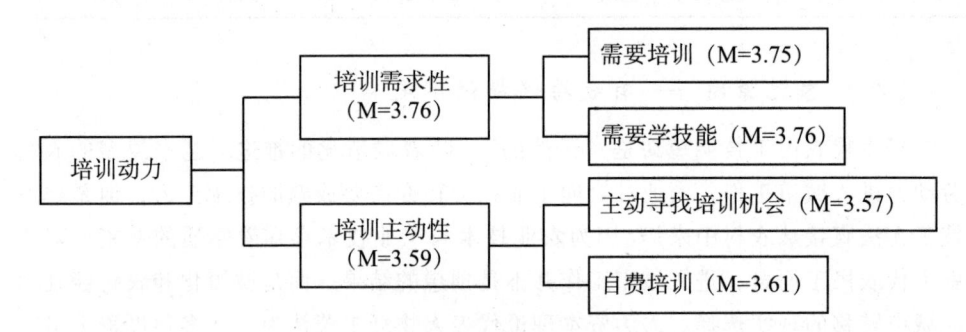

图 2-12　新生代农民工培训动力分析

表 2-4　　　　　新生代农民工培训动力描述统计

描述	响应数	极小值	极大值	均值	标准差
1. 我需要参加培训	6 289	1	5	3.75	.839
2. 我特别想学一门或多门职业技能	6 289	1	5	3.76	.881
3. 我会主动寻找培训机会	6 289	1	5	3.57	.859
4. 只要培训有效果，我愿意掏钱学习	6 289	1	5	3.61	.917

培训动力是培训态度的表现，培训动力分为两个维度，即培训的需求性与培训的主动性。培训的需求性代表了新生代农民工对自身是否需要培训活动的主观判断，而培训的主动性则反映了新生代农民工在存在培训需求时，是否会主动关注培训的相关活动，是否会参与到培训活动之中的具体行为。培训需求是培训活动开展的内在前提条件，培训主动性则是参与培训活动的外在结果。培训需求更为基础，有了培训需求不一定产生培训行为，但是具有培训主动性一定具有培

需求。

第一，新生代农民工的培训需求性。新生代农民工群体普遍对培训持积极态度，① 同上一代农民工"赚钱养家"的进城务工动机明显不同，新生代农民工进入城市的目的不再是为了找到一份可以糊口的工作，工作不再仅仅是谋生的工具，他们迫切地需要在工作中获得知识、获得技能，获得在城市中向上流动的人力资本。就现阶段国家发展方式转变，产业结构调整的情况而言，新生代农民工很清楚没有技能在城市中将会面临极大的生存性和发展性挑战，技能培训对于新生代农民工而言不是未来需要而是现实要求，不是发展储备而是生存条件。② 从调研情况来看，新生代农民工培训需求旺盛。

第二，新生代农民工的培训主动性。埃利斯（A. Eills）的 ABC 理论认为：激发事件 A（activating event）只是引发行为后果 C（consequence）的间接原因，而引起 C 的直接原因是人个体对激发事件 A 的认知和评价而产生的信念 B（belief）。认知是情感和行为反应的中介，引起人们情绪与行为的不是事件本身而是人们对事件的解释，包括想法与信念。③ 新生代农民工培训需求构成参与培训的动力，但是并不一定能转化成为培训行动，其中他们对培训的看法和抱有的态度是决定培训活动是否发生的决定因素。问卷中表示会"主动寻找培训机会"的新生代农民工均值为 3.57，表示会选择自费培训的均值为 3.61，显著低于培训的需求性。新生代农民工群体中对培训"知而不行"的情况较为严重。

四、新生代农民工职业教育的动力因素分析

针对新生代农民工培训需求旺盛实际参与比例却较低的这一矛盾现状，问卷共设计了 12 个问题，通过因素分析法试图归结影响新生代农民工参与培训动力不足的因素。

在量表是否适合因素分析的判断上，表 2 - 5 中 KMO 值达到 0.885，大于 0.5，表示达到良好的程度并接近极佳的指标，即问卷的 12 道问题适合进行因素分析。Bartlett 球型检验的近似卡方分布为 2 172.187，自由度为 66（见表 2 - 5），显著性概率值 $p = 0.000 < 0.05$，达到显著水平，拒绝相关矩阵不是单元矩阵的假

---

① 有 60.6% 的新生代农民工明确表示"培训对找到更好的工作有帮助"57.8% 的人表示"培训对我未来的发展很重要"，赞同"培训对增加收入很重要""我需要参加培训"的比例依次为 52.2% 和 59.6%。数据来源见本章第一节。

② 戴烽：《农民工人力资本培训评估》，社会科学文献出版社 2010 年版，第 44 页。

③ 刘春建：《ABC 理论在心理健康教育中的应用》，载于《内蒙古教育》，2003 年第 11 期，第 21 ~ 22 页。

设，表示问卷12道题目变量适合进行因素分析。

表2-5　　　　　　　　　　KMO 及 Bartlett' 检验

KMO 和 Bartlett 的检验		
取样足够的 Kaiser-Meyer-Olkin 度量		.885
Bartlett 的球型度检验	近似卡方	2 172.187
	df	66
	Sig.	.000

从碎石图（见图2-13）可见从第3个因素开始，坡度线甚为平坦，所以以保持3个因素为宜。

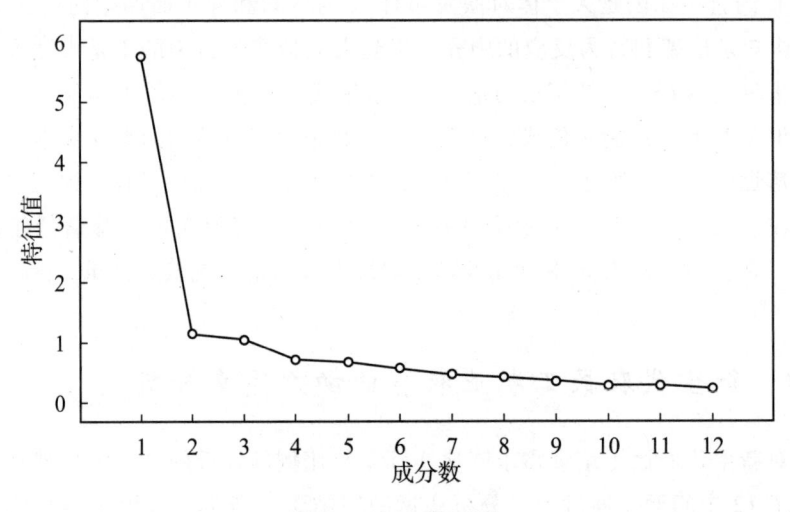

图2-13　碎石图

特征值大于1的变量有3个，能解释的方差变异量为66.333%。轴转前3个共同因素的特征值分别为5.745、1.158、1.057，总和为7.96。轴转后3个共同因素的特征值分别为2.999、2.831、2.130，总和为7.96。轴转后，3个共同因素可解释的总变异量为66.333%（见表2-6）。

提取的3个因素，第一个因素包括6、7、8、5这4个题项，主要涉及培训内容、培训方式、培训师资水平、培训地点便利性，将其命名为培训吸引力。第二个因素主要包括2、3、1、4这4个题项，涉及培训时间安排、培训费用、培训信息获取、培训机构的信赖程度，将其命名为培训可及性。第三个因素包括12、11、10、9涉及家人的支持、单位的时间支持、培训后认证证书对就业的用处、培训后是否立即有经济收益，将其命名为培训效益性（见表2-7、表2-8）。

表2-6　　　　　　　　　　解释的总方差

成分	初始特征值 合计	方差的%	累积%	提取平方和载入 合计	方差的%	累积%	旋转平方和载入 合计	方差的%	累积%
1	5.745	47.878	47.878	5.745	47.878	47.878	2.999	24.993	24.993
2	1.158	9.646	57.525	1.158	9.646	57.525	2.831	23.591	48.584
3	1.057	8.809	66.333	1.057	8.809	66.333	2.130	17.749	66.333
4	.724	6.036	72.369						
5	.675	5.625	77.994						
6	.577	4.811	82.805						
7	.471	3.922	86.727						
8	.424	3.535	90.261						
9	.366	3.053	93.314						
10	.288	2.404	95.719						
11	.280	2.337	98.055						
12	.233	1.945	100.000						

提取方法：主成分分析。

资料来源：根据作者调查问卷整理。

表2-7　　　　　　　　　　成分矩阵

指标	成分 1	2	3
7. 教学方式不合适	.786	.228	-.293
5. 培训地点不方便	.759	-.094	-.337
4. 培训机构不值得信赖	.754	-.270	-.219
8. 培训教师水平不高	.747	.246	-.185
3. 培训费用太高	.731	-.357	-.083
10. 培训后的认证证书对就业没用	.716	.005	.317
9. 培训完不能马上挣到钱	.714	.257	.162
11. 缺乏单位时间支持	.698	-.012	.531
6. 培训内容不实用	.668	.357	-.365
2. 工作忙，没时间和精力参加培训	.635	-.412	.257
1. 找不到培训信息	.552	-.432	.051
12. 家人不支持	.478	.535	.398

提取方法：主成分分析。

a. 已提取了3个成分。

资料来源：根据作者调查问卷整理。

表 2-8　　　　　旋转后的成分矩阵

指标	成分 1	成分 2	成分 3
6. 培训内容不实用	.806	.073	.225
7. 教学方式不合适	.786	.256	.269
8. 培训教师水平不高	.696	.233	.339
5. 培训地点不方便	.677	.486	.067
2. 工作忙，没时间精力参加培训	.080	.742	.285
3. 培训费用太高	.390	.711	.109
1. 找不到培训信息	.157	.679	.086
4. 培训机构不值得信赖	.528	.637	.063
12. 家人不支持	.242	-.076	.781
11. 缺乏单位时间支持	.088	.504	.712
9. 培训完不能马上挣到钱	.446	.252	.582
10. 培训后认证证书对就业没用	.249	.472	.573

提取方法：主成分分析。

旋转方法：具有 Kaiser 标准化的正交旋转法。

旋转在 8 次迭代后收敛。

资料来源：根据作者调查问卷整理。

（一）培训吸引力

如果人们对培训活动本身或者通过培训而获取的知识和技能产生相当的兴趣与爱好时，就可以说该培训项目是具备吸引力的。培训吸引力包括培训内容、培训方式、培训师资水平和培训地点的便利性。

无论是政府的培训还是企业培训的逻辑起点是将农民工群体的继续教育与培训视作增加社会就业、提高收入、缓解社会问题的权宜之计，培训目标是促进劳动力向城市转移，带动就业。这种预设的培训目标使得培训提供者主观地判断农民工进入城市后需要什么样的培训内容，这样要么导致培训与工作之间的关联性不强、内容不实用，培训对于农民工群体就业和上岗的实际帮助效果不明显，要么农民工只能成为流水线上的一颗螺丝钉，永远从事技术含量低、没有职业发展前景的简单重复劳动。调研数据显示无论是家乡地还是务工地政府所提供的培训，新生代农民工认为培训内容的实用程度不高，认为培训内容比较实用和很实用的比例均不足三成（见图 2-14）。

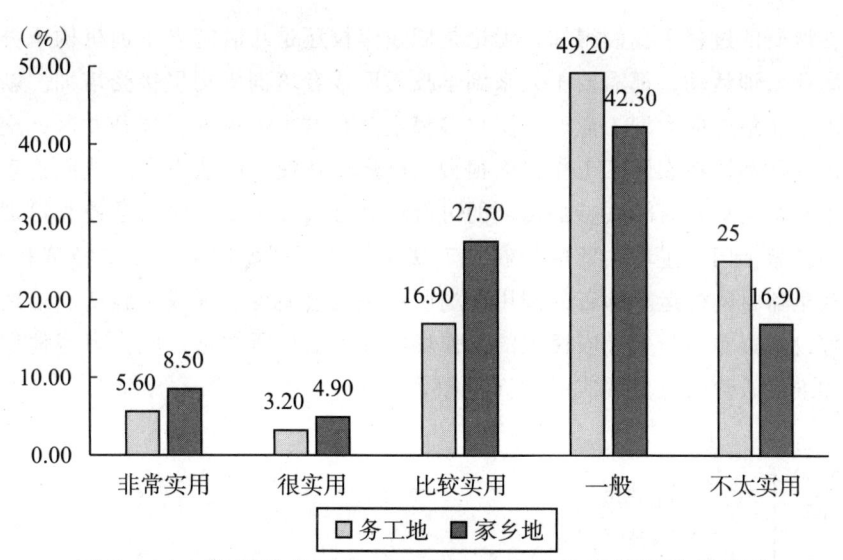

图 2-14 新生代农民工对政府提供培训内容实用性的评价

资料来源：根据作者调查问卷整理。

培训方式延续学校课堂讲授的形式，先进科技手段的培训方式相对较少，工人能够参与实训实操的机会非常有限。对于受教育水平相对较低，以学习一技之长为主要参训动力的新生代农民工而言培训项目的吸引力并不强。新生代农民工对培训师资的满意程度亦不高，结合访谈我们或许能够推断从事培训的教师习惯于课堂的照本宣科，并没有顾及新生代农民工作为有工作经验成年人的特殊需求，该群体更看重能在实际操作和实践中获取的知识与技能，以传播理论知识为主的课堂教授的方式无法形成对该群体的培训吸引力（见图 2-15）。

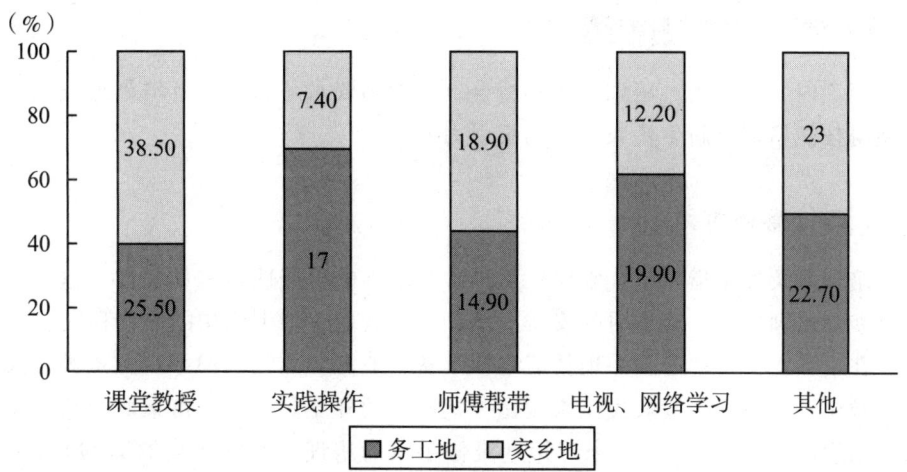

图 2-15 政府培训方式情况

资料来源：根据作者调查问卷整理。

在调研的过程中我们得知，无论是职业学校还是政府定点培训机构承办的农民工职业培训活动，都需要工人来到学校里面或者培训机构里接受培训。新生代农民工工作集中的大型工业产业园很多都坐落在城市边缘的科技开发区，交通远没有市内便利，在农民工工作强度很大，已经比较疲劳的状态下，他们愿意花费半个小时甚至更长时间去参加培训的可能性就会大打折扣。作为学校和培训机构让他们送教上门，主动去新生代农民工聚居的场所现场教学也并不经济和现实，大量教学器材的搬运、师资的调用、场所的协调会使得培训成本骤增。继续学习和教育设施资源离新生代农民工的工作场所和生活场所太远，成为阻碍他们接受培训和继续教育的重要现实因素（见图2-16）。

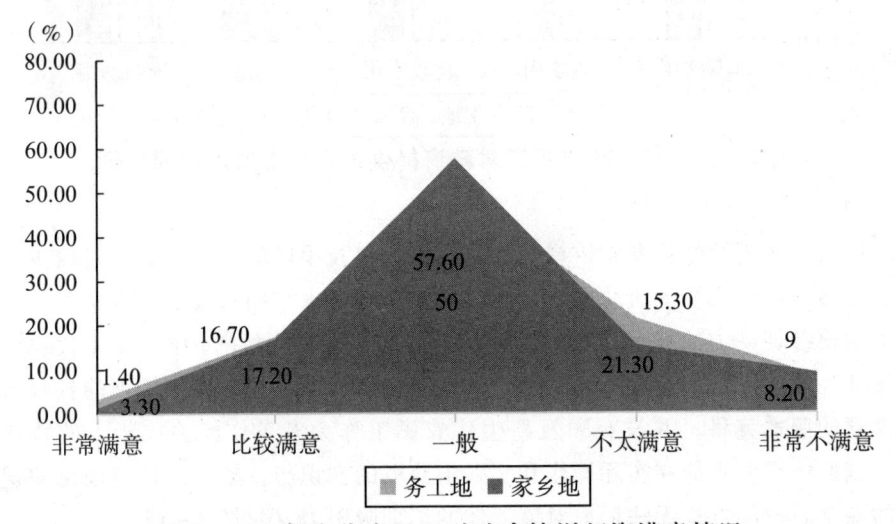

图2-16 新生代农民工对政府培训师资满意情况

资料来源：根据作者调查问卷整理。

培训内容不实用，培训方式不适合，培训师资水平不高以及培训地点的不方便使得技能培训对新生代农民工的吸引力不强。

（二）培训可及性

培训可及性是指新生代农民工可以参与培训的可能性与难易程度。这一因素主要涉及培训费用、培训时间安排、培训信息获取、培训机构的信赖程度。

在培训机构自费参加一项技能培训学费一般需要1 000～3 000元不等，加上实习费用，对于新生代农民工来说是一笔不小的开支。在焦作市某职业培训学校网上招生简章可以看到，4个月短期维修手机的培训一共需要交纳2 280元，学制为1年的数控专业，学费加实习费一共需要4 980元。新生代农民工一般在次要劳动力市场工作，工资水平比较低，整体生活负担很重，可供额外支配的费用有限。河南样本数据显示，超过半数（51.40%）的新生代农民工愿意承受培训的年均费用在500元以下，24.40%的人的承受能力在500~1 000元之间（见图2-17）。也就是说绝大多数农民工参与自费培训是难以承受高额费用的。

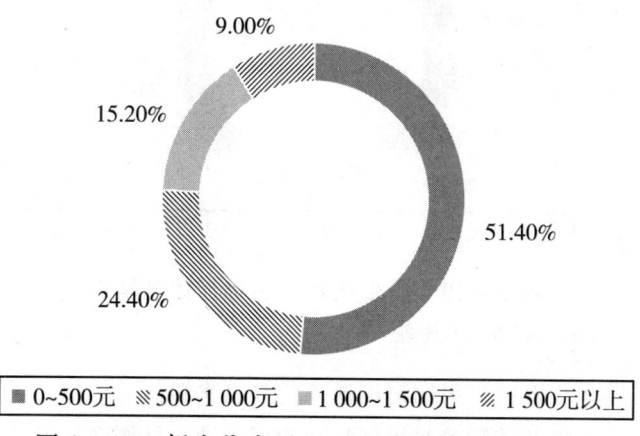

图2-17 新生代农民工可以承受培训费用情况

资料来源：根据作者调查问卷整理。

工作时间太长，频繁加班成为阻碍新生代农民工参与职业培训的因素之一。调研数据显示新生代农民工超出法定工作时间加班的现象非常严重，有46.60%的工人每天工作时间在9~10个小时，15.60%的工人工作11~12个小时，还有4.80%的工人每日工作时间超过12个小时。即使在法定的休息日，新生代农民工加班加点的现象依旧普遍，只有12.70%的工人能每月休息八天或八天以上，有54.80%的新生代农民工每月只能休息四天或四天以内，有13.60%的工人没有休息（见图2-18、图2-19）。高强度的工作使得他们即使有接受培训的需求与意愿，也没有闲暇时间参与。

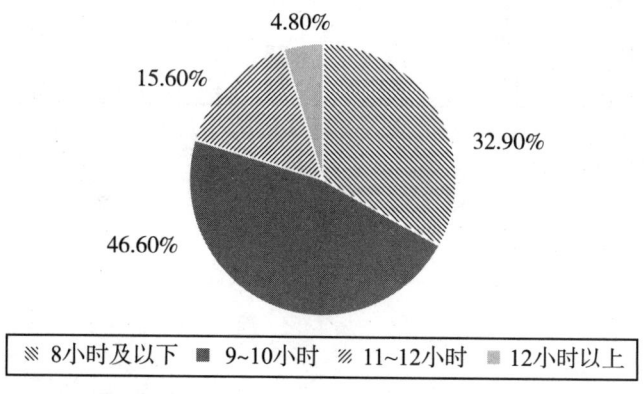

图2-18 新生代农民工每日工作时长

资料来源：根据作者调查问卷整理。

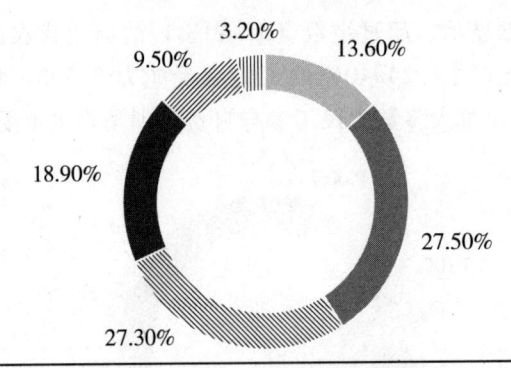

图 2-19　新生代农民工每月休息情况

资料来源：根据作者调查问卷整理。

信息是指新生代农民工得知培训活动的消息来源。有了培训需求却找不到合适的培训信息也会降低实际参与培训活动的可能性。从图 2-20 中看到，信息已经成为新生代农民工参与培训活动的现实障碍，43.50% 的被访者根本不知道相关的培训信息，14.80% 的工人即使听说过相关培训，不熟悉报名流程，不知道报名地点也限制了他们的培训行为。笔者登录某省相关政府主管部门的官方网站，在仔细查看了各大版块之后也没有发现有关农民工培训的相关指导信息。对于那些不擅长资料查找的新生代农民工获取信息的难度会更大。

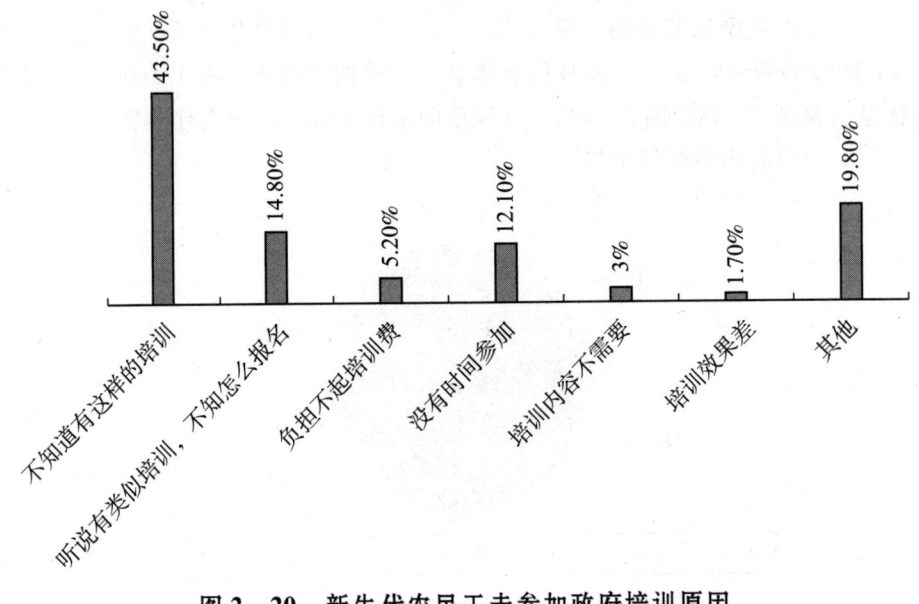

图 2-20　新生代农民工未参加政府培训原因

资料来源：根据作者调查问卷整理。

以下是同焦作市建工集团80后农民工的访谈记录：

访谈员：你们是怎么获取培训信息的？
员工甲：老板去找的。
访谈员：老板告诉你的。
员工甲：对。
访谈员：大家知道这个信息还是不想去的原因是什么？
员工乙：一是没接触过，不知道学了有没有用，还有工作的原因。
访谈员：参加培训会和工作时间有冲突？
员工乙：对。
访谈员：那你愿不愿意参加政府组织的培训？
员工丙：愿意，参加培训也有很大的好处，我相信每个人都会愿意参加。
访谈员：政府组织很多类似这种培训，你们都知道吗？是不是获取培训信息的这个渠道不是特别畅通？
员工丙：对。现在感觉在工地的信息比较封闭，没有报纸，很少能看到电视，最多能听到收音机。
访谈员：你们用手机上网吗？
员工丙：手机上网一般都是聊聊QQ，专业性的要专门去关注才可以。一般人就是玩QQ。
访谈员：大家都有手机吗？
员工一起：有。
员工甲：这个时代没有信息封闭，你自己想去关注的话，有手机什么东西都有，自己就去关注。
员工乙：专门去关注的话，肯定要花时间、花精力。
员工丙：自己也没心思去关注。

调查问卷显示超过半数的新生代农民工获得培训信息的途径是企业的宣传通知，不是研究者所设想的传媒途径，例如电视广播、杂志报纸等。分析其原因，一方面是新生代农民工获取培训信息的渠道较为闭塞，完善开放的培训信息共享平台尚未建立；另一方面由企业进行培训信息的发布与推荐，从内部获取信息更为可靠，在新生代农民工对培训机构不具备甄别能力时，企业作为信息源可以起到保障作用。这也从某个角度说明新生代农民工对培训机构的信赖程度较低。

培训费用高、没时间和精力参与培训、找不到培训信息以及培训机构不值得信赖使得当前新生代农民工技能培训的可及性差。

（三）培训效益性

培训效益性包括培训的效率与收益，效率是指由于参加培训而花费的时间成本与机会成本，收益是指由于参加培训而带来的可预期的收益。培训效益性主要涉及家人的支持、单位的时间支持、培训后证书对就业的用处，培训后是否立即有经济收益。

正规职业学校和培训机构提供培训的时间多在白天，与工人上班时间冲突，虽有部分机构开设夜间班或者周末班也没有顾及新生代农民工群体的作息规律与特点。即便在周末上午开班，对于工作了整整一周需要休息调节的工人来讲一大早起床去上课也是一件困难的事情。新生代农民工群体整体收入处于较低水平，一个人的工资对于全家的生活质量会产生较大的影响，家人对于培训的支持程度也是他们需要考虑的因素之一。如若让新生代农民工放弃眼前的工作，花上三个月或者更长的时间到职业院校脱产学习，就会面临丧失三个月的收入或者可能会丢掉现有工作，一般而言，新生代农民工是不愿意冒这样的风险的。

> "现在真正的新生代农民工为什么不愿意培训，我接受了你两年的职业教育，进到工厂以后，拿着学历证书和职业资格证书，我的工资待遇是不是就比没有培训的人员高呢？不是。所以我们下去招生时，农村的初中毕业生算了一笔账，我到职业学校那儿上学，农村的贫困户两年3 000元，学费全免。但是人家来了以后，住宿要花钱，上了两年以后花了一万元，人家自己说了，我打了两年工可能赚四万元，这一正一负我少挣了五万元，我去你那儿干什么。虽然国家有着严格的用工准入制度，国家要求很严，但是用工企业它急着要工人，熟练的技工又没培养出来，没办法，算了吧，开个口进去吧，实际上这是个恶性循环。"[①]

我国职业资格证书制度并不完善，就业准入制度早已设立但按照规定执行的企业少之又少，拥有资格证书不是获得一份工作的必要条件，正如访谈中教育局负责人所言，就业准入制度的缺口会造成资格证书的贬值，新生代农民工是否拥有职业资格证书都不会影响其找工作的进程，培训证书与职业资格证书对就业的

---

① 根据与某市教育局负责人的访谈整理而来。

用处并不大。从培训后收益角度看，企业对于参与培训的新生代农民工的激励与奖励并不充足，图2-21显示，超过六成的新生代农民工表示培训之后个人工资并没有增长，即使部分工人表示增长，其增长的幅度也不大，对工人们的激励效果并不强。

家人与工作单位的时间支持与否是新生代农民工必须考虑的机会成本和时间成本问题，培训过后资格证书对找工作作用不大以及培训后收益不明显使得培训的效益性较差。

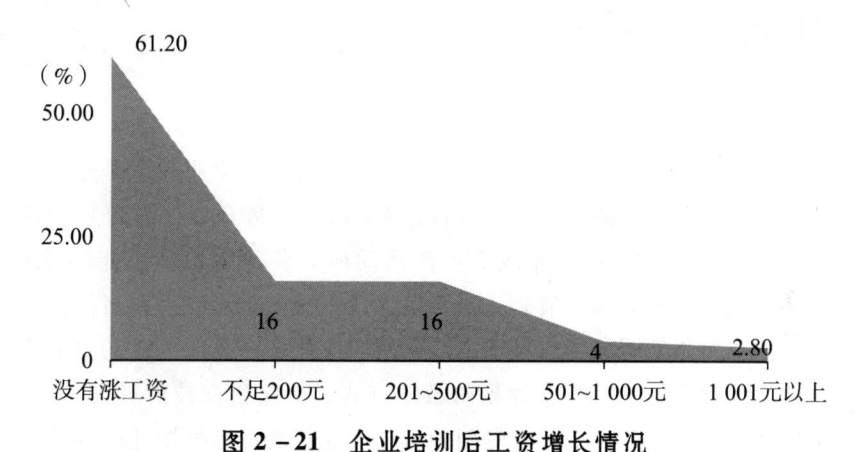

图2-21 企业培训后工资增长情况

资料来源：根据作者调查问卷整理。

对新生代农民工技能培训短缺进行归因，将原因归结为我国重学历轻技能的教育传统是宏观背景，针对新生代农民工提供的有效培训不足是根本原因，而新生代农民工培训动力不足是主观原因。通过因素分析得出培训吸引力、培训可及性和培训效益性这三个因素直接影响新生代农民工参与培训的动力。按照新生代农民工对培训的主观认识，后续他们会更加注重培训对获得工作或者更好地完成工作任务的作用。

职业培训是新生代农民工获得技能的有效途径。治理新生代农民工技能培训短缺，必须解决培训中高需求性、低主动性的问题。现阶段的农民工培训应建立在现实认知之上，满足他们对获得和提升当前工作任务技能的需求。

五、新生代农民工职业教育的基本途径分析

技能是人力资本的重要形式之一。贝克尔认为人力资本通过投资获得，人力资本形成与积累的主要途径是教育。舒尔茨认为人力资本形成的五种途径为：医疗保健；在职人员的培训；正式的初等、中等和高等教育；非企业组织的成人学

习活动；个人和家庭适应于变化就业机会的迁徙。① 新经济增长理论代表人物之一卢卡斯（Robert Lucas）从更微观的视角对技能形成与积累的方式提出新看法，他认为有两种形式可以实现人力资本的积累，一种是通过正规、非正规的学校教育，在学校教学与实践中使得每一个人的智力与技能获得提高。另一种是非正式的教育形式"做中学"，通过工作中的实际训练与经验的积累获得技能。② 可见技能形成的途径是多方面的，但根据新生代农民工技能短缺的现状和我国技能培训的供给情况，目前主要的途径有正规职业学历教育、非学历职业技能培训、在职培训和做中学四种。

（一）正规职业学历教育

人们通常将学校教育视作获得人力资本的重要途径，职业教育是适应社会需要，培养应用型、操作型技能人才的教育，《中国大百科全书·教育》提出职业教育是"给予学生从事某种职业或者生产活动所需要的知识和技能的教育"，③ 是"培养各层次的技术人员、管理人员、技术工人和其他城乡劳动者的教育。"④

第一，正规职业学历教育的吸引力。学历职业教育在技能人才的培养中有显著的优越性，因为它是有组织有计划的教学方式，不仅重视技能和知识的教授，还对学生进行专业化的教育，形成专门领域的职业技能，这种职业技能还包括解决问题的能力、与人沟通的能力、团队合作的能力等一系列复合的软技能。培养出的技能人才素质更为全面，可以有效地满足社会经济发展中对复合型高技能人才的需求。职业学校的师资绝大多数满足既具备理论教学的素质，也具有实践教学的能力的"双师型"教师，整体师资水平要高于培训机构。

正规职业学历教育更加偏重理论知识的教授，教学方式同其他培训形式相比讲授的比例更大，学员实践要通过实训基地或者进入企业实习以工学结合的形式进行。学习与培训活动需要在校园内进行，地点安排灵活性欠佳。

第二，正规职业学历教育的可及性。新生代农民工能否进入职业学历教育培养体系取决于多种因素：文化和政策环境、劳动力市场信号、职业教育供给、学员的机会成本、支付能力和个体特征等。⑤ 当前农村学生逐渐成为中等职业教育的主要生源，在政策上国家和教育主管部门给予了大力支持，《2011年郑州市中

---

① 西奥多·W. 舒尔茨著，吴珠华等译：《论人力资本投资》，北京经济学院出版社1990年版，第12页。
② Lucas, R. E: On the Mechanics of Economic Development. Journal of Monetary Economics, 1988: 3 – 4.
③ 《中国大百科全书·教育（第三卷）》，中国大百科全书出版社1985年版，第20页。
④ 顾明远：《教育大辞典（第三卷）》，上海教育出版社1991年版，第227页。
⑤ 张创伟：《关于职业教育选择策略的若干基础分析》，载于《天津职业大学学报》，2003年第5期。

等职业学校招生工作意见》和《洛阳市2011年中等专业学校招生工作细则》的政策文件中明确规定中等职业学校主要面向应届初中毕业生，同时面向往届初中毕业生、未升学高中毕业生、退役士兵、农村青年、农民工、生产服务一线职工、下岗失业人员等群体招生。在中等职业学校生源短缺的现状下，职业学校并没有对农民工群体继续学习做出过多限制条件。

除了正规中高职学历教育之外，国家针对未能继续升学且有进城求职意愿的农村应届初高中毕业生（农村"两后生"）实施劳动预备制培训，主要依托具备相应培训条件的技工院校等职业学校，开展6～12个月（一至两个学期，原则上不少于720课时）的专业技能培训。结业之后学员可以获得双证书，即学历证书和职业资格证书。

在学费资助方面，政府可谓下足了功夫。自2009年秋季起，中等职业教育农村家庭困难学生和涉农专业免学费[①]，2012年秋季开始中等职业教育开始全面免费，每年政府还会给参与中等职业教育的学生1 500元的助学补贴[②]。针对农村"两后生"参加劳动预备制培训的不仅在学费上有所减免，还在生活上给予一定的补助[③]。

相对而言，正规职业学历教育可及性较好，基本解决了新生代农民工接受职业教育与培训中费用的问题，作为正规的公立教育机构，其可信赖程度要高于社会培训机构。在国家的大力推动和媒体宣传下，新生代农民工对于职业教育的相关信息与政策的了解程度逐渐加深，该群体通过正规职业学历教育以获得技能的路径是畅通的。

第三，正规职业学历教育的效益性。从机会成本上看，较长的学习周期是新生代农民工不愿意选择此种获取技能途径的主要原因（见图2-22）。2年或更长的学习周期对于急于打工赚钱的年轻工人是一笔巨大的损失，加之企业对上岗的门槛不设限，是否接受过职业教育是获得一份低技能工作的附加条件而不是必要条件，从表2-9可以看到，接受过中等职业教育的工人收入水平低于接受普通高中教育的工人，格鲁伯（Grubb）研究或许能解释这一现象，其研究结果表明，职业教育在就业和收入方面的效应非常短暂，原因是，学术教育注重培养学生多方面的知识和技能，故而在就业市场上的选择余地较大。具体的职业教育增加了受教育者在相关领域就业的机会，但却降低了其流动的资本或在具体行业之外找

---

① 详见教育部、财政部《关于中等职业学校农村家庭经济困难学生和涉农专业学生免学费工作的意见》。
② 详见教育部、财政部《关于扩大中等职业教育免学费政策范围 进一步完善国家助学金制度的意见》。
③ 参见《国务院关于加强职业培训 促进就业的意见》等政策文件的详细规定。

工作的可能性。接受具体职业训练虽有助于早期就业但却无益于日后找到更好的工作。接受普通教育的学生可能一开始不是很容易找到好工作，但随着其工作和职业的不断变换，其加薪、晋级的机会可能更多。[①] 此外，劳动力市场准入制度存在漏洞，学历证书和技能资格证书对新生代农民工和企业雇主的吸引力都不够强（见表2-9），两证（学历证和职业资格证）的市场信号及筛选作用没有有效发挥。对于新生代农民工来说，正规职业学历教育未来回报率高度不确定。

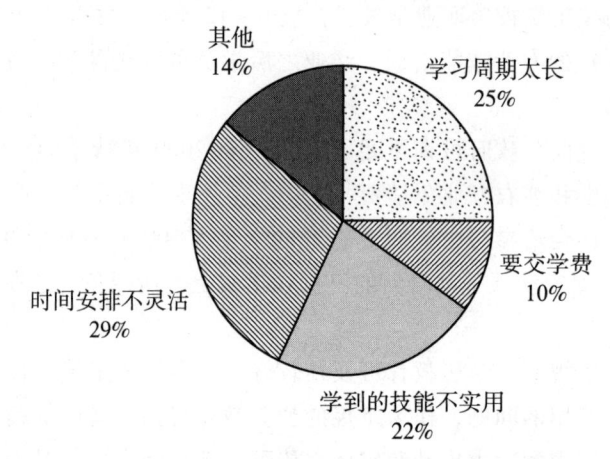

图2-22 新生代农民工不选择职业学校的原因

表2-9 接受不同高中阶段教育新生代农民工月收入情况

指标	教育类型	响应数	均值	标准差	均值的标准误	T值
平均月收入	普通高中	752	3 130.51	829.693	92.188	1.889
	中专、技校、职高	840	2 980.14	590.054	48.502	

（二）非学历职业技能培训

非学历职业技能培训主要是指公办或者民办，培训时间以短期为主（3个月或者6个月），内容为工作技能的培训，培训结束后可以获得培训机构颁发的培训结业证书，如果参训人员参加国家人力资源与社会保障部门举办的职业资格考试并通过，可以获得相应等级的职业资格证书。相对而言，这类培训目的性较强。以是否有政府的财政资助为标准，非学历职业培训分为几个类型：按照是否

[①] 莫琳·T.哈里楠主编，傅松涛等译：《教育社会学手册》，华东师范大学出版社2004年版，第592页。

有国家认证补贴，可分为由政府认证的定点补贴培训机构和民办的以营利为目的的培训机构；按照承担培训主体的不同，可分为培训机构培训、职业院校短期培训以及其他教育组织机构的培训。

第一，非学历职业技能培训的吸引力。近些年参与农民工短期培训的职业院校越来越多，职业院校参与农民工群体培训源于上述国家一系列培训项目的政策推动，也属于政府认定培训机构的一种。对于参与农民工培训的职业院校，国家按照标准会给予学校部分补贴，学校在教育资源充足的情况下参与培训工作，不仅可以增加生源，拓展学校社会服务功能，还能获得良好的社会声誉。

职业院校根据自身的课程开设情况申报农民工培训课程。培训时间分为3个月和6个月两种。培训地点在学校内，需要农民工利用闲暇时间进入学校（通常是周末或者工作日下班之后）接受培训，培训的内容分为理论性课程和技能性课程两种，培训方式以课堂讲授为主，对于有条件的职业院校也会为农民工提供进厂实习的机会。培训的师资为职业院校内部教师。多数职业院校拥有技能鉴定的资格，对于完成课程学习的农民工在结课之后可以获得培训的结业证书和技能证书①。（3个月可获得初级工证书，6个月可获得中级工证书）

同职业院校领导的访谈中我们得知，职业院校要为参与技能培训的新生代农民工推荐工作，只有工人与企业签订了劳动合同，学校的培训才算"合格"。参与技能培训既能获得双项证书，又可以推荐工作，应当说这种培训方式对于新生代农民工有足够强的吸引力，但是实际参与的工人并不多。究其原因，这种培训方式对于还没有找到工作的"准农民工"是有推动作用的，而要求已经在岗的新生代农民工参与培训，更多地需要考虑培训的可及性。

第二，非学历职业技能培训的可及性。国家对承担新生代农民工培训的定点补贴培训机构和职业院校资格审定进行了规范，通过招投标方式认定承担各类培训任务的培训单位，并在当地人力资源与社会保障部门备案，在一定程度上解决了新生代农民工对培训机构不信任的问题。从资金角度看，培训与鉴定的费用根据工种的不同政府予以一定的补助。例如安徽省出台了《安徽省农民工技能培训补助资金使用管理暂行办法》，在该办法中明确将农民工培训工种分为A、B、C、D四类②，根据工种、培训周期、培训成本的不同，确定四类培训的补贴额

---

① 根据对某技师学院校长进行的访谈整理而来。
② A类是指技术含量高、培训成本大、周期较长的制造类、机械维修类、餐饮类等职业（工种）培训，一般培训时间在12个月以上；B类是指技术含量高、培训成本较大、需要一定的培训周期的电子装配类、家电维修类、建筑类等职业（工种）培训，一般培训时间在6个月以上；C类是指有一定技术含量、需要一定的培训成本、培训周期不长的加工类、生产操作类等职业（工种）培训，一般培训时间在3个月以上；D类是指技术含量一般、培训成本不大、培训周期较短的服务类等职业（工种）培训，一般培训时间在1个半月以上。

度依次为：800元/人、600元/人、400元/人和200元/人。鉴定的补贴额度按照取得相应职业（工种）资格证书的，A、B类补贴200元/人；C、D类补贴100元/人；取得相应职业（工种）专项能力证书的，A、B类补贴100元/人；C、D类补贴50元/人。

调研数据显示，参与职业技能培训新生代农民工需要承担约900元的培训费用（家乡地培训机构需承担平均费用为942.37元，务工地培训机构需承担平均费用为945.31元），政府承担的部分约为200元（家乡地政府平均承担210.96元，务工地政府平均承担201.61元）。虽然非学历职业技能培训由国家承担了部分培训费用和鉴定费用，对于新生代农民工而言负担依旧很重。

新生代农民工对职业学校的信赖程度要高于社会培训机构，已经有部分职业学校在送教进厂方面做出了有益尝试，并越来越多地关注到新生代农民工的工作作息和学习特点。我们可以参见下面的对话：

  访谈员：你们参加过职业学校或者其他培训机构组织的技能培训吗？
  员工丙：上次的培训就是职业学校的。
  访谈员：培训持续了多长时间，是怎么进行的？
  员工丙：一个月，利用每天晚上的时间学习一个小时，有专门的老师来指导。
  访谈员：是在咱们工厂里，还是去别的地方？
  员工丙：我们自己在工地里面，搭的一间屋。
  访谈员：你们觉得那个培训效果怎么样？
  员工丙：挺好。
  访谈员：白天上了班晚上再学，累不累？
  员工丙：不是太累，因为学的不是太久而且就在工地，方便。

其实对于在岗的新生代农民工，培训的可及性对实际参与率的影响更大。即使培训项目再具有吸引力，如果新生代农民工没有闲暇时间、没有足够的资金，地点又偏远，培训机构的优劣又难以甄别时，培训活动就不会发生。如果非学历职业技能培训不能针对新生代农民工的特点制订个性化的培训方案，其培训的可及性就会大打折扣。

第三，非学历职业技能培训的效益性。同正规职业学历教育相比，非学历职业技能培训的周期较短，新生代农民工的机会成本与时间成本也更为低廉，在该群体需要首先满足现实需求的状况下，非学历职业技能培训可以成为新生代农民工获取技能和提升技能的有效方式，但该种培训方式同样面临培训效益性较差的困境。在学历教育盛行的社会风气下，培训机构培训合格证书的含金量要低于正规职业学历教育的毕业证书。如何提升培训证书和职业资格证书在求职和职业发展中的有效性，是值得学者进行深入研究的课题。

（三）在职培训

在职培训是人力资本积累和技能形成的重要方式之一。国内外诸多研究已经表明一般劳动力职前习得的知识与技能可以应用于工作岗位的非常有限，仅占其一生所需知识与技能的1/10，大部分的技能需要依靠走上工作岗位之后的继续学习与培训完成。此外，随着科学技术的飞速发展，不仅使物质资本的损耗加速，而且更使得在学校接受的知识技能训练的人力资本加速贬值。为了防止知识老化，技能衰退造成的人力资本贬值，需要劳动者通过各种形式进行继续学习，以满足知识更新和技术进步对劳动者提出的更高要求。而在职培训就是针对提升工作知识与技能的有效途径之一。

事实上在职培训也是新生代农民工获得技能的主要途径。岗前的职业教育或短期培训只能是实际工作的一种模拟，无论实训车间多先进也不能和真实的工作环境相比较。并且岗前培训更加重视一般技能或叫通用技能的培养，它给予新生代农民工的是一种适应未来工作的基本技能，同真实工作对人技能的要求仍有一定差距。正如在访谈中全聚德三元金星的人力资源部门主管人员所讲：

> "学校的职业教育和社会培训做得再好来到企业里面还是要重新培训。不要说不同的行业、不同的地区，就是同一地区的同一产业，不同的企业对员工的要求都不一样，培训学校也不能了解每一个输出企业的规定或者要求，比如说北京市的企业要求和广东的企业要求不一样。学校不可能培养出两波人的素质来。只能按照统一的标准来培养，同样是走生产线你就是在其他企业做了多少年来到我们这里还是要培训。现在学校里面搞的什么岗前培训，再有针对性也不可能完全符合企业的要求。再说我们企业，新生代农民工来了以后主要就是拔鸭毛，这个学校怎么培养？没法培养，只能企业自己来。"

在职培训同其他培训方式相比有以下特点：（1）较强的专业性。一般而言，在职培训是企业针对内部员工，旨在提升员工与生产操作密切相关的知识与技能的教育培训活动，这表明参与在职培训的人员都带着比较明确的培训目的，且具备了一定的工作技能与经验，并根据自身某方面知识与技能缺陷进行弥补的学习活动。(2) 鲜明的层次性。即不同岗位，不同职能和不同水平的员工在接受在职培训时的培训内容与方式也不尽相同。(3) 显著的实践性。员工参加在职培训的目的是为了提升工作技能，进而提高生产效率。因此参与者希望培训可以解决工作实践中遇到的理论和技术问题，并将培训成果运用到生产实践中去。

第一，在职培训的吸引力。经济学家加里·贝克尔区分了两种技能形式，即一般技能与特殊技能。一般情况下，企业没有动机去投资员工的一般技能，因为随着员工的流动，该技能会随之迁移到其他企业，企业的培训投资风险大，培训回报不确定性大。特殊技能只适用于本企业，员工接受了特殊技能培训后带来的生产效率提升的收益是确定的，故企业也更愿意提供这种类型的技能培训。但是在现实生产中，特别是新生代农民工从事的生产活动中，完全的特殊技能是不存在的，大多数技能是介于特殊技能与一般技能之间，称为可转移技能，即这种技能适用于本企业也部分地适用于其他企业。调查数据的情况也印证了上述理论。企业提供一般技能培训的比例最低，占19.0%，特殊技能与可转移技能的比例分别占24.0%和44.4%。总体看来，在职培训是基于单个企业的特殊生产要求和对工人技能的特殊要求进行培训的，培训内容与岗位要求高度相关，也就是说企业要求新生代农民工掌握的技能基于企业的需要，符合新生代农民工现实认知（见图2-23）。

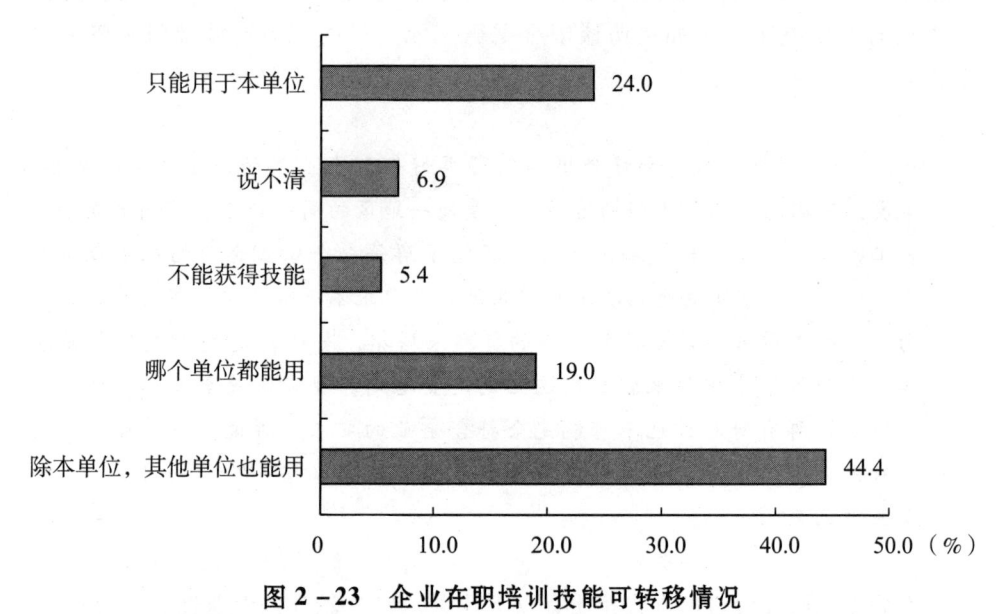

图2-23 企业在职培训技能可转移情况

资料来源：根据作者调查问卷整理。

企业在职培训最大特点是培训场所与工作场所的天然密切性，因此大多数企业培训开展的场所也以工作场所为主。调查显示企业培训采用最多的方式为：跟着师傅边干边学、工作指导培训以及讲授法。前两项属于工作场所学习，多采用的是在职培训。跟着师傅边干边学可以追溯到古代的学徒制，至今仍是最常用的企业内部培训方式。有33.8%的培训是以该形式进行的。工作指导培训是新员工在职培训的一种有效方式，可以在较短时间内迅速掌握工作的步骤以及所需的相关技能，其针对性与可操作性极强，企业采取此种培训方式的比例也较高，占22.7%。讲授法通常会以讲座或者课堂上课的方式进行，此培训方式的理论性要高于实践性，是对实际操作技能培训的有效补充。轮岗学习是培养技能人才和管理人才快速适应不同组织架构，形成复合技能的有效培训方式（见图2-24）。

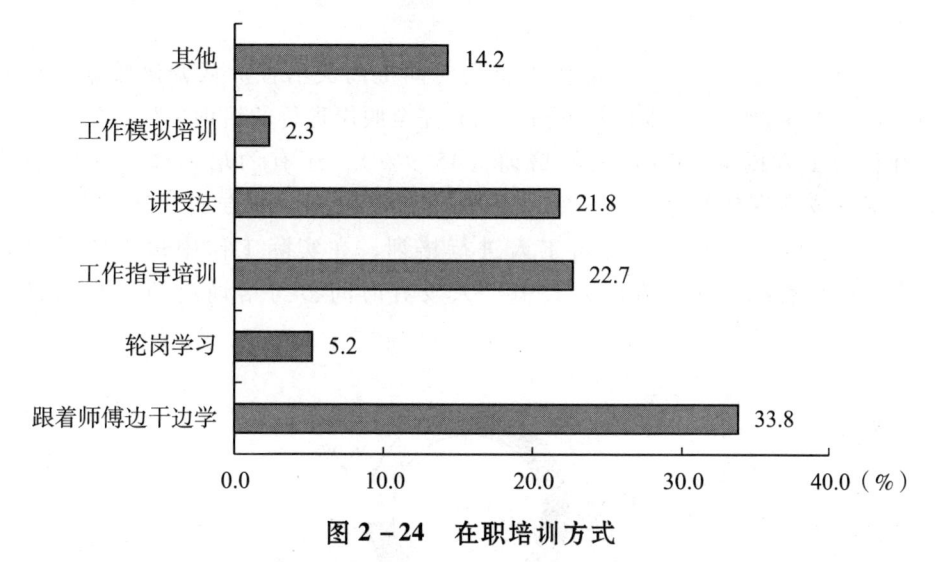

在职培训方式	百分比(%)
其他	14.2
工作模拟培训	2.3
讲授法	21.8
工作指导培训	22.7
轮岗学习	5.2
跟着师傅边干边学	33.8

图 2-24 在职培训方式

资料来源：根据作者调查问卷整理。

第二，在职培训的可及性。《中华人民共和国劳动法》《中华人民共和国职业教育法》《中华人民共和国就业促进法》《企业职工培训规定》等相关法律法规明确规定了用人单位应当建立职业培训制度，根据本单位实际有计划地对劳动者进行职业培训。因此企业为工人提供在职培训也是应负的责任。按照《国务院关于加快发展现代职业教育的决定》，企业应从员工工资总额中提取1.5%~2.5%作为职业培训经费，且用于一线员工培训的经费比例不得低于60%。企业在职培训主要以特殊技能和可转移技能为主，其培训成果可以直接转化为企业效益，因此在职培训中企业承担的培训费用较多，占到67.8%，完全由新生代农民工个人承担的部分仅有14.7%。在职培训基本上不会产生什么培训费用，对于新生代农民工而言是可供选择的较优途径（见图2-25）。

17.5%
14.7%
67.8%

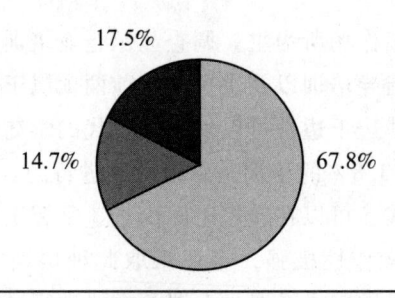

□ 企业承担全部费用　■ 自己承担全部费用　■ 企业和自己分摊费用

图 2-25　企业在职培训费用分摊情况

资料来源：根据作者调查问卷整理。

基于工作场所培训最大的优点就是时间上的灵活性。从调研数据可以看到，企业培训的时间安排相对灵活，既有完全脱岗进行的培训项目（27.2%），也有利用工人闲暇时间开展的培训（45.9%），还有的培训体现了在职培训与工作场所密切联系的特点，即采取边工作边培训的方式（26.9%），在不影响企业正常生产的同时对工人进行培训，在实际工作中边操练边提升技术技能，解决了其他培训方式中工人没有时间参与培训活动的难题（见图 2-26）。

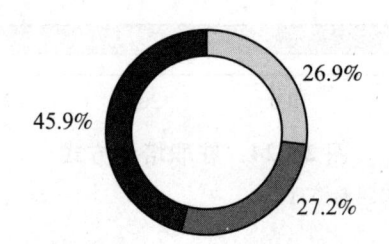

26.9%
45.9%
27.2%

□ 上班时间边干边学　■ 利用上班时间去培训　■ 周末或非上班时间培训

图 2-26　企业在职培训的时间安排

资料来源：根据作者调查问卷整理。

在职培训不存在信息获取的问题，所有的培训内容都是围绕工作相关的知识与技能，获取的技能也将转化为企业的生产效率，培训完全是为企业所用，因此也不存在对企业培训的信赖问题。

第三，在职培训的效益性。在职培训具有较高的效率，培训活动贯穿于生产之中或者利用休息闲暇时间进行，并不需要新生代农民工专门花费时间参与培训，也不会因为培训活动的开展影响正常的企业生产，更不会因为参加培训而与现有工作发生冲突，因此很好地解决了培训的时间成本和机会成本问题。虽然企业内部的在职培训之后没有正规的认证环节，除特殊工种之外，企业通常也并不具备职业技能鉴定的资格，更多企业在培训之后是没有培训证书和相关培训证明的，但是对于在岗的新生代农民工来说，通过培训获得的技能与知识可以直接运用于工作任务，获得的是货真价实的技术技能，即便工人发生流动，这种隐形的财富是可以随着工人的流动一起流入新的企业，为获得更高的工资和更好的职位添加筹码。从技能获得和提升的角度来看，在职培训对于年轻工人有着较高的未来收益。

同时，由于企业培训制度的不完善，相关配套制度不成体系，我国企业尚未建立起与技术技能挂钩的薪金制度和职业晋升制度。图 2-21 显示了企业对参与在职培训的新生代农民工的激励措施尚显不足，参与培训后工资提升的机会与幅度均较低，在职培训的现实收益有待提升。

（四）做中学

从哲学的角度讲，技能形成的途径可以归结为两个方面：一是通过学习间接经验，比如之前提到的正规职业教育、各类的培训活动，通过学习总结较为完善的前人技能知识来提升自身的技能水平；二是通过直接经验的手段，比如观察学习，模仿他人的动作，学习他人的经验，并将观察到的内容应用在自己的工作实践中，或者在实践中自己琢磨思考，通过总结自身实践中的成功经验与失败教训来提升技能水平。这种非投资性的技能积累形式在新生代农民工群体中表现得最多，甚至可以说是新生代农民工获取技能，弥补工作技能短缺的最重要的形式。这种非投资性的技能积累形式的具体方式有很多，比如观察学习、自学成才、向有经验的师傅学艺等，我们将这种在工作中摸索经验边做边学的技能获取方式统称为"做中学"。

诺尔斯 1975 年提出"自我导向学习"的概念，认为自我导向学习是一种"由个体自身引发和评断自己的学习需要，形成自己的学习目标，寻求学习的人力资源和物质资源，选择适当的学习策略和评价学习的结果的过程"。新生代农民工作为成人学习者，有着极为明确的学习目标，他们清楚什么样的知识与技能可以帮助他们在城市中获得可以谋生进而实现发展。这种最基本的学习动机甚至不需要外界的刺激。因此，"做中学"是新生代农民工获取技能最为有效的手段。

从教育学的角度来看，教育按照正规与否的程度分为正规学习、正式学习和非正式学习。非正式学习是指人们获取价值观、人生观和技能的终身学习的过程，是从个人周围获取资源，通过自学获得的。[1] 相对于前两种学习方式，非正式学习更符合成年人的学习心理与动机，它更强调的是学习者自身的学习意识，不通过专门的培训，而是在工作场所、工作岗位上，在完成本职工作的同时自我提升相关技能。阿罗（Arrow）于1962年发表的《做中学的经济含义》一文中首次提出"做中学理论"，认为知识与技能会在实际工作中逐步积累，劳动者可以通过非正式的学习途径，以不脱离工作的方式积累工作经验和获取工作技能。[2]

以下是同焦作市建工集团80后新生代农民工的访谈：

访谈员：可不可以描述一下你进入公司，是如何熟悉施工员这份工作的？

员工甲：我学的就是这个专业，比较了解，再经过实践。

访谈员：在学校学的知识可以直接运用于工作之中吗？

员工甲：基础知识是有的，但是碰到具体的技术活，有时候就不明白了。

访谈员：那你怎么解决这个问题呢？你有师傅带你吗？

员工甲：算是有吧，他（师傅）年纪也不大，我们一块的，都是年轻人。他比我们早来几年，经验比较多，碰到技术上不会的就问他。然后自己在工作中再琢磨琢磨就会了。

员工乙：我没上过技校，之前也不知道施工员要做什么。一般到工地都是跟着干得比较久的人学习，这其实也是一种学习。比如说干得年头久了，自己就有点经验了。向这些干得久的人学习，自己慢慢也就会做了。

由于"做中学"是新生代农民工群体自我学习自我培训以获得技能的方式，因此这种非正式的培训方式吸引力和培训可及性均较强。

从访谈中我们得知新生代农民工通过做中学获得技能的方式与传统的学徒制并不一样。做中学相对于学徒制更为随意和松散，工人和"师傅"之间并不是严格意义上的师徒关系，而是形成的一个非正式群体之中工人之间技能与经验的切磋与交流。这种技能学习方式甚至有点"学习型组织"的感觉。在与新生代农民工的谈话中，这种小团体式的技术交流方式非常常见。与访谈内容相呼应，对调

---

[1] ［瑞典］胡森等著，张斌贤等译著：《国际教育大百科全书——成人教育职业教育卷》，西南师范大学出版社2006年版，第22页。

[2] Arrow K J. The Economic Implications of Learning by Doing. The Review of Economic Studies, 1962, 29 (3): 155-173.

研数据分析发现，对于新生代农民工而言，上述这种非正式的经验传授式的学习方式是他们获得工作技能的主要途径，特别是对培训制度不完善的中小企业就业的工人而言。从图2-27中可以看到，新生代农民工在工作场所以非正式培训获得技能的比例非常高，其中拜师傅学手艺占到12.3%，工作中边学边做的比例高达35.8%，跟着老乡工友学习的占到8.4%，三者之和超过了五成。相对于其他技能积累形式，这一比例相当高。

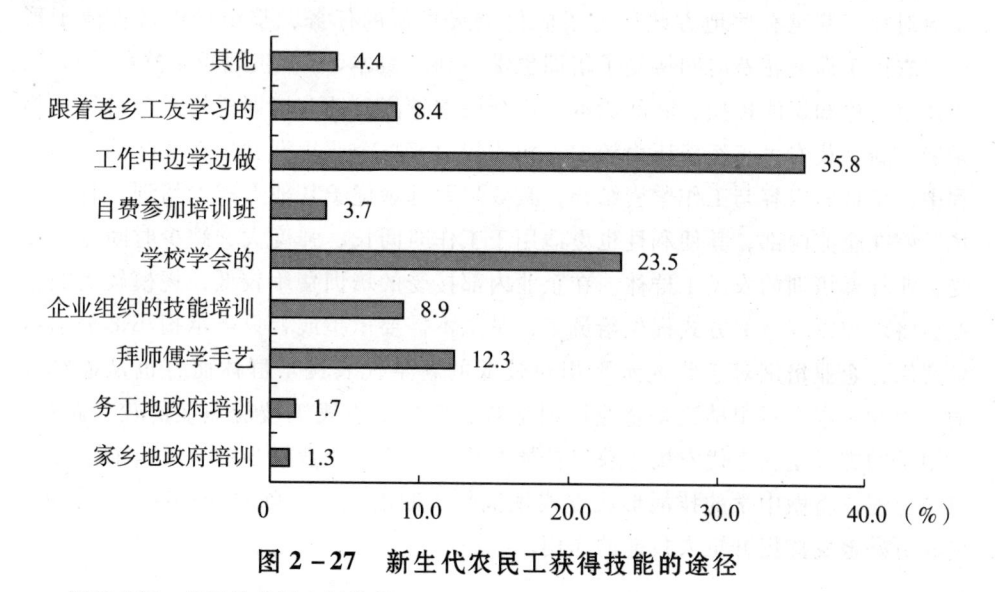

途径	比例(%)
其他	4.4
跟着老乡工友学习的	8.4
工作中边学边做	35.8
自费参加培训班	3.7
学校学会的	23.5
企业组织的技能培训	8.9
拜师傅学手艺	12.3
务工地政府培训	1.7
家乡地政府培训	1.3

图2-27 新生代农民工获得技能的途径

资料来源：根据作者调查问卷整理。

与一般员工采取边干边学的动因有所区别的是，一般员工在采取自我主动学习之外相对获得技能提升的其他路径选择要远多于新生代农民工，后者采取做中学的方式获取技能可以说是别无他径的无奈选择。这种技能形成方式的缺陷在于：(1)技能形成受个人人力资本存量影响，通过做中学来获取技能完全取决于工人的学习能力，悟性好、比较聪颖的工人可以短时间内获得技能的提升，但是先前受教育水平较低，学习能力较差的工人很可能并不能通过这样的途径提升技能；(2)技能形成的不规范性，每一个人的学习方式与习惯不同，通过做中学获得技能的水平高低也就不同。此外，与正规培训获得技能方式不同的是，通过做中学获取的技能没有鉴定考核环节，除非工人主动参与技能鉴定获得相应的技能证书，否则技能只能存在于工人身体之内，无法获得劳动力市场的认可。即通过做中学获得技能的效益性难以保证。

技能获取的途径有很多种，但并不是每一种方式都适合新生代农民工群体。同上一代农民工群体相比，他们接受过更高层次的教育，对技能在工作中的重要作用有着更清晰的认识,更加看重实际的培训效果,希望在接受完培训之后技能水平可以得到真正的提升。结合调研数据,新生代农民工对于技能形成途径的偏好与上述的分析结论基本一致。企业培训获得了最高的偏好比例,远远高于政府、社会培训机构和职业院校(见图2-28)。政府为主体提供的职业教育培训存在的诸多弊病已经显露,主要的问题有:培训时间短;需占用"额外"时间接受培训,培训内容同进城后实际从事的工作关联性不大,不能实现培训与工作的有效对接。甚至有些地方政府为了应付上级指派的任务,整个培训过程流于形式,农民工即使花费时间接受了培训也学不到"真本领"。正规职业教育学制长,更注重理论知识的传授,时间成本与机会成本较高;社会培训机构需要自行承担学费,新生代农民工经济压力较大。相比较而言,企业培训发生在实际的工作过程中,培训的内容与工作紧密结合,其效果要远远优于其他形式的培训,且培训场所就在企业内部,其便利性也更适用于工作时间长、强度大,缺少时间专门接受企业外部培训的农民工群体。在企业内部接受的培训费用较低,规模较大的企业会将培训以福利的方式提供给员工,员工不需要承担或者只需承担小部分的培训费用,企业培训对于收入水平相对较低的新生代农民工群体而言也是最经济的。因此,本书得出结论是企业培训是解决新生代农民工技能短缺的较优路径。做中学的方式是新生代农民工获得技能的重要方式,企业应当结合工人的学习特点与习惯,将做中学的技能形成方式规范化、制度化,加强对相应技能的认证,使其更好地发挥提升工人技能的作用。

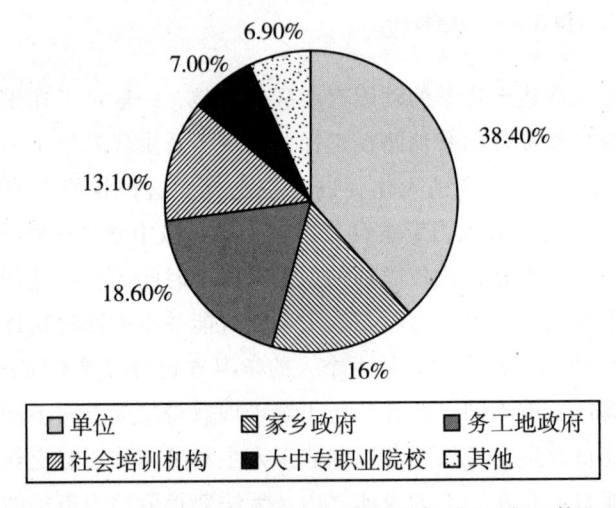

图 2-28 新生代农民工职业培训主体的选择偏好

资料来源:根据作者调查问卷整理。

第二节 新生代农民工的职业教育问题分析

一、新生代农民工职业教育管理:"九龙治水"与各自为政

第一,在新生代农民工职业教育管理上,政府行政部门没有形成统一的机构,缺乏有效的保障机制和配套措施,参与的部门较多,形成"九龙治水"的现象。第二,相关部门之间各自为政的问题也越发尖锐。就农民工工作的组织管理而言,涉及的多个行业和部门之间缺乏有效的沟通,没有建立起指导、管理、监督、评价等行之有效的系统的职能分配制度,各部门之间职责存在交叉;就资金分配而言,各个部门之间的使用标准和管理方式不一,多部门的分散职责影响了资金有效的利用。第三,指标化管理形式明显,各部门往往以指标分配论成败,以完成指标而不是真正促进新生代农民工职业技能的发展为首要目标,导致新生代农民工职业教育管理重视眼前任务,而忽略对技能人才的系统性、长期性培训管理。这些问题具体体现在以下几个方面:

(一)职业教育与培训的投入依然不足

在调研中问及是否政府补贴了培训费用的时候,极少数的受访者回答了解这方面的情况。与之相对的,有高达58.1%的受访者希望政府提供免费的技能培训(见图2-29),在东部沿海某些地区,这一比例更高。由于职业教育的特殊性,其成本要高于普通教育,因此计划性的、年度性的培训经费投入的成效比数据反映的情况可能更加严重。在参加过政府组织或减免学费培训的受访者反映最集中的三项问题中,表示政府没有提供足够补助的占到了48.0%。

(二)分散的管理体制下资源使用效益堪忧

通过调研数据的分析和访谈情况发现,新生代农民工职业教育和培训资源分配不够合理,亟须对资源配置问题进行优化。这一问题主要表现在以下几个方面:流入地政府和流出地政府分工不够明确,资源重复使用;承担新生代农民工职业教育责任的部门众多,培训资源没有能够形成合力;职业院校和社会培训机构等管理机构管理模式不同,甚至在职业院校内部也有人社部门和教育部门分管的差别,不利于统筹规划;在培训的覆盖面上不能完全覆盖到各种行业的人群,导致不同行业之间的农民工培训存在明显差距。

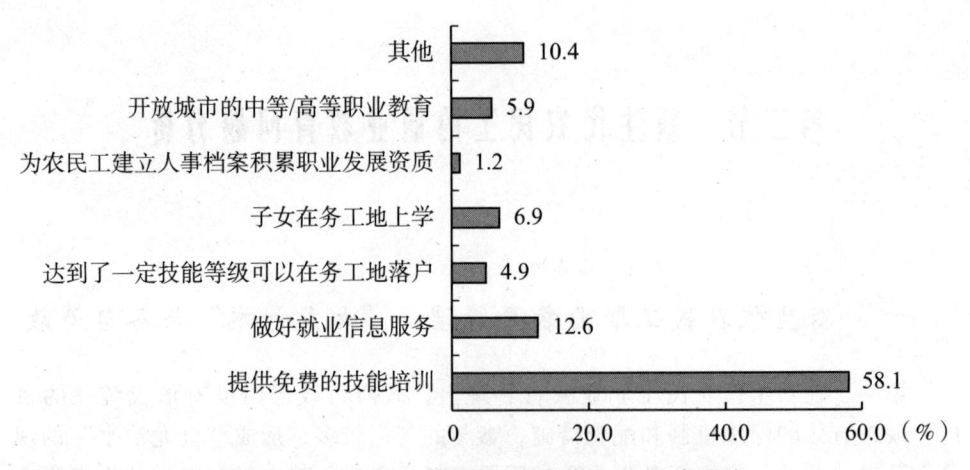

类别	百分比
其他	10.4
开放城市的中等/高等职业教育	5.9
为农民工建立人事档案积累职业发展资质	1.2
子女在务工地上学	6.9
达到了一定技能等级可以在务工地落户	4.9
做好就业信息服务	12.6
提供免费的技能培训	58.1

图 2-29 农民工最希望政府提供的教育服务

资料来源：根据作者调查问卷整理。

由于部门分割，教育部门主管绝大多数的职业学校办学功能被定位在正规学历教育上，人社等部门大量的培训经费和培训任务往往委托给自己主管的职业学校或培训机构，而使在我国职业教育中占主体地位的职业院校被推到一边，对新生代农民工在职培训的方面没有起到应有的支柱作用。一些地方政府部门主导下的培训，培训内容与主管部门的职责紧密相连，培训内容功能定位不清，选择委托的培训机构实力不一，培训质量存在差异。

（三）校企合作的育人合力与成效欠缺

校企合作一直是技能人才培养的关键环节，是职业教育和培训的薄弱环节，也是新生代农民工职业教育管理中最大的问题之一。职业技能的形成需要学校和企业的相互配合，无论是职前的学校教育还是在职的职业培训都需要两者的共同参与，这两个主体的有效合作更需要政府的统筹与指导，促进校企之间利益共同体的形成。调研发现，一方面，职业学校培养的学生（绝大部分是农村生源）技能的学习与实践缺少企业参与，进入企业的实习实训又缺少教育性内容，企业提供的技能性教育性实习岗位远远少于实习生数量，使很多学生容易沦为企业的廉价劳动力；另一方面，新生代农民工入职后的职业培训上，部分企业需要职业学校配合承担培训任务，然而职业学校往往又面临着教学实训转型、培训能力不足等新问题，制约学校培训职工的预期效果。

（四）职业教育与培训投入方式和手段尚需改进

近年来，我国各级政府逐步加大对新生代农民工职业培训的投入力度，但是在投入经费上，人社、工会、妇联、农业、林业局、教育等部门分别规划和使用，力量分散，缺少协调。在政府组织的新生代农民工职业教育和培训项目上难以进行统一的科学评估和系统性的改进，这也成为阻碍新生代农民工职业培训发展的重要因素之一。

（五）地方政府的培训政策内外有别

由于教育资源的不均等和财政支出的限制，针对本地与外地新生代农民工的培训补助政策，许多地方政策存在着明显的区别对待现象。在调查过程中发现，在农民工培训补助政策上，本地人和外地人依然存区别，例如在北京，有农民素质提高工程、针对农民的职业技能培训等各类针对农民的项目，这些培训项目费用均由北京市政府承担，但是只针对具有本地户籍的农民，外来务工者无法享受相应的待遇。新生代农民工的流动性较强，绝大多数农民工是进入流入地之后才产生培训需求的，这样的政策导致大量的培训需求无法满足，降低了新生代农民工参与技能培训的可能性。全国总工会2012年的调查显示，一线劳动者中有80%的为外来新生代农民工，在这样的比例下，政策依然偏向于少数的本地人是明显不合理的。这也导致了新生代农民工受职业技能培训机会的不均等，大量外来新生代农民工事实上获得的职业培训机会受到政策人为的制约。

二、新生代农民工职业教育需求：多样需求与单一供给

（一）新生代农民工职业技能需求多样，然而供给方式单一

随着城镇化、现代化进程的加速，以及农民工自身发展过程中的内部分化，日益多元的培训需求对职业教育提出了挑战。目前来看，农民工已经逐渐分化为几种类型：第一种是已经市民化的农民工，在城市有稳定的工作和住所，部分还获得了城市的户籍，与本地的居民已没有任何区别，即"留城型"；第二种是暂时出来务工的农民工，这类农民工只是迫于生计的需要，在农闲时期到城里打工，一旦家中需要劳动力随时会回到农村，即"回乡型"；第三种是处于流动状态的农民工，抱着试试看的心理进入城市，如果收入与工作条件能达到预期目标就会选择留下，反之就会回乡或流动到另一个城市，即"摇摆型"。这三种农民工的培训需求有很大不同，针对短期在城市务工的，从事技能水平低，以劳动密集为主要行业的农民工群体应当着重对他们进行引导性培训，增加相应的城市生活知识和法律常识，学会维护自身的合法权益；"留城型"农民工一般为农民工

中的精英分子，针对该群体应重视对他们技术技能或提升学历的培训；"摇摆型"农民工要为他们提供必要的技能培训，让他们通过掌握一项谋生技能看到可以在城市生活发展的可能性。此外，农民工职业发展生涯不同阶段的差异性培训需求、千差万别的行业企业和职业的新培训需求等，使得新生代农民工的培训需求日益呈现多样化的特点。

但现有的职业教育和培训更多的是政府主导项目，往往缺少进一步的差异化和针对性的培训需求分析，培训的个性化不足，一部分职业教育和培训项目供给内容和形式的单一性无法真正满足新生代农民工的培训需求，间接影响到培训的接受度与满意度。

（二）产业发展不平衡造成培训需求差异

在我国许多地方，缺乏高技能人才的支持已成为经济转型和产业结构升级的掣肘。例如，福建省晋江市以鞋服制造、陶瓷、印染等为优势的传统行业，曾经创造出举世闻名的"晋江模式"，但以轻工制造业为支柱行业的产业结构依旧依靠劳动力密集型推动经济的发展。从调研的结果来看，集中在轻工制造行业就业的新生代农民工总体素质依然偏低，阻碍了产业的转型升级。产业升级对新生代农民工的技能需求，与现有的培训手段和培训项目之间的差距较大。

从产业需求来看，产业发展必然伴随着技术的升级和产业结构的调整，落后的产业结构和生产技能渐渐被淘汰，而新的产业标准和生产组织形式对新生代农民工的技能层次提出了较高的要求。从现有的技能培训来看，绝大部分的企业培训和政府组织的培训均面向基本技能，培训内容技术含量不高，甚至只是重复劳动的简单培训，这样的工人无法适应产业结构调整和产业升级对技能的需要。具体表现在：第一，培训课程设置有些不合理。现有的培训课程安排以传统的组织方式组织安排，多为一般的技术与技能。第二，培训师资相对落后。对新诞生的行业技术和产品知识，缺乏有丰富经验的师资力量支持，其课程的开设也相对较为落后。第三，考核标准先进性和技能鉴定体系服务性不足。新生代农民工掌握新技术新技能的意愿较强，然而现有的考核标准和技能鉴定体系在对产业内技能层级方面并没有较好的划分，导致大量工人停留在中低层次的技术等级，而高层次的技能认证面临后继乏人的局面。

（三）国家职业资格证书体系显现出落后产业发展的态势

职业资格标准是在职业分类的基础上，根据职业活动的内容，对从业人员从事职业活动，接受职业教育培训和职业技能鉴定，以及用人单位录用、使用人员的基本依据，也是衡量劳动者从业资格和能力的重要尺度。目前我国已有国家职业标准

641 个。① 600 余个职业标准尚不能涵盖我国三大产业中的每一个工种。调研中发现，工种认定标准不足导致技能鉴定和技能考试组织较难。比如，国家没有制伞的题库、制鞋的题库，导致这些工种都没有认证的标准，而在某些区域，这些工种都已经是较为成熟的工种，并且已经在全国范围乃至世界范围内具有一定的优势。另外，职业资格标准的制定与职业准入门槛存在着明显的差距，目前我国仅对技术复杂、通用性广、涉及国家财产、人民生命安全和消费者利益的工种做出明确规定，要求必须经过培训，并取得职业资格证书后，才能就业上岗。目前我国仅有87个就业准入的工种②。就业准入制度同职业资格标准间存在的差距依旧很大，准入制度的宽松直接影响了国家职业资格证书体系的权威性。此外，国家职业资格证书体系管理机构众多而且复杂，并且不同行业的资格证书其含金量也不同，面对新生代农民工对职业资格证书的复杂需求，国家职业资格证书制度的弱点显现得十分明显。

（四）职业学校发展模式距离产业升级的要求还有差距

虽然职业学校承担着学历教育与社会培训两大职责，但更多的职业学校还是将学历教育视作重中之重，职业培训鲜有涉及，职业学校办学功能和办学思路的滞后以及在现有管制的限制下，对市场变化做出反应的周期较慢。在访谈中我们发现，一些企业需要一些特殊行业的熟练技能人才，但是现有的职业学校乃至全国的职业学校都无法提供这样的人才，这也成为制约企业发展的一个重要瓶颈。在其他的培训机构，对产业升级的要求虽然能做出较为快速的反应，但又由于其资金和投入的原因，使得产业界的需求也得不到有效地满足。

三、新生代农民工职业教育参与：意愿较高与参与很低

（一）现有的农民工职业培训参与度低

调研数据显示，有48.5%的新生代农民工反映在2009～2011年3年间从未参加过任何形式的培训，这3年参加过流出地政府培训和流入地政府培训的人分别占14.9%和16.2%，有53.8%的新生代农民工表示在企业没有接受过培训。实际的效果同政府的大力投入形成鲜明对比。原因何在？"个人对较远未来的预期收益评价较低，而对近期的预期收益评价较高。"③当新生代农民工无法预期

---

①② 人力资源和社会保障部：《国家人力资源和社会保障部国家职业资格管理》，http://ms.nvq.net.cn/htm/_outzybz/index.html。

③ 埃莉诺·奥斯特罗姆著，余逊达、陈旭东，译：《公共事物的治理之道——集体行动制度的演进》，上海译文出版社2012年版，第41页。

培训将来的收益时，他们会选择不接受培训。有学者将阻碍农民工接受继续教育与培训的主要原因归结为"时间、信息、空间、资金、项目"五点。① 具体地说，现阶段针对新生代农民工的培训是否考虑到该群体作息不规律、加班时间长、闲暇时间少的特点，培训信息的发布是否符合他们接收信息的习惯，培训地点是否方便他们便捷到达，培训费用是否考虑到他们的经济承受能力，培训内容是否具有吸引力，培训质量是否有保障，培训结果是否能转化为切实的利益与好处都是影响新生代农民工参与培训的因素。

（二）职业指导工作有所欠缺，培训与就业信息传达不畅

在参加过地方政府组织的职业技能培训的受访者中，获得培训信息最多的前三种方式分别是通过报纸杂志（21%）、电视、广播（18.8%）以及朋友、邻居同事告知（14.9%），更多未参加政府组织的减免学费的培训的受访者表示不知道这类信息（34.7%）。便捷有效的职业指导工作是帮助新生代农民工获得准确培训资讯的途径，从目前的情况看，相关信息的获取依旧是新生代农民工的个体行为，作为促进就业和培训工作的相关部门没有发挥作用。此外，新生代农民工获取信息的方式较为传统，随着科技的不断进步，新式的信息传播方式也应当运用到农民工培训与就业信息传达之中。信息的阻塞成为阻碍农民工参与培训的最重要的原因之一，并导致低参与的现状（见图2-30）。

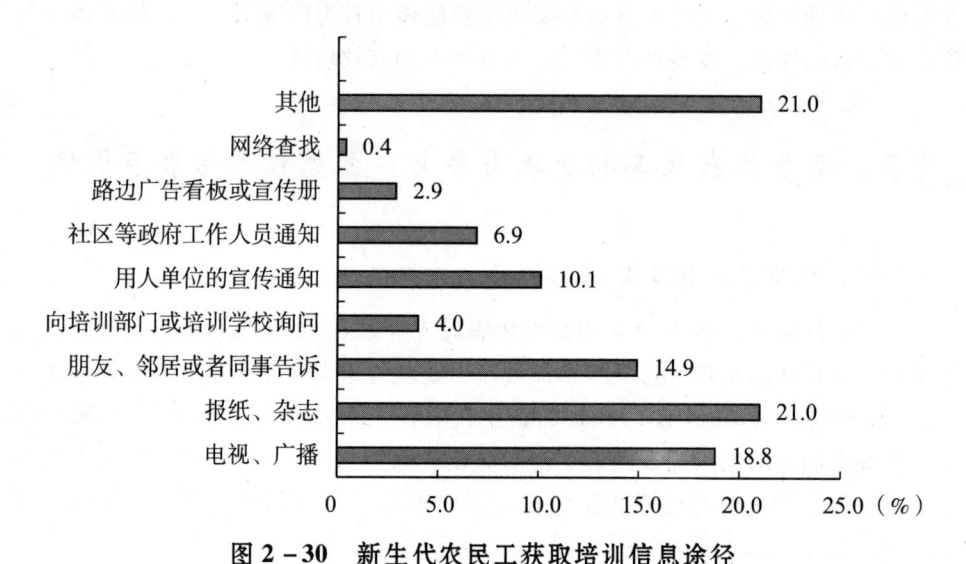

获取方式	百分比
其他	21.0
网络查找	0.4
路边广告看板或宣传册	2.9
社区等政府工作人员通知	6.9
用人单位的宣传通知	10.1
向培训部门或培训学校询问	4.0
朋友、邻居或者同事告诉	14.9
报纸、杂志	21.0
电视、广播	18.8

图2-30 新生代农民工获取培训信息途径

资料来源：根据作者调查问卷整理。

---

① 李明华：《农民工高等教育需求、供给和认证制度研究》，中国言实出版社2011年版。

(三) 工学矛盾突出

企业生产与新生代农民工参加培训之间存在一定的冲突。在现实情况下,新生代农民工培训带来的生产损失和收入损失对新生代农民工自身以及企业本身均不利,而这一培训的沉没成本又得不到有效的解决。之前已经介绍政府部门提供的技能培训项目一般分为长期和短期两种,前者的学习期限为 6 个月,后者的学习期限为 3 个月,只有满学时新生代农民工才能参与考核,取得相应的职业资格证书。通过调研数据也可以看到,无论长期还是短期,至少 3 个月的培训时间对企业而言已经造成了直接的生产效益损失(见图 2-31)。

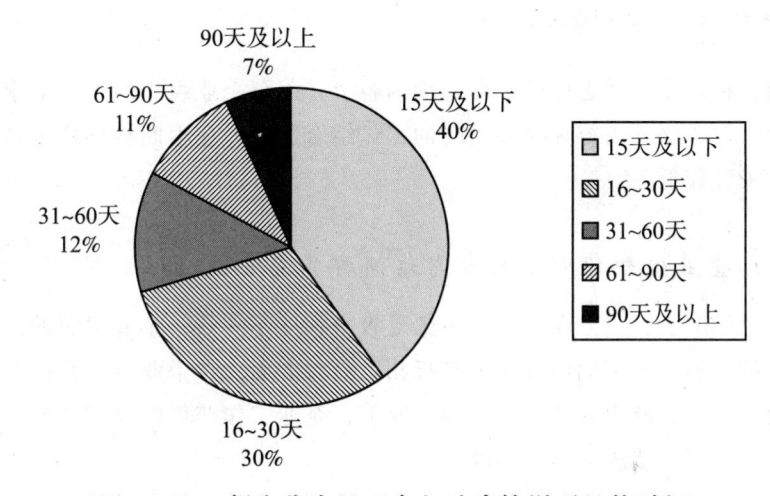

图 2-31 新生代农民工参与政府培训项目的时间
资料来源:根据作者调查问卷整理。

针对新生代农民工培训的方式相对传统,仅有 25% 的农民工参与的是远程式培训,其他形式都要求工人参与现场培训,培训方式也直接产生了工学之间的矛盾(见图 2-32)。许多想要参加政府培训的新生代农民工,即使是政府免费提供,他们也没有时间去参加这样的培训。参加培训所带来的机会成本和潜在风险需要新生代农民工自身承担。同样,学习和生产之间的这一难以调和的矛盾同样出现在企业内部培训项目中。

(四) 培训组织和培训内容不合理

现有的培训组织和培训内容的不合理,也是导致高参与意愿和低参与率困局的一个重要原因。例如,有些企业提供学历再造,员工刚开始很积极,但是最后能够顺利从这些项目中毕业的人并不多。一方面,企业没有一种长期的鼓励措施;

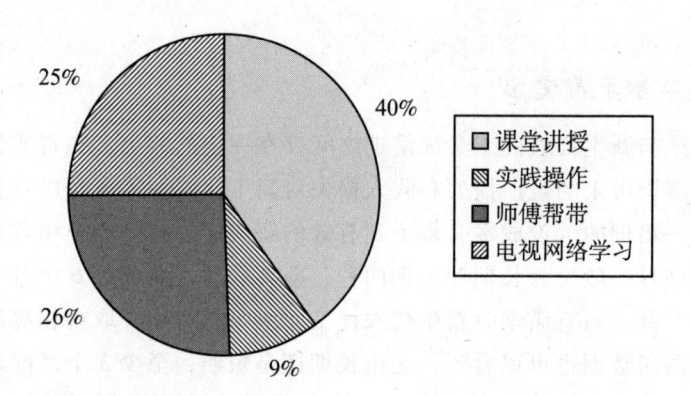

图 2-32　新生代农民工参与政府培训项目的方式

资料来源：根据作者调查问卷整理。

另一方面，在制度上缺乏保障。在培训内容上，部分企业组织的培训需求的调查不够准确，造成培训内容无法和当时的工作结合起来，这也间接导致了员工参与培训的积极性较低。

（五）企业组织的职业教育与培训有其局限性

在这个问题上，一方面，企业员工受教育程度不一致，企业组织的内部培训容易因为员工的水平不同而效果大打折扣；另一方面，在企业员工获得职业技能证书方面，在其有意愿并且有机会的情况下，企业工作获得的专门技能并不如考试范围那样全面，造成通过率不高。

调研中发现，企业实质参与职业教育与培训较低的原因还包括：评一个技师或者高级技师对企业没有实际的效益，反而员工头衔的晋升加大了其在劳资谈判中的话语权；职业教育与培训宣传和鼓励不足等。

四、新生代农民工职业教育冲突：高流动性与技能积累

从技能形成与使用的特点看，技能的可转移性与新生代农民工高流动的现实相关。但是技能形成还具有持续性和可积累性的特点，技能的形成与提升是持续的过程，新生代农民工的高流动会打断这一过程，造成技能积累的中断。

（一）企业员工培训激励措施不足

企业员工流失率与培训后企业相应的激励缺失有关。例如，企业激励措施到位时，招聘最有效的渠道是内部老员工介绍，这样获得的人才流失率一般较低。

另外，接受企业培训或者参加技能大赛获奖之后的员工容易跳槽，这也反映企业对培训效果的激励不够。从单位的工资奖励上来看，参加完单位培训之后，有64.3%的受访者表示没有涨工资，有23.5%的人表示涨了工资，然而幅度在500元以内。除工资奖励以外，有20.2%的受访者表示没有任何奖励。

（二）技能鉴定和技能考试组织较难

企业员工的资格证书获取情况和高技能职工的比例是企业技术技能积累的重要表现。在新生代农民工职业教育上，我国现行组织的技能鉴定和技能考试在面临这一群体高流动性的特征上，没有能够作出快速反应的能力。在企业技术技能和积累的规律上，技能鉴定和职业资格证书的获取皆为重要的体现方面，而这方面的制度的缺失和运行的低效率导致了总体低下的企业技能水平现状。

（三）职业培训课程落后制约技能的提升和积累

和技能认定标准一样，职业指导和培训课程的更新步伐较慢。许多职业指导和培训的课程内容老套，脱离实际情况，导致实施效果较差，而本应在此过程中发挥重要作用的行业协会长期缺位，无法促进职业指导和培训课程的改革，不利于新生代农民工技能的获取，更不利于其在实际操作中发挥技能优势。

五、新生代农民工职业教育定位：重复培训与培训缺位

职业教育和培训的目标是为了促进就业的增长，还是促进其个人职业生涯的发展，是决定新生代农民工职业教育定位的关键问题。政府组织的培训一般提供基础技能，反映出低层次的现象，以及一味追求眼前就业为主而忽略长远的职业生涯考虑的特征。劳动密集型企业以及一些低技术技能的企业大量存在，在农民工的技能提升上没有给予足够的重视。

（一）政府组织的培训效果有待提升

调研数据表明，43.0%的人表示政府提供的培训在15天以内，表示企业培训少于15天的比例更是高达73.9%。在培训内容，培训教学的设备，对就业的帮助程度，培训效果的满意度上，流入地政府组织的职业培训虽然明显优于流出地组织的职业培训，但是依然落后于社会培训机构提供的收费职业技能培训。除了培训补助不够之外，23.7%的参加过政府组织的职业技能培训的受访者认为政府组织的减免学费的职业培训教学方式不合适，另有20.1%的人认为教学设备设

施不好，在流出地，这一问题表现得更加严重。职业学校本应该是新生代农民工职业教育与培训的主力军，发挥更大的作用，然而事实情况是，职业学校主要以学历教育为主，对农民工培训参与度并不是特别高。

（二）对一线工人知识技能要求低的企业比例较大

调查发现，有 43.2% 的用人单位没有要求员工的学历水平，更有高达 87.4% 的用人单位不要求求职者有相应职业资格证书。与新生代农民工就业的情况结合，这一情况主要表现为，虽然企业对科技人才重视，但是对产业工人的招聘和成长重视不够。从访谈的实际情况来看，大量雇用新生代农民工的企业仍然属于低端产业，以劳动密集型为主，具体表现在工艺要求依然不够严格、利润率较低、员工的总体技能水平低下等。由于新生代农民工职业培训的内容和企业的发展水平大为相关，这导致了低水平的企业与低水平的培训之间的恶性循环。企业只需要经过几天简单的岗前培训就能上岗操作的普通工人，而不是经过长期培训形成的高技能劳动力。

（三）针对农民工的培训相对简单，培训考核制度也不够完善

调查发现的一个比较突出的问题是，无论哪种类型的企业对于一线员工特别是农民工的培训关注度普遍不高。其培训特点可以总结为：时间短暂，内容简单，不利于职业持续发展。结合访谈，多数制造型企业的上岗培训不超过 3 天，鲜有专门针对农民工的技能培训。农民工从一线员工成长为管理者或者高技能工人的现实可能性极低。另外，现有的企业培训在跟踪考核方面还不是很完善，现有的跟踪考核只是相当于简单问题的问答，没有考试考核和跟踪评价，也没有明确规定考核结果是否与员工表现和待遇挂钩。

（四）许多企业对技能人才缺乏长远规划

企业虽然在产业升级上已经开始布局和发展，但是在对高技能人才需求与培养上缺乏长远的规划。调研中，许多企业认为过度培训会徒增企业负担，另外，还有许多企业只看到了农民工劳动力的无限供给，不能从战略高度看到如何顺应产业结构、消费结构加快升级的趋势对农民工的技术技能和综合素质进行培训培养，这可能导致部分企业面临着有技术有资金却无人可用的境地。在企业的长期发展规划当中，其每个阶段对技能人才的需求预测和解决措施都有所欠缺。在新生代农民工问题上，最突出的表现是企业对农民工职业教育与培训工作重视不足。不够重视的原因包括：一是避免农民工培训支出增加企业成本，二是培训的

外部性导致企业不愿意对农民工进行技能培训，以避免随着农民工的流动将培训收益一起带到其他企业等。

（五）企业缺乏与学校合作开展职业教育与培训的经验

在政府主导不力的情况下，企业以生产为核心的组织形式无法适应学校以职业教育与技能提升为核心的组织形式，企业在自己的培训师资培养、培训课程开发、实习指导流程、培训考核能力等方面不够重视，缺乏投入，在探索校企二者匹配的过程中缺乏有效的指导和足够的经验，导致实际情况常常是培训与生产之间鱼与熊掌不可兼得。另外，企业生产受市场影响巨大，而教育的投入需要持续性和稳定性，这也是企业不敢尝试长期稳定的校企合作的一个重要原因。

第三章

新生代农民工的职业教育变革与体制机制创新

新生代农民工职业教育问题的核心在于相关各主体合作关系的处理。解决新生代农民工技能提升的问题应当从各主体合作的前提、途径、新平衡的构建三个方面着手。如前所述,调研结果反映出,我国新生代农民工职业教育与培训,应建立起企业与员工的培训承诺关系,实施以"做学结合、做中学"为主要方式的农民工职业教育与培训形式,重视对非正式培训的认证与技能鉴定的适应。对于这些问题的处理需要,首先须明确新生代农民工职业教育和培训体系中各合作主体及其作用。

发达国家如何建立自己的职业教育与培训体系呢?在英国、美国,自由市场的代言人倾向于把减少公共服务和政府干预作为促进国家发展的有效手段,然而,这一模式似乎显得越来越不具有持续性,近年来英国等一些自由市场经济国家经济空心化的趋势越来越明显。公共服务的有效提供仍被看作是经济繁荣的先决条件。[①] 与此同时,在一些欧洲大陆国家,其所采用的新社团主义、社会—市场经济模式已经在许多方面,尤其是自2008年以来的金融危机当中显得更具活力。在德国,著名社会学家和教育学家哈贝马斯将公共社会部门视为独立于国家部门和私人部门之间的"第三部门"。不过,"第三部门"与国家部门和私人部门之间并不是完全独立的,他们之间的合作关系决定了社会体系的基本框架。在

---

① [英]安迪·格林著,朱旭东、徐卫红等译:《教育、全球化与民族国家》,教育科学出版社2003年版,第84页。

职业教育领域，一个行之有效的教育和培训体系离不开国家和社会合作者的支持。在美国，这一体系被称为劳动力发展体系，并认为这一体系应该包含教育机构、企业、联邦政府以及社会组织等主体。无论如何，在所有经济发达的国家，教育和培训政策的制定对经济发展和社会进步都显得至关重要。

长期以来，自由市场经济体制占据着世界经济发展的优势地位，并被认为是经济发展的首要途径。反映到职业教育方面，这一争论体现为自由市场经济（LMEs）和协调市场经济（CMEs）下教育体系之争。学者在探讨这方面的问题时，将大部分英语国家视为自由市场经济国家，如英国、美国、澳大利亚等。这些国家在职业教育政策上的一个较为明显的共同点就是，通过设置市场机制及清理市场阻碍来促进更多的竞争，以及更具有效率的制度改革来促进技能的发展。例如，在美国，联邦政府通过减少对市场的管控，充分弱化其在职业课程和认证方面对教育体系的控制来削减政府机关的权力，使得职业技能的形成更多地依赖企业内创新和生产流程的标准化降低生产成本，以达到以最小化的培训投入使员工具有生产所需的技能。在这一体制下，劳动力技能的形成更多地依赖于员工本身及对未就业人群的就业教育和培训，政府发挥着最小的作用。

在欧洲大陆的一些国家，如 DACH 国家①的社会合作制度，技能的形成高度依赖于社会及政府的作用。中央政府将更多的权力赋予地方及社会合作伙伴并鼓励这些来自国家、地区等的合作者发挥应有的作用。由此导致的结果是，政府作为这一集体的服务者，一方面协调各方之间的关系，另一方面又在长期的历史演进当中扮演了一个协调各方利益的重要角色。

在我国农民工技能形成过程中，政府、农民工、企业及职业教育机构均扮演着重要的角色，除此之外，随着行业协会组织的诞生及发展，这一组织也开始在农民工职业教育和培训当中承担起更多的责任。随着时间的变迁，我国新生代农民工群体已经成为我国一线生产劳动力的主体，新生代农民工技能形成过程中的合作关系问题及利益分配问题从无到有，并越发尖锐，本章试图从以下四个角度分析新生代农民工职业教育体系中的合作关系：先是各方合作关系的形成，在第一节，结合调研结果和对新形势的分析，进一步探讨新型合作伙伴关系的基础、形成路径及构建过程；在第二节，将探讨政府和市场的定位，并分析在不同的政府权力下新生代农民工职业教育与培训问题的可能走向，及其分工和协调问题；在第三节，主要探讨企业和学校之间的承诺关系的建立，这一问题不仅反映为新生代农民工职业教育的问题，更应该是职业教育作为社会职业技能的主要提供者

---

① DACH，德语的德国、奥地利和瑞士三国的简称，在德语中这个单词意为"房顶"，由于这三个国家在语言文化尤其是社会经济和职业教育体系方面与其他欧洲国家有较为明显的差别，因此学界经常将这三个国家合并起来探讨其职业教育的社会合作制度。

所面对的主要问题。其中,培训市场的失效、校企合作中互信关系的建立以及产教融合作为高技能人才培养的必由路径是本节讨论的三个核心议题。

第一节 职业教育的制度改革:新合作伙伴关系

政府、农民工、企业和职业教育机构作为新生代农民工技能教育和培训体系的核心主体,这四方之间的合作模式关系到新生代农民工职业教育和培训政策的具体走向。一般而言,政府和社会合作者在职业教育政策决策及其实施过程中发挥着不同的作用,而这些主体之间的互动作用直接影响了新生代农民工的技能水平和技能发展。如前所述,不同的国家其不同主体之间发挥的作用也大不相同,在我国更是如此。那么,为了完成新生代农民工职业技能提升这一目标,应首先分析四者之间合作关系的基础,并初步分析政府和其他社会合作者在新生代农民工职业教育和培训体系中所发挥的不同作用,并讨论这些不同作用之间带来结果的差异。

一、新合作伙伴关系的基础:共同决策制度

德国学者布斯迈尔将劳动力技能形成体系的分析归纳为下面四个维度:谁提供(who provides),谁主导(who controls),谁投入(who pays),以及职业教育和普通教育之间的关系处理(relationship of training to general education)[①]。这里,主导方式成为新合作伙伴关系的一个重要议题。

新生代农民工职业教育和培训问题受到多方面因素的牵制。我国与一线劳动力的技能提升相关的职业教育培训体系发生了很大的变化,尤其是在进入21世纪之后的十几年间,我国新生代农民工从无到有,从有到占据主体地位。与以往不同的是,过去在国有经济为主导的经济体制当中,国有企业对劳动力技能培训的强大控制形成了一个结构严谨却缺乏开放性的职业教育与培训体系,从企业主导的职业学校到企业内培训制度,过去的职业教育和培训体系为企业发展提供了稳定的技能来源。而在近年来的发展过程中,多种经济形式的齐头并进使得越来越多的就业人群集中于非公有制企业,公有制企业的改革使得过去的国有企业主

---

① Busemeyer M. R, Trampusch C. The political economy of collective skill formation. New York: Oxford University Press, 2012: 3.

导的职业教育和培训体系土崩瓦解，一方面，封闭的国有企业主导的职业教育制度在外部冲击下似乎显得不堪一击，另一方面，在自由市场经济中发展起来的非公有制企业经济失去了政府对教育和培训体系的控制，冲击了其稳定的技能来源。职业培训机构如职业学校等在市场化的浪潮当中改革缓慢，新型社会培训机构的诞生又给这一体系带来了新的挑战，在这一背景下，过去封闭但有效的体制的消失及新职业教育与培训体系的缺失造成了我国现阶段劳动力低技能水平，无序流动以及不连续的社会分层等一系列问题。

造成这些问题的另一个重要原因是政府主导作用的缺失。在我国，现阶段政府在企业内部培训体系当中所起到的作用微乎其微，然而，这正是新生代农民工职业技能养成的主要途径。在新生代农民工职业教育与培训体系当中，决策主体之间的决策方式和偏好差异极大地影响了这一培训体系的健康发展。在新生代农民工职业教育问题上，许多事关新生代农民工职业发展和技能提升的决策不是由工人决定的，而可能是用人单位、学校等代替他们做出的选择，这样一来，决策的有效性和最终培训的效果都面临一定的质疑。同时，企业决策者和政府决策者之间责任、地位的不清晰也导致了一系列问题：企业代替政府完成内部培训政策的制定，却缺乏政府的有效监管或认证，部分政府决策在企业当中无法得到有效的实施。正是这些不得不解决的问题将这些主体带到了同一个谈判桌前：需要政府、企业、学校和农民工群体一起参与到新生代农民工职业体系的设计和运行当中，共同决定培训政策的制定和实施，以形成适应新生代农民工技能形成的共同决策（shared decision making，德语：Mitbestimmung）制度。

（一）共同决策制度的诞生

从国际上看，起源于德国魏玛共和国时期的工业民主哲学思潮，是共同决策制度形成的历史背景。第一次世界大战给德国带来的技术工人的严重短缺造成了企业的无序竞争，与此同时，大批量学徒工人和手工业者不满情绪更加膨胀。由于技术工人短缺带来的优势使得工会逐年大幅扩张，在这一进程中伴随的是工人话语权的逐步扩大。为了缩小工人间的工资差距，德国的劳资关系变得越发尖锐。在这样的情况下，第一次世界大战前形成的厂办技校制度缓和了企业对培训投入的减少而导致技术工人短缺对生产率的影响，工会的崛起使得提高工资待遇、缩小工资差距的呼声越来越高。1918年，德国工人运动高涨，为了缓解日益尖锐的劳资冲突，德国企业主与工会达成协议，成立了一个由劳资双方对半参加的德国工商业劳资中央委员会，下设各个行业的中央委员会，以处理劳资之间的所有争执。同年年底，魏玛政府颁布法令，以进一步强化这一劳资关系协商的平台。法令规定，拥有职工20名以上的企业必须设置工会和职工委员会，并于

1920年通过了《企业职工委员会法》，将此做法固定下来。1922年，在第一次规定企业应该成立劳资中央委员会的四年后，魏玛政府又通过一项法案，规定企业职工委员会有权派1~2名代表参加股份制企业的监事会，这无疑进一步提高了工人在企业当中的地位和话语权。到第二次世界大战结束后，德国重新建立了企业职工委员会并颁布了三项重要的法令：《煤钢行业共同决策法》（1951）、《企业组织法》（1952）以及《共同决策法》（1976），这三项法令的颁布标志着德国企业内共同决策机制的形成。其中，1951年颁布的《煤钢行业共同决策法》为德国共同决策模式在第二次世界大战后的发展奠定了基础，这一决策模式后来也成为公司治理的重要理论来源。在这一法案当中，一个雇员在1 000人以上的采矿或者钢铁企业的监事会成员应最少由11名组成，并且必须是奇数，这其中股东和职工各自任命4名内部成员和1名外部成员，第11名成员应该由上述10名成员共同选举产生。次年的《企业组织法》则将这一制度扩展到所有超过5名雇员的私人企业，并规定了工人参与决策的权利。在这一法案当中，所有雇员超过5人的企业需要成立企业职工委员会，并从企业的个人、工厂和决策三个不同的层面规定了职工的权利。在个人层面，每个职工在诸如工作条件、雇用和解雇等问题上具有知晓、申诉和讨论权利；在工厂层面，该法案确立了企业委员会制度，该委员会由企业选举产生；在决策层面，规定监事会成员中的1/3必须为工人代表，监事会中的职工代表参与企业决策的制定和董事会的选举。1976年，德国颁布《共同决策法》，该法进一步规定了职工在企业决策层面的权利：企业中职工单独组成的企业职工委员会确保在工厂层面的协商和集体谈判权利，在决策层面上的公司治理权利也由监事会中的职工代表来行使。共同决策规定每一个大型企业的员工都可以参与企业的决定权，因此这一法规是为了保障每一个受到决策影响的人都能参与决策权，带有产业民主色彩。在实施效果上，它有效减少了罢工，使得德国成为世界上罢工最少的国家之一，但是它也使得企业管理的决策过程变得更加艰难。在职业教育方面，私营企业在职业培训中在承担着重大责任的同时也拥有相当大的自主权[①]，这一自主权在共同决策体制下显得更加明显和效果突出，在国家干预和行会控制下，共同决策制度似乎已经成为德国稳固的"双元制"职业教育与培训体系的根基。

事实上，在面临共同需要解决的问题时，不同的决策主体基于其自身不同的偏好，导致其决策的结果与组织的总体决策目标发生偏离，这也是共同决策制度诞生的一个根本原因。在一些发达国家，虽然现行的政府决策机制存在着较大的

---

① 周丽华、李守福：《企业自主与国家调控——德国"双元制"职业教育的社会文化及制度基础解析》，载于《比较教育研究》，2004年第10期，第54~58页。

差异，但也均已完成从非程序化决策到程序化决策制度的转变，这一转变有效地保证了政府及各决策行为者在面临突发情况时做出较为有效的选择。当代决策体系大多包含以下四个部分：中枢机构、咨询机构、监管机构以及执行机构，这几个要素之间相互作用、相互协调，共同决定决策质量。

在我国新生代农民工职业教育的问题上，这四个部分基本上由政府独家掌控并越发具有集中的趋势。随着共同决策制度的演变和发展，其对现代企业的组织和现代组织的决策方式的影响日益显现，同时，反映到职业教育和培训体系上，不同的决策基础也决定了培训体系的不同走向。卡尔佩珀和西伦在探讨制度和决策行为者在培训体系当中的作用时，认为各具特色的制度集群（institutional constellation）下的生产体制中，培训制度的构建对经济、社会和政治方面都具有重要影响，国家和跨部门之间的固定联合关系是稳固的基于企业的学徒制培训的关键因素，这一关键因素还特别表现在国家主导的职业教育与培训体系上。①

（二）适应新生代农民工职业教育的共同决策

新生代农民工职业教育问题不仅仅是农民工本身的问题，同时也是国家经济持续增长和产业结构转型的切实需要。在国家层面，国家需要通过发展新生代农民工职业教育来提升经济部门的竞争力，作为产业结构转型的有力支撑，并提高国家技术技能积累水平；在地方政府层面，越来越多的地方经济面临转型和城镇化的考验，高水平的技能培训能够有效地吸引高技能工人就业，并促进地方经济增长；在企业层面，有效的农民工培训一方面可以提高企业的生产效率，另一方面可以使得企业有效解决"用工荒"的难题，并促进企业生产体制的转型以提高产品在商业市场上的表现；在职业培训机构层面，公共财政支持的职业院校需要通过培养更多的新生代农民工来获得持续的政策支持，除此之外，有效的学校教学对学校的生源质量、声誉和财政扶持力度都会带来积极的影响。私有的职业培训机构更需要通过有效的职业培训来提高学员的就业率，以吸引更多的学生参加到这类具有一定盈利性质的职业培训当中；在新生代农民工的层面，其融合了对收入增长的渴望，对学历提升的需求以及对技能水平的提高等多个方面的诉求。近年来不断成立的行业协会和企业内工会对新生代农民工问题的侧重点也不尽相同，行业协会意在扩大自身的影响并承担更多的指导作用，企业内工会则希望通过与企业主的谈判获得更多的员工权益，这些权益既包括受教育权，又包括对收

---

① Culpepper P D, Thelen K: Institutions and collective actors in the provision of training: Historical and cross-national comparisons. //Skill formation: Interdisciplinary and cross-national perspectives. New York, NY, US: Cambridge University Press, New York, NY, 2008: 21 - 49.

入增长的需求。总的来说，不同的层面对新生代农民工职业培训的需求不同，其决策标准也不尽相同。通过调研发现，现实中不同部门的需求也正如上述分析所陈述，然而，新生代农民工作为一个迁移的群体，其迁出地的政府决策需求和迁入地政府决策需求也不尽相同。

卡佩尔从技能形成和技能供需关系上对行为主体进行了分类，他认为，对技能形成体系的管理需要政府和不同行为主体就不同的政策目标进行通力合作。[①] 此外，更加重要的是保证技能形成体系中各行为主体的参与程度。

根据政策的侧重点不同，技能形成体系和技能的供给与需求体系都有不同的主体参与。例如，在职后的技能形成方面，企业同事之间的师徒关系、技能培训机构就比职业院校发挥着更加突出的作用，同样，财政部门的财政投入比科技部门对学校教育体系的科研投入也在职后教育体系中显得更为重要（见表3-1）。

表3-1　　　　　　　技能战略当中各潜在行动者

	政策	中央政府	地方政府	社会合作者	其他部门
技能形成	职前教育	教育部门 人社部门 科技部门	地方政府 区域性政府部门	雇主协会 行业协会 企业	职业院校 大学 技能培训机构
	职后教育	教育部门 人社部门 财政部门	地方政府 区域性政府部门	雇主协会 行业协会 企业	企业同事 技能培训机构 大学
	流动人口教育	流入地管理机构 人社部门		企业 商会	非政府组织 慈善机构
技能供给和需求	激励	社会政策部门 家庭及社会管理机构	地方劳动力市场管理部门 职业指导机构	私人承包商 企业	
	匹配	教育部门 人社部门	地方劳动力市场管理部门 职业指导机构	行业技能协会	
	需求方	经济部门 工业部门	市级政府	经济发展机构 雇主协会等	非政府组织

---

① Campbell M. Skills for prosperity? A Review of OECD and Partner Country Skill Strategies. center for learning and life chances in Knowledge Economies and Societies，2012.

由表 3-2 可见，我国新生代农民工问题涉及的决策主体复杂而多样，不同的决策者其需求又不尽相同。通过分析可以发现，其中最突出的矛盾体现在国家层面和企业之间，流入地政府和流出地政府的矛盾，企业和职业教育机构的矛盾，以及企业和新生代农民工的矛盾。如何解决这四对矛盾关系成为决定新生代农民工职业教育社会合作伙伴关系的关键。

表 3-2　新生代农民工职业教育和培训体系中不同行为主体的决策需求

行为主体	决策需求
国家层面	1. 提升经济部门的竞争力 2. 作为产业结构转型的有力支撑 3. 提高国家技术技能积累水平
地方政府（流入地）	1. 提高地方经济的竞争力，促进经济增长 2. 提高对新生代农民工的吸引力，吸引高技能人才 3. 提升社会融合水平
地方政府（流出地）	1. 提高地方经济的活力 2. 提高新生代农民工的就业能力和增加就业机会
企业	1. 提高生产效率 2. 解决"用工荒"难题 3. 提高产品在市场上的竞争力
公共职业教育机构	1. 提高生源质量、声誉和财政扶持力度 2. 提高就业率
私人职业教育机构	1. 提高就业率 2. 吸引更多学员 3. 提升学员的收入水平
行业协会	扩大其在企业当中的影响
新生代农民工（组织，如工会）	1. 获得更多的员工权益 2. 获得更高的收入水平
新生代农民工（个人）	1. 收入增长 2. 学历提升 3. 技能水平的提升

与此同时，通过对教育和培训制度以及生产制度的区分可以比较容易地发现不同制度行为人主体间的差异。这一差异主要表现在：教育和培训制度中，行为

人主要来自教育和培训组织，而在生产制度中，行为人的角色更多与企业生产和运作相联系。毛瑞尔总结了两种制度中行为人的类型及具体行为人的不同。分析这两种不同制度下行为人的差异可以让我们更好地认识一种整合了企业的职业教育与培训体系的行为人情况（见表3-3）。

表3-3　　　　教育培训制度和生产制度中的行为人差异[①]

制度	行为人类型	行为人
教育和培训制度（education and training regime）	个体	政策制定者 管理者 教育和培训组织代表
	集体	学生/受培训者及父母 （即教育的社会需求方）
	组织	政策制定者团体 公共服务的管理机构 教育和培训组织 国际组织
生产制度（production regime）	个体	政策制定者 管理者 企业主 劳动代表
	集体	企业主 雇员
	组织	政策制定者团体 公共服务的管理机构 教育和培训组织

1. 国家层面和企业之间的矛盾。

国家层面和企业之间的矛盾主要体现为企业的生产制度无法与国家经济转型需求紧密结合起来。在我国，大多数劳动密集型企业依然高度依赖于廉价的熟练劳动工人，而这一方面不利于熟练劳动工人的职业发展，另一方面不利于经济的可持续发展。在新生代农民工职业教育的问题上，企业主不愿意牺牲生产利益而

---

① Maurer M: Skill Formation Regimes in South Asia: A Comparative Study on the Path-Dependent Development of Technical and Vocational Education and Training for the Garment Industry [M]. Peter Lang Pub Incorporated, 2011.

满足国家对新生代农民工的培训要求显得尤为突出，这一矛盾的核心问题是谁为培训的沉没成本负责。新生代农民工大部分时候作为企业雇员，其参与培训的前提是生产之外有足够的时间，而参加职业培训作为一种学习活动，占用休息时间会极大程度上打破新生代农民工的时间平衡，因此，占用工作时间是一个较为可行的方式。而在工作时间，新生代农民工理应为企业创造更多的价值，如果企业无法得到这部分价值而削减员工的收入时，新生代农民工参与职业培训的积极性又会大幅缩减。总之，国家在促进新生代农民工职业技能提升方面的努力主要受到来自企业方面的阻碍。

另外，部分企业具有较为完善的内部培训制度和晋升渠道，这一培训制度为促进员工的职业技能的发展提供了足够的帮助。然而，我国资格认证体系以及职业教育的学校教育体系使得企业内培训长期得不到政府的关注和投入，因此部分想加大对企业内培训投入的企业出于对政府责任的期待反而降低了其企业内培训的效果。首先，员工无法获得全方位的适合一般岗位的技能，可能更多的是该公司某一具体岗位的特殊要求的培养；其次，新生代农民工在学历认证和资格证书的认证上遇到了来自政府组织的巨大阻碍，在企业内的培训无法获得足够的政府支持，包括学历和资格证书认证。解决这一矛盾的一个有效途径是企业提供学习时间缓解工学矛盾，国家通过加强职业资格认证体系来加大对企业内部的培训认证力度以促进企业的健康发展。

2. 流入地政府和流出地政府之间的矛盾。

新生代农民工职业教育的问题有其特殊性的一面。在新生代农民工的管理上，两地政府之间的协调显得尤为重要。然而，实际情况是，新生代农民工流入地政府和流出地政府之间的联系并没有我们想象的那么紧密。在流入地政府，政府关注的更多的是企业的生产需要和政府的社会管理需要，这样一来，对新生代农民工职业教育的问题，流入地政府更多地聚焦于当地企业的需求，例如，为企业解决"用工荒"的难题，调整当地培训体系以提供满足企业所需要的技能，以及增加新生代农民工的软技能供给，使之能够更好地融入当地城市生活。在流出地方面，由于劳动力的大量剩余和外出就业，新生代农民工的职业教育和培训问题更多的是职业准备课程和职业学校教育。在流入地，新生代农民工的职业教育内容更多的是就业准备培训和在职职业培训。

通过调查发现，参加过老家地方政府组织的职业技能培训的人群中，认为培训内容很不实用的占到了15.8%，认为很实用的仅为5.0%，参加过务工地政府组织的职业技能培训的人群中，认为培训内容很不实用的占比10.8%，认为很实用的仅为4.5%。这一问题反映出培训的内容普遍不够实用，同时，对流出地政府的培训内容意见更大。与此同时，流入地政府组织的培训在时间上普遍较短且为目的性强的上岗前就业培训，流出地政府组织的培训在时间上普遍较长且为较为通用的专业性培训。这一矛盾凸显出来的问题主要表现在两地政府组织新生代农民工培训的实施目的和效果上，首先，在实施目的上，两地政府差异较大，这也直接导致了培训内容的不同。实际情况当中，流出地的培训多为非农业类技术类培训（35.5%），流入地的培训多为城市生活类、就业指导类知识（20.3%）。其次，在实施效果上，对流出地政府组织的培训不满意度较高，反映出流出地政府培训具有一定的盲目性，这一盲目性的一个重要原因是流出地政府对新生代农民工的流向缺乏一定的掌握。因此，协调两地政府在组织职业培训时的侧重方向，以及二者之间的联系成为一个重要的议题（见图3-1）。

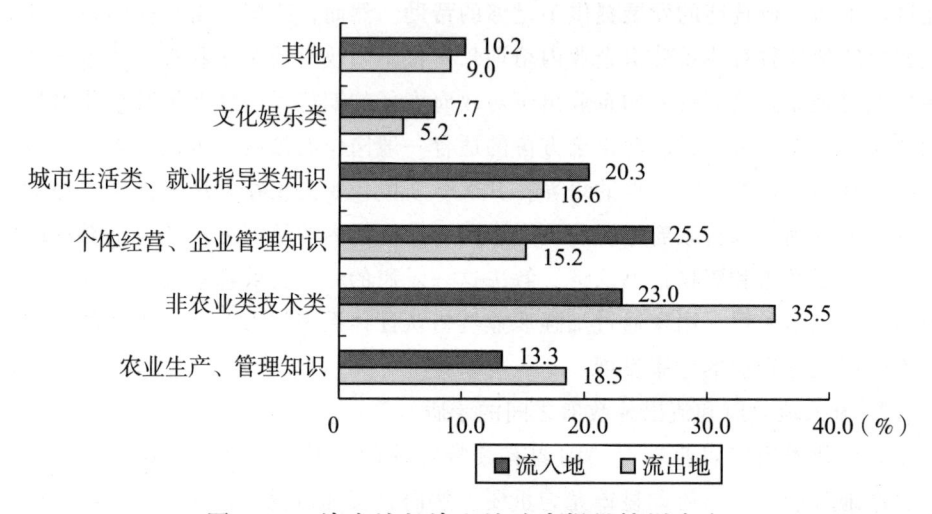

培训内容	流入地	流出地
其他	10.2	9.0
文化娱乐类	7.7	5.2
城市生活类、就业指导类知识	20.3	16.6
个体经营、企业管理知识	25.5	15.2
非农业类技术类	23.0	35.5
农业生产、管理知识	13.3	18.5

图3-1　流出地与流入地政府提供培训内容

根据政策的侧重点不同，技能形成体系和技能的供给与需求体系都有不同的主体参与。例如，在职后的技能形成方面，企业同事之间的师徒关系、技能培训机构就比职业院校发挥着更加突出的作用，同样，财政部门的财政投入比科技部门对学校教育体系的科研投入也在职后教育体系中显得更为重要。

通过调研我们还发现，一方面，更多的新生代农民工愿意在流入地接受学习，愿意在流入地接受职业教育和培训的比例达到了72.7%，选择回到流出地的仅占不足30%，这也从另一个侧面反映了流出地培训的较高的不满意程度。另一方面，在流出地的职业培训依然面临着许多阻碍，例如，新生代农民工不回家或者很少回家，以及没有足够的时间返回流出地专门参加培训等。因此，在这一矛盾上，似乎加强流入地的培训成为一个趋势，而这一趋势需要面临的一个巨大阻碍是流出地对培训权的控制的转移，流出地地方政府不愿意将对新生代农民工的培训权利无偿转让给流入地政府，流入地政府又在培训外来新生代农民工时有所顾忌，一方面这一职业技能的培训使用了更多的当地教育和社会资源，另一方面这些人的流动性让当地政府面临着巨大的潜在风险。

27.3%
72.7%
■ 家乡地　□ 务工地

图 3-2　新生代农民工参与培训地点偏好

3. 企业和职业教育机构之间的矛盾。

在职后的新生代农民工职业教育和培训的问题上，企业和职业教育机构之间的矛盾主要体现为工学矛盾。新生代农民工参与政府组织的农民工培训课程大多会占用一定的工作时间，而工作时间的占用一方面导致企业产出的减少，另一方面也降低了员工的收入。

在职前的新生代农民工职业教育问题上，这一矛盾主要体现在校企合作中。校企合作问题可归纳为政府、行业、企业、院校、学生等五大层面的问题，也是系统培养高端技能型人才以适应经济发展方式转变和产业结构升级的重大障碍，是当前我国职业教育宏观政策亟待破解的焦点问题。① 在政府层面，国家和地方职业教育校企合作的制度建设仍然十分薄弱；在行业层面，行业指导职业教育的权限不明确，支持和鼓励行业组织参与职业教育与培训的政策尚不健全；在企业层面，企业成为新生代农民工培训的主体的动力尚不足；在职业院校层面，也面临学校建设、技术能力、人才培养等各方面的问题；在学生层面，学生在校企合作当中的目标及操作过程尚不明确。这一系列问题都可以反映到企业和职业教育机构之间的矛盾上来，除此以外，一些非公立的职业院校以及社会培训机构面临的矛盾更加突出。

4. 企业和新生代农民工之间的矛盾。

劳资冲突是一直以来存在的问题，这一问题体现在新生代农民工身上则是其不可调和的技能提升需求与企业发展之间的矛盾。在我国，企业为了自身利益，

---

① 和震：《职业教育校企合作中的问题与促进政策分析》，载于《中国高教研究》，2013 年第 1 期，第 90~93 页。

更多的愿意投入的是一般性的岗前培训和快餐式的技能训练，而不注重员工的长期职业发展和企业的技术技能积累，这样导致企业在长期的竞争中终将因为技术技能积累的不足而处于下风，员工无法得到长期稳定的职业发展。这一矛盾关系又可分为个人流动与企业发展问题，个人参与技能提升与企业组织问题，以及个人职业发展需要与企业发展需求问题。

在调研中我们发现，很多情况下企业的发展都是以牺牲员工的个人利益为代价的，这一点在员工需要职业技能提升时需以满足企业生产为前提中体现得最为明显，另外，企业为满足短期发展目标而牺牲长期发展利益的问题也较为突出，体现在新生代农民工问题上，对于具有较高技能的人才的需求一般体现为在市场上以高价雇用的方式，而较少体现为内部晋升和培养。

（三）在不断变化的社会合作者下新合作关系的基础

随着社会经济的发展，社会合作者的地位或话语权也在发生一定的变迁。其中，行业协会从无到有，从无声到有声的趋势体现得较为明显。此外，地方政府间的博弈也从一开始的个别现象转变为普遍性问题，地方政府与国家政策制定者之间，也已经从单一的服从和落实关系中解脱出来，一些经济发达的地区在面临新的状况时先行试点，先行决策的现象也逐渐蔓延。在这些试点和决策的过程中，一些对新生代农民工职业发展较好的举措已经逐步被推广开来，并慢慢形成一种地区性甚至省级层面的地方制度。随着社会合作者的日益多元化，各主体间有效合作的缺失也越来越成为我国新生代农民工职业教育和培训面临的问题之一。

在流入地政府层面，新生代农民工培训更多地被设计为符合当地农民工的利益而对外来农民工的权益有所保留，而在流出地政府，政府培训更多显现出一种盲目性和局限性。在企业层面，近些年少量研究证据表明，小微企业对新生代农民工职业教育和培训问题缺乏一种支持能力和承担精神，一方面，这些企业不具备新生代农民工职业教育和培训的基本条件；另一方面，这些企业普遍认为职业教育和培训问题应当是政府或者大企业的责任，这样一种现象极大地限制了职业教育和培训在小微企业当中的有效开展。

同时，工会组织也尚未掌握决定和实施培训政策方面的权力。就目前来看，许多员工对工会组织的认识度不足，使得工会在新生代农民工职业教育和培训体系当中发挥的作用极其有限，与此同时，工会组织的作用更多地发挥在员工福利以及文化素质的宣传和培养上。目前，在我国绝大多数企业当中，尚未有成熟的工会体系能够参与到企业的培训政策的制定当中。在行业协会层面，不断成长的行业协会对现有的支离破碎的合作关系有一定的促进作用。在职业教育机构层面,民办教育机构以其灵活的教育形式逐渐在新生代农民工职业技能提升过程中发挥着重要的作用,总的来说,上述这些合作主体共同构成了新合作伙伴关系的基础。

二、新合作伙伴关系的路径:利益联盟制度

(一) 职业培训的相关利益集团和利益领域

在分析职业教育与培训体系的过程中,德国学者匹尔兹通过建立一个利益集团和利益相关领域的模型来解释职业教育与培训体系。[①] 在他的研究中,这些利益相关者包括学习者、企业主、政府等,利益相关领域包括劳动力市场政策、教育的经济产出、职业资格认证、社会基础以及系统的稳定性和可持续性等方面(见图3-3)。

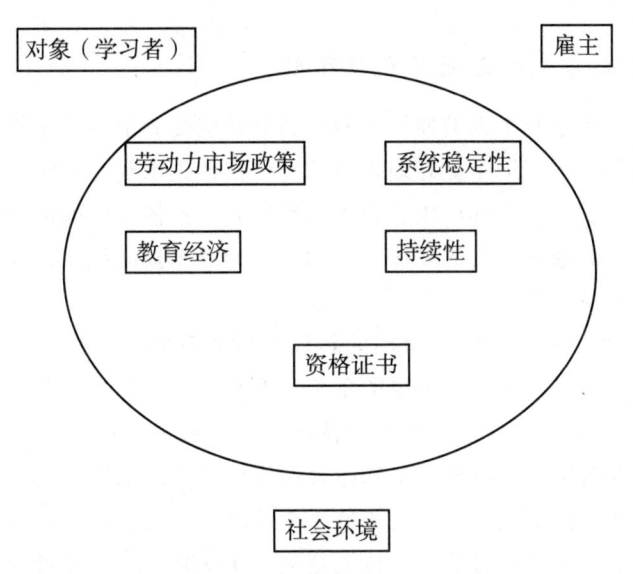

图3-3 职业培训的利益集团和利益相关领域的模型

对这一模型的解释分为两个部分。第一,利益集团。在本模型当中,影响职业教育与培训体系的利益集团主要包括学习者和企业主两个方面,而这两个方面的利益冲突构成了职业培训的基础。作为学习者,在校学生需要通过对技能水平

---

① Pilz M. The future of vocational education and training in a changing world. Springer, 2012.

的提升和技术技能的准备以达到企业雇主的要求，在职员工需要通过与企业雇主之间的拉锯关系来为自己争取提升技术技能的机会。作为企业雇主，一方面，在招聘在校学生作为劳动力的补充的同时，通过对在校学生技术能力的甄选来获得足够的新鲜血液以补充企业生产所需的足够人力资本；另一方面，为了维持现有的员工队伍及生产水平，企业雇主除了需要对培训有一定投入，还需要通过对培训水平和培训层次的管控来达到维持现有生产能力的目的。

第二，利益相关领域。和职业教育与培训体系紧密相关的是劳动力市场政策和教育培训的投入产出，同时，资格证书制度在维持这一系统的稳定性和可持续性中发挥着不可替代的作用。稳定的劳动力市场政策有利于整个系统的平稳运行，而正常的教育投入带来的产出利益将维持整个系统的持续运转。作为资格证书制度，它一方面通过界定不同劳动者的技能水平来维护劳动力市场的秩序；另一方面，资格证书的获得也有利于认证职业教育和培训的效果。除此之外，社会环境也表现出一个不可忽略的作用，不同利益领域所需要的社会环境不同，例如，资格证书制度在不同国家的发展就显现出巨大的差异。

（二）企业与个人之间的利益联盟

除此之外，企业和个人的发展之间的关系理应受到更多的重视，理清企业和个人成长之间的关系有助于更好地理解新合作伙伴关系建立的重要性。在个人专业成长过程中，利益联盟的产生、稳固直到破裂，集体合同的诞生、执行到结束周而复始，并不断推进个人的职业发展和企业的技术技能积累，我们将这一过程称为企业与个人成长模型（见图3-4）。

由图3-4可以看到，培训费用的转移支付和政府投入在员工技能形成和企业技术技能积累过程中扮演着重要的角色。而在员工从企业A转向企业B（也可能是企业A本身）的过程中，员工的技能形成和提升，以及企业和员工之间承诺关系的形成尤为关键。跳槽现象则隐含的是培训费用的转移支付问题。在实际情况中，个人从学校实现第一次就业进入企业之后，通过企业内学习和岗位职业技能的培训，逐步形成自身的职业技能基础，在此时，通过政府的投入和培训机构的技能供给，员工的技能来源呈现出多样化的趋势：通过企业内培训获得岗位相关技能，通过政府组织的新生代农民工职业教育和培训获得一定的职业技能。此后过程的分析和发展极大地影响了企业和员工之间关系的构建和承诺关系的形成。在员工获得一定的职业技能之后，其面临着新的选择，继续留在原岗位工作，或者寻找新的公司以获得更高的收入水平、更好的成长环境以及更多的升迁机会等。

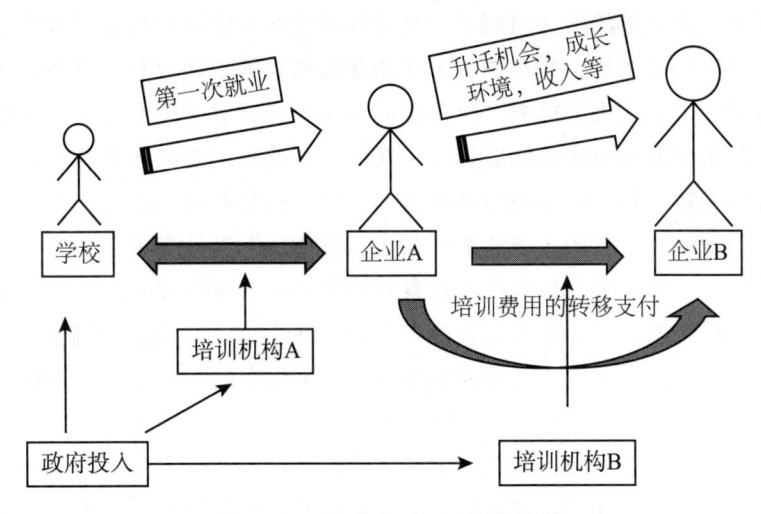

图 3-4 企业与个人成长模型

在这一模型的分析下，建立起一种符合各方利益的联盟和集体承诺关系有利于协调各主体之间的关系。例如，培训机构和企业之间的利益联盟有利于员工的技能形成和提升，企业间的联盟有利于培训投入的最大化以及培训损失的转移支付，在员工与企业之间的关系中，一种基于职业成长的承诺关系的形成显然对企业和员工本身均有利，在这种承诺关系中，双元制的学徒培训体系就是一个比较典型的承诺关系，然而，这一承诺关系的产生和运行均有一定的历史因素和社会环境的支撑。在这一模型中，企业间的培训投入转移问题直接影响了企业参与和投入职业培训的积极性。因此，建立一种行之有效的利益联盟体，将人才流出企业和流入企业之间的利益转移平衡起来，将会有效地降低"挖人"效应对社会培训体系的冲击，并有利于维护一个较为完善的培训机制。

（三）集体合同制

所谓集体合同制，是指工会或者职工推举的职工代表代表职工与用人单位依照法律法规的规定就劳动报酬、工作条件、工作时间、休息休假、劳动安全卫生、社会保险福利等事项，在平等协商的基础上进行协商谈判所缔结的书面协议。集体合同制是建立在共同决策制度之上的一种书面化和程序化的共同承诺。集体合同制应当包括集体谈判、共同决策、集体合同、集体合同的履行、集体合同的监督以及集体合同争议的处理等方面的内容。在员工的职业技能提升问题上，集体合同制表现最多的一点是建立一种企业和员工之间关于培训权利和义务分配的契约。在集体合同制当中，基于共同决策诞生的集体合同最应该体现员工的方面的是：员工受培训的权利以及员工履行为企业服务的义务等。

在新生代农民工的培训问题上，将培训条款纳入合同中来会有效地遏制企业在工学矛盾时的垄断权，并保护员工在企业提供培训中的权利。首先，集体合同制很好地融合了共同决策机制。集体合同制作为劳资双方协商解决问题的一个具体举措，其主要需要消除的问题是员工在面临企业雇主时的弱势地位，但是，由于集体合同制建立在集体谈判的基础之上，这一机制有利于强化个人的话语权以及在核心问题上对企业雇主的约束；其次，集体合同制是完善企业工会制度的一个重要条件。工会在新生代农民工教育和培训权利上所扮演的核心角色是协调两者之间的矛盾，但是，工会最初设立的目的在于代表员工集体与企业开展谈判，而在现实中，工会更多地成为协助企业管理员工组织的一个手段，因此，建立在集体合同制的基础上，工会应该保持其独立的自主权，这样才有利于员工在培训问题上与企业开展适当的谈判，有效的企业内培训制度既不是完全由企业掌控的企业职业教育与培训体系，也不是企业完全让步于国家建立起来的公共培训体系；最后，集体合同制有利于促进员工收入增长与其技能水平提升之间的相互协调。在员工技能水平达到一定的层次之后，其要求收入增长的呼声越来越高，而集体合同制度在其中可发挥一定的作用。有研究认为，分配制度的市场化程度不高、有效的工资收入增长机制不健全以及部分公共资源介入市场收入分配是制约中国经济社会发展的重要因素。国外发达的工业国家其员工收入水平及工资制度较为完善，这也与工会体制和集体合同制度在整个劳资关系中扮演重要角色有着紧密的联系。从现实状况来看，我国新生代农民工劳动力市场尚处于发展中，建立有利于员工职业技能提升的集体合同制度对收入分配和社会公平具有巨大的作用。

三、新合作伙伴关系的形成：利益分配的制度

新生代农民工职业教育和培训不仅与政府、企业、学校、农民工自身等合作主体有关，更关键的问题是上述主体及主体内部的不同类型之间的利益分割问题。在英国，政府本位的职业教育和培训体系不仅是"雇主领导式"的结构，而且是以社会合作关系为特点的，这尤其体现在技能联盟的关系上。[1]

本节通过回顾共同决策制度的诞生，并结合新生代农民工职业教育和培训不同主体的不同需求，深入分析了职业教育与培训体系中四大最突出的矛盾，并探讨了在不断变化的社会合作者下新合作关系的形成基础。在现阶段我国经济快速

---

[1] ［英］琳达·狄更斯、聂尔伦编著：《英国劳资关系调整机构的变迁》，北京大学出版社2007年版。

发展和深刻转型的过程中，不同主体的身份和在这一系统中扮演的角色发生了巨大的变化。过去，职业学校在大型国有企业等的背景下作为主要的既得利益者，吸引了大量优秀的年轻人参与到职业教育中，并在企业的职工培训中发挥着不可替代的作用。在当下的市场条件下，新生代农民工职业教育与培训体系中政府的作用不断加大，企业无法像过去那样有充足的劳动力供给作为保证而享有无上的劳动力培训决定权，更多的企业开始重视其员工的职业教育和培训。在新合作关系的路径分析上，本节分析了不同利益联盟和利益领域，并深入分析了企业和员工成长模型，认为解决培训费用的转移支付问题是员工职业教育和培训市场成功的关键。最后，本节通过建立集体合同制的措施保障新生代农民工在职业教育和培训方面的权力，通过对集体合同制的阐释和作用分析，探讨了形成新合作伙伴关系的一个重要举措。在利益结构的分配问题上，笔者认为，由于在我国，中央政府在新生代农民工培训中发挥着巨大的作用，因此，协调流入地政府和流出地政府之间培训的权利，能够较好地解决新生代农民工职业教育和培训体系中"谁主导"的问题，建立在中央政府的主导下，流入地政府让步于流出地政府的中等学校职业教育，流出地政府让步于流入地政府的高等学校职业教育和职后/在职农民工培训显得更加有效。

　　政府、农民工、企业和职业学校之间合作伙伴关系的构建牵涉众多利益集团，且涉及既得利益者的利益再分配问题，需要在政府主导下建立基于共同决策制度下的利益联盟，及通过集体合同制的手段约束企业的行为。在一些协调市场经济政府主导已经成为主要的调控手段，尽管我国的基本国情不同，国家主导下的流入地政府和流出地政府之间的利益分配问题也是解决新生代农民工职业教育和培训困境的一个重要方面。

　　与此同时，共同决策制度下的集体合同制度在新生代农民工职业教育问题上也面临着来自许多实际问题的挑战，它们可以归纳为以下几个方面：对政府而言，以集体合同制度为核心的劳动关系市场调整机制难以形成，这样一来，现有的劳资冲突很可能在调整了新生代农民工的利益之后，影响整个劳动力市场之间的平衡，而这个过程往往需要政府更多的配套措施的支持。由于地方之间的巨大差异，重新调整的职业教育和培训体系中各行为人的关系可能会导致地方政府陷入更大的困境，这也是使得新生代农民工获得更为平等的职业培训机会的一个重要的代价；对企业而言，企业内的民主提升和职工受教育权利的解放，会使部分企业丧失短期利益，甚至一些企业可能会因为短期内的损失导致转型失利，当然，大部分企业在这一调整中是可以获得足够的长远利益的，这一有利于长远企业发展和职工长远的职业技能提升的制度必然会带来一些短期内的不利影响，不过这些不利影响可以通过一定的短期措施给予消除。

第二节 职业教育宏观调控：政府与市场的选择

处理政府与市场的关系，是全世界政府共同面临的问题，它不仅仅体现在经济领域，同样体现在公共部门的投入上。教育一直被视为支持社会发展的公共部门，因此新生代农民工职业教育和培训中政府和市场之间关系的处理也显得尤为重要。新生代农民工职业教育和培训作为我国技能形成的一个重要组成部分，理应受到更多的关注。经济合作与发展组织（OECD）近年来通过一个名为"OECD技能战略"的项目促进OECD国家技能水平的发展，并开发出成人技能调查、技能PISA等多个研究项目。[①] 来自OECD的报告认为，技能战略应该分为三个不同的层次：技能形成、技能激励和技能利用。在技能形成方面，如何分配一般技能和特殊技能的归属责任，以及如何处理技能供给系统和技能需求之间的关系，是最终促进劳动力的技能形成的重要方面；在技能激励上，协调现有利益集团之间的关系，在失效的培训体系中如何对既得利益者的利益进行分割以及如何开展对技能的投资是促进社会技能投资的关键问题；在技能利用上，政府的作用应该在于协助企业进行创新，以刺激生产体系对高技能人才的需求。肯纳斯·金对改进职业教育体系的一些举措包括重新界定职业教育体系和培训体系的边界，创造以学习者为中心的职业教育体系，为在职人员创造终身学习和全生命周期的学习机会以及对现有职业教育政策的重新评估等。[②] 在政府和市场之间的权利选择上，我们应该看到下面这几个重要的问题，首先，公司、社会培训机构虽然与国家主导的职业教育体系具有巨大差别，但是它们的作用在技能形成体系中十分重要。其次，企业的投入是新生代农民工职业教育和培训体系的一个关键的资金来源。最后，地方经济的发展水平对于新生代农民工培训的作用有着密切关系，很多时候政府的功能和市场的功能之间存在差异，在我们的调查中，地区之间的这种差异更加明显，在新生代农民工的培训问题上，我国东南沿海地区市场发挥的作用远大于中部地区。

通过对世界上不同国家技能形成体系之间的差异可以发现，不同的政府管理力度和市场自由程度决定了职业教育体系的发展走向。阿什顿等人认为，分析不

---

① Oscar Valiente, The OECD Skills Strategy// 12th UKFIET International Conferenceon Education and Development – Education & Development Post 2015: Reflecting, Reviewing, Revisioning Oxford, 10 – 12 September 2013.

② King K. 2012: the year of global reports on TVET, skills and jobs: consensus or diversity? . Geneva: Graduate Institute of International and Development Studies, 2013.

同国家职业教育和培训体系的关键是厘清政府、教育与培训系统、资本以及劳动力之间的关系[①]。这四个方面分别代表着社会中的四个利益集团，他们在各个国家特定的背景下，在维护和争夺各自利益过程中相互影响，其冲突和合作的结果形成一种特定的制度环境，而技能则是在这种环境中传递、形成。由于不同国家在面对这些利益冲突过程中的结果明显不同，因此，职业教育与培训的途径及发展往往也因社会的不同而有所不同。从历史制度主义的角度针对不同技能形成体系差异的研究可以看到，在决定一个国家职业教育和培训体系的走向方面，制度发挥着不可替代的作用。

布朗、格林和兰德等人认为不同的技能形成体系会造成不同的社会结果[②]。在自由市场经济国家和协调市场经济国家，对技能的投资的回报率具有明显的差异，此外，在对教育和培训体系的控制上，协调市场经济国家更多偏重于通过政府管控的行业协会等部门的指导来使得政府在职业教育与培训体系当中发挥充分的作用。在自由市场经济国家，政府通过对市场的规范化来促进市场经济的发展。霍尔和索斯凯斯通过对比自由市场经济和协调市场经济发现，低技能工人在协调市场经济中具有更多的发展机会[③]。皮特尔认为，旨在提供可靠的、高质量的学校教育和对技能的投资的人力资源战略都能带来实际上的效率增加。对政策制定者来说这一信息具有重要的参考价值：这为他们在知识经济未来的发展上关于认知、行为和长期有效的政策来源提供了极具潜力的回报[④]。上述一系列的研究表明，对技能形成的研究有利于认识职业教育和社会生产力之间的关系，并能从中获得极为有用的结论，这也是政治经济学领域对技能形成这一主题长期以来不断深入研究的根源。

职业教育肩负着培养技能人才的重要任务。倘若社会环境（制度、经济、文化等）能为技能的形成创造良好的条件，在这一客观的社会环境下，若教育向有利于技能形成的方向转变，那么对国家技能形成体系的研究就显得十分的有意义。由此可见，政治经济学为认识职业教育体系的组织和发展过程是如何随着技能的形成过程变化提供了一个全新的角度。制度变迁理论为国家技能体系的研究提供了一个十分实用的工具。制度变迁理论的主要倡导者诺斯认为，在决定一个

---

① Ashton D, Sung J. Adopting the market for skill formation: Two Contrasting Approaches. Leicester: Centre for Labour Market Studies, University of Leicester, Leicester, 2000.

② Brown P, Green A, Lauder H. High skills: globalization, competitiveness, and skill formation. New York: Oxford University Press, USA, 2001.

③ Hall P A, Soskice D W. Varieties of capitalism: The institutional foundations of comparative advantage. Oxford: Oxford University Press, 2001.

④ Vanhuysse P. The New Political Economy of Skill Formation. Public Administration Review, 2008, 68 (5): 955–959.

国家经济增长和社会发展方面，制度具有决定性的作用[1]。20 世纪 80 年代以来，当代西方政治学兴起新制度主义，而在新制度主义学派中，真正从政治学的传统中产生出来，最早成为方法论意义上的新制度主义且已经产生重大影响的则是历史制度主义学派[2]。最早从严格的学术意义上使用和阐述历史制度主义的应是西达斯·考切波、凯瑟琳·西伦和斯温·斯坦默等人[3]。在他们看来，在广泛意义上，历史制度主义代表了这样一种企图，即阐明政治斗争（或者说利益相关方的利益争斗）是如何受到政治斗争得以在其中展开的制度背景的调节和塑造的。

芬戈尔德和索斯凯斯认为，一个国家的各种制度构成一种压力网络，"均衡"就是这种网络所具备的那种自我增强的特性。单凭某一个制度变量的改变是不可能引起一个国家整体社会制度和经济制度的根本性转变[4]。施特雷克·沃尔夫冈的研究认为，一个国家占主导地位的技能体系可以依据它自身的发展历史以及国家的特殊体制结构，资本和劳动力的运行，尤其是工作组织和它生产的真实水平来体现的，即使这个体系显然不是经济组织在交易费用基础之上的产出结果[5]。阿什顿和宋认为技能形成是人们借以获得每日生活所需和就业机会的技能的过程[6]。从国家的角度来看，有些国家形成了高技能的制度，而有些国家则是低技能的制度，他们从制度变迁的角度加以分析，考察了不同社会中国家政权形成、工业化以及社会阶级形成的过程。这些研究认为，一个国家的形成过程以及工业化过程共同决定了该国的教育与培训系统的主要功能和结构[7]。

一、政府类型与宏观调控的方式

我国目前处于市场经济体制取代计划经济体制的后期阶段，在全球分工的大

---

[1] North D C. Institutions, institutional change and economic performance. Cambridge: Cambridge University Press, 1990.

[2] 何俊志：《结构、历史与行为——历史制度主义的分析范式》，载于《国外社会科学》，2002 年第 5 期，第 25~33 页。

[3] 杨光斌、高卫民：《历史唯物主义与历史制度主义：范式比较》，载于《马克思主义与现实》，2011 年第 2 期，第 142~148 页。

[4] Finegold D, Soskice D. The failure of training in Britain: analysis and prescription. Oxford Review of Economic Policy, 1988, 4 (3): 21 – 53.

[5] Streeck W. National diversity, regime competition and institutional deadlock: problems in forming a European industrial relations system. Journal of Public Policy, 1992, 12 (4): 301 – 330.

[6] Ashton D, Sung J, Halsey A H, et al. Education, Culture, Economy and Society. Oxford: Oxford University Press, 1997.

[7] The Skill Formation Process: a paradigm shift?. Journal of Education and Work, 1999, 12 (3): 347 – 350.

背景下，我国现有的经济发展取得令世人瞩目的成就。经济改革就是对制度的调整，而制度建设需要更多的顶层设计，深化制度改革也是中国共产党第十八次全国代表大会报告中的重要主题，全面深化经济体制改革被认为是加快转变经济发展的关键。达隆·阿西莫格鲁与詹姆斯·罗宾逊在其《权力、繁荣与贫穷的根源：国家为什么会失败》一书中将国家繁荣或失败的问题归因于体制，认为一个社会的体制决定了它的命运①。

我国长期形成的廉价劳动力国际优势及基于此产生的"候鸟式"跨国企业迁徙地、"世界代工厂"等是伴随着中国 GDP 不断增长的经济代名词。自 2001 年加入 WTO 以来，出口一直是我国经济增长的重要驱动力，我国外向型企业长期从事低附加值和低技术含量的加工组装业务。②

（一）技能投资中政府干预的选择

商业集团、劳工集团和国家这三者的力量和它们之间的关系将导致经济增长率、失业率和通货膨胀率的不同。③ 政府拥有干预市场至高无上的权利，而是否干预则是政府需要考虑的唯一问题，干预政策的强弱可以将政府区分为强势政府和弱势政府。2008 年的金融危机让全世界的经济体从市场经济的盛宴中苏醒过来，市场的规范有效运行离不开制度的支持。与此同时，2008 年的金融危机给世界带来的另一个教训是，稳固的职业教育体系及夯实的实体经济在应对外部冲击时能表现出不可思议的韧性。在对社会各行为主体的利益分配问题上，也应该重视资源配置能够在有效的契约基础上进行。市场经济以自愿交易为基础，交易即产权的交换。试想，如果没有对产权的保护，交易就容易出现问题，这一思想最早在卢梭的《社会契约论》中得到论证。若想防止暴力配置资源，社会必须保护产权和保证契约的执行④。

就配置资源而言，制度缺失的市场可能比中央计划的效率还低，强势政府干预可以获得民间的同情，但也可能会将经济转型引上歧途，因为任何政府的干预都无法准确预测未知世界的可能变化。人力资本理论将技能分为一般技能和特殊技能，这一分类从理论上将技能是否为"公共物品"这一问题二元化了。贝克尔将归属于熟练劳动力的技能划分为两个部分，一般技能和特殊技能，后来的经济

---

① Acemoglu D, Robinson J. Why nations fail: The origins of power, prosperity, and poverty. New York: Crown Publishers, 2012.
② 许小年：《从来就没有救世主——凯恩斯主义的真相与陷阱》，载于《南方周末》，2011 年 6 月 24 日。
③ 维斯、霍布森著，黄永辉、廖志强译：《国家与经济发展：一个比较及历史性的分析》，吉林出版集团 2009 年版。
④ 卢梭著，何兆武译：《社会契约论》，商务印书馆 2002 年版。

学者将一般技能视作政府的责任，而特殊技能应该交给私人部门。在理论认识上，将技能中的一般技能独立起来并将其作为政府的侧重方向，而将特殊技能划分为企业应当培养的部分有助于对技能的认识。但是事实上，技能并不能简单地划分为一般技能和特殊技能，绝大多数的职业技能都介于两者之间。因此，政府在面对具体的职业技能的培养上，是否干预和干预程度并未完全确定。

曾有学者指出，我国政府应该成为服务型政府，但是在劳动力素质提高的问题上，这些学者却也没有给出很好的建议。在新生代农民工职业教育的问题上，政府需要做的事情似乎也可以划分为两部分：一是直接提供必要的技能，这是熟练劳动工人的基础，这一部分应该归属于政府对教育系统的责任，二是使现有体系保证工商业会提供这种技能，这一部分应该归属于政府对市场制度的控制。

1. 政府作为技能的供给部门。

在新生代农民工职业技能的培养责任上，政府干预或者减少干预似乎并不合适。在某些情况下，政府直接作为技能的供给部门或技能供给部门的支持者。这些情况包括了职前的学校职业教育阶段、就业准备阶段等。

面临新生代农民工群体，不同的政府部门其责任也不尽相同。在流出地政府，政府更多的是作为支持方，支持学校职业教育体系的发展，在职业学校的投入上给予更多的支持。在流入地政府，一方面，外来的新生代农民工更多的是为了就业的流入，表现在新生代农民工身上，由于大多数流入地新生代农民工已完成学校教育阶段，当地政府的努力主要集中于就业技能的培训和职业生涯指导。

2. 政府作为技能市场的监管部门。

政府作为技能市场的监管部门更多的时候体现在政府应该保证现有的工商业系统会主动提供职业技能，这时政府的关注重心是对市场规则的建立和维护，在学校外的新生代农民工技能培训问题上，这一责任显得更加重要。在一个完全竞争的市场，企业为了自身利益，其对技能的投资必然等于投资所带来的边际收益，而如果技能市场短缺，那么技能市场的一些无序现象将会更加突出。例如，企业间的相互挖人现象，以及因为跳槽造成的培训损失导致越来越多的企业不愿意投入到培训中，这一现象的循环必将加剧技能市场的短缺。在一些情况下，政府侧重于建立制度以防止员工的自由流动；另一些情况下，政府通过鼓励良性流动来规范技能培训市场。例如，在德国的双元制职业教育体系中，具有教育资格的中小型企业更愿意将培训好的员工送到更大型的企业中。这样一来，一方面，这些具有教育资格的中小企业能够留出更多的学徒岗位给新的学徒；另一方面，中小企业能够继续从较低价格的人力资本以及政府的投入当中获益。

（二）经济转型时期的新生代农民工职业教育政策

鸦片战争时中国的GDP远高于英国，但是两国GDP的结构差异甚大，工业经济在英国 GDP 中占比越来越高，而清政府时期的中国依然是小农经济占到绝大多数的一个封建国家。时至今日，虽然我国的 GDP 总量高居世界第二位，但是研究者对我国经济的不自信并没有消减，这种不自信来源于多个方面，如粗放的经济发展方式，依靠廉价的劳动力成本赢得国际竞争，以及在高技能高技术产品市场上表现单一。对我国现有的经济结构进行分析也可以很容易发现，我国的制造业基础依然是低附加值和低技术含量的加工组装。

无论是经济的转型还是产业结构的升级，其阻碍不在于打破旧制度旧结构，而在于新制度的建立。旧的产业结构在经济发展到一定阶段时必然面临着退出市场竞争的风险，而新制度的姗姗来迟是经济转型最大的困境。例如，"技工荒"对我国来说早已不陌生，新生代农民工较为低下的总体技能水平正在成为制约我国经济发展的软"瓶颈"。产业结构的升级需要资本、技术、人力资源等多种要素，其中，技能人才的作用极为关键。在本课题的调研中，安踏公司的案例反映出的问题更加突出。第一阶段，制鞋工艺对技术的依赖程度不高，一线工人就能完成鞋子的全流水线生产，这也是早期安踏公司从一家小作坊发展成为我国国内体育用品品牌领跑者的一个重要因素，大量的没有足够技能的工人经过短暂的训练之后走向岗位，并在制鞋岗位上成为一个熟练的手工制鞋工人。第二阶段，制鞋的主要手段是通过手工缝制，此后，由于技术的变迁和生产工具的应用，机械制鞋逐渐取代手工这种落后和生产效率低下的方法，企业投入更多的力量到员工的培训中，大量的一线工人从手工制鞋转为机械制鞋的一名操作工。第三阶段，也就是当下的产业转型和升级的前提下，制鞋行业又迎来新的变革，由于信息技术的广泛应用，电脑制鞋逐步推广，最终将取代机械制鞋技术。然而，这一工艺对一线工人的要求更高，对电脑操作的技能和知识背景也有一定的要求。在这种情况下，经济转型一方面对一线产业工人提出了新的要求，另一方面产业工人技能的缺失阻碍着企业面对新技术时的快速变革。

经济转型和产业机构升级对新生代农民工职业教育的管理提出了新的要求。为了对新的生产技术的变革做出快速的反应，政府应该从中承担更多的责任。此时，政府的作用体现在对未来需求的预测，对职业技能供给体系的快速调整能力和对技能需求方的恰当支持。在经济转型时期，新生代农民工职业教育问题对政府提出了新的要求。首先，政府部门应该积极了解企业转型过程中对技能的需求，在我们的实证调研中也看到，许多企业的技能需求不能满足不仅表现在对高技能工人的迫切要求，也表现在对产业变革条件下掌握新技术的技能工人的需要。其次，政府应该调整职业供给体系，使得它能够在面临经济转型和变革时做出更快速的反应。在职业院校等机构，其专业设置、技能训练明显落后于市场需求已经成为不争的事实。最后，对企业的创新体系的支持应该加入人才成长体系的支持,在产业转型时期,企业不仅表现为对新技术应用的要求,还表现在对培养掌握新技术的人才的职业教育和培训课程的需求。

(三) 新生代农民工职业教育的政策困境及改善

根据国家统计局2011年的数据,新生代农民工在数量、结构和就业方面有如下特点:(1)数量和结构上,①新生代农民工的数量达到8 487万人,占外出农民工总数的58.4%;②68.6%的新生代农民工来自中西部;③72.3%的新生代农民工在东部地区务工;④新生代农民工中女性的比例达到40.8%;⑤新生代农民工主要是一个未婚群体;⑥新生代农民工的受教育程度较高。(2)从业特征上,①新生代农民工基本不懂农业生产,目前还"亦工亦农"兼业的比例很低;②新生代农民工从业主要集中在制造业,从事建筑业的比例较低;③新生代农民工外出从业的劳动强度较大、仍然是吃苦耐劳的一代;④新生代农民工跨省外出的比例更高,并且更倾向于在大中城市务工;⑤新生代农民工初次外出的年龄更加年轻;⑥新生代农民工的收入水平相对较低;⑦新生代农民工在外的平均消费倾向较高(见图3-5)。①

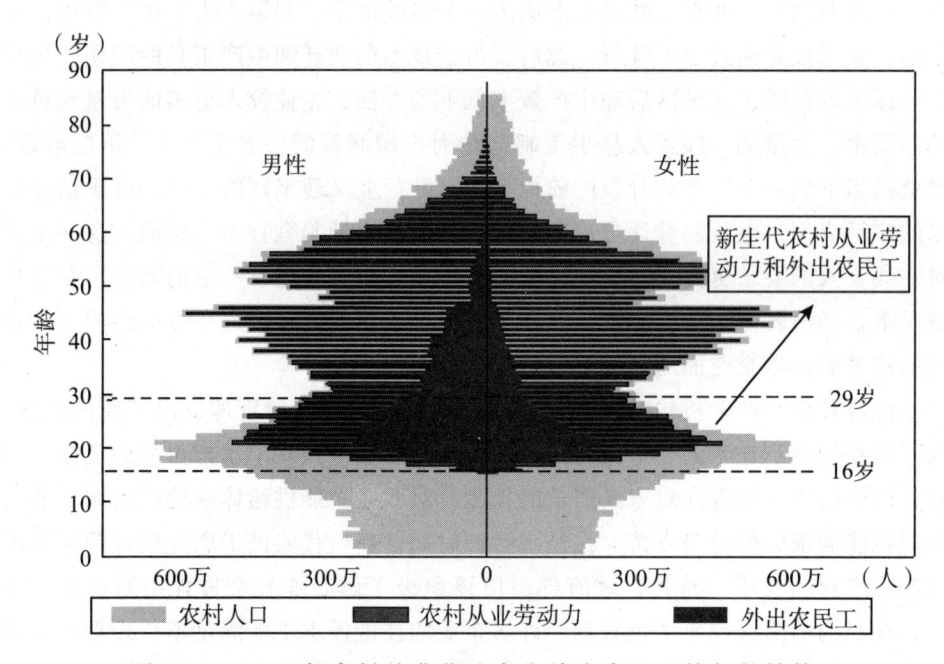

图3-5 2009年农村从业劳动力和外出农民工的年龄结构

---

① 国家统计局住户调查办公室:《新生代农民工的数量、结构和特点》,http://www.stats.gov.cn/tjfx/fxbg/t20110310_402710032.htm。

与其他教育体系完全不同的是，新生代农民工职业教育需要协调流入地和流出地之间的教育权之争，如何分配二者之间的责任成为新生代农民工职业教育的一个重点问题，而中央政府在这当中起到了一个极其重要的作用。结合我们的调查结果，新生代农民工职业教育的管理现状显现出政府高度重视，但是体系运行的效率低下，各个部门之间各自为政的现象十分突出。将新生代农民工职业培训经费投入和教育经费对比不难发现，教育经费相对集中，虽然总量方面较小，但是效率依然较高，而培训经费虽然总量甚至达到了教育经费的两倍之多，但是相对较为分散，反而实施效果不够。

此外，在教育投入上，流入地和流出地的投入水平也有较大差异，在流入地政府，由于经济发展的优势，其具有较为丰富的资源扶持地方就业和职业教育和培训工作，但是在流出地，由于地方经济的限制，教育和培训资源明显不足。因此，中央政府在二者之间的平衡作用表现得十分明显。

新生代农民工职业教育的管理问题不仅表现在流入地政府和流出地政府之间的差异上，还表现在不同政府部门相互重叠的功能上。在新生代农民工职业教育和培训的投入上，从地方发展和改革委员会（以下简称"发改委"）、教育局、人社局、农业局、妇联、水利局、地方总工会等均设有新生代农民工培训项目，但它们的培训目的又各不相同，培训内容有重叠，在一定程度上导致了培训效率的低下和培训资源的浪费。职业教育成本较普通教育高是不争的事实，这也是政府始终不愿意投入的一个重要问题之一。但是，不健康的职业教育比不健康的普通教育带来的经济与社会问题更为严重。近年来，各地政府逐步加大对新生代农民工职业培训的投入力度，但是，在投入分配上，总工会、妇联、农业局、教育局、人社局等部门力量分散，无法形成合力，是阻碍当地职业培训发展的重要因素之一。

从政府和市场之间的分工角度，将部分培训功能交给市场是一个必然的途径。在调查中通过对比流出地政府职业培训、流入地政府职业培训和农民工自行参与的社会机构培训的情况发现，无论是在培训的内容实用性上，还是培训效果的满意度上，社会培训机构均具有一定的优势。但是，社会培训机构的不足之处表现在需要新生代农民工提供一定数量的学费，另外，其自身的投入能力也有所欠缺。近年来，随着经济形式的发展，一批又一批的社会培训机构如雨后春笋般发展起来，这一方面出于市场的需求，另一方面也是职业培训的一个发展趋势。与社会培训机构相比，政府的局限表现在多个方面：流出地政府组织的新生代农民工培训目的性不强，选择培训内容时较为盲目，流入地政府组织的新生代农民工培训重视短期对就业的促进作用，不利于员工的长期发展。与此同时，企业内培训的也有逐渐将部分培训内容转交给社会培训机构的一个明显趋势，而且这一趋势越发明显起来。在这个过程中，特别需要指出的问题是，由于相关部门对社会培训机构的支持不足和监管的缺失，导致了社会培训机构鱼龙混杂、真假难辨，另外，一些新成立的培训机构为了吸引足够的学员，虚假宣传，骗取学费之后对教学质量不负责任的现象也较为突出，这就要求政府发挥监管者的作用，利用一些政策监管措施规范培训市场。

在公共学校提供的新生代农民工培训上，一般来说，职业院校具有得天独厚的优势，比如政府支持、现有的培训设施和师资水平、便于政府管理等。不过，职业院校作为非营利机构，其与社会培训机构之间具有本质性的差别。但是，正是由于其便于管理和非营利的属性，也导致其在新生代农民工职业教育中无法发挥充足的作用。第一，职业院校正常的教学组织和结构与政府支持的新生代农民工培训之间具有一定的差异；第二，职业院校承担新生代农民工培训任务不仅无法从中获得好处，还有可能会承担政府对培训利益的转移，具体表现出来的是其参与培训的积极性不够高；第三，由于不同职业资格认证所属的发证机关不同，职业资格认证体系无法与学校现有认证体系结合起来，而且，受训者的水平参差不齐，学校教学组织具有相当的困难；第四，在受训者上，由于学校只是承担培训任务，而很多时候由于地方规定的差异，一些学校苦于无法找到既有时间又有学习意愿的新生代农民工。在预算机制上，现有的预算机制容易造成经费的逐年下降，而对经费支持的逐年上升并没有足够的支撑，这一现象的主要原因是在预算机制中，如果当年的预算无法完成，那么下一年的预算必然会下降；而如果当年预算不足，学校也没有足够的话语权和意愿扩大预算支持。

基于上述困境，在政府对新生代农民工管理手段的改善上，我们认为：

第一，应整合职业教育与培训相关法规，建议起草并出台新的职业教育培训法，并修订相关劳动法律。现有的职业教育与培训方面的政策和法规名目众多，主管部门复杂，一方面，造成部分企业对这些优惠的培训政策不了解、不积极；另一方面，这些法律法规也得不到充分的落实，无法发挥应有的作用。建议新的职业教育培训法应当明确政府、学校、企业和员工的义务和责任，在资金、人事制度、税费、培训方式和标准认定上统筹规划，整合现有的与职业教育和培训相关的政策法规，杜绝"九龙治水"现象，应当对行会、社会培训机构、资格认定部门进行明确的定位，使之成为社会职业教育和培训体系的一个重要组成部分。

第二，应鼓励职业学校提升培养目标，使职业学校成为产业结构调整升级的推动力量。企业现有的一线员工知识能力水平不高是通病，无法适应产业结构调整和升级的要求，同时，职业学校以现有的企业需求为培养目标，其定位与产业发展方向相比过于落后。建议职业学校应当摆脱现有的培养方式和专业设置，提高和提升培养质量和层次，职业学校不仅是培养一技之长和简单劳动力，应当兼顾"以就业为导向"的培养思路和学生个人可持续发展能力，应当培养学生就业能力和学习能力。

第三，应规范企业培训的形式和内容，对企业培训的效果和作用予以认可。现有的企业培训多是由企业自发组织和管理的，对培训的内容和形式没有明确的规定。同时，政府缺乏对企业培训的监督和约束，企业缺乏政府给予必要的资格认可和规范。建议按照企业所属行业和规模的不同，明确政府对企业培训的要求，认可企业培训的效果，促进企业内部培训制度的建立。建议鉴定工人通过非正式途径获得的技能（如师带徒、传帮带等非制度性的技能形成途径等），初步构建国家技能形成体系。企业培训自成体系的倾向不利于农民工自身职业发展和行业水平的提高，鼓励企业参与行业标准制定、职业资格认证、课程开发等方面的工作。

第四，应优化调整职业教育资源配置结构，充分合理利用全社会对职业教育与培训的投入和支持。现行教育资源流向不够合理，建议职业教育与培训资源应当向新生代农民工流入地倾斜，而不是向新生代农民工流出地倾斜。建议职业学校和社会培训机构划归教育部门统筹管理。建议应偏向于对中小企业提供学徒岗位进行补助，而不是将资源集中在一定规模以上的企业。建议直接补助职业教育应届毕业生工作前一至三年内的培训经费，为企业培训无工作经验的职业教育毕业生创造条件。

第五，应促进新生代农民工就业信息的流通，促进劳动力市场健康发展。调研发现，整个劳动力市场信息流通不够及时，造成部分新生代农民工盲目流动，形成技能的浪费和错位。建议创新新生代农民工相关公共信息的发布途径，解决培训中信息缺失的问题。

第六，应调动新生代农民工参与培训的积极性，逐步形成完善的培训承诺。现行的培训多从企业需求出发，以员工的被动接受结束，形成部分企业培训层次低、员工流动率高的局面。建议通过技能认证和鉴定、职业指导等途径，调动员工参与培训的积极性，降低员工的流动性。支持农民工在流入地获得职业资格证书时，享受与本地居民相同的补贴政策。

第七，应充分发挥行会组织的作用，逐步充实壮大行会的力量。行会组织在实际工作中难以发挥应有的作用，建议行会逐步掌握人事自主权和财政自主权，建议行会组织新生代农民工上岗前的基础职业素养培训，建议行会参与指导和管理该行业培训机构运行及校企合作工作，建议行会逐步指导和管理该行业技能认证和鉴定工作。

二、政府职能与市场功能的调控

（一）新生代农民工技能形成的途径

琳达·克拉克和克里斯托弗·温奇的研究认为，在进行相关的考察的时候，不仅能深入了解我们自己的社会，也能看到我们与其他社会的相似和不同之处，从而制定出不同的政策以供选择[①]。她们总结了一个社会职业形成路径的三种选择：现代年轻人普遍追寻的普通教育——高等教育路线、基于学校或学院的"职业路线"以及由雇主主导的国家职业资格体系为基础的学徒制。在新生代农民工的技能问题上，无论是高等教育路线，还是基于学校的职业路线或者由雇主主导的国家职业资格体系为基础的学徒制，在我国均面临着不同程度的问题。例如，基于学校或者学院的职业路线培养出来的学生并不能完全满足企业对职业技能的要求，而更为重要的是，我国尚未形成一种由雇主主导的国家职业资格体系为基础的学徒制。

在对不同国家技能形成体系分析的基础上，有研究者开始对不同的发展模式和路径进行总结。鲍威尔等人提出内部劳动力市场（internal labor market）和职业劳动力市场（occupational labor market）的概念，并认为它们的共同点是有完备的技能形成机制[②]。在内部劳动力市场背景下，技能的形成主要是在在岗培训（on job training，OJT）的基础上形成的，通常被称为基于工作的技能；而职业劳动力市场下其技能为"基于职业的技能"。他们通过这两种模式的划分对德、英等国的技能形成进行了比较，并认为德国的双元制是一种基于职业的技能形成模式，而英国不仅仅是基于职业，而应该是一种基于"职群"（craft）的技能形成模式。阿什顿和宋也把技能形成的途径分为两大类：盎格鲁—撒克逊途径（the Anglo–Saxon approach）和"亚洲虎"途径（the Asian Tiger approach）[③]。其具有代表性的国家和地区，前者为美国、英国、加拿大、澳大利亚和新西兰；后者为新加坡、韩国及中国台湾和中国香港地区。盎格鲁—撒克逊途径最主要的特点是技能的形成是通过市场来实现的，政府在这一过程中发挥着最小的作用，技能市场全部依赖着对技能的供求关系。在这一途径中，政府的作用是支持市场运行，

---

① 琳达·克拉克，克里斯托弗·温奇著，翟海魂译：《职业教育：国际策略、发展与制度》，外语教育与研究出版社2011年版，第1页。

② POWELL M. Skill formation and globalization. London：Ashgate Pub Co，2005.

③ ASHTON D，SUNG J. Adopting the market for skill formation：Two Contrasting Approaches. Leicester：Centre for Labour Market Studies，University of Leicester，2000.

消除市场运转的阻碍，并只仅仅在市场失灵的情况下进入市场，比如说失业等。"亚洲虎"途径是指政府经常采取措施来帮助维护劳动力市场的运作。这些措施有可能会加速劳动力市场的调整，以及改变市场运行的一般均衡。它可能包括影响获得技能的人所从中获得的回报。此处，政府调控是劳动力市场的一个基本组成部分，调整技能的供给和需求，增强技能基础和奖励技能获得者。

由此可见，无论是盎格鲁—撒克逊途径，还是"亚洲虎"途径，抑或是基于职业的技能形成途径，都能够在技能形成问题上取得一定的成效。反映到新生代农民工职业教育的管理上，无论政府和市场的分工模式如何，其最终的目的都是促进新生代农民工职业技能的形成。在我国，旨在促进新生代农民工职业技能的形成的努力过去更多地偏向于形成一个更易管理的基于政府行动的技能形成体系，而这一体系在面临全球化的竞争和经济转型的冲击时显得反应缓慢和迟钝。同样，就像我们现在讨论的新生代农民工的职业教育问题一样，在几年之前，这一问题并不存在，而时至今日，新生代农民工的职业教育和培训问题成为职业教育和全社会共同面对的一个主要问题。

新生代农民工职业教育问题成为一个更加受到重视的问题的另一个原因是：越来越多的政策制定者认为更多和更好的技能不仅能够解决新生代农民工给社会带来的不稳定性，也可能解决企业产业结构升级难题以及提高新生代农民工的就业质量等。同样，更多的人也相信职业教育可以充分利用人口红利，提升国内生产总值的质量，增加国际竞争力，对抗贫穷以及促进社会融合等。结合上述不同国家的技能形成途径，提高新生代农民工的技能需要具备以下几个条件或机制的支持：第一，鼓励企业培训，并逐步建立起对企业培训的认证和监督机制。在我国，截至目前，企业培训更多的是基于企业自身需求的开展，而不考虑职工的长远发展。因此，一个可能的问题是当员工需要取得某项职业资格证书时，他们没有足够的宽泛经验以及企业的支持。第二，政府作为市场的观察者，应该提供足够的信息关于技能的匹配和预测。例如，发布新生代农民工流动报告、行业报告等，促进技能供求市场的透明度，并对未来即将可能出现的情况做出预测，以促使现有的技能供给方做出必要的调整。第三，促进劳动力市场信息的透明化，并对亟须的技能做出快速反应，这一反应体现出政府调整技能供给数量方面的能力。第四，鼓励流出地和流入地政府之间的合作。流出地和流入地政府的职能存在一定的差异，流出地政府付出更多的努力于学校职业教育体系中，流入地需要在就业指导和校企合作方面发挥更多的作用。第五，扩大新生代农民工职业培训的参与率，为更多的新生代农民工提供培训机会。新生代农民工培训不能只集中于少数人群，而要提高整个群体的职业技能，应该将培训覆盖到大多数的人群中来。第六，确保所有的社会合作者在新生代农民工职业教育中承担更多的责任，并明确各主体间分别应承担的责任。

(二) 新生代农民工技能形成的模式

对技能形成的研究涵盖了很多的学科领域，对其主要模式的形成分类有：福斯划分为三个模式：其一为学院模式，这一模式将大部分技能形成相关内容整合到正式的学校教育中，比较典型的有美国、加拿大和日本。其二为双元模式，这一模式建立在高度发达的学徒制体系的基础之上，比较典型的有德国、瑞士和澳大利亚。其三为混合模式，这一模式中非正式部门的作用显得非常重要，典型国家是英国。它的划分主要依据技能形成的场所的不同，然而在技能的市场需求方面并没有做出较好的解释。格林将技能形成模式划分为雇主拉动模式、教育拉动的学院基础模式，前者以工作场所学习体系为基础，后者以学校教育为基础[1]。这一划分更为直接，但是同时考虑了雇主的需求因素。弗朗西斯将技能形成模式划分为企业基础模式、制度基础模式和双元制模式[2]，这一划分方式较好地解释了日本、法国和德国之间的差异，但是除这三个国家之外的其他国家都很难一一对应到这一模式划分中。

此外，一些国际组织也对技能形成模式进行了一定程度的总结。国际劳工组织划分为合作模式、企业基础模式、意志模式和国家驱动模式（又可分为需求拉动模式和供给推动模式）；OECD 划分为市场驱动的高技能模式、市场驱动的低技能模式、交互模式、企业基础的交互模式和中介驱动模式[3]。宋和阿什顿将技能形成模式划分为四种：市场模式（the market model）、社团合作主义模式（the corporatist model）、发展型国家模式（the developmental state model）及新市场模式（the neo-market model）。此外，他们还补充了两种模式：一是转型模式（the transition model）；另一个是文化性模式（the cultural model）。

从上述国家比较的视角，在技能培训体系上，不难看出政府和市场之间的分工不仅决定于国家的教育体系，还决定于生产体系的组织，以及市场的组织形式和自由程度。臧志军通过比较法国、德国和澳大利亚的职业教育制度发现，相当多的教育职能被开放给一个技能供给体系，在这个市场中国家发挥宏观调控作用，主要规定这个市场的容量、质量等标准。[4] 结合我国的情况，新生代农民工

---

[1] Green A. The reform of post – 16 education and training and the lessons from Europe. Journal of Education Policy, 1991, 6 (3): 327 – 339.

[2] Caillods F. Converging trends amidst diversity in vocational training systems. Int'l Lab Review, 1994, 133: 241 – 242.

[3] Sung J, Turbin J, Ashton D. Towards a framework for the comparative analysis of national systems of skill formation. International Journal of Training and Development, 2000, 4 (1): 8 – 25.

[4] 臧志军：《职业教育国家制度的比较研究》，华东师范大学硕士论文，2013 年。

技能形成更需要依靠市场的拉动，同时需要社会合作伙伴的紧密合作。而且我国也在逐步形成一种以工作场所学习体系为基础的市场拉动模式。反映到新生代农民工技能形成的问题上，第一，基于工作场所的学习和培训符合新生代农民工的特点，第二，市场拉动的技能形成模式更能把握企业的现实需求，第三，积极的合作关系对破解新生代农民工职业技能提升难题具有相当大的意义。例如，没有工会的积极作用就无法制定出有利于个人长期发展的培训战略，因为，企业更愿意对员工进行短期的职业培训投入而在员工的长期培训权力上不给予丝毫的话语权，另外，行业协会的参与有助于职业培训的规范化以及同行业之间培训水平和标准的提高。

三、政府主导与市场调节的协调

阿什顿和格林在1996年提出了现代社会维持高技能发展路线的制度化框架，认为一个国家的教育和培训体系必须满足六个必要的条件，其经济增长和发展才是遵循高技能发展路线[①]。这六个条件是：(1) 国家必须致力于高技能的开发和生产体系的创新目标并提供坚实的基础教育，避免教育市场制度所带来的不平等和精英主义；(2) 教育系统本身必须培养学生在语言、科学、数学和信息技术方面具有高水平的基本能力，作为未来工人工作技能持续发展的基础；(3) 雇主组织也必须致力于高技能形成的目标，因为高技能的形成离不开工作场所，学校和课堂中的职业教育的有效性的局限必须在工作场所中才能克服；(4) 在工作场所技能形成的过程中，需要制定规则和责任以调控培训的数量和质量，维护培训的社会效益和质量，限制机会主义；(5) 采取奖励和激励的手段促使劳动力个人愿意致力于高技能形成的目标；(6) 建立在职学习与脱产培训互为补充的培训制度，有利于高技能形成所需要的经验与理论的结合。

在这个框架的基础上，他们还对新加坡的技能形成体系做了进一步的分析[②]。不足的是，上述六个条件并没有考虑到具体职业教育政策是如何制定的。在此基础上，科林·克劳奇等人对现代资本主义国家所采取的制度形式的分野进行了探讨，并同时讨论了这一分野所面临的困境[③]。与一般对经济制度和政策的分析不

[①] Ashton D, Green F. Education, Training and the Global Economy. London: Edward Elgar Publishing, 1996.

[②] Ashton D, Sung J. Education, skill formation and economic development: the Singaporean approach. Education: Culture, Economy and Society, 1997: 207–18.

[③] Crouch C, Fpnegold D, Sako M. Are Skills the Answer? The Political Economy of Skill Creation in Advanced Industrial Societies. Oxford: Oxford University Press, 1999.

同，他们特别针对职业教育与培训本身，集中研究了技能产生过程。经济发达的国家为了在全球化的过程中保证其竞争优势，必须发展高技能的劳动力。科林·克劳奇等人认为：其一，就业政策不能完全基于教育政策之上：对技能水平的提高的促进力量是受限制的，也就是说，单凭教育政策对技能水平的推动作用或单凭就业政策对技能水平的推动都是不可行的。其二，当技能的应用变成主要的公共需求时，政府的就业政策由于要对失业者进行照顾而受到限制，对个别公司的依赖程度也就不断增加，政策的天平也不再向领先的技术倾斜。通过对法国、德国、意大利、日本、瑞典、英国和美国的个案研究，科林等人为教育和培训的政治经济和环境分析提供了一个全新的途径，以及建议如何处理就业政策和教育政策的关系。

布朗又在上述学者研究的基础上引入了全球化的背景。他指出，在经济全球化时代，尽管金融市场经受猛烈冲击，但是一个国家的教育制度、社会制度以及经济制度由于处于一种特定的历史、文化和政治环境中，因此很难出现大的转变①。他因此也总结了实现高技能社会所应具备的七个要素：第一，政府、雇主与工会之间就促进劳动者技能升级方面达成一致意见；第二，经济部门要具备创新和变革的潜力，增强其在世界经济中的竞争能力；第三，通过教育、培训和终身学习大范围地提高人们的能力，而不只是提高一小部分人的技能。要发展一种高技能社会，就必须相信，所有人都能够从技能升级和终身学习中受益；第四，要在劳动者的供给与需求之间进行协调。人们通常会过于强调教育、培训以及受雇能力的供给问题，而忽视了在就业过程中对高技能型人才的市场需求；第五，高技能要能够在各个经济部门的劳动者之间进行广泛传播和流通，而不仅仅限于在一些领先企业、研发中心以及大学中传播；第六，各种经济组织之间要进行合作，这种合作主要是指整个社会制度结构中的信任关系，其中包括教育与培训系统、劳动力市场、劳资关系以及社会福利；第七，推行全面性技能形成政策，提高妇女、少数民族人群以及社会弱势群体在教育、培训、劳动力市场上的参与机会。

马库斯·鲍威尔通过实证分析来证明不同的国家是如何组织他们的培训制度的，包括劳动力市场信息是如何被股市的人利用并最终做出决策等②。在技能形成上，他的研究提供了一个独一无二的分析途径：如何获得关键领域的专家知识。他认为，一个国家要实施一种高技能发展路线需要具备以下几个条件或机制：首先，需要开发一种能够鼓励并且支持工人进行连续性终身学习的工作环

---

① Brown P, Green A, Lauder H. High skills: globalization, competitiveness, and skill formation. New York: Oxford University Press, USA, 2001.

② Powell M. Skill formation and globalization. London: Ashgate Pub Co, 2005.

境。其次,必须确保所有相关利益者齐心致力于技能形成的过程,并且积极参与对这些过程进行规划和执行的实践。最后,在开发那些有利于技能发展的国家战略时,需要确保各种决定是建立在最新的精确劳动力市场信息基础之上,数据信息的准确性在全国性决策中的重要性是不容低估的。

综上,协调政府主导和市场调节的功能需要解决以下问题:第一,流出地政府对有效的职业教育体系提供足够的支持。教育系统培养学生在数学、语言等方面的能力对其未来持续的技能发展具有重要作用已经为大家所接受。在这个方面,流出地政府应在学校职业教育中发挥应有的作用。第二,协调就业政策和教育政策之间的关系。特别地,在新生代农民工职业教育和培训问题上,单凭就业政策或单凭教育政策都是不可行的,就业政策和教育政策之间必须有一定的配合。第三,协调技能政策的公共作用和劳动力发展作用,技能政策一方面具有减少失业、促进社会融合等功能;另一方面具有提升劳动力技能水平、促进技能形成的作用。第四,发挥市场作用,协调劳动力技能的供给和需求之间的矛盾。第五,通过各合作伙伴关系之间的合作,使技能培训战略发挥最有效的作用。第六,协调各方之间的利益分配,使得所有相关利益者无论是受政策干预还是市场推动,都积极致力于新生代农民工技能的提升。第七,所有的政策制定都应该建立在对市场的足够了解上,建立足够的机制保证对市场信息的准确把握和对市场预期的准确了解,并在此基础上验证所有干预政策的可能结果。

第三节 职业教育的校企关系:建立新承诺关系

企业和学校是新生代农民工职业教育和培训的最直接的两个相关主体。探讨企业和学校之间承诺关系的问题,有利于发现培训市场失效的原因,并解释我国低技能的现状,也有利于探讨校企合作中的核心问题,以促进校企互信的建立,解决新生代农民工职业教育方面长期存在的弊病,为形成良性互动的校企关系创造足够的条件。另外,产教融合制度作为我国职业教育国家制度的核心需求,是高技能形成的必由路径。校企合作和产教融合,是职业教育发展的必然要求,也是高技能人才培养的基本规律。新生代农民工群体的技能提升更需要校企间的互信合作关系和产教融合的制度支持,一方面,学校职业教育能够弥补其在职业岗位上技能提升的不足;另一方面,通过边工作边学习的方式能够更有效地促进新生代农民工技能的形成。

一、培训市场的失效：新生代农民工的低技能

一些研究者从雇主和新生代农民工个人层面分析了技能形成体系中的问题，这些问题的重要性在于：对政府而言，公共投入的增加是否能够促进社会技能形成，还取决于其形成的场所这一条件是否是有利的，以及技能形成市场是否有效的问题[1]。传统经济学对技能和职业教育的分析模式主要包括市场需求—供给分析、成本—效益分析等，它们主要关注的是新生代农民工技能形成过程中的三个方面的问题：技能形成过程中的个体承诺问题、技能形成过程中的集体行动问题以及技能形成过程中的市场选择。

在技能培训市场的选择问题上，一些经济学家将技能形成制度的失效归因于"挖人"现象，认为一些企业不愿意承担培训成本而选择"搭便车"。贝克尔的人力资本理论则认为，不是因为"挖人"，反而"挖人"现象形成的自由的技能交易市场促进了技能形成体系的完善，技能形成制度失效的根本原因是资本市场约束尤其是信贷约束对受训学员的影响。贝克尔的理论认为，技能可分为一般技能和特殊技能，企业不愿意教给员工一般技能，而更愿意培训其特殊技能，这种技能的适用性单一，离开企业就无法使用，而且，企业不必为员工的特殊技能付任何工资，因为这一特殊技能是企业投入培训成本获得的收益。另外，贝克尔的理论假设在完全竞争的市场情况下，企业支付的工资必须等于员工的边际生产力，否则，员工将会离开企业。因此，在现实社会中，企业将一般技能推给学校，自己则愿意培养特殊技能。[2][3]

从图 3-6 可以看出，在一个完全竞争劳动力市场中，技术工人的薪酬趋同于其边际产品价值，企业没有动机投资一般技能培训，但是工人却有动机投资一般技能的自我培训。工人有时候能够从职业培训学校获得一般技能的培训，或者进入大学学习更高层次的技能。尽管企业不愿意分担工人学习技能的成本，但是如果能够将培训成本成功高效地转嫁给受训者，那么企业还是乐于给工人提供培训的。贝克尔的理论基于的假设是两种理想培训市场类型：充分竞争的劳动力市场（一般技能）和非竞争性的劳动力市场（特殊技能）。

---

[1] Acemoglu D, Pischke J S. Why do firms train? Theory and evidence. Cambridge: National Bureau of Economic Research, 1996.

[2] Becker G S. Investment in human capital: a theoretical analysis. The Journal of Political Economy, 1962, 70 (5): 9-49.

[3] Becker G S. Human Capital: A theoretical and empirical analysis, with special reference to education, by Gary S. Becker. Cambridge: The National Bureau of Economic Research, 1964.

边际培训成本=边际生产价值

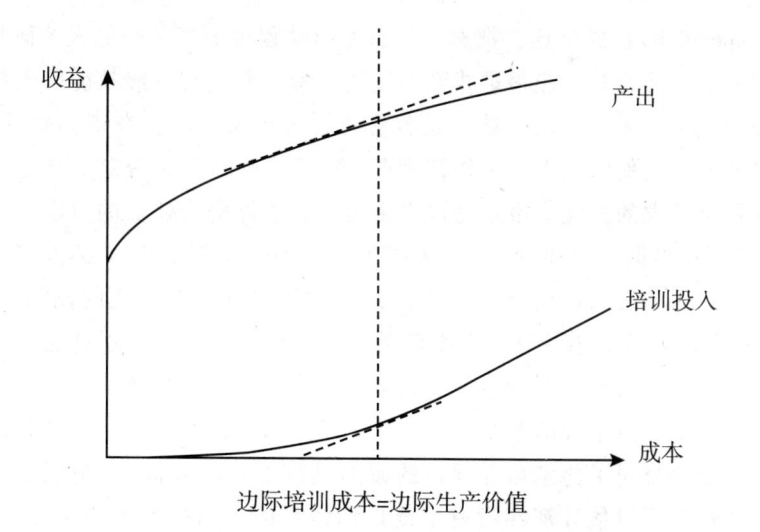

图 3-6 完全竞争劳动力市场中的培训投入

但是阿西莫格鲁等人提出,这一理论有它明显的缺陷:一般技能和特殊技能的划分不能包括所有的技能类型,一般技能所处的市场环境也是完全竞争的[①]。他们认为,员工在重新寻找工作的过程中的成本也是培训成本的一部分,因此,在不完全竞争劳动力市场下,企业可以通过支付比实际低的工资来获得部分培训收益,这一现象解释了为什么部分企业也参与到了一般性培训当中。凯瑟琳·西伦认为,现实情况是,将技能形成体系制度化为稳定的制度体系所面临的关键挑战是,受训者和企业之间难以达成可信承诺关系,在这种可信的承诺中,学徒制就是一个成功的典范。[②] 这里就涉及一个关于企业和雇员之间的承诺问题,如何设计一个合同或契约,保证企业和雇员达成可信的承诺关系,西伦认为,其中之一的解决办法就是建立职业资格认证体系,技能认证体系能否防范企业随意剥削学徒工,因为如果受训工人不通过常规的技能资格标准化测试,企业将会失去其提供培训的许可资格,这一体系还能削弱学徒工跳槽的动机。在集体行动方面,西伦认为,导致培训投资疲软的主要问题是对受训者的资本约束。对这个问题有两个解决办法,对策一:建立供给体系,大量提供高度可转移技能;对策二:企业自我技能培训方式,保护免受外部劳动力市场的竞争冲击,不同的国家采取的对策完全不同。

艾弗森和索斯凯斯的研究认为,既然技能的可转移性(transferability)和其

[①] Acemoglu D, Pischke J S. Beyond Becker: training in imperfect labor markets. The Economic Journal, 2001, 109 (453): 112-142.

[②] 凯瑟琳·西伦著,王星译:《制度是如何演化的:德国、英国、美国和日本的技能政治经济学》,上海人民出版社 2010 年版,第 14 页。

专门性（specificity）成反比，那么，具有专门性程度更高的技能人才面临失业的可能性更大——因为其技能很难找到匹配的下家，而具有一般技能的人却不会面临这方面的风险，因为他们的技能是容易符合市场需求的，在市场化的条件下，这一需求能够给予他们匹配的工作待遇[1]。博斯等人的研究否定了自由市场能够提供足够符合需求的技能，也就是说自由市场并不能解决技能的供求关系并使之平衡[2]。埃斯特维斯、艾弗森以及索斯凯斯等的研究证明，技术工人仅仅会在他们的工作或收入是有保证的情况下才会冒险为公司行业专门化的技能（firm-and industry-specific skills）投资[3]。这些研究的理论被统称为"超越贝克"理论，他们一致认为，贝克的模型并没有找到技能培训投资疲软的根源。[4]

学徒制是企业内培训的一个重要部分。沃尔特等人对为什么有些公司愿意培养学徒，而有些公司不愿意培养学徒的原因进行了实证分析。[5]他们建立了一个最大似然估计模型以估计那些没有学徒培训体系的公司的培训成本。结果显示，一方面，虽然已有学徒培训体系的公司从这一制度上获得的收益很高，但是，如果这些没有学徒培训体系的公司选择开始培训学徒，因此导致的成本明显高于学徒培训期的成本，也就是说转换的代价高昂；另一方面，这一转换导致的成本收益率的下降更多的是受到成本的影响，而不是那未知的效益。这一研究发现表明，如果培训体系和市场条件允许一个成本效率高的学徒培训体系存在，那么企业就不需要一个特殊的劳动力市场制度或体系来转移培训成本。

还有研究者从企业的生产结构上对其投入到职业培训的意愿进行研究，他们认为，如果市场上存在大量临时工可以完成企业的工作，那么企业就没有意愿为员工提供足够的职业培训，转而大量雇用临时工人[6]。这一现象多发生于对技能水平要求不高的企业。这也很好地解释了我们看到的一些新生代农民工如保安、清洁工等受到的培训程度很低，同时其工作待遇也不高的现象。

---

[1] Iversen T, Soskice D. An asset theory of social policy preferences. American Political Science Review, 2001, 95 (4): 875-894.

[2] Booth A L, Snower D J. Acquiring skills: Market failures, their symptoms and policy responses. Cambridge: Cambridge University Press, 1996.

[3] Estevez-Abe M, Iversen T, Soskice D. Social protection and the formation of skills: a reinterpretation of the welfare state//Hall P A, Soskice D W. Varieties of capitalism: The institutional foundations of comparative advantage, Oxford: Oxford University Press, 2001: 145-183.

[4] Acemoglu D, Pischke J S. The structure of wages and investment in general training. Cambridge: National Bureau of Economic Research, 1998.

[5] Wolter S C, Mühlemann S, Schweri J. Why some firms train apprentices and many others do not. German Economic Review, 2006, 7 (3): 249-264.

[6] Autor D H, Levy F, Murnane R J. Skills Training in the temporary help sector: Employer Motivations and Worker Impacts. Report to the US Department of Labor Employment and Training Administration, Massachusetts Institute of Technology, Cambridge Massachusetts, 1999.

二、校企互信的建立：高技能形成的基本前提

研究校企合作促进政策的制定和实施，是一项重要的攻坚任务，需要深挖现存的问题，运用理论分析其出现原因，并将其放在国家宏观层面来思考解决的思路和办法。我国职业教育的主体是职业学校，主要由教育部门统筹管理，但教育部门或者任何单一部门都无法有效地解决职业教育校企合作的跨部门、跨领域问题。因此，需要国家统筹职业教育校企合作政策，进行顶层设计。

（一）国家高度重视，具备宏观性框架

我国的《教育法》《劳动法》《职业教育法》中关于教育与生产劳动相结合、教育为经济建设服务、经济建设依靠教育以及职业教育校企合作的规定对于促进校企合作的发展发挥了积极作用，其条款大多是宏观性规定，为加快制定国家职业教育校企合作促进法规提供了宏观性法律框架。职业教育实行校企合作和工学结合的人才培养模式不仅是培养应用型技能型人才的基本做法，而且符合我国关于教育同生产劳动相结合培养德智体全面发展的社会主义事业建设者和接班人的教育方针。

（二）地方先行先试，提供了地方经验

许多地方对校企合作的认识水平程度不断提升，认识到人才培养合作项目的收益与产品研发等合作项目的收益相比，回报较低而投入较大。调查显示企业所能为职业学校提供的资源中，提供实训设备、为学校提供资金等被排在末位，因而，参与职业教育的企业需要政府优惠、补偿政策的引导。2009年，《宁波市职业教育校企合作促进条例》开始施行，这是我国第一部地方性职业教育校企合作促进法规，为明确职业院校、企业和政府部门职责，预防学生在实习期间意外伤害事故、保护企业商业秘密等提供了法律依据，为宁波地区职业院校和企业合作培养高素质技能型人才，促进校企合作可持续、健康发展提供了法律保障，是完善我国地方校企合作法规的重要标志。

（三）已有系列政策为制定促进校企合作条例奠定了基础

国家在制定和实施校企合作促进政策方面，做出了较大努力。在国家政策层面首次肯定职业教育实行校企合作的育人模式的是2005年的国务院《关于大力发展职业教育的决定》。即"进一步建立和完善适应社会主义市场经济体制，满

足人民群众终身学习需要，与市场需求和劳动就业紧密结合，校企合作、工学结合，结构合理、形式多样，灵活开放、自主发展，有中国特色的现代职业教育体系。"2006 年颁布《中共中央办公厅、国务院办公厅关于进一步加强高技能人才工作的意见》《中共中央、国务院关于实施科技规划纲要增强自主创新能力的决定》《中共中央、国务院办公厅关于进一步加强高技能人才工作的意见》《财政部、国家税务总局关于企业支付学生实习报酬有关所得税政策问题的通知》，2007 年颁布《国家税务总局关于印发〈企业支付学生实习报酬税前扣除管理办法〉的通知》以及 2010 年颁布《国家中长期教育改革和发展规划纲要（2010～2020 年）》和《中等职业教育改革创新行动计划（2010～2012 年）》等，不仅使职业教育校企合作的理念深入人心，而且促进了职业教育校企合作的创新。

综上表明，各级政府逐步通过法律法规推进职业教育校企合作，正在采取措施打破行政管理部门之间的壁垒，加强协调联动，积极探索并建立促进职业教育校企合作的长效机制，个别地区尝试有效地推进行业协会参与职业教育、调动企业参与积极性、加大职业教育投入力度、加快职业标准与专业教学标准对接、促进职业教育集团化发展等，为制定国家职业教育校企合作促进条例提供了基础。

（四）建立校企互信的必由举措

国家应尽快以法律法规的形式为促进职业教育校企合作提供宏观制度保障和政策措施，尽快制定国家职业教育校企合作促进法规，进行职业教育制度顶层设计，创新职业教育体制，统筹管理校企合作中的政府、学校、企业、行业、学生等相关各方，明确参与各方的权利、义务和责任，全面总结校企合作的成功案例经验，围绕关键问题实施制度创新，系统构建职业教育校企合作的国家制度和机制，完善培养高素养技能型人才的基本制度。

1. 加强职业教育制度创新的顶层设计。确立职业教育是党政"一把手"工程的制度。职业教育校企合作实质是全社会的合作、是教育与产业的全面合作、是企业用人标准与学校教学标准的对接与融合。明确发展职业教育是党政"一把手"的责任。要"合作"就需要"统筹"，统筹的实质是对全社会的统筹，积极打破行政部门间壁垒，探索多个行政部门协调联动，系统整合学校、企业、行业、研究机构等多个主体、多种资源协同推进校企合作。把职业技术教育纳入各级党政教育实绩考核。强化各级党委、政府统筹本区域内职业技术教育发展的职责。把职业技术教育发展纳入各级党政教育绩效考核，把职业技术教育发展纳入市、县两级党政领导工作目标，并作为教育强市、强县（市、区）考核的指标。

2. 建立校企合作经费引导机制。为职业教育校企合作提供专项经费、补贴和税收减免优惠等政策支持和经费保障。各级政府组织教育、财政部、发改委、人社和工会等部门会同职业学校和行业企业共同研究制定支持职业教育校企合作的各种切实可行的经济手段，加大经费投入力度。建立国家和地方职业教育校企合作专项经费，运用公共经济资源适当补偿企业参与职业教育所提供的公共服务的人力成本和物力消耗。

3. 明确行业指导职业教育校企合作的责任。提高行业指导能力。将行业人力需求调研、行业能力标准规划、研究制定职业资格标准和技能等级考核标准、培训指导等事宜，都纳入行业的职能范围。制定分行业的校企合作准则和指导手册。

4. 发挥市场机制在校企合作中的主要推动力量。明确企业参与职业教育的义务，企业是职业教育的主体之一。校企合作共育人才符合企业的长远需求和利益，推动校企合作从感情机制转向利益机制和组织机制，建立长效合作机制，将主要依靠市场机制来发挥作用使受益者承担相匹配的责任。国家引导性的组织开发针对企业家的系列教育培训课程，培养企业家的社会责任感和战略思维能力，促进企业家积极参与职业教育，鼓励各级工会在职工培训和校企合作中发挥必要作用，逐步完善政府引导、市场调节、企业自主、社会支持、个人努力的职工培训机制，探索职工培训教育券制度。

5. 加强校企合作协调指导机制建设。各级政府建立校企合作联席会议制度，制定相应的工作规则。校企合作联席会议定期召开会议，商议推进合作；中央和地方政府应为职业教育校企合作提供人员互聘、信息整合、交流沟通、对话交往等多种平台。鼓励职业学校与行业企业的人员交叉任职，担任实职，在管理层面上组成职业教育管理共同体等，在师资层面上创造条件交叉任职，改变单项聘任兼职为双向兼职，在人员人事制度上率先实现校企一体化。建立校企合作服务机构。建立国家、行业和地方职业教育校企合作信息化平台；建立职业教育校企对话制度，使之制度化、长期化。建立区域的企业用人需求、职业学生实习就业信息服务中心。鼓励支持产业园区与职教园区融合。

6. 加强奖励激励和宣传机制建设。为职业教育校企合作营造良好的社会环境和舆论氛围。中央和地方政府以公共社会资源的形式提供职业教育校企合作所需的社会环境和有利氛围。政府设立职业教育校企合作的企业资质认证制度和企业贡献等级评级制度；设立国家、地方、学校、行业等各级"职业教育校企合作奖"，奖励对促进校企合作贡献突出的行业组织、企业、学校、研究机构等先进单位和先进个人。组织新闻媒体大力宣传促进校企合作的先进单位和先进个人，增强行业、企业及社会各界参与职业教育的意识。

7. 发挥科研项目载体拉动校企合作的作用。为职业教育校企合作提供国家级、省市级联合科研项目。中央和地方政府通过设立职业教育校企合作国家级、省市级联合科研项目，发挥科研项目载体作用，整合科研资源，引领行业组织、企业、职业学校、研究机构等社会各界深度合作，在产品研究、课程、教材、教学标准、职业标准、评价等方面联合研究和攻关。组织推广上述方面的有效成果，强化科研支撑和引领校企合作的作用。

8. 加强社会化评价机制建设。各级政府建立职业教育校企合作的社会化评价体系。教育行政部门牵头，各相关方面共同参与，建立校企合作评价制度校企合作的评价是职业教育多元化社会评价机制的重中之重和关键环节。校企合作评价制度的建立，将成为政府在校企合作方面配置资源的依据，成为企业评优、学校评优的依据，成为校企合作奖、校企合作科研项目等的依据。

三、产教融合的转向：高技能形成的必由途径

校企合作、产教融合是当前高技能人才培养的核心问题，也是职业学校发展的关键问题。从现阶段的研究现状来看，产教融合已经得到了普遍的认可，但其在发展过程中遇到了很多困难，产教融合中出现的问题需要从制度建设上加以解决。已有的产教融合制度的建设，多为产教融合保障制度的研究，如何构建产教融合制度、构建什么样的产教融合制度涉及较少。教育部职业教育与成人教育司司长认为，"职业教育最重要的环节是产教融合、校企合作。多年来学校很积极，但是企业积极性还没有调动起来，这几年经过改革之后已经取得了很多的进展。现在我们成立了职业教育的教学改革指导委员会，这些教学改革指导委员会有59个，全部由相应的部门和行业来牵头的。就是说每一个行业的职业教育办得好坏，办得标准不标准，相关的行业和企业说了算，他们具有指导这个行业的责任和义务[1]"。

从国际比较的角度来看，有些国家形成了高技能的制度，而有些国家则是低技能的制度，研究者从制度变迁的角度加以分析，考察了不同社会中国家政权形成、工业化以及社会阶级形成的过程。这些研究认为，一个国家的国家形成过程以及工业化过程二者共同决定了该国的教育与培训系统的主要功能和结构[2]。其中，工业部门和教育部门之间的联系决定了高技能社会形成的成败，紧密联系的

---

[1] 葛道凯：产教融合、校企合作是职业教育最重要环节之一，新华网，2013年12月2日。
[2] Ashton D. The Skill Formation Process: a paradigm shift?. Journal of Education and Work, 1999, 12 (3): 347-350.

工业部门和教育部门奠定了高技能社会的基础。

（一）解释新生代农民工职业教育问题在产教融合方面的困境

在谈到新生代农民工技能短缺问题的时候，更多反映出的是社会对高技能人才的需求、新生代农民工的稳定就业以及对校企合作和产教融合制度的完善。在产教融合的视角上，新生代农民工职业培训目前主要面临以下问题：

1. 政府层面。第一，政府自身对如何发挥新生代农民工职业教育的主导作用认识不足，对实现主导作用的形式和路径缺少探索和经验积累，相关法律和政策制度不健全。第二，管理体制尚不完善，其参与新生代农民工职业教育的职责分工有待明确。第三，政府主导不足，新生代农民工职业教育和培训无论是在中央政府层面、流入地政府层面还是流出地政府方面，都一定程度上缺乏有效的政府主导作用。第四，政府支持的社会化评价机制不健全，参与合作的企业资质缺乏明确规定和认定，企业参与合作的效果缺乏整体评价。第五，职业准入、职业资格证书与人才培养的关联性不够，产教融合的教育规范和标准不够成熟。

2. 行业层面。一方面，行业指导职业教育的权限不明确，支持和鼓励行业组织参与职业教育与培训的政策尚不健全。另一方面，行业起步较晚，发展较慢，在产教融合中的促进作用不能立即显现出来。

3. 企业层面。第一，企业应该成为职业教育和培养未来员工的主体，但现阶段企业界参与职教内驱力不够；第二，企业缺乏战略发展理念，参与校企合作动力不足，社会责任意识不够。第三，现有的合作组织管理不健全，合作流于表面形式。第四，体力依赖为主而非技能依赖为主的企业大量存在，企业转型升级尚未完成，缺乏参与技能型人才培养的基本动力。

4. 学校层面。第一，缺乏现代学校制度理念，合作发展机制不健全；第二，专业水平和技术技能积累不足，技术服务能力较弱，难以引领行业发展；第三，人才培养模式创新不足，难以适应产业需求；第四，对新生代农民工职业教育的管理不足，导致新生代农民工职业教育质量得不到有效地提高。

5. 学生（新生代农民工）层面。针对在校学生，第一，学生的顶岗实习和实训内容、要求与企业的用人标准等不太相符。第二，学生在企业实习的内容、安全、时间等未明确规定。第三，学生责任心、吃苦耐劳能力等品质的培养尚未有清晰的标准。针对在职的新生代农民工群体，第一，新生代农民工的学习参与度不够高。第二，新生代农民工本身学习背景差异较大，学习目标也不尽相同。第三，新生代农民工大多来自企业，对学校学习职业技能知识具有一些其他方面的阻碍，如学习时间、参加培训所需要的额外时间等。

以上问题的解决都需要产教融合制度的建立，因此，制度的构建是产教融合发展的主要趋势。教育部门、就业部门、产业部门以及雇主组织之间的密切合作已成为职业技术教育改革与发展的重要保证[①]。

(二) 促进新生代农民工职业技能形成的产教融合制度

马修和基普等人的研究结果建议政治和研究战略应该超越职业教育与培训的经济学边界,并包含了职业教育政策和持有不同政治经济学视角的职业教育研究者们对个人学习和职业教育之间的关系的概念理解的扩大。这一视角的研究被英国经济和社会科学研究委员会的技能、知识和组织表现研究中心纳入,它将技能和知识的获得和应用以及产品市场战略和表现统一进来。因此,这一对教育和学习的成本和效益的经济学研究对未来的职业教育研究有很大的影响[②]。恰当的产教融合制度安排对促进新生代农民工职业技能形成具有积极的影响。布斯迈尔等人认为,技能的形成和发展不是一个无拘束的、随机的选择,而是受到包括历史和现实状态下政治经济学等的体制内容在内所影响和决定的[③]。克劳奇、芬戈尔德等人认为,职业培训制度是造成不同类型工人群体之间发展机会拉开差距的重要原因,其中尤其表现为收入不平等[④]。由此可见,产教融合制度在新生代农民工职业技能形成体系中的作用表现为:其一,突破传统职业教育的边界,将职业院校和生产系统紧密结合起来;其二,通过产教融合对社会环境的积极影响,促进新生代农民工的技能形成;其三,产教融合有利于缩小学校和企业、企业与企业之间的收入差距,促进总体收入水平的均衡;其四,提高新生代农民工职业技能水平,实现职业教育专业体系和产业体系的对接,推动产业优化升级,提升企业核心竞争力。

[①] 吴雪萍:《国际职业技术教育研究》,浙江大学出版社 2004 年版,第 18 页。
[②] Keep E, Mayhew K. Vocational education and training and economic performance. BritainVs Economic Performance, 1998, (3): 121 – 156.
[③] Busemeyer M R, Trampusch C. The comparative political economy of collective skill formation// Busemeyer M R, Trampusch C. The political economy of collective skill formation, New York: Oxford University Press, 2011: 3.
[④] Crouch C, Fpnegold D, Sako M. Are Skills the Answer? The Political Economy of Skill Creation in Advanced Industrial Societies. Oxford: Oxford University Press. 1999.

第四章

中国新生代农民工职业教育与美国促进移民职业教育的比较

第一节 新生代农民工职业教育与社会融合的比较基点

美国社会学家在对美国移民进行研究时发现，与第一代移民相比，第二代移民的心理特征和行为发生了重大变化。第一代移民有迁出地境况的比较，对迁入地社会不公平一般有着比较高的认可度，或者说虽然他们在迁入地感到种种不公平或歧视，但由于已经比原来状况有了改善，他们一般并不预期与迁入地居民有实际相同的权利和地位。而第二代移民则与第一代移民的期望值不同，他们对工作和生活的满意度主要是参照迁入地居民的工作和生活，当他们体会到与迁入地人群的生活和地位有差距时，便会在心理上产生更大的被歧视感和被剥夺感。并强烈要求自己的权利和地位垂直上升，也正是在这种心理预期的推动下，第二代移民在面对社会不平等时显得更缺乏忍耐性。法裔美国学者克雷夫科尔（H. S. Creveeoeur）1782 年提出"熔炉论"理论，认为美国已经并且仍然继续将来自不同民族的个人熔化成一个新的人种——美国人。20 世纪 30 年代美国芝加哥学派的著名学者帕克（R. E. Park）提出"社会同化"理论。认为，移民一般要经历定居、适应和同化三个阶段，在刚进入迁入地时，由于大多不懂或不能熟练掌握当地语言，缺乏进入主流社会的渠道，因此，只能在边缘地区立脚，以廉价出卖劳动力为主。在这个过程中，越来越多的移民接受主流社会的文化，认同主流群体文化，进而被主流社会同化（李明欢，2000）。

围绕移民的教育与社会融合问题间相关关系的探讨是国外社会学研究领域的重要方面。近年来，针对中国规模庞大的农民工群体，不少研究者也展开了相关研究。相关研究问题主要集中在以下几个方面：第一，关于农民工流动过程中的户籍制度研究。陈金永等（2000）把农民工流动过程中产生的问题归结到传统户籍制度的存在，他们认为，对于农村劳动力流动来说，最为本原性的制度是户籍制度，相对于其他方面的改革，户籍制度的改革几乎是进展最小的改革之一。斯达克（Oded Stark，1996）和罗伯特（Kenneth Roberts，1997）等对迁移的过程进行分析后，着重研究了流出劳动力回迁的原因、过程和影响，认为出现上述情况的重要原因，现行的土地制度和处于改革之中的户籍制度是其中最重要的两个制度安排。第二，关于流动行为的影响研究。斯科特（Rozelle Scott，1999）等发现，尽管外出打工对农作物产出产生直接的负向影响，但流出劳动力给家中的汇款，却增加了家庭的资金，迁移对家庭收入的影响应该是双重的，"汇款行为是迁移农民与其家庭之间的自我约束的、合作的、契约性安排的一部分或一项条款"。第三，关于流动行为主体的社会资本研究。宋丽娜（Lina Song，2001）以及奈特（John Knight，1996）等许多研究者给予迁移者的社会资本，特别是社会关系网络的作用以高度的重视。指出关于迁入地生活和工作信息，对于潜在的迁移者来说是至关重要的。通过研究表明，在中国，迁移者获得这种信息的途径主要是通过家庭成员、亲戚和同乡这种社会关系网络。而在那些没有迁移的劳动力中，所谓的支付不起迁移成本，实际上也主要是缺乏必要的信息获取渠道，而主要不是缺乏物质资源。第四，关于新生代农民工流动行为的动机研究。布劳等（De Brauw et al.，2002）的研究表明，在中国明显存在一代被称为"打工族"的移民工人，他们没有从事过种植业，并且对他们来说，迁移是公认的能够过上更好生活的途径；即使在农业部门所挣的收入与在城市中所挣的相同，72%的人还是愿意选择留在城市。第五，关于流动行为主体人力资本的研究，黑尔等（Hared et al.，1999）研究发现，人均耕地面积每增加一亩，迁移的时间长度减少27%；人均生产性资产对迁移有负向作用，家庭男性劳动者比例和家庭女性劳动者比例都有正的影响。个人特征对于迁移决策更重要，而家庭层面的变量对迁移持续时间的长短更重要。本雅明尔等（Dwayne Benjaminlzsl et al.，2000）研究发现，经济改革以来，农村地区之间、农户之间和个人之间的收入差距提高最快，而且导致这种收入差距的最持久源泉是人力资本的差异。

总体上，已有研究大多围绕农民工转移的途径、方法以及怎样促进劳动力更好的转移所应采取的措施，或者从培训主体、培训内容、培训中存在的诸多问题等方面来进行研究。现实在实践中,已就业农民工的在职培训十分薄弱,企业普遍没有履行对农民工进行职业培训的法定义务(国务院研究室课题组,2006)。深入探讨制约新生代农民工职业教育的因素,从而提出相应的改进措施,促使其通过培训,掌握从事某些工作、行业需要的技术、技能、技巧,进而更快地融入城市,加快我国城市化的进程,不仅必须而且必要,具有重大意义。

第二节 美国促进移民职业教育与培训的政策分析

移民是美国社会经济发展不可或缺的组成部分,实现就业与社会融合是移民在美国面临的关键性问题,美国通过教育与培训,促进移民的就业与社会融合。经过实践,行之有效的教育与培训模式主要有四种,即综合职业、企业为主、工会为主、公共机构教育与培训模式。政策的成功之处表现为:切中需求,大力推广实施综合职业培训;激励相容,充分调动企业的培训积极性;部门协同,充分挖掘社会组织培训潜力;政府调控,明确教育和培训的提供方式;立法保障,健全职业教育与培训的体系。

美国历史是一部移民的历史。根据美国人口调查局(United States Census Bureau)的规定,美国移民指在外国出生,但出生时并非美国公民,现在居住在美国的人,包括取得美国国籍的人、持有美国永久居民卡的人、具有长期临时签证的人(外来工人、留学生等)、通过非法途径进入美国的人。时至今日,移民在美国社会依然扮演着至关重要的角色,移民成为美国补充劳动力缺口的重要来源和许多基础产业的支柱力量,是美国社会经济发展不可或缺的组成部分。尽管如此,由于技能缺乏与文化区隔,移民在工作中面临巨大的挑战,甚至成为社会不稳定的诱发因素。因此,对移民劳动力进行职业教育和培训,提高劳动效率和就业质量,促进社会融合,推动全美经济、社会发展,是美国公共政策的重要内容。

一、就业与融合:美国移民面临的关键性问题

移民在美国人口中占很大比重,且近年来持续有来自世界各地的新移民迁往美国。2011年,美国的移民人口为3 822.5万人,占当年总人口的12.5%;截至2015年6月,移民约占美国总人口的13.3%(每8人中有1人为移民),这是美国100多年来的最大比例。美国移民研究中心(The Center for Immigration Studies)对移民的追踪研究显示,美国移民(合法和非法移民)人口目前为4 210

万,增长最快的移民为墨西哥移民和拉丁美洲移民。① 据美国国土安全部、皮尤研究中心、迁移研究中心等机构的估算,美国非法移民目前为 1 240 万左右。预测表明,2015 年以前美国将有一半的工作年龄人口增长来自移民,2016~2035 年,几乎所有的工作年龄人口增长都将来自移民。② 美国的移民人口分布集中,约 74% 的移民居住在加利福尼亚、纽约、得克萨斯、佛罗里达、新泽西、伊利诺伊、马萨诸塞、佐治亚、弗吉尼亚、华盛顿 10 个州。超过 1/4 的移民人口居住在加利福尼亚州,约 30% 的移民人口居住在纽约州、得克萨斯州与佛罗里达州。美国社会人口老龄化造成劳动力短缺,移民劳动力在美国社会发挥着越来越重要且不可替代的作用。

美国约有 1/8 的劳动力是移民,其广泛分布在农业、制造业、服务业等行业,是许多产业的支柱力量。③ 然而,由于语言障碍、文化隔阂、自身素质、社会制度等原因④,移民劳动力普遍存在缺乏工作技能、法律法规知识与权利意识,无法进行有效的工作交往等问题,导致其就业状况较差,难以融入工作的环境和所在的社区。目前,约 63% 的移民工人从事服务业、制造业和农业中的低技能、低收入工作,难以享受政府提供的各种公共服务和社会保障,极易成为仇恨社会的群体,对社会的长治久安造成威胁。非法移民没有合法的公民身份,处于美国社会的灰色地带。非法移民无法得到普惠性的社会服务、工作权益无法得到保障,只能从事收入最低的工作,多数工作环境很差或存在危险,且几乎没有工作福利、健康保险或退休保险。许多工作是兼职或季节性的,移民工人不得不同时从事多份工作以维持家庭。非法移民的存在不仅是一个经济问题,同时也是一个社会问题。美国本土存在歧视和反对非法移民的历史传统和舆论倾向,认为其降低了美国人的工资、侵害了公共福利,带来犯罪、疾病等问题。美国"9·11"恐怖事件发生以后,对移民问题的敏感程度提高,更加恶化了非法移民的生存环境。

二、教育与培训:美国促进就业与融合的政策

针对移民的就业与社会融合问题,美国试图采用教育与培训政策,提升移民

---

① Steven A. Camarota, Karen Zeigler. Immigrant Population Hits Record 42.1 Million in Second Quarter of 2015. Center for Immigration Studies. August 2015:1.

② Phyllis Eisen, Marlene Seltzer. Improving Workplace Opportunities for Limited English - Speaking Workers. Washington, DC.:The Manufacturing Institute/Center for Workforce Success Jobs for the Future. 2006:1.

③ Randy Capps, Michael Fix, Jeffrey S., Passel, Jason Ost, Perez - Lopez, Dan. Immigrant Families and Workers:A Profile of the Low-wage Immigrant Workforce.. Washington, DC.:Urban Inst. 2003, 11:2.

④ 埃尔伍德·帕特森·克伯莱著,陈璐茜、崔高鹏译:《美国公共教育:关于美国教育史的研究和阐释》,安徽教育出版社 2012 年版,第 341 页。

的就业能力，进而促进移民融入美国社会。1998年，美国颁布《劳工投入法》（Workforce Investment Act），实施之后，该法取代《职业培训伙伴关系法》（Job Training Partnership Act），成为指导美国劳工部和教育部资助州和地区部门提供就业服务和职业教育与培训的主要法律依据。①《劳工投入法》的目的在于帮助劳动者提高职业技能和收入，增加社会就业，降低社会成员的福利依赖，进而改善全国的劳动力质量、提高劳动生产率、增强国家竞争力。②

根据《劳工投入法》，美国各州依据自身实际情况制定了相应的地区《劳工投入法》，针对移民的职业教育与培训政策规定各异。移民人口最多的加利福尼亚州规定，合法公民或授权在美国工作的人，无论国籍、常住居民或临时居住、居住地在加州境内或境外，只要提供档案证明均可接受职业教育与培训服务；佛罗里达州规定，年满18周岁的成年失业工人或在岗工人均有资格接受职业教育与培训项目的服务。按照《劳工投入法》的规定，美国各地区成立劳工投入委员会（Workforce Investment Board），作为劳工投入的领导机构，由社区组织代表、商业代表、政府代表等构成；③在各州及州以下行政区域成立本地区的一站式职业服务中心（one-stop career center），构成了一站式服务系统（one-stop delivery system），具体提供职业教育与培训、就业服务。美国的公共服务部门、企业、工会、社区组织等在实践中进行了大量探索，形成了不同的典型的针对移民的职业教育与培训政策模式，有效地提高了移民工人的工作技能和文化知识，取得了良好的效果。

（一）综合职业教育与培训模式

综合职业培训项目（integrated program）是将职业技能培训与语言、文化、基础知识、社会生活技能等社会融合相关内容相结合的培训模式。移民中存在大量的"有限语言能力者"（limited english proficiency），迫于家庭经济负担，其往往没有时间、精力专门学习语言；加之生活窘迫，往往倾向于追求直接经济回报，无法认识到语言与文化知识对于改善工作前景、提高生活水平的重要作用，不愿意投入时间和精力学习语言，缺乏学习语言的动机，存在短期行为

---

① Randy Capps, Michael Fix, Margie McHugh, Serena Yi-Ying Lin. Taking Limited English Proficient Adults into Account in the Federal Adult Education Funding Formula. Washington, DC.: Migration Policy Institute, 2009: 3.

② Thomas-Breitfeld, Sean, Liu, Sue. Workforce Investment Act (WIA) Reauthorization: Building a Better Job Training System for Hispanic Workers. Washington, DC.: National Council of La Raza, 2003: 5.

③ Linda Harris. Recommendations for WIA Reauthorization Legislation: Title I Youth Provisions. Washington, DC.: Center for Law and Social Policy, 2007: 7.

现象。① 职业培训与语言、文化、基础知识、社会生活技能相结合的综合培训可以使工人在工作场所学习工作技能，掌握语言与文化知识，提高其学习动机，提升教育与培训效果。综合职业培训项目尽管由不同部门组织，其规模也大小各异，但都取得了显著效果。不仅提高了移民工人的工作技能和劳动收入，改善了其长期的职业发展前景，也使企业、社区从中获益。

　　加利福尼亚州圣华金河谷地区就业人口达40万人，墨西哥移民占其中的3/4，是该地区劳动力市场的支柱力量，但其工作不稳定、收入较低，缺乏足够的工作技能与语言能力。② 农业工人教育与领导力开发协会（Farmworkers Institute for Education and Leadership Development）为移民农业工人提供综合培训项目，课程的设计者既有企业代表、社区代表，也有移民工人代表；培训内容包括职业技能、职业语言、团队建设、问题解决、决策技术、日常交流技巧、冲突解决办法等；课程持续5～10周，总计40～120小时。1996年，首期综合培训项目启动，为1 500名工人提供综合职业培训。两年内，该综合培训项目产生了显著的效果：高端产品产量提高了54%、工伤发生率降低了80%、工人工资收入提高了44%。目前，农业工人教育与领导力开发协会与40多家商业组织、政府机构、社区组织建立合作，进行农业工人的综合培训。旧金山人力资源服务部、私营企业委员会、天主教慈善机构、城市学院等机构合作，劳工投入委员会推动，开展职业语言融合培训项目，除了进行职业技能、语言、文化等综合培训外，还为移民提供许多"软技能"培训，如求职策略、面试技巧等。培训课程分为三类，分别是每周30小时的"高级课程"、每周20小时的"中级课程"和每周10小时的"业余课程"，由专业管理人员负责监督学员的学习进度与工作安排。该项目93%的学员顺利毕业，中级课程与高级课程毕业生的平均工资约为每小时10.35美元，明显高于未接受培训的移民工人。移民工人的收入与工作状况普遍得到改善，企业也从中收到了良好的效益，取得了显著的效果。③ 威斯康星州密尔沃基雇用中心针对数控技术和工业维修行业的移民开展为期16周的双语课程培训，用英语和移民母语进行技能培训、职业语言与文化教育与培训。该项目学员的完成率高达87%，完成项目的学员91%顺利找到了工作。跟踪调查结果显示，接受过培训的学员离职率很低，90天以后，其中的91%仍旧在岗位上。完成培训

---

① Edward Kissam, Stephen Reder. Responding to Diversity：Strategies and Initiatives to Support Lifelong Learning for Limited English Adults in California. San Mateo, CA.：Aguirre International，1997：4.

② Edward Kissam, Jo Ann Intili, Anna Garcia. The Emergence of a Binational Mexico – US Workforce：Implications for Farm Labor Workforce Security. San Mateo, CA.：Aguirre International，2001：1–3.

③ Tyler Moran, Daranee Petsod. Newcomers in the American work place：Improving employment outcomes for low-wage immigrants and refugees. Sebastopol, CA：Grant makers Concerned with Immigrants and Refugees & Neighborhood Funders Group，2003：23.

的数控工人的平均工资为每小时 10.53 美元，工业维修工人的平均工资为每小时 11.77 美元，接近同年该行业全国 13.3 美元的平均收入。[①]

（二）企业为主教育与培训模式

富有远见的企业在政府部门与基金会的支持下，主动联合工会组织、学术机构、专业职业培训机构，采用多种形式开展对移民工人的职业培训，实现企业与移民工人、社会的共赢。PMB（Pferd Milwaukee Brush）公司在密尔沃基从事制造业生产活动，其移民职业培训举措富有代表性。该公司超过 35% 的工人来是自拉丁美洲、俄罗斯、越南和中国的移民，公司将其视作为重要的人力资源，把发展移民工人职业能力作为重大战略。该公司与行业组织钢铁工人联合会和区域培训协会紧密合作，成立培训领导小组，成员包括公司管理人员与工人代表。领导小组每周讨论培训问题，钢铁工人联合会和区域培训协会成员运用远程会议技术参与讨论；主动了解移民工人的培训需求，并基于此设计培训课程。培训内容包括职业技能、职业语言、识字、数学、文明礼仪等。为激励工人参与，公司的培训课程向所有工人开放，并为参与培训的工人支付额外奖励。经过培训，公司劳资关系得到改善、工人技能得到提升、生产率显著提高、客户基础更加坚实，取得显著效果，对移民工人战略性的人力资源投资使公司和工人共赢发展。

芝加哥 Admiral 制造公司（Admiral Tool & Manufacturing Company）85% 的工人是西班牙裔移民，其积极进行移民工人培训，取得了良好效果。该公司的培训体系包括四个模块：第一个模块为培训需求评估，公司与当地社区学院杜鲁门学院（Truman College）合作开发了需求评估指标体系，内容包括工作技能、语言能力、基础数学、阅读能力等。第二个模块为综合课程培训，培训内容针对需求评估模块发现的能力差距，由杜鲁门学院基于精密金属加工协会的培训课程体系，根据公司工作环境和标准开发专门的培训课程，提供具体的课程指导。培训经费的一半由公司支付，另一半由州商业与经济部支持。培训期间的工资照常支付，接受培训的工人享有额外的福利。第三个模块为职业资格证书考试。通过综合课程培训的工人参加行业资格证书考试（美国 NIMS 考试），顺利通过后拿到相应的资格证书，考试费用由美国劳工部资助。第四个模块为高端制造技术培训。公司与芝加哥培训中心合作，为在语言学习和工作技能培训中取得良好成绩的工人提供精艺制造、自动化操作等培训。移民工人接受培训后，综合表现提高了 60%，公司的主要顾客包括福特公司、通用公司、戴姆勒克莱斯勒公司等著

---

① U. S. Census Bureau. Statistical Abstract of the United States: 2006. Washington, DC: U. S. Census Bureau, 2007: 426.

名的汽车公司，在激烈的全球竞争中始终保持着特有优势，成为国际化公司。[①]

美国高速路合作伙伴项目（High-road Partnerships）以企业为主，与社区、工人组织合作，在十几个移民集中的城市为移民工人提供职业培训服务。企业提供工作岗位需求信息，以此作为调整培训内容与方式的依据，确保工人在培训结束后有合适的工作岗位；工会负责分析不同岗位涉及的知识、技能，为职业培训提供内容依据，在工作场所建立师徒制，分析培训项目的迁移方式（如何将培训项目从一个城市或一个行业迁移到另一个城市或另一个行业）；社区提供外部支持、协调各方、建立信任关系，联合政府机构与社区学院。[②] 该项目充分发挥了企业、社区、工人组织与教育部门的资源优势，取得了良好的效果。

（三）工会为主教育与培训模式

企业往往缺乏对低技能工人进行职业培训的动机，尤其对移民工人而言，其培训成本较高，更降低了企业的培训动机。工会是美国代表工人利益的重要组织，在移民人口集中的地区和行业，大量工会组织积极调动企业、政府资源开展职业教育与培训，致力于提高移民工人的职业技能，改善移民工人的工作状况并促进社会融合。

洛杉矶是美国的服装业中心，约有14万名从业工人，其中绝大多数是移民。成衣劳工中心（Garment Worker Center）是该地区服装工人的工会，坐落于服装产业区中心，定期举行教育研讨会、领导力培训，为工人提供共同学习、交流的空间，帮助工人解决工作中遇到的实际问题。通过同伴互助学习方式，使工人在研讨会、工作场所中及时讨论技能、工资、医疗保障等实际问题。拉斯维加斯酒店与餐厅工人联盟（HERE）是当地的工会组织，代表约45 000名家政、厨师、洗碗工、餐厅服务员、旅馆服务员、邮递员、赌场服务员等行业的工人，其中大多数是移民。在其推动下，雇用方出资建立烹饪与酒店培训学院（Culinary and Hospitality Training Academy），由工会和公司方代表共同管理，每年为3 000名工人提供入门级、技能提升级两类免费课程，内容覆盖家政服务、厨房烹饪、餐饮服务等；同时提供职业生涯导向培训，通过培训帮助工人规划职业发展前景。该工会累计培训了约2万名学员，毕业学员收入普遍在每小时11～12美元之间，

[①] Phyllis Eisen, Marlene Seltzer. Improving Workplace Opportunities for Limited English – Speaking Workers. Washington, DC.: The Manufacturing Institute/Center for Workforce Success Jobs for the Future, 2006: 17 – 20.

[②] Tyler Moran, Daranee Petsod. Newcomers in the American work place: Improving employment outcomes for low-wage immigrants and refugees. Sebastopol, CA: Grant makers Concerned with Immigrants and Refugees & Neighborhood Funders Group, 2003: 24 – 26.

并有全额医疗保险、带薪假期、病假以及退休金。此外,拉斯维加斯酒店与餐厅工人联盟与其他工会联盟一起推动移民工人入籍计划,帮助移民成为美国公民。

(四)公共机构教育与培训模式

移民集中的大城市往往缺乏有针对性的教育与培训资源,美国众多社区组织为移民工人提供内容多样的职业培训与语言、文化服务,有效提高了移民的工作能力。美国的博物馆与图书馆服务协会(Institute of Museum and Library Services)是为美国12万多家图书馆和1.7万多家博物馆提供支持的行业协会,利用公共图书馆、博物馆具备的资源优势,积极为移民提供职业教育与社会融合服务,取得了显著的效果。

公共机构的培训主要包括五个部分。第一,积极与当地移民相关组织建立合作关系,包括移民团体、移民集中的企业、政府机构、社区组织、成人教育机构、学术机构、宗教组织、社会服务机构等。合作伙伴为培训项目提供建议、宣传、翻译、师资、资助、法律咨询等多方面的支持。第二,进行移民教育需求分析。培训实施方成立领导小组,成员包括移民代表、图书馆或博物馆工作人员、移民服务机构工作人员等,通过广泛咨询和调研分析当地移民的教育和培训需求,进而有针对性地提供相应的教育和培训资源,包括职业规划、工作技能、语言读物、移民归化政策、文化礼仪、不同时期的报刊资料等,用视频、语音、图片等多种形式为移民提供便捷服务。第三,提供网络信息服务。建立便于移民使用的网站,公共机构工作人员和移民社区组织通过宣传和动员帮助移民使用网站提供的信息资源。网站与其他移民常用网站建立相互关联的链接,方便移民获取更多有用信息。网页被翻译成移民常用的多种语言,便于使用。第四,提供丰富多彩的活动。为吸引更多移民参与,公共机构组织"桥梁"项目,帮助移民融入所属的社区,经过精心设计的活动为移民提供与社区成员互动交流的机会、有价值的就业信息和社会生活技巧,有效地促进了移民的社区融入。活动形式主要有:职业培训讲座、社区资源分享会、节日文化活动、移民律师免费讲座、读书会、医疗讲座、计算机培训等。第五,积极推广宣传。了解移民生活和工作的情况,根据对象情况制定具体方案,通过系统的推广和宣传,使移民工人了解公共机构提供的服务。宣传策略主要为:雇用移民参与公共机构工作、邀请移民参观图书馆、举办移民关注话题的公开讲座、与移民工人集中的工厂与社区开展合作、印制和发放宣传手册等。[①]

---

① U. S. Citizenship and Immigration Services. Library Services for Immigrants: A Report on Current Practices. Institute of Museum and Library Services, 2005: 1-6.

三、美国促进移民职业教育与培训的政策特点

美国独特的社会历史、人口全球化流动的发展趋势决定了移民将继续存在并持续增加，移民在美国劳动力市场占据重要的地位。美国政府、企业、工会、非政府组织、社区、职业学校等多方合作，通过提供职业教育与培训、就业服务提高工人的工作技能和劳动收入，促进移民融入社会，探索出了多种卓有成效的移民职业教育和培训模式，积累了大量政策经验。

（一）切中需求，大力推广实施综合职业培训

美国的实践表明，几乎所有成功的移民职业教育和培训项目均涉及语言、文化、基础知识、社会生活等内容，与技能培训相辅相成，对改善职业培训效果、提高移民工人的培训动机、促进移民社会融合有显著效果。通过教育和培训，提升移民工人的综合职业能力，即包括文化基础知识、社会交往能力、专业知识与技能、职业道德、人生态度等在内的综合能力。综合职业能力不仅可以提升移民的就业能力，而且对移民工人的社会融合、职业发展、积极的职业态度与价值观塑造具有重要作用。仅仅培养单项职业技能的教育和培训很难取得成功，移民求职者的工作往往不够稳定，工作流动性很强，很难依靠单一职业技能获得理想、长久的工作。技能培训与语言、文化相结合的综合职业培训可以显著提高移民工人的职业发展前景，是对移民进行职业教育和培训的理想模式。[1] 综合职业项目需要通过至少两个独立机构的审核、监督，且在项目实施过程中需要同时和至少两个部门进行合作，这大大增加了综合职业培训项目实施的难度，[2] 不利于综合职业培训项目的开展。为此，应运用财政性政策工具为综合职业培训项目提供更多资助；运用行政性政策工具要求项目执行机构开展跨组织、跨领域、宽口径的综合职业培训；运用管理性政策工具在项目评估中考虑综合职业培训的效果，并作为是否继续资助的重要依据。

（二）激励相容，充分调动企业的培训积极性

移民的职业教育与培训具有促进社会融合、改善社区环境、减少失业率、

---

[1] Sue Liu, Kent Phillippe. 2001 – 2002 Workforce Development Affiliate Assessment Findings. Washington. DC. National Council of La Raza, 2003：4.

[2] Thomas – Breitfeld, Sean, Liu, Sue. Workforce Investment Act (WIA) Reauthorization：Building a Better Job Training System for Hispanic Workers. Washington, DC.：National Council of La Raza, 2003：5 – 8.

促进经济发展等正向溢出效应，是具有公益性的准公共产品，政府公共财政投入具有充分的合法性依据。企业作为以盈利为目的社会组织，面临知识基础薄弱、培训成本高、流动性大的移民工人，如果缺乏战略眼光，往往缺乏开展教育和培训的足够动机。美国为调动企业培训移民的积极性，创设了有针对性的制度体系。通过公共财政投入或税收减免的方式分担企业的培训成本；为企业开展移民职业培训搭建平台，促进企业与高校、专业培训机构、行业组织、工人组织、社区组织、公共服务部门、基金会等建立优势互补、资源共享的合作关系。

（三）部门协同，充分挖掘社会组织培训潜力

专业培训机构、行业组织、高等学校、社区组织等机构在移民职业教育与培训中具有各自独特的优势，也有不足之处，需要加强协同。专业培训机构具有良好的市场基础、丰富的培训经验与资源，不足之处在于培训质量参差不齐，缺乏有效的信息渠道把握劳动力市场需求；行业组织对本行业的先进技术、技能要求、人员需求有准确的把握，但缺乏有效的教育与培训资源；高校在课程开发、知识教学方面有独特的优势，但对移民群体和职业教育与培训不够熟悉；社区组织长期从事移民相关工作，熟悉移民群体的生活状态，了解移民的文化生态和职业需求，这是其他机构不具备的优势，但缺乏专业知识和教育与培训资源。为此，美国通过提供资金、项目引领、行政手段等方式，促进各类机构协同合作，整合优势资源开展移民职业教育和培训，最终实现共赢。

（四）政府调控，明确教育和培训的提供方式

移民职业教育与培训具有明显的公共属性，市场无法实现资源的优化配置，需要政府部门予以调控，但需要明确其边界。政府部门在培训资源、经验、机构、人员等方面均不具有优势，无法独立承担移民的职业教育与培训职能。美国政府充分发挥宏观调控和制度设计的职能，通过设立公共项目吸引专业培训机构、高校参与移民职业教育与培训，通过税收减免和经费支持调动企业的培训积极性，通过行政手段促使公共部门协助移民职业教育与培训工作的开展。移民求职者就业难度大，对移民提供职业培训的成本也较高，项目实施方倾向于为语言与学历水平较高、工作能力较强的移民提供职业教育与培训，结果是就业困难的移民、工作技能较低的移民很难获得职业教育和培训机会，政府公共项目的设立和评估不应以移民就业的效率和数量为唯一的评价或者评估标准，还应该关注移民心态、价值观的变化。

（五）立法保障，健全职业教育与培训的体系

鉴于移民职业教育与培训的重要战略意义，美国通过立法促进其制度化和规范化。依据法律规定，成立执行机构，整合人力资源系统、社会保障系统、教育系统、农业系统、工商系统、社会培训系统的教育与培训资源，在资源统合的基础上充分发挥各方优势，释放教育与培训潜力，开展多行业、多领域、多层次的移民教育与培训项目，为移民资源的充分挖掘提供了有力支撑。

第三节 美国促进移民子女教育公平的政策分析

基于国家安全、社会稳定，美国通过政策的顶层设计、专项政策的安排，构筑了相对完善的移民子女教育政策体系；以双语教育作为政策核心，通过科学的双语教育项目设计与实施，取得了良好的效果，使得双语教育在美国迅速推广、遍布各州，促进了不同群体间的文化融合。分析发现，双语教育是美国促进移民子女教育公平的关键政策，移民子女教育政策的形成具有反复性、曲折性，移民子女教育政策的实施具有强力、多样的经费保障。

根据美国人口调查局的规定，美国移民指在外国出生，但出生时并非美国公民，现在居住在美国的人，包括取得美国国籍的人、持有美国永久居民卡的人、具有长期临时签证的人（外来工人、留学生等）、通过非法途径进入美国的人。据美国国土安全部、皮尤研究中心、迁移研究中心等机构的估算，合法移民和非法移民的比值大概为3.57∶1～3.22∶1，三个机构的比值均值为3.38∶1，由此推断，美国非法移民目前为1 240万左右。根据预测，美国到2020年每3个孩子中将会有1个属于移民子女。基于国家安全、社会稳定，美国政府通过制定相对完善的政策体系，实施有关政策项目，构筑移民子女的教育制度。

一、美国移民子女教育的政策体系分析

（一）政策的顶层设计

美国《初等和中等教育法》（Elementary and Secondary Education Act）于1965年颁布，开启了联邦政府大规模援助中小学教育的先河。美国国会平均五年一次

对该法进行修订及重新认定，其核心内容包括教育机会均等、教育质量保障等。《初等和中等教育法》第一章与移民子女教育关系密切，法律规定，为满足低收入家庭儿童的教育需求，需向其所在的地方教育机构提供资金援助，拨款的类型分为基本的补助金和特别鼓励的补助金。1968年，美国对该法进行修改，针对移民子女增加第七款《双语教育法》，为英语水平有限的移民子女提供双语教育（英语、学生母语），规定双语教育使用两种语言进行授课，在各门学科的教学中使用两种语言。该法授权联邦政府开展针对英语水平有限的移民子女的双语教育项目，向实施双语教育项目的地方教育机构提供经费资助和奖励性拨款，经费资助和学生在双语教育项目中学习的时间限制在3年之内，设立机构评估英语能力有限学生教学计划的有效性，确保让"儿童达到升级和毕业的标准。"该法意味着美国政府给予每个美国儿童，不管民族、宗教或者其父母的收入如何，展现其最大潜能的机会，帮助他们施展天赋，实现梦想。[①]

1978年，美国通过对《初等与中等教育法》的重新授权，明确地将移民子女作为政府资助的对象。随后，美国对《初等与中等教育法》进行了修订，但涉及有关移民子女教育的政策内容并未超出原有的法律规定。2001年，美国颁布《不让一个孩子掉队法》，规定所有儿童不分地区、不论家庭背景、没有肤色之别地享有获得高质量教育的平等机会，确保不让一个孩子掉队，从而最终实现中小学教育的高质量。[②] 根据法律要求，美国专门设立了学校改进基金（School Improvement Grant），[③] 建立中小学绩效责任制、给地方和学校更大办学自主权、检查各州学生学习成绩、提高移民儿童英语水平等，明确必须弥补处境不利的学生，尤其是移民子女学生的学业成绩差距；不能强迫学生就读于持续落后的学校，允许学生自由就读于教学水平正常的学校，移民子女同样可以拒绝持续落后的学校；所有中小学必须参加国家每年对中小学学生进行的年度测验，以保证每个孩子达到设置的预期目标，测验结果作为决策者、学校、家长等进行教育决策和学校选择的基础，以保证孩子们学有所成。

2010年，美国提出《改革蓝图——对〈初等与中等教育法〉的重新授权》（以下简称《改革蓝图》），是对《不让一个孩子掉队法》的最新修订，保障教育公平是政策的核心，政府更加关注残疾学生、土著学生、无家可归学生、英语学习者、移民学生、农村地区学生和被忽视的或表现不良的学生。《改革蓝图》指出，到2020年，不论收入、性别、种族、语言背景和残疾状况，每个学生均应

---

① Law P. Law 90 - 247 - JAN. 2 [S]. The Education Department of the United States，1968：816 - 820.
② U. S. A. Gov. No Child Left Behind Act of 2001.
③ 刘宝存、何倩：《新世纪美国薄弱学校改造的政策变迁》，载于《比较教育研究》，2011年第8期，第1~5页。

该高中毕业并做好升学或就业准备。① 以改善薄弱学校为突破口，美国政府设立"小型乡村成功学校"和"乡村低收入学校"② 项目，对需要的学校提供资助，提高弱势群体的教育质量。针对移民学生的特殊需要，联邦政府要求各州之间加强合作，保证移民学生在流动过程中的教育过渡。美国州或联邦政府对学区采用普通拨款和项目拨款方式，目的在于改变教育资源分配办法，促进教育公平发展。普通拨款用来提高学区总体教育经费，学区自由使用；项目拨款用来保证学区提供州或者联邦政府认为重要的教育服务。③

（二）专项政策的安排

美国国会 1982 年通过《移民教育紧急法》（The Emergency Immigrant Education Act），规定联邦政府为州教育机构（State Education Agencies）和地方教育机构（Local Education Agencies）提供教育资助，用于补充移民子女给公立或非公立学校造成的额外费用，以帮助拥有大量移民学生的学区应对财政挑战和困难。这实质上是美国针对移民子女的专项教育资助法，大大促进了美国移民子女的教育公平。

根据《移民教育紧急法》规定，资助对象为在美国入学但不在美国任何一州出生的移民子女，并且在美国上学不超过三个完整学年，每一学区每年至少提供 500 名或者占本学区学生总数 3% 符合要求的移民子女，资助额度为每个学生为 500 美元。双语教育与少数民族语言事务管理办公室（Office of Bilingual Education and Minority Languages Affairs）负责资助项目的管理和执行，核定符合条件的申请者数目与供支配的资金总额之间的比例，确定人均分配金额；然后，把教育补助金发放给具有相应资格的州级教育机构，由州教育机构依据符合条件的申请者数目获取资助金。地方教育机构获得资助后，对移民子女进行补充教育，例如英语语言指导、其他双语服务、特别的学习材料与设施等；对有关教育人员进行培训；支付移民子女教育需要的额外支出，包括教室配备、空间租赁、组织管理、交通住宿等，促使移民子女将学业完成到令人满意的水平。④ 这种专项性的教育资助，体现出美国政府对弱势群体的补偿教育，极大地改善了处境不利学生的教育条件，为移民子女增加了更多受教育机会。

---

①② U. S. Department of Education, Office of Planning, Evaluation and Policy Development. ESEA Blueprint for Reform, 2010. 8 – 9, 23.

③ 薛二勇：《美国促进教育公平发展的财政政策分析——基于美国典型地区教育财政改革的政策评估研究》，载于《比较教育研究》，2014 年第 8 期，第 93～98 页。

④ Department of Education. Biennial Report to Congress on the Emergency Immigrant Education Program. Washington, D. C. 1996 – 9 – 3.

为了改善不同国籍、种族、语言、社会文化移民子女的教育现状，促进教育公平，20世纪60年代，美国佛罗里达州的部分私立学校率先为社区内的古巴移民孩子提供所需的双语教育。此后，逐步在美国获得推广，亚利桑那州和加利福尼亚州等移民学生聚集的学区开始实施双语教育，形成了美国双语教育的雏形。随后，双语教育提升为国家的政策项目，以落实移民子女教育的有关法律规定，教会移民子女英语，解决语言和教育问题，使其更好地融入美国社会。随着双语教育项目的成功，其很快被推广到移民子女相对集中的学区，但仍集中在加利福尼亚州、得克萨斯州、佛罗里达州、亚利桑那州、纽约州等移民较多的中南部学区，其中加利福尼亚州居首位。而且，越来越多的移民家长将孩子送入实施双语教育项目的学校，以提高孩子的双语能力、认知能力、交流能力和教育水平等。[①] 双语教育项目实施初期，来自中南美洲的移民占据多数，其母语为西班牙语，采用的教学语言为英语和西班牙语。随着移民子女来源的日趋多样，教学语言也发生了变化，诸如法语、汉语、纳瓦霍语等，但西班牙语仍居首位。[②]

二、美国移民子女教育的政策项目分析

（一）双语教育项目的政策安排

美国政府根据法律要求，从实践出发，设计并推行双语教育项目，即把不同语言文化背景的学生编排在同一班级学习、参与各种活动、学习学科知识，有效地促使移民子女获得英语能力、提高英语水平，以提高教育质量，促使其适应并融入美国环境。美国应用语言中心（Center for Applied Linguistics）2006年发布的数据显示：全美共有338所学校参与双语教育项目，加利福尼亚州参与学校为110所，居首位；得克萨斯州55所；接着为纽约州、新墨西哥州、伊利诺伊州、亚利桑那州、俄勒冈州和马萨诸塞州，数量为13~25所之间；其余22个参与州，为1~8所学校。例如，位于加利福尼亚州的美德加艾维斯学校（Medgar Evers School）是实施双语教育项目的公立小学，拥有350名左右的学生，其中15%是拉美人，33%是非裔美国人，29%是非西班牙裔白人，

[①] López M M. Mothers choose: Reasons for enrolling their children in a two-way immersion program. Bilingual Research Journal, 2013, 36 (2): 208–227.

[②] López L M, Tápanes V. Latino children attending a two-way immersion program in the United States: A comparative case analysis. Bilingual Research Journal, 2011, 34 (2): 142–160.

其余23%是其他国家的移民子女。位于美国西部的胡安·迭戈学校（Juan Diego Schools）是实施双语教育项目的私立学校，大约有100名学生，其中85%属于拉美裔，14%属于盎格鲁人，1%属于非裔美人，有65%的学生获得免费或减价午餐等。[1]

（二）双语教育项目的政策实施

1. 双语教育项目的实施程序。双语教育项目的实施由学校自主决定，学校作为重要利益相关者，负责选取实施模式，并结合实际做出满足学生需求的最好教育安排。[2] 双语教育项目在教学时间上的分配分为两种实施模式，即50∶50和90∶10，区别在于耗费在英语和本民族语言的时间不同，90∶10模式会随着年级的升高逐步转变为50∶50模式。为了保证双语教育项目的顺利实施，学校必须充分考虑学生家长、教师和教育行政人员的意愿，争取最大的支持。首先，学校根据教职员工、家长和学生的投票结果做出是否实行双语教育项目的决定，一旦确定实施，学校将成立由行政人员、教师、家长和社区代表组成的计划委员会，由计划委员会向当地学区进行申请，以得到支持。其次，由计划委员会制定切实可行的双语教育计划，时间一般为一年。其间，计划委员会不仅要对本地区的种族和人种的构成情况和需要进行研究，而且还需要设定教学策略、教学目标、评价办法、招生标准、教员招聘标准等。计划委员会随时可以根据具体情况修改原定计划中不完善的安排。最后，学校按照计划开展双语教育，并根据本校实际情况进行变通。同时，做好两个方面的工作：一是必须提交家长的书面意见，证明学生自愿而非强迫地参加双语教育，否则取消其名额；二是对于插班生，必须对其进行语言能力测试，结合面试成绩和选拔因素开展综合评价，做出是否录取的决定。

2. 双语教育项目的实施对象。双语教育项目主要在小学实施，小部分在幼儿园开始，为小学招生做好准备，保障学校生源质量。学校招生时，必须均衡英语为母语的学生和英语水平有限学生的数量。[3] 经过半个多世纪的发展，双语教育项目的实施机构不再限于小学、幼儿园，而扩展至私立和公立中小学，基本以公立学校为主。开展双语教育项目的学校中，95%为公立学校，其中80%为

---

[1] Scanlan M, Palmer D. Race, power, and equity within two-way immersion settings. The Urban Review, 2009, 41 (5): 391-415.

[2] Howard E R, Olague N, Rogers D. The Dual Language Program Planner: A Guide for Designing and Implementing Dual Language Programs. Center for Research on Ellication, Diversity & Excellence, 2003: 25.

[3] Roberto G. Gonzales. Yong Lives on Hold: The College Dreams of Undocumented Students. College Board Advocacy, 2009. 23.

公立小学。①　移民子女本着自愿原则参加双语教育项目，低收入西班牙裔人和中产阶级白人移民构成了双语教育项目的主体。许多美国父母和有较高经济地位的父母不愿意将孩子送入双语教育项目实施学校和移民子女一起学习，但随着大量移民的涌入和双语教育项目的成功，双语教育项目实施学校的学生构成更加多样，非裔、亚裔和来自较高经济地位家庭的子女逐步增多。双语教育项目实施初始所有申请的孩子都能被录取，但随着人数的增加，并不是所有非英语语种的移民子女都能进入双语教育项目实施学校学习，移民子女只有通过考试并达到规定标准后才能入学。某些双语教育项目则更加严格地选择学生，不仅要通过考试，而且还要通过面试等程序，来决定哪些学生能够被录取。②

　　3. 双语教育项目的资金来源。美国双语教育项目资金来源主要有两个渠道，一是依靠联邦政府拨款。美国《双语教育法》703 款明确规定了拨款的数目、资金分配等事项，自愿参加双语教育项目的学校按照学生数量申请政府拨款。随后的《不让一个孩子掉队法》规定，根据英语水平有限学生的人数分配联邦教育经费的 80%、根据移民学生的人数分配联邦教育经费的 20%，同时根据这些学生的学业成绩决定各个学区奖惩和拨款的数额。联邦政府于 2004 年新设"职业发展补助金"项目，每年超过 300 万美金的补助金专门用于改善移民学生的教育。二是民间机构的资助。美国某些基金会设置专门基金资助用于改善移民子女教育的双语教育项目，解决其在教育过程中遇到的困难。随着双语教育项目的拓展和普及，仅仅依靠上述两种资金来源很难满足需求，部分学校通过各种筹款活动筹集资金开展双语教育项目，经费来源更加多元。例如，胡安·迭戈学校作为私立学校，提供大量的奖学金帮助所有申请该学校的贫困移民家庭，双语教育经费的 14% 来自学费和政府补贴，86% 来自筹款活动。③　美德加艾维斯学校作为公立小学，其双语教育经费则基本来自政府拨款。

（三）双语教育项目的政策评估

　　1. 双语教育项目在美国推广迅速、遍布各州。双语教育项目兼顾不同学生的语言差异，保障每个孩子平等的受教育权，探索出适合美国国情的教育项目和教学模式，从设立之初到现在，成倍增长，推广效果突出。2000 ~ 2010 年，拉丁

---

　　① Martinez M I. Exploring student integration patterns in two-way immersion schools. University of Oregon, 2011. 23.

　　② Martinez M I. Exploring student integration patterns in two-way immersion schools. University of Oregon, 2011. 25.

　　③ Scanlan M, Palmer D. Race, power, and equity within two-way immersion settings. The Urban Review, 2009, 41 (5): 391 - 415.

移民在美国的每个州都有所增加,但南部和中西部人口增加最快。南部拉丁移民增加了 57%,其增长速度是整个南部人口增长的四倍,北卡罗来纳州在内部分地区,拉丁移民规模是过去十年的一倍,双语教育项目在这些州迅速增加。[①] 2000 年,双语教育项目分布在美国 23 个州和华盛顿特区,共有 248 个;到 2012 年,其分布扩展到 31 个州,总数增加至 415 个,每年基本以 14% 的速度增加。[②] 双语教育项目作为有效的教育方式,主要在英语水平有限学生聚居的州实施,并非在全美各州均得到了有效推广。[③] 由于美国移民众多,语言种类多样,双语教育项目尚未覆盖所有学校,依然不能满足部分移民学生的需求。

2. 双语教育项目对学业成绩的影响效果不一。尽管不同学区和学校的双语教育项目实施有很大不同,但很多研究表明其是提高以非英语为母语的学生和以英语为母语的学生学业成绩的有效方式。双语教育项目实施提高了高中毕业率和大学入学率,使学生以更加积极的态度对待民族文化的多元性。[④] 双语教育项目实施对于英语水平有限的学生和以英语为母语的学生均有帮助,但效果有所不同,对于英语水平有限的学生,其在教学中表现突出,并随着年级升高而提升;对于以英语为母语的学生,其在双语教育项目语言课堂中表现突出,其他科目的课堂则表现不出差异。然而,美国国家教育中心数据指出,双语教育项目实施并没有使得白人和拉丁裔学生之间的学业成绩差距有所缩小,拉丁裔学生小学和中学阶段的成绩依旧比同级白人学生至少低 20 分,双语教育项目对不同民族、种族的移民学生有不同的作用。虽然双语教育项目兼顾不同移民学生的语言差异,但是影响学生学业成绩的原因并不只有双语教育项目,如果各学区、学校不能从实际出发,探索出适合的双语教育方式,双语教育项目的实施效果就会大大降低。

3. 双语教育项目促进不同群体间的文化融合。双语教育项目显著增加了不同种族、民族之间的文化融合,极大地减少了大语种学生对小语种学生的偏见以及小语种学生对自身语言和文化的偏见。双语教育项目不仅促进了跨文化间的融合,而且还提高了少数民族语言和文化的地位。双语教育项目在选择教学语言时,其中一种必须是学生的母语,其不仅意味着对非英语语言的尊重,而

---

① Ennis S R, Ríos - Vargas M, Albert N G. The hispanic population: 2010. US Department of Commerce, Economics and Statistics Administration, US Census Bureau, 2011.

② López M M. Mothers choose: Reasons for enrolling their children in a two-way immersion program. Bilingual Research Journal, 2013, 36 (2): 208 - 227.

③ Viorica Marian, Anthony Shook & Scott R. Schroeder. Bilingual Two - Way Immersion Programs Benefit Academic Achievement, Bilingual Research Journal, 2013, 36 (2): 167 - 186.

④ Cervantes - Soon C G. A critical look at dual language immersion in the new Latin diaspora. Bilingual Research Journal, 2014, 37 (1): 64 - 82.

且还提高了移民子女的民族自豪感，使得移民子女更加容易融入美国主流社会。双语教育项目能够加强移民文化之间的交流，减少不同语种与文化间的互相偏见等。

三、美国移民子女教育的政策特点分析

（一）双语教育是美国促进移民子女教育公平的关键政策

美国是移民大国，自建国以来，每年均有世界各地的大批移民涌入美国，这些移民拥有自己的母语与群体文化，语言问题成为移民成功融入美国社会的最大障碍，出生在移民家庭的子女接受教育面临的关键问题就是语言问题。教育过程是师生、学生之间相互交流的过程，通过交流促进学生的成长，而交流必然离不开语言沟通。因此，语言问题成为美国治理移民子女教育、促进移民子女教育公平政策的关键内容。基于这一认识，美国颁布并实施了系列关于移民子女教育的政策，但无不涉及移民子女的语言教育，突出表现为《双语教育法》的颁布与实施，通过立法保障对移民子女实施双语教育。《不让一个孩子掉队法》中也明确把"提高移民子女的教育水平"纳入法律内容，同时把"把英语水平有限的移民学生培养成英语水平熟练的学生"当作移民子女教育的目标。基于顶层设计的法律和专门的制度安排，美国把不同语言背景的学生编排到同一班级进行学习、相互交流、相互促进。双语教育的开展和不断拓展，体现出美国在制定促进移民子女教育公平的政策时，把双语教育作为关键内容，兼顾文化的多元特性，相互融合、相互促进，提高移民子女的受教育水平。

（二）美国移民子女教育政策的形成具有反复性、曲折性

美国1964年《民权法》（Civil Rights Act）的实施，开启了教育平等化的进程。20世纪70年代以来，美国各种法律的相继出台迎合了促进不同群体教育公平发展的趋势。相关政策的颁布和实施，使得美国的种族歧视程度逐渐缓解，移民子女学生的生活、学习有了明显好转，教育公平程度有所提高。但是，美国移民子女的教育政策从来都不是一致的，其往往随着执政党派、各州具体情况的变化而变化，尤其是在对待不同移民子女的教育问题上，美国的态度历来都是摇摆不定的，各州之间的政策也会互相冲突，相关政策并非一直朝着开放化和民主化的方向发展。

美国参议员理查德·德宾（Richard Durbin）与奥林·汉特（Orrin Hatch）2001

年提出《梦想法案》（Development, Relief and Education for Alien Minors, DREAM），针对非法移民，法案规定其在 16 岁前到美国、现年 35 岁以下、连续在美国居住五年以上、没有任何犯罪记录、在美读完高中且就读两年制以上的大学或参军服役，就可申请六年"有条件"合法身份。如果在这六年里，非法移民子女获得了两年到四年制的大学学位，或者在军队里至少服役两年，就可申请永久居民身份并进而申请公民身份。① 合法身份的获得，使得其子女能够进入公立学校学习而获得相应补偿，降低其经济负担，提高入学率。美国各州对法案的态度不一，移民人口众多的亚利桑那州分别在 2005 年和 2006 年的投票结果显示，州政府和民众强烈反对该法案的通过。如果法案通过，将有大批非法移民通过合法途径获得在美居住权，严重影响美国社会治理，增加联邦政府和学区的教育负担。《梦想法案》虽然多次提出，但在美国一直未获通过。2009 年，《梦想法案》在美国众议院再次被提出，2012 年大选期间，民主党候选人奥巴马为了政治需要再次提出该法案，其目的是为了得到少数民族裔的支持，尤其是占移民人口绝大多数的西班牙裔移民的选票。若法案通过，随着大批移民成为美国公民，美国可能在 2021～2061 年间增加财政赤字 50 亿～200 亿美元。参议院和众议院占据优势地位的共和党及美国民众极力反对，《梦想法案》即使获得奥巴马政府的支持，但是其颁布和实施之路依然不确定。美国的教育财政体制是法律和历史传统的体现，反映出利益相关者利益博弈的相对平衡。②

美国联邦高等法院通过 1982 年的普莱勒案（Plyler v. Doe），确定了非法移民子女有接受公共教育的权利，为所有儿童在学校内接受一视同仁的教育开启了平等之门。《不让一个孩子掉队法》主张帮助弱势群体，缩小来自不同社会背景学生的学习成绩差距，有力地推动了美国移民子女的教育公平。然而，随着移民学生人数的日益增多，部分高等教育机构和州政府开始加强区域限制，禁止移民学生享受学费补助或者对其收取更高的学费。纽约城市大学新上任的名誉校长提出，撤销对在纽约生活超过一年的移民按照州内标准收取学费的政策；与此同时，威斯康星州也推翻了居住在州内 3 年以上并获得高中学历的移民子女按照州内标准收取学费的政策，移民子女的求学之路受到极大打击。

（三）移民子女教育政策实施具有强力、多样的经费保障

美国政府根据法律规定，对移民子女的教育建立了强有力的财政保障制度。

---

① Roberto G. Gonzales. Yong Lives on Hold: The College Dreams of Undocumented Students. College Board Advocacy, 2009. 23.

② 薛二勇：《教育公平发展中财政政策的博弈——美国教育财政改革的政策过程研究》，载于《教育研究》，2012 年第 12 期，第 120～127 页。

美国《初等和中等教育法》修正案，规定对双语教育项目提供专项资助；《不让一个孩子掉队法》提出加强对移民子女语言教育项目的资助和管理；美国新设"职业发展救助金"，用于资助移民子女教育，从制度设计和安排上有力地保障了移民子女的教育。同时，美国支持并鼓励民间机构投入更多资金用于改善移民子女教育的落后状况，美国的部分基金会设置专项基金对双语教育项目进行资助，例如，美国传媒大亨默多克重金支持双语教育项目，被选中的双语教育实施学校一次性获得三年的资金资助，以解决双语教育项目实施遇到的资金问题。联邦拨款与民间机构资助相结合，使得大批符合要求的移民子女获得资助，增加了入学机会，有效地改善了因家庭经济社会地位低下而导致的低入学率和低学业成就，很大程度上促进了移民子女教育水平的提高。移民子女教育经费的来源多样化，有效地促进了双语教育项目的可持续、灵活开展，有力促进了教育公平发展。

第四节 职业教育与社会融入的比较结论

一、农民工职业教育与培训体制机制改革的建议

国家统计局抽样调查数据结果显示，2011年全国农民工总量达到25 278万人，其中外出农民工15 863万人，本地农民工9 415万人。文盲占1.5%，小学文化程度占14.4%，初中文化程度占61.1%，高中文化程度占13.2%，中专及以上文化程度占9.8%；外出农民工和年轻农民工中初中及以上文化程度分别占88.4%和93.8%。人力资源和社会保障部统计数据显示，2010年接受过农业技术培训的农民工占10.5%，接受过非农职业技能培训的农民工占26.2%，既没有参加农业技术培训也没有参加非农职业技能培训的农民工占68.8%。第五次全国人口普查数据显示，农民工在第二产业从业的人员中占58%，在第三产业从业人员中占52%，在加工制造业从业人员中占68%，在建筑业从业人员中占80%，已经成为支撑国家工业化的主力军。

农民工的稳定就业和技能提升关系到我国工业化的进程，关系到经济发展方式的转变，关系到产业结构的调整，关系到和谐社会的建设。建立适合农民工需要和社会发展需要的职业培训体制机制，是实现农民工稳定就业和技能提升的前提。为此，必须从战略和全局高度认识和处理农民工职业教育与培训问题，明确

农民工职业教育与培训的公益性质,充分发挥政府主导作用;统筹政府资金的来源渠道和管理体制,并充分发挥企业在农民工职业教育与培训中的作用,建立农民工职业教育与培训的动态监测机制,以理顺农民工职业教育培训体系,建立农民工分类分层教育培训机制,形成政府主导,企业、培训机构和劳动者共同推进,以提高农民工就业能力为目标,多方受益、充满活力、符合市场规律的农民工职业教育与培训体制机制。

(一) 我国农民工职业教育与培训的关键问题及其影响

1. 农民工职业教育与培训多头管理,效益不理想。

第一,农民工职业教育与技能培训尚无专门性管理部门。

目前,我国政府对农民工职业教育与培训尚未制定统一的管理办法,尚无专门性的管理部门,甚至缺乏基本的信息共享机制,致使全国农民工教育培训投入资金、参加人数、参与机构、教育效果等重要数据无法统计;农民工教育培训具有较大的随意性,有效性、针对性较低。我国承担农民工职业教育培训的部门主要有:农业部负责实施农村劳动力培训阳光工程(以下简称"阳光工程");人力资源和社会保障部负责实施"农村劳动力技能就业计划"(以下简称"技能培训")、"特别职业培训计划";国务院扶贫办负责实施贫困地区劳动力转移培训(以下简称"雨露计划");科技部负责实施农村科技培训星火计划(以下简称"星火计划");中央统战部牵头实施温暖工程建筑业农民工培训(以下简称"温暖工程")。此外,全国总工会、共青团中央、全国妇联等分别设有农民工职业培训的单独项目与计划,各省市也单独安排了名目众多的农民工培训项目等。

第二,农民工职业教育与培训资金多头投入,质量不高。

农民工职业教育培训资金来源渠道较多,缺乏有效统筹。主要来源有:中央财政专项资金,如"阳光工程"等;专项财政拨款,如"雨露计划"等;自筹资金,如全国总工会、共青团、妇联的具体培训项目等。由于多头投入、资源分散、条块分割,缺少有效的统筹管理体制和运行机制,使得有限的投入和经费难以发挥整体效益。

2. 职业教育与培训缺乏针对性,企业参与度不够。

有关部门组织的农民工职业教育与培训,主要是面向二、三产业的职业技能培训,工种设置、教材内容等基本相同;再加上具体项目的管理、投入不一,相对分散,导致不同项目的同一工种培训补贴各异、补贴标准较低,不足以提供教育、培训市场需要的技能,阻碍农民工、培训机构和基层实施部门的参与积极性。为了降低成本,培训机构普遍选择技术含量低、培训时间短的工种，导致市场紧缺的焊工、钳工、电工、车工等技术工种技能型人才数量较少；部分培训机构简化培训内容、缩短培训课时、减少实操时间，导致了培训质量的降低。

企业是农民工职业培训的重要主体之一，但由于教育培训具有较高的外部性，在农民工频繁流动和跳槽的情况下，企业对农民工职业培训的投资很容易发生"收益外溢"现象，使得企业对农民工职业教育与培训往往缺乏足够的积极性，形成了企业对农民工"重用轻养"的现象。

3. 职业教育与培训动态监测机制缺失，缺乏有效监管。

国家统计局、人力资源和社会保障部各有一套关于农民工的数据，但这两套数据不统一，关于农民工的最基本信息，比如数量、年龄、就业、技能掌握情况等数据不完善。缺乏农民工职业教育与培训的基本数据，就无法在国家、地区层面上动态掌握农民工的数量及教育培训信息，无法科学做出决策。

教育与培训机构的资质许可、开班计划审批、开班后监督以及教育培训后的资金审核拨付等均缺乏有效监管，不仅难以保障教育培训效果，而且容易引发套取教育培训资金等腐败现象。

（二）加快改革，完善农民工职业教育与培训体制机制

1. 明确农民工职业教育与培训的公益性质，发挥政府主导作用。

农民工职业教育与培训具有较强的外部性，符合国家和社会的公共利益，应该从国家和社会发展的战略与全局高度明确农民工职业教育与培训是国家公共教育服务的重要组成部分，是一项重要的社会公益事业。

政府要充分发挥主导作用，明确政府建立和发展农民工职业教育与培训体系的职责，保障农民工接受职业教育技能培训的权益。要统筹把握农村劳动力转移就业的力度和节奏，将农民工职业教育和技能培训纳入国家职业教育和培训总体规划；要综合考虑经济发展水平、农民工职业教育培训需求特点，不断提高职业培训的针对性；要不断加大农民工职业培训的财政投入力度，制定并灵活调整职业教育与培训的合理补贴标准。

2. 统筹农民工职业教育与培训的管理部门，建立系统的体系。

第一，统筹管理，建立专门性的管理部门。

统筹管理、明确责任，明确教育部职业与成人教育司、人力资源和社会保障部农民工工作司作为农民工职业教育与培训工作的综合管理部门，并建立部门协作机制，负责牵头制定农民工职业教育与培训的管理办法，规范农民工教育与培训工作；负责牵头制定农民工职业教育与培训规划，不断完善农民工培训补贴政策；负责组织和指导农民工职业资格培训和鉴定工作、在职培训工作等。教育

部、人保部、农业部、工信部、科技部、财政部、国务院扶贫办等按照农民工职业教育与培训规划，具体负责不同阶段的农民工职业教育与培训工作，如教育部门主要负责农村初、高中毕业生通过接受中等职业教育实现带技能转移的政策制定和组织实施，农业部门主要负责就地就近就业培训、涉农培训的政策制定和组织实施等。

打通人力资源和社会保障部门管理的技校、教育部门管理的职业高中与中专三类学校的部门管理界限，建立统一灵活的学校办学、教师师资、财政经费、学生补贴、毕业证书等标准，组织各类职业学校通过与行业、企业、社区的合作，对已经转移到城市就业的农民工进行适合其岗位需要和学习意愿的中等职业学历教育或职业技能培训、职业资格证书培训等，提高农民工的职业素质和就业能力。鼓励高等职业院校面向已进城的农民工举办多种形式的高端职业技能培训，逐步建构现代化的职业教育体系和农民工终身教育体系。

第二，统筹资金，设立常规性的专项资金。

统筹资金，设立农民工职业教育与培训专项资金。从中央层面把分属于不同部门管理的农民工职业教育与培训资金统一到专项资金账户，同时加强对分散于教育、科技、扶贫、工青妇等不同部门和团体管理资金的方向性指导，加强投向的科学性，发挥资金使用的最大效益。此外，根据中央、地方和社会各界对农民工职业教育与培训的资金投入、分配和使用情况，承担农民工职业教育培训任务的机构、师资及设施情况，以及已接受教育培训的农民工人数、技能水平和就业情况等，建立科学的农民工职业教育与培训的投入办法。

3. 强化企业对农民工职业培训的参与和责任，提高针对性。

我国现行的《职业教育法》对企业承担的职业教育成本费用的分担形式做出了明确规定，要求"企业按照职工工资总额的1.5%~2%提取，列入成本开支，用于职工特别是一线职工的教育和培训""对未按规定用足职工教育经费和未开展职工培训地区的企业，当地人民政府可依法收取企业应当承担的职工教育经费，专项用于职业培训"。实践中，此政策贯彻执行得很不够，部分企业虽足额提取资金，但并未真正用于职工的教育和培训；部分企业对政策了解不够，并未足额提取资金用于教育和培训。为此，国家要加强执法检查力度，促使企业足额提取职工教育和培训经费；同时，政府要制定和完善企业职工教育和培训经费使用办法，加强对企业教育和培训经费使用的监管，确保资金的有效使用。

此外，要强化企业的教育与培训责任。企业要把农民工纳入职工教育与培训计划，确保农民工享受和其他在岗职工同等的教育与培训权利与待遇；并根据企业发展和用工情况，重点加强常规性的农民工岗前培训、在岗技能提升培训和转岗培训等。企业要进一步创新教育与培训农民工的形式，增强实效，可以充分利用社会教育与培训机构，采取委托培训、定向培训、订单培训等多种形式。

4. 建立农民工职业教育与培训动态监测机制，加强监督检查。

建立农民工基本信息数据库。由国家统计局建立农民工基本信息数据库，按季度对社会进行公布。建立面向企业和农民工开展定期教育培训需求的抽样调查制度，及时摸清农民工教育培训需求的基本情况，为国家制定相关政策、组织开展有针对性和有效性的农民工教育培训提供信息支持。建立农民工职业教育与培训需求的动态调查制度，做好教育与培训前的农民工需求调查，尤其是关注新生代农民工在利益诉求、职业愿望、价值取向、未来发展等方面的特殊需求；定期开展企业需求调查，以及时掌握职业工种、技能水平等方面的市场需求及变化，并对未来发展趋势做出确切的预测判断。

建立农民工培训前、培训中和培训后的动态监控机制，及时了解农民工及其所在部门培训需求、效果及其变化状况；监测政府相关部门、企业与教育培训机构等的经费投入、培训人数与教育培训成效等。在建立和完善农民工基本信息数据库和动态监测机制的基础上，制定科学合理的农民工培训规划与计划，改变现行的按指标下达培训任务的状况，切实解决农民工培训的就业和市场导向问题。

二、依托职业教育和培训促进农民工城市融入的建议

国家统计局2012年的农民工调查监测报告显示，既没有参加过农业技术培训也没有参加过非农技能培训的农民工占被调查者总数的69.2%。国家人口计生委2011年的调查显示，参加过培训的流动人口不到其调查总数的20%。政策院课题组2012～2013年针对全国29个省市地区的调研显示，在家乡或务工地参加过政府组织技能培训的新生代农民工（1980年及以后出生，农村户籍）占被调查总数的比例仅为14%，而高达42%的新生代农民工为初中学历；不到20%的新生代农民工得到了政府培训的机会，而高达80%的新生代农民工没有得到政府培训的机会。新生代农民工由于得到的教育和培训机会少，导致技能不足、综合就业素质和能力无法满足市场需求，因而常常难以体面、稳定地就业，而各种困境的叠加也易使他们成为群体性事件的卷入者和公共安全事件的受害者，极大地影响着我国经济的转型升级、社会的稳定与可持续发展。

究其原因与以下方面密切相关：第一，教育部门、人保部门分别主管的职业教育、职业培训缺乏有效的协同，导致教育、培训资源配置机制的低效，农民工培训经费的投入手段、方向单一，缺乏税收、行政等多元手段的综合运用，对职业学校参与培训的激励明显不够。第二，政府培训的组织与实施形式不适应新生

代农民工的生活、工作与心理特点，50%以上的被调查者不知道政府主导的任何培训。政府培训基本通过主流电视、报纸和官方网站发布信息，而我们的调研发现，新生代农民工每周用于看报纸、上网、看电视的平均时间分别为3.8、14.3和10.6小时，且主要看娱乐八卦、流行电视剧、电影，或是上网聊天、玩游戏等，几乎很少关注政府发布的相关信息。政府培训时间相对集中，而新生代农民工多从事劳动密集型工作，闲暇时间少，很难保证参加集中培训；再加上培训内容与就业挂钩、效果不突出，使得重视眼前收入的部分新生代农民工认为培训没用，缺乏积极性。第三，政府对参与新生代农民工培训的企业的监督和激励不到位，大型企业将培训资源的80%以上用于中层及以上员工的教育和培训；小型企业则很少，或几乎不开展培训，也未按国家政策规定使用提取的培训费；对于积极开展或有意愿投入新生代农民工培训的企业，中央和地方政府仅有一般性的政策规定，没有落实到税前开支、企业评先评优等具体激励政策及操作落实中。

在城镇化进程中，伴随着制造业大国向制造业强国的转变，一亿多的新生代农民工将是我国经济发展所需技能型人才的主体，职业教育和培训成为培养和提升农民工职业能力，提高人力资本与市场需求的匹配度，促进其由初级技能型人才向中高级技能型人才迈进的关键环节；同时提升农民工的整体素养，有助于其适应并积极融入城市。因此，政府及其相关部门应从战略高度，重视并规划布局好职业教育和培训，综合运用多种政策工具，切实做好农民工职业教育和培训，并依托此促进农民工融入城市。

（一）政府主导，制定农民工中长期职业教育和培训规划

由教育或者人保部门主导，相关政府部门参与，企事业单位、职业学校、培训机构、农民工代表等方面人士共同参加，制定我国农民工中长期职业教育和培训规划纲要，明确职业教育和培训的目标，着重培养农民工的专业知识、技能与综合就业素质，提高就业能力。立足终身教育，构建立体化、网络化的职业教育和培训体系，实现从农民工→普通工人→技术工人的逐步转变，满足城镇化建设和发展的需要。

有序推进全国职业教育和培训机构的布局与结构调整，有计划有步骤地建立和完善全方位、多层次、多形式的职业教育和培训体系。(1)以行业专业教育和培训标准为依据，建立规范的教育和培训市场准入标准，明确职业教育和培训的目标、内容与标准。(2)建立农民工就地转移或就业后失业者免费职业教育和培训的制度，将培训资金列入各级政府的财政预算中，确保经费投入、使用到位。(3)建立农民工在职职业教育和培训中政府、企业、个人的责任分担机制，通过

增加企业税收减免比例、在企业设立专项培训补助等方式，鼓励和监督企业对农民工培训的投入，确保企业培训投入落到实处。(4) 建立国家农民工培训基金，实行中央和省级两级政府统筹，进一步推行"职业教育和培训卡"制度，对农民工培训进行直接补贴，扩大农民工自主选择培训的范围。"职业教育和培训卡"由国家人保或者教育部门牵头负责，规范量化并对农民工信息进行分类管理（登记入卡），为有职业教育和培训需求的农民工办理和发放，全国通用。

（二）进一步统合教育资源，使职业教育和培训社区化

农民工在城市工作与生活，总是要依附于某个固定的社区，应充分发挥社区作用，将职业教育和培训社区化，将职业教育和培训内容与农民工需求对接、将职业教育者和培训者与农民工直接对接、将教育和培训方式与农民工特点对接，实现职业教育和培训的大众化、基层化、生活化和日常化。

具体措施为：(1) 整合社区资源。以职业学校为载体，依托社区，积极协调社区资源、教育者、培训者和农民工的关系，整合职业学校、社区学校和成人培训机构三者的人、财、物资源，充分利用三者的知识、技术、人员等优势，合力对农民工进行职业技术教育和劳动技能培训，增强其职业竞争力、城市生存能力。(2) 进行城市适应和综合素质教育，提供法律、卫生、公民道德、文明市民、心理健康教育等内容，定期邀请专家学者开展相关专题讲座，提高农民工健康融入城市的素养与能力；同时，邀请社区居民参加相关教育和培训活动，多设计与开展居民与农民工互动与联谊的活动，增强彼此的凝聚力和整合度，增进居民与农民工间的友情和邻里之情，培养彼此之间的认同感。(3) 政府购买社会培训机构的服务，鼓励具备培训资质或者培训效果好的机构，根据政府要求在社区开展职业教育和培训；聘用专职社会工作者开展小组工作或个案工作，其教育和培训服务经过验收合格后，政府支付有关费用，保证机构的教育和培训利润。(4) 政府加快职业教育和培训平台或基地的建设，以服务于没有能力或未开展员工培训的企业；同时加强对自身有能力且已开展员工培训的企业一线员工培训的督导与检查工作。

（三）加强职业证书管理，构建农民工市民化长效机制

对农民工开展职业教育和培训的同时，加大职业资格认证工作的力度，扩大参加认证的人群范围，扩大认证的职业种类，以健全职业资格证书的发放和管理制度逐步消减或者消除户籍制度对农民工融入城市的束缚。加强行业、企业的参与度，有机结合学历和非学历教育和培训，系统开展岗前、岗中和岗后的教育和培训，有效协同生存型（基本职业技能培训）与提升型（职业层次的提升）的

职业教育和培训活动。

具体可分为三个既相对独立又具有内在联系的职业教育和培训层次：（1）普通上岗证书的教育和培训，其是农民工职业教育和培训的起点，通过短期基本职业技能的培训，经过考核，实现从农民工向普通工人的转化。（2）国家职业资格证书的教育和培训，其是农民工职业教育和培训的重点，部分农民工通过相对较长时间的专业培训，经过考核，获得某一职业的五级或四级国家职业资格证书，实现普通工人向技术工人的转化。（3）职业教育学历证书的教育和培训，是农民工职业教育和培训的拐点，优秀农民工通过长时间的学历教育，考核合格，获得中、高等职业教育某一专业毕业证书，实现从一般的技术工人向有学历的技术工人的转化。

同时，加大对技能型人才的奖励力度，如对获得行业标准认定的技能标兵、技能大赛获奖者等给予荣誉奖励、政府特殊津贴等，并通过农民工获取信息的主渠道如手机短信、移动网络、微博等新媒体进行广泛宣传；特别是对获得高层次技能资格认定的农民工，重点在入户、教育、医疗、住房等公共服务政策上加大准入力度，开辟其获得与城市居民同等待遇、实现市民化的可行通道。

（四）建立一体化的信息网络平台，实现城乡有效对接

根据中国共产党第十八次全国代表大会报告提出的"城乡一体化"与"信息化"的建设目标，建立覆盖全国城乡的劳动力供求信息服务系统，实现城乡联网、城乡共建、城乡共享。以信息网络平台为基础，建立全国农民工职业教育和培训机构的监督与评价系统，开展以跟踪调查和动态管理为主的过程质量监控，并以此为依据，促进职业教育和培训机构运行的规范化，提高职业教育和培训的质量。

政府应主导建立三个平台，并实现有效对接，在职业教育、技能培训、职业介绍、劳动就业、劳动合同、工资待遇、社会保险、法律援助、政策咨询等方面提供统一开放的有效信息，将其全部纳入数据库和网络管理。一是建立个人信息平台。以个体为单位，网络路径为：县—乡镇—行政村—个体。对适龄劳动力逐一进行登记，摸清劳动力的受教育情况、工作经历、技能水平、求职意向等。二是建立企业信息平台。主要包括企业发展与管理特点，人才需求的类型、规格、数量、薪资待遇、前景等。三是建立职业教育和培训信息平台。根据对不同区域、不同工种、不同等级的农民工职业供求和工资水平等的摸底调查与统计，合理设置职业教育和培训专业，及时调整教育和培训课程，建立以劳动力市场需求为导向，以劳动者职业能力开发为重点的职业教育和培训体系，并全部实现信息化。

三、促进企业在新生代农民工城市融入中主动作为的建议

《国务院关于进一步做好为农民工服务工作的意见》指出，要"实施差别化落户政策，促进有条件有意愿、在城镇有稳定就业和住所（含租赁）的农民工及其随迁家属在城镇有序落户并依法平等享受城镇公共服务"。1980年后出生的新生代农民工在我国有1亿多人，其生活、工作在城市，但是无法有效地融入城市；而且不愿回乡务农，迫切地希望融入城市，极易引发社会群体之间的冲突与群体性事件，造成社会的不稳定。为此，中国教育政策研究院成立专门课题组，用三年多的时间对河南、安徽、福建、广东等地近六十家企业的主要负责人、人力资源总监和培训主管、新生代农民工代表进行实地调研和座谈，回收了6 289份有效调查问卷，形成了40余万字的研究报告。

研究发现：企业基本是新生代农民工在家庭之外唯一的社交和互动场所，是其融入城市的主要载体和平台。超过60%的新生代农民工每天的工作时间超过10个小时，84.2%的人无法保证周末休息，15.8%的人一个月甚至都没有周末。接近七成的新生代农民工住在企业/单位的宿舍和家属区，工资是新生代农民工收入的主要甚至唯一来源，同事是其主要的社会网络成员。但是，由于体制机制问题，导致企业在新生代农民工融入城市过程中并未主动承担其应有的责任，加剧了新生代农民工与城市的疏离，阻碍了新生代农民工及其随迁家属在城镇的有序落户，较难依法平等地享受城镇公共服务。其中的关键问题：一是正式工、临时工/农民工两种身份的区别，导致技能培训、职业发展、企业基本福利上不平等的对待；二是企业的待遇、福利和发展空间的限制，由此引发新生代农民工盲目、低水平的平行流动；三是企业尚未建立有效地处理劳动关系的办法，工会应有的作用发挥不够，导致政府不得不直接面对各种劳资冲突，使得政府职能无限扩大，影响了政府宏观管理和调控职能的履行。为此，亟须从战略角度出发，完善有关政策，促使企业在新生代农民工融入城市中主动作为，为经济、社会的改革发展创造良好环境。

（一）完善企业用工管理体制和工作机制，有效结合新生代农民工融入城市的个人需求与企业用工稳定的人力资源管理需求

加强非公、中小企业用工合同的签订、员工社会保障的督导和监察，将劳动合同签订率和农民工权益保护等纳入地方经济社会发展规划指标。通过全员签订劳动合同，逐步弱化、消除本地与外地、城与乡的户籍身份差别。以职级取代正

式工与临时工或农民工的称谓，从观念上体现对新生代农民工的根本尊重。建立诚信体系，大力表彰、宣传用工规范的企业；对长期超工时雇用劳动者、签"霸王"合同的企业给予备案，并借助互联网、政府服务宣传点公布企业名单；重点加强对非公、中小企业用工合同的签订、员工社会保障，以及公有企业将直接雇佣关系变更为劳务公司派遣、变相侵害老员工的劳动权益的督导和监察。引导各类企业结合所在地区的社会、经济发展战略、区域功能定位、经济结构布局、产业升级需求等改革人力资源管理目标、政策、举措等。

（二）改革职位升迁和薪酬体系，构建管理和技能双职业发展通道，有效创设发展空间、落实同工同酬制度

设计以管理为主和以技能为主两条职业升迁通道，构建不同的支持性培训政策，为新生代农民工提供社会纵向流动的途径。针对新生代农民工长见识、学技能、求发展、圆梦想等心理需求，构建管理、技能互相交叉、通融的职业发展渠道，配备不同的支持性培训政策，完善以一专多能为培养目标的职业技能认证体系和轮岗培养机制，以基层管理骨干为培养目标的基层管理技能培训、以个人素质提升为目标的国家技能培训班和学历继续教育班等，使新生代农民工能够畅通地从一线员工上升到小组长、班长、线长等基层管理、技术类岗位，再到车间副主任/主任、副总经理、总经理等中高层岗位。

鼓励企业依据国家职业资格标准和员工实际技能水平划分薪酬等级。实行以岗定薪制度，所有员工适用同样的职业通道，适用同一套薪酬体系，并通过制度将薪酬的增长与员工贡献、技能提升无缝对接，真正体现"按贡献取酬，凭能力发展"，增强新生代农民工干一行爱一行的信心，减少盲目低水平的工作流动。

（三）改革企业培训体系，培训企业文化、岗位技能的同时增加基础知识、城市适应性等综合性内容，系统增强新生代农民工城市融入的能力

明确受益与责任相匹配的原则，引导、监督落实好企业承担农民工职业教育的责任。明确企业参与职业教育改革发展的主体地位，探索混合所有制方式，企业以资金、技术、专业人才（双师型师资）、实习岗位等多种形式参与职业教育办学、课程改革、专业设置等。完善企业培训的经费和运行保障机制，将超出国家规定比例的基层员工培训经费列入税前开支；进一步加强政策执行与监管的力度，明确规定企业将员工培训经费的60%及以上用于培训生产一线职工；对接企业培训需求和政府农民工培训供给，特别是有效满足小型非公企业的农民工培

训需求、灵活就业和自谋职业人员的培训需求；鼓励企业设立专门管理部门，与学校校企合作部门、政府农民工司/处建立常规的沟通机制，通过政府购买服务，提高培训的效益。

制定在岗培训经历和技能资质对接正规学历和职业资格证书的办法，提升培训在新生代农民工职业发展中的地位和作用。组织各行业统一制定严谨细致的资格认证标准，制定考试定级颁证制度的具体方案，并根据资格差别拉大薪资差距，激励职工提高自身技能素质。在企业文化、岗位知识、生产纪律培训的同时，增加基础文化知识、法律知识、城市生活常识等内容的培训，提升新生代农民工城市融入的能力。

（四）改革企业福利政策，实现企业基本福利和服务全覆盖，形成对国家基本公共服务的有效补充

配合国家深化户籍制度改革政策的实施，为新生代农民工中的劳动模范、先进工作者、高级技工、技师等有突出贡献者得到落户优先的政策实惠提供便利与支持。结合经济结构转型和产业的地区调整改善新生代农民工的劳动环境，试点"高危换工时"的工时制度。进一步落实同公司同待遇政策，新生代农民工与企业正式员工平等享有职业病防治的知识获得和治疗机会，减少职业病和工伤危害；公平地享有优惠或免费的员工宿舍等各项福利和精神文化休闲机会。企业有义务协助出具进入当地公立学校的居住证明、社会保险证明、劳动合同等政策要求的证明文件；对农民工集中的行业和岗位实行国家强制性的社会保障，延伸至小微企业、自我经营的分散型农业转移劳动力企业，大力改善新生代农民工的医疗、子女教育、住房条件，提高生活福利水平，帮助其获得务工所在地的基本公共服务。

（五）鼓励企业进行治理创新，将新生代农民工城市融入与企业自身发展相结合，实现社会与市场的共赢

进一步完善职工代表大会制度，明确职工代表大会在公司治理结构中的法律地位，畅通新生代农民工利益诉求、矛盾化解的内部通道。充分发挥工会在维系新生代农民工城市融入、表达利益诉求的作用，改革工会的组织过程，确保工会领导人民主选举产生，确保工会在政府决策、企业咨询、立法听证、司法诉讼、信息沟通中发挥作用。提高新生代农民工参与工会的比例，激发其积极性，以减少其参加非法组织的机会。鼓励新生代农民工参加职工代表大会，保证其在公司集体协商、企业各项管理制度和重大决策上享有充分的知情权、话语权和表决权，建立互动式的利益诉求与表达机制，构建和谐经济生产秩序、和谐劳动关系。

第五章

新生代农民工职业教育体系的顶层设计

建立现代职业教育与培训体系是近十余年来我国政府回应经济社会发展对劳动力素质和能力的要求而提出来的重大教育战略,在中国共产党十八届三中全会通过的《中共中央关于全面深化改革若干重大问题的决定》中的"深化教育领域综合改革"条目明确指出要"加快现代职业教育体系建设,深化产教融合、校企合作,培养高素质劳动者和技能型人才";在"健全促进就业创业体制机制"条目提出要"构建劳动者终身职业培训体系"。这两个体系从不同的部门看小有区别,但是从国家全局、学习者与工作者的整体来看实质上是紧密相连的、不应割裂的一个体系,因此本书将二者统一称为"职业教育与培训体系",并简称"职业教育体系"。

作为产业大军中的重要组成部分,新生代农民工急需一个较为完善的职业教育与培训的体系贯穿终身,既要解决他们进城务工的技能提升需求,更需兼顾到融入城市、促进个人发展的需求。终身和全民的职业教育与培训是职业教育体系构建的根本方向,如欧盟所强调的"在市民、社会或就业的视角下,以提高知识、技术与能力为目标,贯穿一生的所有学习活动"。这一理念使得劳动者不会因为工作岗位的变化而中断学习,有效地促进了适应知识经济发展的终身学习体系的建设。

职业教育与培训体系需突破原来狭义的职业教育和培训在时空上的限制、部门分工的分割、教学内容的迟滞、提供主体功能上的重叠。在时间上,它强调职业教育与培训贯穿于人的一生,为个人的整个职业生涯提供帮助;在空间上,它强调利用各种场所、整合各种教育资源开展职业教育和培训,在管理部门之间,它强调给予职业教育与培训整体的合理分工与合作；教育内容紧密联系就业需求，教学组织灵活多样适应新生代农民工的多样特点；不同培训提供主体之间差序定位、发挥优势、扬长避短。

新生代农民工职业教育与培训体系并非是独立于国家整体职业教育与培训体系之外，而是融入于国家整体的职业教育与培训体系之中。但是由于在我国，新生代农民工在数量上已经成为职业教育与培训的主体，在接受职业教育与培训方面又具有独特的特点和复杂性，所以，只有适应新生代农民工的职业教育与培训体系才是成功的体系，才是有效的体系。本书重点关注职业教育与培训的治理体系、内容体系、认证与资格体系、信息支撑体系。基于调研数据，课题组发现的新生代职业教育的管理、需求、参与、流动与定位没有有效针对现实中存在的问题，运用前文陈述的职业教育关系重组和体系建构的基本原理，提出构建职业教育与培训体系的设想。

第一节　新生代农民工职业教育的内容体系

构建新生代农民工职业教育与培训体系必须理顺培训的供应链条。技能人才的形成与培养不是短期的一次行为，整个培养线向上可延展至农民工所接受的基础教育与职前的职业教育，中间阶段是岗前基本技能培训，向后延展则是企业在岗培训和各种形式的技能提升培训。

一、新生代农民工职业教育的目标定位

通过职业教育与培训使新生代农民工成为具备有必要文化知识、良好职业道德、较强就业技能的高素质劳动者和技能型人才，必将有效地提高新生代农民工的整体素质，有力地支撑了国家经济结构调整和产业升级，促进全面建设小康社会和和谐社会，这也是新生代农民工培训的总体目标。

从终身职业教育与培训的角度，对新生代的培养目标应当分层分类：

新生代农民工退出农村，进入城镇，最后融入社会是一个循序渐进的过程，在这个职业发展过程中职业教育与培训的培养目标也有所不同。新生代农民工职业发展阶段是与技能等级水平相一致的，因此从职业发展阶段而言，对新生代农民工终身职业教育与培训的目标应为根据工人的岗位职责和技能水平要求，将刚刚进入城市的"无技能"普通工人逐步培养成具有一定技能水平的"半技能工

人",最终成为"有技能"的高素质人才。

按照新生代农民工内部的分化,不同类别的新生代农民工职业教育与培训的目标也有区分。针对不具备融入城市,还处于相对边缘的群体,职业培训的目标集中在帮助其掌握必备的职业技能,获得稳定的工作;而对于处于精英阶层的新生代农民工,他们的目标是融入城市,转变为新市民,他们不仅要面对自身素质与市民社会需要之间的差距问题,而且要与城市人口一起面临社会现代化发展给每个身在其中的人所带来的挑战。对于这类新生代农民工而言,他们不仅要通过教育与培训使自身素质在文化知识、工作技能、生活观念等多方面尽快适应现有城市发展的需要,实现其在转移城市的基本生存,达成个人素质的初步现代化,而且要随着其在城市工作和生活时间的延长、工作和交往范围的扩大、认识和适应能力的加深,最终通过教育与培训实现个人发展素质现代化和素质的全面现代化。这一群体职业教育与培训的目标在于提供更多元的学习机会,为其搭建起一条通达的终身学习的途径。

麦肯锡研究院 2012 年 6 月发布的一份全球劳动力报告中指出:"中国经济的持续增长要求扩大高技能劳动力供应",如果中国加大高技能劳动力的培养供给,在历史增长趋势基础上再增加 2 300 万的高技能劳动力供应,进一步改变劳动力的结构,将会为中国的劳动生产率增长和整个经济发展打下一个良好的劳动力基础。而如果不及时对此加以应对,将有可能拖慢中国向高附加值产业迈进的步伐,在劳动力供应这个层面上制约经济的发展。[①] 我国即将告别人口红利时代,劳动力结构急需调整,其重点就是减少低技能劳动力数量,增加中级和高级技术技能人才比例,当前城市经济增长所需要的劳动力供给主要来自农村,[②] 因此重中之重是提升占据劳动力总量主体的新生代农民工的技能水平。

职业教育与培训一般具有高低两个目标:其低目标既要满足面向人人学习一技之长从而促进就业服务民生的基本需求,其高目标是要高质量地培养现代产业所需的复合型、创新型技术技能人才。两个目标共存的情况在各国的情况大体相同。与经济社会的需求和人民群众的期盼相比,职业教育发展依然面临很多困境和问题,当前我国职业教育改革的核心问题是如何实现职业教育的高目标,即培养大批高质量的复合型、创新型技术技能人才,并以质量保数量,稳定职业教育规模。我国职业教育与培训在已经保持了相当规模的同时,核心问题是复合型、创新型技术技能人才培养质量与数量的提升。

---

① 麦肯锡全球研究院:《全球劳动力报告:35 亿人的工作、薪资和技能》,http://www.mckinseychina.com/wp-content/uploads/2012/07/Global-labor_CN.pdf。
② 蔡昉:《"民工荒"现象:成因及政策涵义分析》,载于《开放导报》,2010 年第 2 期,第 5~10 页。

二、新生代农民工职业教育的阶段划分

按照时间阶段的划分,新生代农民工终身职业教育可以分为三大阶段,即:职前预备教育、岗前技能培训、职后继续教育(见表5-1)。

表5-1　　　　　　　　农民工职业发展三阶段

指标	模仿学习三阶段	阶段要素	主要资本	职业发展路径
第一阶段:熟练操作	体力与时间	体力与时间	体力与时间	农民工—初级农民工
第二阶段:模仿学习	经验技能	技术熟练	岗位或行业经验积累	初级农民工—熟练技工
第三阶段:技术创新	智力技能	技术创新	改造创新和管理沟通技能	熟练技工—高级技工、创业者或管理者

(一) 职前预备教育

这种预备教育可以延伸至新生代农民工所接受的基础教育与务工之前的相关职业教育与培训。随着义务教育的普及,绝大多数新生代农民工都接受了至少九年的义务教育,满足了新生代农民工基本的学习要求,保证了劳动者的整体素质。但是面对技能升级、产业转型的现状,新生代农民工的技能水平与综合素质显然无法满足时代和经济发展的要求。对于不能进入高等教育行列学习的农村学生和将要进入城市务工的准新生代农民工,为其提供职业技术教育与培训,广泛吸收他们学习和掌握一门或几门生产技术与管理服务方面的技能是符合个人发展的有效途径。

中共中央、国务院对农村劳动力转移和转移培训工作非常重视。在《中共中央、国务院关于做好农业和农村工作的意见》中明确要求"随着产业结构升级和现代化建设步伐加快,城市对进城务工农民素质的要求越来越高,各地和有关部门要加强对农民工的素质和就业能力"。《国务院关于进一步加强农村教育工作的决定》提出"积极实施农村劳动力转移培训,每年培训2 000万人次以上,使他们初步掌握在城镇和非农产业就业必需的技能,并获得相应的职业资格或培训证书"。

我国自1999年开始实行劳动预备制度,它与国家职业资格证书制度共同组

成了科学、规范的劳动准入制度。劳动准入制度的建立是我国劳动就业制度的创新，它标志着我国劳动力市场走上了标准化、规范化的轨道。国家针对未能继续升学且有进城求职意愿的农村应届初高中毕业生（农村"两后生"）实施劳动预备制培训，主要依托具备相应培训条件的技工院校等职业学校，开展6~12个月（一至两个学期，原则上不少于720课时）的专业技能培训。结业之后学员可以获得双证书，即学历证书和职业资格证书。

自2003年六部委联合颁布《2003~2010年全国农民工培训规划》之后，国家相关部委推出了一系列针对农民工群体技能培训的利好政策，包括农业部、教育部等六部委的"农村劳动力转移培训阳光工程"（以下简称"阳光工程"），扶贫办的"雨露计划"，人社部每年的"春风行动"，等等。这些政策措施旨在解决进城务工人员无技能、少技能的问题，以期为该群体顺利进城谋得一份工作提供便利。

新生代农民工终身职业教育与培训体系构建出的职前预备教育主要涵盖基础教育，针对没有完成九年义务教育的人提供相应的补偿教育；为绝大多数没有升学需求，有进城务工准备的人提供职业技术教育与培训；完善劳动预备制度，整合各部门的培训项目，保证走出家乡走进城市务工的工人都具备初步的劳动技能。为顺利走上工作岗位，进一步提升技能水平做好基础性铺垫。

（二）岗前技能培训

企业在岗培训是发生在工作场所中，教与学过程是统一的。岗前培训是企业培训的开始。岗前培训的内容主要包括向员工介绍企业的规章制度、文化，更为重要的是要使员工具备从事岗位工作的基本能力。因此，对于新生代农民工而言，岗前技能培训显得更为重要。岗前技能培训的主要目的在于在最短的时间内帮助新生代农民工掌握工作岗位对于技术的最低要求，以实现"能上岗、会操作"。

目前新生代农民工岗前技能培训的状况并不容乐观，由于新生代农民工从事的岗位对技术技能要求并不高，企业开展岗前培训的热情也不高涨。即使部分企业针对新生代农民工开展岗前培训，与技能相关的培训并不多，培训质量差，内容主要集中在上岗前的安全培训（特别是与安全生产密切相关的采掘业、建筑业等行业），与完成工作密切相关的上岗培训，比如流水线上每一道工序的具体操作步骤的讲解；宣传本企业文化与价值观的培训，例如最近流行于餐饮业和服务业，每日将员工聚集在一起唱歌跳舞、喊口号等形式来提升员工团队精神与企业忠诚度。根据课题组的调研，针对农民工真正的技能培训年均不足3次，技能培训时间年均不足12天。

在岗前技能培训阶段，最重要的是和安全生产相关的内容，这一点目前绝大多数企业都能做到，并且做得比较好。除此之外，应该同前一阶段的预备教育做好对接，针对新生代农民工开展与技术相关的操作原理、设备故障判断、工作环境劳动保护等知识，实现工人能够短期胜任工作岗位的职责要求，并为农民工职后继续接受职业培训和教育奠定基础。

（三）职后继续教育

农民工在职业发展阶段存在着后发式职业发展，即指部分农民工利用后发优势，通过工作中的工艺技术知识和经验积累、管理技能知识和经验积累带来的农民工人力资本增长、工作效率大幅提升、工艺技术创新，实现跨越式的大步快速发展，在短时期内接近甚至部分赶超城市工人平均发展水平的一种职业发展方式。而这种跨越式的发展需要依靠对农民工职后的继续教育（见表5-1）。

最初的职业岗位知识与技能是对新生代农民工职业发展最为有利的阶段。职业技能熟练阶段是农民工收入增加直至稳定的阶段，在操作重复阶段农民工收入稳定。但在此阶段，单调乏味的工作容易产生厌恶感，部分农民工表现出无工作积极性，如果不能在职业发展上有所考虑，这一阶段很容易发生"跳槽"现象。技术的掌握与提升是一个长期、连续的过程，仅靠感性经验的低技术水平工艺操作实践对农民工职业发展并无裨益，因此在重视实践操作的同时需要存进相关知识理论的补充学习，使农民工有能力解析本岗位的工作，在一定程度上改变"知其然不知其所以然"的现状，促进个人的自我改进。

当然，具有后发式职业发展特征的新生代农民工通常为农民工中的精英，从城市融合的角度，他们对于职后继续教育的需求就不仅仅停留在技能的培训，受劳动力市场对劳动者各种资质的要求，新生代农民工要冲破"学历"的门槛，还具有不断提升学历的需要，终身职业教育与培训的体系也需要满足此类需求，在此基础上，形成了三种证书。

三、新生代农民工职业教育的证书制度

由于我国二元人事制度的存在，农民工只能在优厚福利待遇体制之外，在次级劳动力市场就业和寻求职业发展。绝大多数农民工只能在民营中型企业、小微型纯农民工企业才可能获得职业发展。现有的社会二元结构造成农村教育投入不足，来自农村的农民工知识文化水平低，导致农民工的职业发展呈现横向趋势：在初级岗位的不同行业不同企业频繁流动，发展至稍高于初级农民工的职业位置就停滞不前，职业稳定性差，收入提升不明显。

其中超过七成的农民工成为初级工后就止步不前，在同一工作岗位上可能数十年没有变化，无技术技能积累也就没有晋升的空间，不求积极上进，沦为"月光族"，只能游离在城市的边缘；约20%的农民工在初级农民工的基础上成为技术熟练工，但其发展水平很难超过城市公认的平均发展水平；还有10%左右的精英型农民工能突破自身人力资本的限制，积极上进，勤奋好学，在不断积累职业技能和经验的过程中，可以获得较好的职业发展，但是其发展前景依然远远低于大学生群体。

因此构建一个适合于新生代农民工的终身职业教育与培训的体系，通过多种学习方式和培训项目，获得三种证书，帮助新生代农民工提升人力资本积累，能够突破现有的职业发展壁垒，加快新市民的转化速度。

（一）强化普通上岗证书的培训

每年，数以千万计乃至亿计的农民工从他们的家乡涌向长三角、珠三角、环渤海湾以及众多的中小城市，从事制造类和服务类企业生产第一线的工作，为这些地区的经济发展做出了卓越的贡献。由于他们没有或者缺乏基本的技能，产品和服务的质量往往得不到保证，生态环境常常容易受到破坏；由于他们没有或者缺乏基本的技能，安全事故频频发生，生命安全常常受到威胁；由于他们没有或者缺乏基本的技能，他们所从事的往往是最艰苦的劳动，所得到的却是最低的报酬。

"上岗培训"是农民工实现非农就业的重要前提，是当前农民工职业教育的主战场，具有广阔的市场需求。所谓上岗证书是指从事某种行业或岗位所具有的资格证明。为了防止在工作中出现不必要的安全事故，在工作前，单位或者企业对员工进行的专业的技能培训，培训成绩符合国家规定的标准后颁发的工作证的一种，是表明工人可以独立的参加工作的证明。上岗证书既保证了该行业从业者的能力、安全等，又给该行业所面对的消费者提供了各方面保障；并且划分了责任承担。这种普通的上岗证书应当成为每一名进城务工的农民工的必备证书。

（二）加强国家职业资格证书的培训

在已经实现非农就业的农民工中，他们之间已接受的教育程度存在着较大的差异；他们之间对所从事的劳动的勤奋程度存在着较大的差异；他们之间对进一步学习技能的渴望程度也存在着较大的差异。他们中的一部分人具有较大的自身发展空间。国家职业资格证书的培训就是对这部分具有较大的自身发展空间的农民工的提高培训。

进一步实施国家职业资格证书的培训无论对于培训者（职业院校和培训机

构)、被培训者(部分已实现非农就业的农民工)和被培训者所服务的企业来说都是一件好事。农民工中的一部分由于参加了国家职业资格证书的培训,提高了自身的综合素质和劳动的基本技能,可以为他们所服务的企业创造更好的工作业绩,他们自己也能从中得到较以往更高的报酬;农民工所服务的企业由于员工的综合素质和劳动技能的提高,在一定程度上保证了企业产品和服务的质量,提升了企业的品牌和知名度,提高了企业的赢利水平;相关的职业院校和培训机构在培训的实施过程中,自身在不同程度上也得到了提高。国家职业资格证书的培训是农民工提升自己,实现自身价值的重要前提,是当前农民工职业教育的又一主战场,同样具有广阔的市场需求。

(三) 扩大正规学历证书的教育

如果人力资本要进入流通交换领域,这种资本不仅需要实在的知识与技能,还需要一种"标签",即需要获得社会的认可,而在我国当今社会最为看重的仍然是正规的学历证书。因此新生代农民工对学历证书同样有需求。国民学历证书的教育是农民工职业教育的重要组成部分,是农民工职业教育真正纳入我国终身教育体系的有机组成部分,也具有一定的市场需求。

农民工不会追求在校大学生那样传统的全日制高等教育,至少这不是该群体的主流教育目标。但不可否认的是,已经有越来越多的工人,特别是新生代的农民工已经意识到知识经济社会对学历的重视,如果提供继续学习的机会,他们更多的是追求边工作、边学习的非全日制高等教育,以求得职业的上升,并能以此真正融合到所在的城市当中,成为真正的市民。

在已经拥有国家职业资格证书的非农就业的农民工中,基于他们的自身条件,他们中间的佼佼者,仍然可以找到自己的发展路径。他们可以继续向国家职业资格的高级证书挺进,也可向职业的学历证书甚至普通的学历证书攀登,从而实现继续求学的愿望。

(四) 推动农民工三种教育证书的融合

之前我们论述了新生代农民工应当获得三种类型的培训,继而获得相应的上岗证书、职业资格证书和正规学历证书。在第一个阶段上岗培训阶段,是新生代农民工职业教育的起点阶段,通过短期培训,获得与工作岗位相关的基本技能,经过考核原先的农民工就能够拿到某一职业的上岗证书,实现从农民工向普通工人的转化,这个阶段每一名新生代农民工都应接受相应的培训,获得该种证书。

第二个阶段是新生代农民工技能提升和促进职业发展的关键阶段,在上岗培训中获得技能习得的方向,也就是未来从事职业和岗位的方向,在此基础上经过较长时间的专业培训，从知识和技能两个方面进行提升，经过理论考试和实际操作考核，原先普通工人就能获得相应某一职业5级或者4级的国家职业资格证书，实现从普通工人向技术工人的转变，这个阶段应当成为绝大多数新生代农民工培训的方向，在工作一段时间后，通过专业培训获得初级的职业资格证书，丰富充实相应的理论知识和技术水平，为收入的提升和职位的晋升打下基础。

第三个阶段是新生代农民工职业教育的高级阶段，是该群体中的精英分子追求的职业目标。新生代农民工群体中的优秀者在具备了初级或者中级职业资格证书之后，如果对学历证书有需求，便可以继续接受时间更长的学历教育。为了降低新生代农民工获得学历证书的难度，建议可以通过对先前学历成果认可的方式，认可农民工在接受职业资格证书培训时期获得的学习经历，部分抵认专业课的学分，这样部分新生代农民工就能获得相应的中等职业教育甚至高等职业教育的学历证书，实现从一般的技术工人向有学历的技术工人转化。

从图5-1可以看到，这三种证书在内容和层次上存在着内在的衔接关系，具有环环相扣、层层递进的特点，上岗证书的培训内容成为职业资格证书培训的部分内容，职业资格证书学习的内容又能被学历教育部分认可，这样的设计为新生代农民工群体构建了一个能够结合自己需求，逐步阶梯上升的职业发展路径。

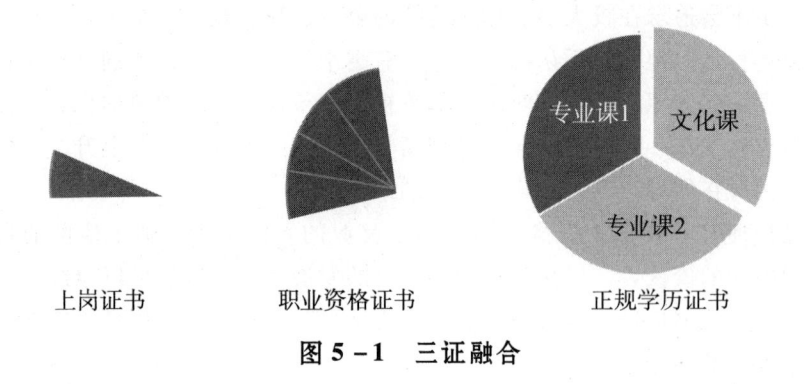

图5-1 三证融合

第二节 新生代农民工职业教育的认证体系

一、建立统一的国家职业资格制度

国家职业资格框架应涵盖一切职业，尊重每一种职业的持续发展和独立价值，不应该人为制造区别与隔阂而使不同人群被不同对待；国家职业资格框架的内容包括以国家职业能力标准为基础的覆盖全部职业的职业资格，能够对等学历和对接就业需求，为每一种职业建立自己独立并行的职业上升等级和阶梯，使得每一种职业在同一职业阶梯上拥有相应对等的资质、要求和报酬，打通人人终身持续发展的职业通道。

建立统一的国家职业资格框架，需要整合教育和培训等各类证书、学历、资格标准，在国家同一职业能力标准和等值的基础上统一全国职业证书，从而实现不同职业与职业之间、学历与资格之间的等值、互认。统一的国家职业资格框架是英国、德国、澳大利亚促进人才多样化发展、促进社会公平、保障职业教育方面的战略选项。统一的国家职业资格框架也是现代职业教育体系的基础，它为每一个"蓝领"和"白领"的职业生涯发展打通一个上升的通道，使其可以在学历教育、职业教育与就业工作之间自由进出，促进技术技能积累的社会认可，鼓励带资格流动，鼓励通过安心做好本职工作向上流动，终将有利于使所有的"蓝领"具有与"白领"同等的社会价值和社会地位。

统一的国家职业资格框架也是产教融合、校企合作育人的基础，是职业院校双证融通的课程开发、教育教学标准和质量评价标准的基础。当前由教育部门颁发的职业教育学历证书与由人社部门颁发的职业资格证书的分离运行，制约了现代职业教育"产教融合"，导致劳动力市场无所适从；职业资格证书与教育学历证书不能实现衔接或等值，很难对职业人才在就业时予以正确的评价、认定和使用。统一的国家职业资格框架能够在教育学历证书与职业资格证书之间建立起一个可以评价参照、等值认定的框架体系。

二、优化技能认证和职业资格鉴定制度

职业资格鉴定同一般考评最大的区别就在于重视对实际操作的考核。现阶段理论与实操1:1的考核分配违背了职业鉴定的初衷，对于理论基础薄弱的新生代农民工群体而言更是难以突破的障碍。建议合理优化职业资格鉴定制度，逐步弱化对理论知识严格的要求，允许以参与各类学习与培训的证明折抵理论考试分数。创造一个更加宽松和多元的考核方式，承认并鼓励人们通过各种学习方式获得技能，加快对非正式技能形成的认定方案出台。重视新生代农民工"做中学"方式获得技术技能的特点，帮助新生代农民工获得全国性技能资格认证，使他们拥有可靠的退出路径。

健全流动的技术技能积累与认可制度，实现新生代农民工带着技能一起流动。在终身学习的大背景下逐步推行学分银行和职业护照制度，探讨企业、培训

机构、职业学校间学习成果互认与积累的实现途径，鼓励新生代农民工将在不同学习地点获得的知识与技能进行有效转化和衔接，以促进该群体不断向上流动。

（一）职业资格框架制度

职业资格框架制度是建设职业教育与培训体系的关键性制度，资格框架的设计为各类人员进行统一的技能评价提供了一致性的标准。从各国的实践来看，主要发达国家均在全社会范围内建立职业资格证书制度，以保证社会经济活动的正常进行。统一的职业资格制度适应了劳动力市场的需要，是现代社会生产方式和就业方式发展的必然结果，这个制度的建立满足了劳动力市场有序化运行和管理的需要，满足了企业生产资源配置追求高效率的需要，满足了人力资本投入获得社会认可的需要，还起到了职业培训成果质量检验的作用。我国的职业资格制度尚不健全，急需改革完善为终身职业教育与培训的实施提供重要的制度保障。

从社会管理的角度来看，对职业资格的要求，从古至今都存在，在当代已成为一种国家行为。政府的人力资源和社会保障部门确定职业分类，制定各类职业资格的标准，确定了某一职业的工作目标和任务，并对从事这一职业的人员提出必备的专业知识、职业技能和工作能力的基本要求。劳动者通过职业技能鉴定，可从社会权威认证机构获得对自己技能水平和从业资格的认可，其主要形式是职业资格证书，这是劳动者进入就业部门和流动后职业生涯连续发展和获得相应保障的重要凭证。职业资格证书制度作为国家层面的人力资源开发体系的重要支柱，适应了受教育者的需要，促进了职业教育的发展。从职业资格的角度来说，职业教育是使受教育者达到职业资格的获得、保持或转变及职业生涯质量的获得与改进的教育。

特别是针对新生代农民工这样的弱势群体，职业资格框架制度可以为他们提供一个随时随处终身学习的环境，并不会因为学习的暂时中止而丧失继续学习的机会。但是目前我国的职业资格证书制度和学历证书制度，对应着职业教育体系和学历教育体系是分裂的，不同的职业工作对应的职业资格体系之间也往往是分裂的，针对劳动者的终身职业教育与培训的体系亟待建立。

至少应当考虑以下几个方面：

1. 职业教育同学历教育的融通。

如在学历教育的专业中引入职业教育与培训的证书课程，通过学分转化制度转化为学历教育的学分；还可将学历教育中的一些专业课程由职业教育与培训的证书课程取代，将学历教育的学分转化为职业教育与培训中证书课程的学分；两者也可以相互融合，也就是说学历教育中某些课程合格的考试成绩可以获得职业教育与培训相关证书，获得相关职业教育与培训的证书，可以实现学历教育中某些课程的免考。

2. 先前学习成果的认可。

我国的终身职业教育与培训体系应针对生源的学习需求和职业经验多元化的特点，努力满足不同类型学员的学习需要，实现学历教育与职业资格培训相互融通、课程和学分相互承认，既往工作业绩和学习经历有效认定，从而搭建具有中国特色的终身职业教育平台，有效提升学员的职业能力，拓展职业生涯。为此，应积极探索灵活的学分获取和证书置换的方式：

第一，在职前准备阶段的学员，通过政府机构或者企业提供的认证课程的学习和必备职业技能的培训，获取上岗证书；第二，在职业转换阶段的学员，通过证书折算、学分认定，实现职业生涯转换，并获取新的职业资格。第三，在职业晋升阶段的学员，通过学分认定、工作业绩认定等，实现学历和职业资格的晋升，缩短晋升时限。

在终身职业教育与培训思想的指导下，要求主管职业教育的各部门，特别是教育部门和人力资源社会保障部门大力合作，职业教育应与普通教育、成人教育、高等教育等各类教育建立起一种相互衔接、相互沟通、相互补充的关系，构建一个灵活的（模块课程、弹性学制、累计学分等）、开放的、自主的满足学习者（职前、职后）需求的职业教育体系。

（二）对先前学习成果认可

1. 在"做中学"中获得技能。

新生代农民工作为成人学习者，有着极为明确的学习目标，他们清楚什么样的知识与技能可以帮助他们在城市中谋生进而实现发展。这种最基本的学习动机甚至不需要外界的刺激。这也就是本书所提出的"做中学"是新生代农民工获取技能最为有效的手段。诺尔斯1975年提出"自我导向学习"的概念，认为自我导向学习是一种"由个体自身引发和评价自己的学习需要，形成自己的学习目标，寻求学习的人力资源和物质资源，选择恰当的学习策略和评价学习结果的过程"。

"做中学"是介于正规教育和企业在职培训之间的一种技能积累方式，也是新生代农民工，特别是在培训制度不完善的中小企业就业的工人获得技能的主要途径。针对非正式的师徒制，企业应当对"师傅"进行统一的培训，以保证每一个师傅的培训标准相对规范。对乐于当"师傅"的员工企业也应给予一定的物质和精神上的激励，比如在带徒期间，徒弟干活的计件数算作师傅的计件，变相给师傅的培训一定的物质补偿，也可激励师傅好好带徒弟，提升培训的质量。

"做中学"最大的问题是获得技能却得不到劳动力市场的认可，也就是非正式学习的成果无法认可。我们可以参考西方职业培训较为完善的国家的相关做法以寻找解决问题的突破口。随着国际社会对终身教育理念的接纳，一种叫作"对先前学习认可"（accreditation of prior learning，APL）[①]的术语得到越来越多学者的关注。"对先前学习认可"（APL）是对学员既往职业道德操守、学习经历、职业技能水平、工作业绩的综合认定制度，是构建终身职业教育与培训体系的难点。

2. 非正式学习成果的认定。

重视非正式学习成果的认定（APL），是基于人在一生中以不同的方式进行学习或者获得能力和技能，认可之前的学习经历是为了鉴定一个人获得知识、技能和经验而不管获取的时间、地点或途径。这种做法的直接后果就是认可非正式学习获得的之前未被认可的工作技能与经验，认可工作场所之外获得的技能；承认职业资格证书认定的能力；承认个人发展计划的基础。[②] 为完成这样的认定过程，需要建立起一个完善、系统的评价体系，这一体系需要有四个组成部分：（1）确认学习者已有的知识或者技能；（2）将学习者已获得的知识和技能同现有的标准或者资格进行比对；（3）根据标准或者资格的要求对学习者进行评估；（4）对学习者先前的学习成果进行认证。[③]

对于新生代农民工群体来讲，如果要获得劳动力市场认可的技能，现行办法只能去考取职业资格证书。我国的职业资格证书考试体系分为两个部分，包括理论基础和实际操作。只有两科都达到及格线才能获得相应级别的职业资格证书，而日本的技能认定中则更强调实操技能（见表5-2）。新生代农民工经过多年经验的积累可能技能水平早已达到中级、高级甚至更高级别，只是因为理论考试分数不够而无法获得职业资格认证。这种资格考试的制度设计对于相对接受教育年限较短，水平较低的新生代农民工群体而言是极为不利的。

表5-2　　中国、日本两国职业技能鉴定的比较

比较项目	中国	日本
已开发的考核职业标准数	448个职业标准，现共考核1 800个职业	137个职业（含310个工种）

---

① 在不同的国家使用的术语有些许不同，如英国称为APL，有的称为APA（accreditation of prior achievement）或者APEL（assessment of prior experiential learning）；在美国通常称为PLA（prior learning assessment）；在澳大利亚被称作RPL（recognition of prior learning）。本书不区分，均称为APL。
② 石伟平：《比较职业技术教育》，华东师范大学出版社2001年版，第77页。
③ 徐国庆、石伟平：《APL的理论与实践及其对我国教育的启示》，载于《外国教育资料》，2000年第1期，第75~77页。

续表

比较项目	中国	日本
职业等级划分	初、中、高、技师、高级技师	1级和单一等级、2、3、特级（称号高级技能士、卓越技能士）
考试时间	每年两次（不固定）	每年两次（时间固定）
考核形式和分数	理论、实操各100分	笔试30分，实操70分
对考核成绩的认定	理论实操同时合格（60分为及格线）给予认证，只通过一门即为不合格。	笔试、实操只过一门可终生保留此成绩

资料来源：李燕泥：《国外就业培训鉴定情况概览》，上海交通大学出版社2009年版，第238页。

此外就是如何认证非正式学习或者非正式培训获得技能的问题。我们不能说在职业学校接受了3年高等职业教育的学生就比在工作中边干边学获得技能的新生代农民工拥有更高的技能，只是因为前者拥有学历证书和职业资格证书。这样的比较对于从非正规渠道获得知识和技能的工人而言并不公平。在中世纪的行会组织中，是由师傅来决定学徒能否成为工匠以及能否由工匠上升为师傅。[①] 当前，国家可以在可接受的范围内适当调整职业资格认定的标准，加快对之前学习经历的认可进程。比如针对新生代农民工群体在接受政府举办的职业培训中获得培训合格证书的，或者在其他培训机构获得相应技能认证证书的可以适当放宽对理论考试的分数限制，鼓励从非正式培训方式获得技能的新生代农民工参与技能鉴定。继续推行单一技能证书制度，放宽企业在单一技能证书认定中的作用与权力，增强该证书在劳动力市场上的认可程度。针对成人培训者的情况，将更多的资格划分成单元，更加注重实际操作的比重并适当放宽对理论考察的份额，增加新生代农民工技能资格认证的灵活性，更好地评估他们当前既有的技能和知识。

对之前学习经历的认可可以帮助学习者不必重复他们已经知道的知识或者掌握的技能，缩短了获得证实资格证书的时间，有利于将学习和培训重点放在新生代农民工需要进行培训的知识和技能上，同时也承认了他们在非正规培训中所取得成绩的价值。对于企业和国家来说，节省了培训资源并实现了资源的最优利用。更为重要的是如果打通以"做中学"为主要技能获取方式和接受正规培训获

---

① 徐国庆、石伟平：《APL的理论与实践及其对我国教育的启示》，载于《外国教育资料》，2000年第1期，第75~77页。

得技能资格认证的屏障能更为有效地激励新生代农民工自我提升技能。"在英国和美国，有越来越多的成年人接受 APL 之后变得更为自信，愿意对与自己未来的发展承担更多的责任，同时也改变了对教育与培训的态度，持积极态度的比例明显上升"。①

应积极在各种职业教育与培训场合推进开展先前学习评价（prior learning assessment and recognition，PLAR），PLAR 是国际成人教育领域普遍采用的一种评价方式，其评价的内容是申请入学者通过非正式学习所获得的知识与技能。这里的非正式学习是指成人在工作中或通过在职培训、技能培训获得的知识与能力等。非正式学习是针对正式的学校教育而言的。先前学习评价的目的是为了将申请入学者的知识与技能转化为新学习体系中认可的学分。终身职业教育体系的学习者大部分来自在职成人，推进先前学习评价将对终身职业教育与培训体系可持续发展起到促进作用，对继续教育和终身教育长效机制的形成和学习动力的保持起到不断推进的作用。

三、建立职业教育与培训学分转换制度

学分转换制度，使得学员以前接受的培训经历能够得到认可，增进职业教育与职业培训的提供者们之间的合作与互信，打破我国普通教育、职业教育、成人教育之间各自为战，职业教育与职业培训之间沟通不畅的问题，搭建顺畅的终身职业教育与培训体系，方便学员在几种不同的教育培训类型之间进行跨越，提高自身综合素质。建立学分转换制度，能够从制度上祛除社会上对各类教育地位不平等的偏见，实现各种教育类型之间的衔接和融合，它也是实现新生代农民工终身职业教育与培训体系得以运行的关键要素。

鼓励各地积极探索新生代农民工职业教育的学分制管理制度。新生代农民工为了提高就业技能和生活水平，既有接受职业学历教育的愿望，也不希望影响工作和收入。对新生代农民工的中等职业学历教育要推行工学结合的办学模式使农民工边学习、边工作，实现本职工作与专业学习的无缝对接。为此各地教育部门要在部分具备条件的地方选择一批中等职业学校作为试点，探索新生代农民工职业教育的学分制管理制度，科学设置公共课、专业课和实践课的比例，确定农民工能接受的学费，同时将农民工在本职工作岗位上的生产劳动作为专业实训、实习环节的重要内容，科学考核其成果、合理评定其成绩。对于农民工在所学专业

---

① 徐国庆、石伟平：《APL 的理论与实践及其对我国教育的启示》，载于《外国教育资料》，2000 年第 1 期，第 75~77 页。

相关课程领域已经掌握的知识和技能可以通过考试考核等方式认定为一定的学分,对在工作岗位上做出突出成绩以及获得较高等级职业资格证书的可以奖励一定的学分,农民工只要在规定的时限内获得了规定的学分,就可以毕业并获得相应的学历证书。

(一) 职业教育与培训学分转换系统

通过建立职业教育与培训学分转换系统,帮助欧洲不同地区的人以及流动中的农民工更加方便地完成跨地域培训,使不同区域认可跨区域劳动者以前所接受的教育和培训,可以增进全国职业教育与培训的提供者们之间的合作与互信,进一步推动不同区域对国家资格的认可程度。

在这个系统中,至少包含了对以下几个要素的解释和规定:

1. 学分。

这里的"学分"指的是资格证书的内容,获得知识、技术、能力的过程,即聚集在学习单元内的学习活动的有效成果,它与"获得的所有学分总数"相区别。后者是指在完成一个培训项目后,学习者所获得的学分数目,它是基于传统教学体制的。

2. 学分框架。

它是一套评估、测量、描述、比较学习成就的规定。它只是代表学业成就的一个标准,使已经习得的学习结果能够在不同的学习项目和资格认证中进行比较,从而帮助学习者取得学分,它也能够在项目和(或)机构之间进行迁移。

3. 学分累积与转换。

它必须有一套公认的规定和协议,它有助于学习者把在教育与培训机构、部门或资格证书培训计划内或其外获得的学习成果即学分,进行积累和转换。

4. 学习活动。

包括"正式学习""非正式学习"和"非正规学习"。正式学习通常是教育或培训机构来提供的,其结构包括学习目标、学习时间、学习工具,最终获得资格证书。非正式学习不是由教育或培训机构提供的,它的最终目的通常不是获得资格证书。但是,按学习目标、学习时间和学习工具来分,它是有组织的;从学习者的角度来看,正式和非正式学习都是有目的的。非正规学习是从与日常生活有关的活动中,如工作、家庭和休闲时进行的。它不从结构上分为学习目标、学习时间和(或)学习工具,通常情况下,它也不以获取资格证书为最终目的。非正规学习可能是有目的的,但在大多数情况下,它是无目的的(或偶然、随机的),也被称为经验性学习。

图 5-2 勾勒出了一个完整的学分转换系统所包含的基本要素，明晰了学分不仅仅是学历教育中从完成课程学习获得的那个部分，它也可以包括技能的习得或者从培训项目中所获得的部分；对于学习者活动也不仅仅是正规学习，而是包括非正式学习和非正规学习在内的各种学习形式，在实际中，成人学习者后两种学习方式所占的比例也更高；学习的环境除了学校本位之外，工作场所的学习也是可以获得学分的重要地点；而整套学分转换体系得以运行的关键是拥有一套完整的认证框架，形成公认的规定和协议，使整个体系能有序运行，而这正是我国目前所欠缺的。

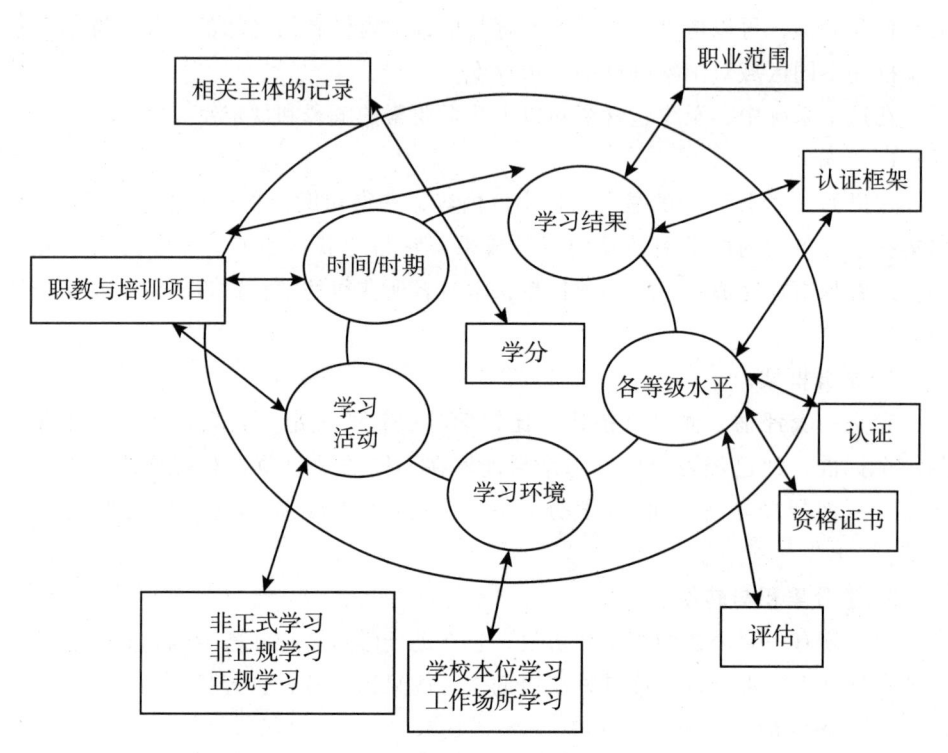

图 5-2 职业教育与培训学分转换系统

（二）构建以三种证书为基础的学分转换制度

我们以一个新生代农民工在前述的三个阶段可以获得的三种证书为例，进一步探索学分转换制度的构想。根据教育部有关文件的精神，获得中等职业教育的学历教育证书，约需 170 个学分，其中普通文化课约占 1/3，近 60 个学分；专业课约占 2/3，110 多个学分；国家职业资格 4 级证书所含的知识点与技能点约为中等职业教育的学历教育相近专业的专业课程的 1/2，所以获得国家职业资格 4

级证书，约需 60 个学分；获得普通上岗证书一般约需 200 个学时（18 学时约等于 1 学分），折合约为 10 个学分。

由普通上岗证书的培训、国家职业资格证书的培训和一定量的国民学历证书的教育组合而成的农民工职业教育，存在着非常密切的内在逻辑联系，农民工职业教育的这种内在的逻辑联系可以且应该外化，它们之间的内在的逻辑联系可以通过学分加以连接。农民工最初所接受的普通上岗证书的培训，通过考核获得了上岗证书，就可以拥有 10 个左右的基础学分。这 10 个学分对于他今后继续学习同类职业是有所帮助的，可以成为他今后学习同类职业所获得的总学分的有机组成部分。比如说，当他继续接受同类职业的国家职业资格证书的培训，应该认同他已有的基础，应该从他已经拥有的该职业所需的知识点与技能点出发，而不是简单地从零开始，如果说国家职业资格 4 级证书的获得需要 60 个左右的学分，那么，他就可以免修其中的 10 个学分的相关课程，他只要获得其后的 50 个左右的学分，就能顺利拿到国家职业资格 4 级证书。如果他想继续获得相关职业的中等职业教育的学历教育证书，他之前所拥有的近 60 个学分继续有效，他只要获得其后的 110 多个的学分，就能顺利拿到中等职业教育的学历教育证书。这样的过程并没有到获得中等职业教育的学历教育证书就结束，他还可以向高等职业教育的专科学历证书方向努力或者向普通教育的相关方向努力。

需要特别指出的是，如果之后他所接受的是其他职业的培训和学习，那么尽管之前他所拥有的某个职业已获得的学分依然记录在案，但是，因为职业内涵的不同，这些学分就不能作为新学职业的有效学分。

以三种证书为基础的学分转换制度只是针对新生代农民工这个特殊群体进行的一点初步设想，这样的学分转换制度大大提升了农民工群体持续接受职业教育与培训的可能性，降低了整个学习过程的难度，所学、所培训的知识，已经习得的技能都能作为进入下一个阶段继续学习、获得更高技能或更有价值的证书的基础，在一定程度上可以解决新生代农民工培训不足的问题，提升工人参与培训的比率，获得更好的培训效果。

四、建立新生代农民工的职业护照制度

新生代农民工一个显著的特点是他们的高流动性。从技能形成特点讲，技能的可转移性是新生代农民工高流动性的现实原因，技能形成具有持续性和可积累性的特点，技能的形成与提升是持续的过程，新生代农民工的高流动性会打断这一过程，造成培训的中断，不断地跳槽会导致新生代农民工培训的重复化、表面

化。对企业而言是培训的浪费，对新生代农民工而言是时间的浪费和接受较高水平技能培训机会的缺失。

欧洲制定的"欧洲职业护照"制度对于管理流动性较强的新生代农民工的职业教育与培训情况有很好的参考意义。

"欧洲职业护照"帮助人们实现跨国的工作流动。2004年，欧洲议会、理事会和欧洲职业培训发展中心（the european centre for the development of vocational training, CEDEFOP）制定了能够运行于整个欧洲的"欧洲护照"它将已经存在的几个反映公民学历、证书和能力的文件整合起来，拥有欧洲职业护照的公民可以在整个欧洲方便的传递自己职业资格和技能的信息。欧洲职业护照可以帮助欧洲人更好地实现跨国的工作流动，人们到另一个国家进行求学时也可以避免对已经修学内容的重复学习。它实际上是展示个人资格与能力的文件袋。

欧洲职业护照将反映人们学历、证书和能力的证明材料整合在一起，形成了一个单一的框架，当工人发生流动，产生新的学习需求时，不必为了先前学习的各项证明材料的认证而四处奔波。它能让工人的技能和资格证书通过一种清晰、综合的方式得以体现，使不同企业的雇主能更容易理解和接受，也能使拥有不同背景和工作经历的工人在整个欧洲拥有持续学习和就业的机会，从而扩大职业的选择范围和就业领域。更重要的是，它能将工人在不同国家不同企业中的工作经历和培训经历记录在案，有利于欧洲各国终身职业教育与培训工作的展开，是每一个公民都有在欧洲任何一个国家接受继续学习和培训的机会。

目前，新生代农民工在工作岗位上获得的技能既很难得到鉴定，也没有合适的方式进行记录和认可，一旦发生工作的变动，在进入下一家企业，从事下一份工作时，农民工通常很难向雇主证明自己已有的技能水平和培训经历，若能借鉴欧洲的职业护照制度，为新生代农民工创建一份类似职业护照的档案，将其学历、职业资格证书、在岗培训、工作经历、个人进修等相关情况详细记录，其档案可以随着工人的流动而流动，这种职业护照制度的实施除了能帮助雇主招聘到最适合工作岗位的工人之外，更能依照工人已有的技能水平和培训经历制定更为符合工人职业发展的培训项目，节约企业的培训成本。

从新生代农民工的角度，这样一份职业护照，也是保证他们可以将在非正式学习中获得的技能和已有人力资本详细记载，进行学分转换，开展可持续的终身职业教育与培训的基础保障。

第三节 新生代农民工职业教育的支撑体系

一、建立具有公益性的国家职业信息库

国家职业信息库是采用科学的职业分析方法来描述了所有职业和工作的内涵和特征，能够用于劳动力市场用人标准、人力资源开发和职业教育的依据。国家职业信息库是国家统一职业能力标准研发的基础和前提，为职业教育的教学和评价提供标准。职业信息数据库需要大量人员和经费持续不断的开发和更新维护，才能发挥标杆的作用。我国尚不具有这样的职业信息库。

许多欧美发达国家建立了自己的职业信息库，它不同于职业分类大典，它是更为详细、全面，功能更为强大的职业与劳动的信息。以美国为代表，美国职业信息网（ONET）数据库是美国国家职业信息的主要来源，拥有非常先进的职业分析的方法，是在美国劳工部的支持下建成的一个关于职业信息的博大精深的数据库。它包含着关于美国社会各类职业标准的信息和具体的职业描述语；职业信息数据内容模型包括六大领域：工作者特征、工作者要求、经验要求、职业要求、劳动力特征和职业特定要求。这里的数据库可以免费被公众使用，并且数据库在不断地由工作人员调查分析下得以更新。美国职业信息网数据库对世界人力资源管理和职业教育领域产生了极大的影响。

要开发有效先进的职业信息网数据库，就需要政府部门、行业、企业、研究机构、各个职业的工作者等多方面紧密配合协助，按照科学的职业分析方法运行合作，才能达到目的。有了先进的国家职业信息网数据库，统一的国家职业能力标准和国家职业资格框架就有了依据，职业教育就有了育人的标准，产教融合校企合作就有了标准，职业院校的教师就不必惶惶不安了。但是，从先进性和全面性看，我国目前基本没有国家职业信息网数据库，所以这就愈发显得急迫了。

二、建立就业创业和教育信息服务体系

统筹城乡职业教育发展，改变职业教育薄弱环节现状，促进教育公平，是推动教育科学发展的重要任务；也是落实国家统筹城乡发展战略，推动城乡基本公共服务均等化，推动城乡基础设施一体化，推动城乡平等就业进程的重要途径。

健全城乡统一的生产要素市场，引导资金、技术、人才等资源向城市和农村流动，努力形成城乡发展规划、产业布局、基础设施、公共服务、劳动就业和社会管理一体化新格局，逐步实现城乡基础设施共建共享、产业发展和人才互动互促，逐步实现城乡社会统筹管理和基本公共服务均等化。

当前，建立城乡公共培训就业创业和培训信息服务体系，统筹城乡就业创业服务体系、城乡培训信息服务体系，是促进就业与职业教育培训的重要支撑平台。积极推进农村信息化，普及农民上网寻找信息的信息化能力建设。按照求实效、重服务、广覆盖、多模式的要求，整合资源，共建平台，健全农村信息服务体系和社区企业信息服务体系。强化面向农村的广播电视电信等信息服务，推进职业教育与培训信息服务等工程建设，积极探索信息服务进村入户的途径和办法。健全城乡就业创业与培训信息收集和发布制度，整合涉农信息资源，推动农业与就业培训信息数据收集整理规范化、标准化，加强城乡统筹的就业创业与培训信息服务平台建设，建立国家、省、市、县、乡五级就业信息网络互联中心和企业/村级信息员制度，大力降低农民移动上网查阅信息的费用。

大力推进职业教育与培训课程资源信息化，极大丰富网络上技能学习的课程资源的丰富性和实效性，使网络学习技能成为新生代农民的主渠道之一。

建立村级和企业级职业教育培训与就业信息员制度，促进城市优质职业教育资源与农民、农民工的需求直接对接。加强农村实用技术和劳动力转移培训，加快培养新型农民、农村实用人才和技能型农民工，为新农村建设和企业发展提供人才支撑，促进农村人口带技能有序转移到城镇就业。

三、建立职业教育动态监测和调整机制

建立新生代农民工职业培训供需共享数据库。面向企业和新生代农民工开展定期培训需求抽样调查制度，及时摸清新生代农民工培训需求的基本情况，了解供需双方最新的培训需求动态，为国家制定相关政策、组织开展农民工培训工作提供信息支持。要建立全方位的培训需求动态分析模式，主要包括：做好培训前的农民工需求调查，尤其是关注新生代农民工在利益诉求、职业愿望、价值取向、未来发展等方面的特殊需求；定期开展企业需求调查，以掌握职业工种、技能水平等方面的市场需求及变化，并对未来发展趋势做预测判断；建立培训中和培训后的动态监控机制，及时了解新生代农民工及其所在部门培训需求的变化状况；整合各类培训机构数据，特别是培训投入资金、培训人数、培训机构、培训后就业情况等重要数据入库。在建立完善新生代农民工培训需求和供给动态监测机制的基础上，制定科学合理的培训规划，改变现行的按指标下达培训任务的状

况，切实提升培训的吸引力。

总之，理想的职业教育与培训体系将是满足农民工多样化学习需求和企业需要、政府企业农民工职业教育机构等多方合作的体系。它将打破传统职业教育体系中不合理的规定与限制，采取有利于学习的各种组织形式以及灵活多样的教学内容和方法，建立富有弹性和活力的学习制度。教育和培训在学习的内容、方式、进度、时间与地点等方面对新生代农民工而言，都可以因人而异，由工人本人自行计划、自主选择，尽最大可能减少人为的学习障碍，最大限度地发挥农民工学习的主动性和创造性，同时使校内外的职业教育资源得到合理而有效的利用。在时间上打破学习时期与工作时期的界限，在空间上打破正规教育与非正规教育、非正式教育之间的壁垒，为个人提供一系列选择，满足受教育者的多样化需求。

职业教育与培训将使职业教育与培训的大门向社会的全体成员敞开，实现教育机会均等，对每个人进行适合其自身特点的教育。终身职业教育所强调的是全民职业教育，为所有人提供接受职业教育与培训的机会，不仅要满足社会成员多样化的需求，而且还要使所有成员都有机会接受这种教育与培训，特别是要让如新生代农民工这类处于社会边缘的弱势群体通过终身职业教育提高自身的职业竞争力，获得更好的发展。开放性也意味着实现职业教育资源的优化配置和社会共享，鼓励社会力量如各行业、企业积极参与。

职业教育与培训体系将更加注重对劳动力市场的动态适应。职业教育与培训体系通过职业教育界与企业界、经济界开展有效沟通，进行合作交流，保证职业教育主动适应劳动力市场的变化和需求。强调个人学习与职业、劳动、工作的关系，强调符合职业的需要，强调学习活动和生产活动的相互影响和交替进行，同时充分发挥职业培训在促进就业、提高经济效率和保证社会公平方面的重要作用。

职业教育与培训体系将注重对个性化需求的动态适应。现有的新生代农民工职业教育与培训体系着眼于通过一次培训或终结性的学习以满足现有工作岗位的技能需求，是"工作岗位"技能导向，而非"个人发展"素质导向。很少考虑到处于急速变化时代的"社会人"的个人成长与发展需要，很少考虑每个人一生中不同年龄阶段不同的学习需要，作为弱势群体的新生代农民工，他们的教育需求更是容易被忽略。标准化、精英式的教育体制促使新生代农民工过早离开学校，未能使每个人都享有公平接受教育的权利。而现行的教育体制具有明显的终结性特征，新生代农民工一旦进入劳动力市场，很难再次获得继续学习的机会。因此，新生代农民工群体同其他人群相比，更需要这种多元、开放、灵活的教育与培训体系，来弥补他们先前缺失的正规教育、工作前的系统培训以及职后有利于个人职业发展的技能培训（见图5-3）。

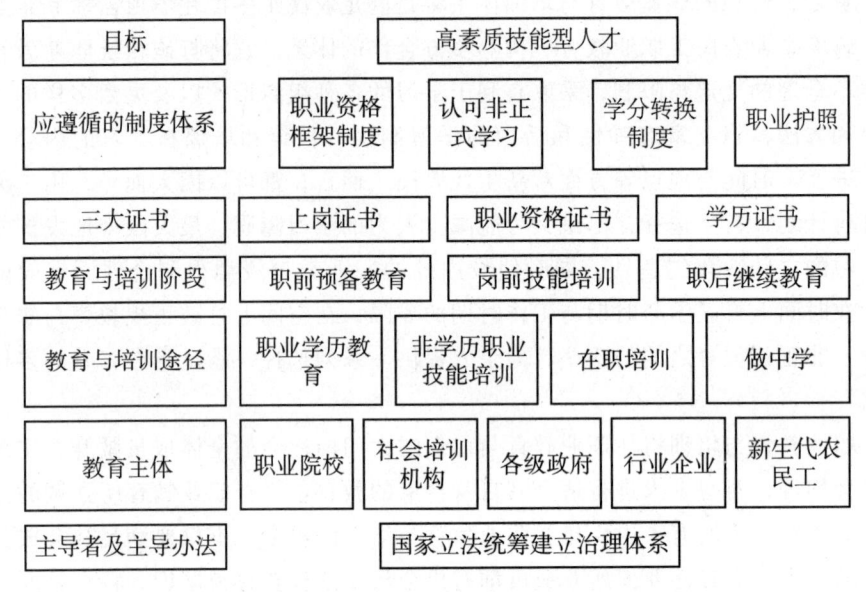

图5-3 新生代农民工职业教育与培训体系构建框架

目标	高素质技能型人才			
应遵循的制度体系	职业资格框架制度	认可非正式学习	学分转换制度	职业护照
三大证书	上岗证书	职业资格证书	学历证书	
教育与培训阶段	职前预备教育	岗前技能培训	职后继续教育	
教育与培训途径	职业学历教育	非学历职业技能培训	在职培训	做中学
教育主体	职业院校	社会培训机构	各级政府	行业企业	新生代农民工
主导者及主导办法	国家立法统筹建立治理体系			

第四节 新生代农民工职业教育的治理体系

当前农民工职业教育与培训的体制机制不畅，承担和参与主体缺位、相关制度不匹配、政策措施不协调、发展动力不足等成为制约农民工职业能力发展和社会融合的最大"瓶颈"。许多问题表面看在职业教育与培训自身，而其实质是由围绕着职业教育培训和技术技能人才成长的外部制度、体制机制引起。上述相关问题存在的已久，迟迟未能很好解决，实非教育等一两个部门可为，亟须构建现代职业教育与培训治理体系。

一、瞄准职业教育、经济等互动发展的需要

构建现代职业教育与培训治理体系，是建立国家职业资格框架、完善职业教育管理体制机制的要求，是实现职业教育产教融合、校企合作育人制度创新的需要。产教融合校企合作培养技术技能人才是国际职业教育成功国家的共同规律，需要相关各方达成新型合作伙伴关系和和谐利益结构。对校企合作双主体培育技

术技能人才的呼唤和渴求在我国有着深刻的教育和经济背景。一方面，当前我国是以职业学校为主体培养初入职的技术技能人才，经济领域行业企业相对脱离于劳动者的正规职业准备教育，出现了职业院校对产教结合、校企合作共同育人和研发的需求格外强烈，然而困难也格外多的情景。另一方面，从经济领域看，我国正在进入工业化中期，努力实现产业升级转型、建立创新驱动的现代产业体系，对复合型和创新型技术技能人才的需求在倒逼行业企业做出变革而更加重视高端技能人才的培训。成功的职业教育是产教融合校企合作的成功，其实质是教育与产业的全面合作，是行政部门之间的分工合作，更是政府与市场的合作、全社会的合作。我们要建立的现代职业教育与培训治理体系，就是要从制度上促进这些合作。

二、经济、社会、产业领域等主体相互协作

国民技能是国家的重要资产。[①] 技能的获得和投资被经济学家视作"增长的引擎"。[②] 一个国家的技能积累是创新与发展的重要源泉，经济增长与人力资本之间的内源增长关系将高技能劳动者的供给问题提升到一个新高度[③]。职业教育治理体系要统筹相关各方（尤其要发挥员工、工会、企业、行业参与职业教育管理的作用）合作发展职业教育，职业教育是跨界的教育，产教融合不仅应该是职业教育制度，更应该是经济制度、产业制度的组成部分。职业教育所肩负的培养技能型人才的任务需要职业院校与行业企业共同承担，日益成为职业院校、广大企业和社会各界的共识。但是职业教育校企合作也遇到了较多的困惑、问题和困难，尤其是参与各方对职业教育校企合作的国家制度政策的缺失体会颇深，对职业教育在国家政策、制度层面的顶层设计改革有着较为迫切的诉求。目前经济领域缺少支持产教融合的配套制度和法规。产教融合不仅应该是教育制度，更应该是经济制度产业制度的组成部分。行业组织指导职业教育的作用还远远没有发挥出来。整体上看，我国行业自身独立发展的水平有限，指导职业教育发展的能力不足，自身能力尚需逐步培养，不像德国等发达国家的行会具有制定标准、主持考试、颁发资格证书的权利和能力。企业作为育人主体的作用和责任缺失。国家应该从教育领域和经济领域同时实施产教融合校企合作制度创新。

---

① 鲁昕主译：《技能促进增长——英国国家技能战略》，高等教育出版社2011年版，第5页。
② Acemoglu D, Pischke J S. Beyond Becker: training in imperfect labour markets. The Economic Journal, 2001, 109 (453): 112.
③ Romer P M. Endogenous Technological Changes. Journal of Political Economy, 1990: 98.

三、统合教育、经济、劳动领域的政策规定

现有的职业教育法未涉及企业行为的调整，在经济和劳动领域中的法律除了零星条款外，基本上没有涉及职业教育产教融合校企合作的制度内容、没有实习生和学徒的权益义务内容、没有行业企业相关权利义务内容。教育部或任何单一部门都无法有效地解决职业教育校企合作的跨部门、跨领域问题。因此，需要国家统筹职业教育校企合作政策，进行顶层设计。国家从教育、经济和劳动三方面建立法律性框架，从教育、经济、劳动三个领域修改现有法律和新增新的法律，为加快建立国家职业教育产教融合校企合作制度提供了宏观性法律框架。政府与市场各尽其能促进产教融合，政府和市场是推动职业教育与培训的两大基本力量，政府是职业教育制度顶层设计和发展环境优化的责任者和主导者，发挥市场机制在职业教育与培训中的决定力量。

四、建立国家职业教育与培训工作组织机制

职业教育与培训管理体制和治理结构改革的目标是提供保障职业教育与培训良好运行所需的统筹协调合作化的制度环境，要解决三个问题：一是国务院劳动人事部门、教育行政部门等政府部门之间管理职业教育和培训的职能交叉和空白问题；二是行业企业参与职业教育的责任和途径的缺失问题；三是一线员工特别是蓝领在职业教育和培训上的话语权和参与权的缺失问题。这些问题表现为：有的事情争着干，干不好也要自己干；有的事情没人干不愿干，该干也没干好；应该参与的行业企业没有参与，不该全包的职业学校什么都得负责做。

现有涉及职业教育与培训的管理部门及其权责一直延续自20个世纪80年代初的国务院确定内部分工方案，在职业教育与培训管理上曾经发挥了积极的作用。由于政府参与的部门较多，理论上有合作力量大的优势，但实际上形成"九龙治水"的现象，缺乏及时有效的沟通，相关部门之间各自为政的问题也越发尖锐，没有建立起指导、管理、监督、评价等职能分配的系统性分工制度，特别是劳动人事部门与教育行政部门等在职业教育和职业培训管理职能上的交叉；就资金分配而言，各个部门之间的使用标准和管理方式不一，多部门的分散责任影响了资金有效的利用；指标化管理形式明显，各部门往往以指标分配论成败，以完成指标而不是真正促进技能人才的发展为首要目标，导致职业教育管理重视眼前任务，而忽略对技能人才的系统性、长期性培训管理。一些地方政府部门主导下的培训，培训内容与主管部门的职责紧密相连，培训内容功能定位不清，选择委

托的培训机构实力不一，培训质量存在差异。由于部门分割，教育部门主管绝大多数的职业学校办学功能被定位在正规学历教育上，人社等部门大量的培训经费和培训任务往往委托给自己部门主管的职业学校或培训机构，不交给教育部门主管的职业院校，实际上在我国职业教育中占主体地位的职业院校被推到一边，对包括新生代农民工在内的各类在职培训方面没有起到应有的支柱作用。

国家也认识到发展职业教育与培训必须加强相关行政部门之间以及与行业之间的统筹协调，遂于 2004 年建立了由教育部、发改委、财政部、人事部、劳动部、农业部、扶贫办七部委组成的"职业教育工作部际联席会议制度"，是基于职业教育与培训必须建立统筹协调机制而组建的。但作为一个教育部牵头联络的、非实体化的机制，还不具备对中央与地方、行业企业与劳动者、教育培训机构与用人机构之间等诸多不同的利益诉求进行统筹协调的功能，特别是企业、行业以及工会在职业教育与培训发展中的作用还无法体现。所以这种"弱协调机制"急需强化，取而代之的应该是一种"强治理机制"。

因此，作为顶层设计的职业教育与培训管理体制改革，建议将"职业教育工作部际联席会议制度"的弱机制提升为"国家职业教育与培训工作领导小组"的强机制，并适时通过国务院内部职责调整，整合散存在多个部委的职业教育与培训的权责，使之成为实质性的领导机构。其职能应是：建立职业教育治理结构和体系，建设国家职业信息库和国家职业资格制度，制定职业教育和职业培训的战略发展规划，组织制定或认定职业教育标准和职业技能标准等；目的在于统筹教育行政部门、劳动人事部门和其他相关部委、行业协会及企业的相关资源，实现人力资源培养和使用的综合配置、协调发展。

第六章

新生代农民工的就业现状和就业能力分析

第一节 新生代农民工的就业现状分析

一、新生代农民工就业现状的调查设计

根据国家人口和计划生育委员会流动人口服务管理司的预测,2010~2020年,中国流动人口年均增长2.87%,增加566万人,2020~2030年,中国流动人口年均增长2.07%,增加523万人,2030~2040年,中国流动人口年均增长1.34%,增加400万人,2040~2050年,中国流动人口年均增长0.96%,增加323万人,新生代农民工在2050年会达到3.5亿人左右。[①] 研究城市化进程中新生代农民工职业教育与社会融合问题,是加快推进我国新型工业化、城市化进程的战略要求,是转变经济发展方式、培养高素质劳动者的现实需要,是构建和谐社会、解决社会矛盾的需要,是完善我国终身教育体系的需要。而关注和重视新生代农民工就业现状及特点,深入分析其内在原因,提炼出易于操作的政策建

[①] 国家人口和计划生育委员会流动人口服务管理司编:《2010中国流动人口发展报告》,中国人口出版社2010年版。

议，是新常态下更好促进他们充分就业、体面就业、和谐就业的基础，是研究和破解城市化进程中新生代农民工职业教育与社会融合问题的关键。

从就业问题的研究框架来看，就业问题的研究维度主要有以下几个方面：就业结构、就业渠道、劳动关系、工作时间与过度劳动、工作稳定性、创业带动就业情况、劳动者收入与福利保障等。这些维度大多与职业就业、社会融合问题相关联。例如，技能型劳动者数量占比增加是就业结构优化的重要体现，而技能型劳动者的增加显然受到职业教育人力资本积累的影响；劳资关系优劣直接反映了劳动者对企业的适应性，而这种适应性恰恰就是劳动者与企业的融合程度的体现，进一步地说，这种劳动者、企业间的融合度、融合方式、融合特征往往间接影响劳动者与所在城市的融合情况。总之，本书主要从上述维度入手，观察目前中国新生代农民工就业特征，为研究农民工职业教育与社会融合问题提供参考。

鉴于此，本章使用北京师范大学中国教育政策研究院"城市化进程中新生代农民工职业教育与社会融合问题研究"课题组总库数据专门对新生代农民工就业特征进行探讨。为更好地研究该问题，采用整体抽样与随机抽样相结合的方法，2012～2013年间课题组先后赴河南、北京、福建、广东等省市10余个城市展开问卷调查，回收有效问卷6 289份。与此同时，课题组成员还与各地政府职能部门、用人单位、新生代农民工代表、职业学校、社会培训机构代表人员等进行了深度访谈，获得了大量关于新生代农民工工作与生活状况的一手数据。总库数据显示，样本年龄均值为26岁，男性占比58%，已婚者占比42%；本地农民占比42.7%、外地农村占40.36%；政治面貌为党员的比例为8.33%，为团员、民主党派、群众依次占比40.42%、0.73%和50.52%；平均受教育年限为12年，职业主要以生产或加工工人（32.18%）、专业技术人员（14.81%）为主，6成新生代农民就业于民营企业，行业分布以制造业为主要代表（39.53%）；在劳动合同关系方面，43.9%的新生代农民工为长期合同工（一年及以上合同工），平均月工资为2 851.5元，其中，男性新生代农民工月工资均值为3 161.09元，女性为2 541.91元。数据信度和效度检验的结果显示，总库数据可靠性和稳定性较好。

二、新生代农民工就业特征与问题分析

（一）就业结构相对单一

数据表明，当前新生代农民工的职业以生产或加工工人（32.18%）和专业技术人员（14.81%）为主，就业行业主要为制造业（39.53%），多数新生农

民工就业于私营企业（40.67%）和个体企业（19.92%），5成以上的新生代农民工的工作单位规模在100人及以上。其中，单位规模为100~499人的比例为23.53%；500人及以上对应的比例为32.58%。54.99%的新生代农民工的职称职位为普通员工。新生代农民工的职业、行业、单位所有制类型分布状况详见表6-1、表6-2和表6-3。不难看出，当前我国新生代农民工的就业结构相对单一，主要分布在第二产业。

表6-1　　　　　　　　新生代农民工职业分布　　　　　　　单位：%

职业	比例
建筑工人	5.97
生产或加工工人	32.18
其他生产运输工人	5.49
服务员	3.66
保姆	0.52
保洁员	0.6
保安	2.8
快递员	0.24
美容美发	0.88
其他服务性工作人员	9.57
售货员	2.12
自我经营	1.24
个体户或私营企业主	2.88
专业技术人员	14.81
其他	17.03
合计	100

资料来源：根据作者调查问卷整理。

表6-2　　　　　　　　新生代农民工行业分布　　　　　　　单位：%

行业	新生代农民工	父辈农民工
采矿业	1.71	13.63
制造业	39.53	14.38
建筑业	11.58	32.53
交通运输、仓储及邮政业	3.4	5.01
批发和零售业	5.1	4.85

续表

行业	新生代农民工	父辈农民工
住宿和餐饮业	5.65	2.36
美容美发足浴	1.24	0.37
居民服务和其他服务业	7.69	3.55
其他	24.1	23.32
合计	100	100

资料来源：根据作者调查问卷整理。

表6-3　　　　　新生代农民工单位所有制类型　　　　　单位：%

单位类型	比例
私营企业	40.67
个体企业	19.92
外资企业	11.84
集体企业	4.08
国有企业	11.46
国家、集体事业单位	3.96
党政机关	0.56
其他企业	7.52
合计	100

资料来源：根据作者调查问卷整理。

（二）就业渠道以社会网络为主

就业渠道（途径）很大程度上影响着劳动者个体的就业绩效。原因在于，选择不同的就业渠道，尽管会在一定程度上降低劳动者的工作搜寻成本，但也会使劳动者面临不同的就业风险，因为不同的就业渠道传递的就业信息质量是有差别的。调研数据显示，当前新生代农民工的就业渠道以朋友介绍（22.86%）、单位直接招工（19.65%）和亲戚介绍（16.76%）为主，男性、女性新生代农民工的工作搜寻方式基本没有明显差异（见表6-4）。可以看出，依靠社会网络，借助自身社会资本求职依然是当前新生代农民采用的方式。不可否认的是，这样的工作搜寻方式确实会一定程度上降低工作搜寻成本和摩擦性失业周期，提高求职成功率，如数据表明，新生代农民工获取当前工作平均花费时间为仅18天。然而，同质化就业信息，是他们的工作类型与同伴趋同，而多数新生代农民工为生产工人，考虑到工作时间、待遇、工作环境和职业发展等因素后，其总体上工作质量偏低。

表6-4　　　　　　　　新生代农民就业渠道状况　　　　　　　单位：%

就业渠道	总体	男性	女性
政府安排	1.17	1.39	0.95
政府职介	3.45	3.52	3.38
社区就业服务站	0.91	0.76	1.06
商业职介（包括人才交流会）	6.63	6.71	6.55
看到广告后申请	7.9	7.64	8.16
单位直接招工	19.65	19.47	19.83
家人联系	7.02	6.19	7.85
亲戚介绍	16.76	17.18	16.34
朋友介绍	22.86	23.88	21.84
其他	13.65	13.31	13.99
合计	100	100	100

资料来源：根据作者调查问卷整理。

（三）劳动关系和谐度有待提高

劳动关系，是雇员与雇主为实现生产过程所结成的社会经济关系，是一种最重要最基本的经济关系，构成了"我们全部现代经济社会体系所围绕旋转的轴心"。数据显示，在劳动合同签订方面，57.58%的新生代农民工为合同工，无合同临时工仅占9.75%，新生代农民工劳动合同签订率相对较高。在工会方面，选择是工会成员的比例为16.98%，不是工会成员的比例为43.09%。反映当前建会率相对较高（约为60%），而新生代农民工入会率偏低，则反映当前基层工会实效有限，"工会是工人群体利益表达的集体工具"的价值还未充分体现。如数据证实，仅有27.93%的人认为工会维权有作用，包括有一定作用22.11%和有很重要的作用5.82%。

工资集体协商，是指用人单位与本单位职工以集体协商的方式，根据法律、法规、规章的规定，就劳动报酬、工作时间、休息休假、劳动安全卫生、职业培训、保险福利等事项，签订集体的书面协议。建立工资集体协商制度是维护劳动者自身利益的一种有效途径，一方面，能够维护一线职工的权益，使工资增长与企业效益提高相适应，确保每个职工分享企业发展的成果；另一方面，有利于建立和谐稳定的企业劳资关系，增强企业凝聚力，调动所有职工的积极性。可以得出，通过集体协商确立工资水平的新生代农民工比例越高，其整体劳动关系会越好。而数据表明，在工资集体协商方面，仅22.31%的人选择"是"，41.5%的人选择"不是"，另有36.93%的表示"不知道"自己工资是否由集体协商确定。

（四）过度劳动现象凸显

工作时间作为衡量工作质量优劣状况的重要指标之一，其长短既影响着劳动者个体工作和生活的和谐度，又影响着劳动者个体的工作效率和身心健康，进而影响着劳动者个体的就业质量和生活质量。事实上，过长的工作时间（即过度劳动）还对就业、消费产生明显的挤出效应，也会使企业更多的依赖掠夺式使用人力资源而轻于合理开发人力资源、技术进步、改善管理、提升产品与服务质量而保持市场竞争力。

在月休息时间方面，数据显示，每月能够休息8天以上的新生代农民工比例仅为3.18%，能够休息8天的占比9.46%，休息4~8天、小于等于4天和没有休息的比例依次为18.93%、54.83%和13.6%。不同性别考察，男性新生代农民工日工作时间8小时及以下、9~10小时、11~12小时、12小时以上的比例依次为32.19%、47.37%、15.81%和4.63%，女性新生代农民工对应占比为34.41%、45.69%、15.11%和4.78%。不难看出，当前近6成的新生代农民工每周工作时间在6天左右，而每周都没能及时休息的比例也不容忽视，过度劳动现象凸显。新生代农民工工作时间的性别差异特点不明显。

不同受教育程度讨论，数据显示：（1）随着新生代农民工受教育程度的提高，其日工作8小时及以下的比例逐渐提高。例如，学历为小学及以下的新生代农民工的日工作时间在8小时及以下的比例是20.56%，而拥有本科及以上学历的新生代农民工，其对应比例则为53.54%；（2）新生代农民工受教育程度越低，越有可能加班。比如学历为小学及以下的新生代农民工，其日工作时间为11~12小时、12小时以上的比例分别为23.74%和10.28%，而本科及以上学历者的对应比例则为7.92%和4.38%，前者明显高于后者；（3）随着新生代农民工文化程度的提高，其日工作超过8小时以上的比例总体上呈下降趋势。

对于拥有不同技能状况的新生代农民工而言，数据表明：（1）相比于无任何职业资格证者，拥有职业资格证书级别越高的新生代农民工，其日工作时间8小时及以下的比例越高；（2）随着职业技能水平的提高，新生代农民工过度劳动的概率随之降低。比如，相比于无职业资格证书者，拥有中级职业资格证书及以上的新生代农民工，其日工作时间为9~10小时的比例由44.08%减至39.75%，其日工作时间11~12小时的比例由20.32%降至9.42%。

(五) 工作稳定性偏低

工作流动（job mobility 或 turnover）是指雇员从一个工作单位转换到另一个工作单位，或者说是雇员的雇主发生了变化。根据新生代农民工的群体特性，新生代农民工工作流动可以理解为新生代农民工个体在不同工作组织（单位）类型或职业或行业之间进行自愿性或非自愿性工作转换，即人们通常所说的"跳槽"。劳动者适当的工作流动，有利于提高其人力资本水平和劳动所得，但过度的工作流动，会产生诸多负面的结果。比如不利于劳动者工资水平的提高、不利于其自身专用性人力资本的积累、使雇主对雇员产生坏的印象进而拒绝向员工提高培训和晋升机会等。对新生代农民工而言，过高的工作流动频率，还易引致阶层"固化"、代际收入差距扩大等，并对流入地和流出地的社会管理造成较大的影响。

数据显示，在过去一年中，新生代农民工平均更换工作 3.2 个，男性平均更换工作 3.3 个，女性为 3.1。在全部样本中，没有更换工作的人占比 21.61%，更换过一个和两个工作的比例依次为 12.42% 和 22.9%，43.08% 的人更换过三个及以上的工作。工资低、工作太辛苦、没有发展前景是新生代农民工工作转换的三大主要原因。在工作流动质量方面，35.43% 的人第一份职业为生产或加工工人，36.87% 的人从事制造业，在经过频繁工作转换后，32.18% 的新生代农民工职业为生产或加工工人，39.53% 的人现在就业的行业为制造业，可见，多数新生代农民工的工作流动仅为职业上的横向平移而非纵向提升，这不利于他们职业技能和工作经验的积累，也反映当前新生代农民工工作稳定性偏低。

（六）创业活动相对活跃

就业状态细分为工资雇用（wage-employment）、自我雇用（self-employment）和失业（unemployment），自我雇用又进一步分生存型自雇和创业型自雇，通常情况下，创业型自雇就业倍增效应显著，更多创业型自雇的涌现，既有利于扩大就业，又有利于就业质量提升和社会融合。[①] 数据显示，尽管当前新生代农民工多为工资雇用（工资性就业），但从事创业活动的比例值得重视，比如数据表明，当前从事创业活动的新生代农民工占比 4.12%，高于大学毕业生创业比率（2.1%）。[②] 在职业生涯规划与管理调查中，34.22% 的新生代农民工期望"创业

[①] 石丹淅、赖德胜：《自我雇用问题研究进展》，载于《经济学动态》，2013 年第 10 期，第 143～151 页。

[②] 林世宁、赖晓雯、蔡珊珊：《全国高校毕业生创业率仅为 2.1%》，《羊城晚报》，2014 年 12 月 14 日（A01 版）。

自己当小老板",创业意愿强。在"供求总量矛盾和结构性矛盾并存,结构性矛盾凸显"的新时期,应稳步推进积极的就业政策,帮助他们提升创业素质和创业能力,鼓励更多的新生代农民实现创业型自雇。

(七)劳动收入群内差距不大

数据表明,当前新生代农民工平均工资为 2 838 元,其中,男性为 3 161.09 元,女性为 2 514.91 元,男性工资收入高于女性;在奖金津贴方面,新生代农民工平均月奖金津贴仅为 326.83 元,其中,男性为 381.8 元,女性为 271.86 元。男性新生代农民工劳动收入总体上高于女性新生代农民工对应水平。从职业类型看,个体户或私人企业老板(7 873.1 元)、自己经营(3 876.9 元)、建筑工人(3 462.5 元)、专业技术人员(3 227.9 元)、其他生产运输工人(2 929.5 元)的工资水平高于平均水平。从单位所有制类型看,私营企业(2 876.1 元)、个体企业(3 491.1 元)、国有企业(2 984.9 元)、外资企业(2 940.9 元)的工资水平高于平均水平。从行业看,采矿业(4 868.1 元)、建筑业(3 854.0 元)、制造业(2 861.1 元)的工资高于平均水平。新生代农民工劳动收入基尼系数为0.33 左右,明显低于全国收入差距的基尼系数(0.469),[①] 说明当前新生代农民工群体内部的劳动收入差距整体上不大。

(八)维权意识较强

在工作单位中,不给上保险、加班无加班费、想辞职不让走是新生代农民工工作中遇到最常见的事。在工作中权益受到侵害时,他们认为找老板/主管协商(31.3%)、找老乡/朋友/工友帮忙(14.1%)、找劳动部门投诉(12.16%)等是采用过、最管用的方法。选择忍了的人仅占 7.26%。此外,有 10.66% 的人表示工作中没有遇到过侵害情况。此外,在法律法规方面,新生代农民工对休假制度、加班费标准、劳动合同期限、劳动合同试用期、医疗保险、工伤保险等最为了解。与父辈相比,新生代农民工维权意识较强,更懂得或能够借助法律手段维护自身权益、解决工作中的不公平问题,这与他们普遍具有较高的文化程度紧密相关。

(九)注重工作与生活质量

在职业搜寻和就业过程中,新生代农民工与老一代农民工相比,更加注重工

---

① 李实:《经济新常态是收入分配改革的重大机遇》,载于《光明日报》,2015 年 3 月 23 日(08 版)。

作和生活质量，即非工资收益状况。数据显示，在工作满意程度方面，当前新生代农民工对同事关系、老乡间的相互照应、下班后的休闲生活、住所与工作单位之间的通勤状况等最为满意（见表6-5）。

表6-5　　　　　　　　新生代农民工工作与生活满意度

影响因素	排名
同事关系	1
老乡间的相互照应	2
有自己下班后的休闲时间	3
住所与单位之间的交通	4
对目前工作的总体感觉	5
管理人员的态度	6
学习新东西、新知识的机会	7
企业提供的生活条件	8
社会福利保障	9
工作强度	10
个人上升空间	11
工资待遇	12

注：排序方法：问卷中，各个因素分"非常满意""满意""一般""不太满意""很不满意"五个问项的调查，先将"非常满意"和"满意"比例加总起来，得到各个因素的满意度比值，再根据此比值的大小进行排序。

资料来源：根据作者调查问卷整理。

三、新生代农民工的就业影响因素分析

基于上文描述性统计分析，不难看出，当前新生代农民工就业质量总体上偏低。结合中国实情，下文将从劳动力市场分割、经济发展方式、产业结构等三方面予以阐释。

（一）劳动力市场分割与新生代农民工就业

二元劳动力市场理论最早由多林格（Doeringer）和皮埃尔（Piore）于1971年提出，该理论基本假设为：整个社会的劳动力市场可以进一步划分为一级劳动力市场和二级劳动力市场，一级劳动力市场就业稳定、培训和晋升机会多、工作环境好、工资高；二级劳动力市场则相反，就业不稳定、缺乏培训和晋升机会、

工作环境较差、工资低，两种类型劳动力市场有着不同的工资决定机制，且劳动力在这两类劳动力市场间很难流动。

我国的劳动力市场分割具有多元化的特点，体现在区域、职业、行业、部门、城乡等方面，而户籍制度则进一步固化了分割程度，使其具有明显的制度性。作为"理性人"，在一切社会活动中，就业个体会自发的采取成本小、收益大的行为策略，以实现自身效用最大化。在现实中则体现为，在一级劳动力市场的强稳定性和二级劳动力市场的强灵活性的拉推效应下，为追求更多的分割性收益，劳动力个体会争相向经济发达地区、白领、优势行业、垄断部门工作搜寻或流动。毋庸置疑，作为微观就业个体，在一级劳动力市场就业的可能性越大，则越好；对整个国家而言，在一级劳动力市场就业的比例越大，公民的福利效用则越多。

然而，一级劳动力市场核心岗位的有限性使其就业吸纳能力有限，过多地聚集该劳动力市场无疑提高了竞争程度，竞争效应和渗漏效应使他们成功就业的概率降低，就业环境相对变差，劳动报酬降低，劳动关系不和谐概率提高，过度教育和过度技能现象凸显，继而影响个体的就业质量。这一机理机制分析也同样适合解释新生代农民工就业现状。此外，考虑到雇主"偏好"、新生代农民工就业能力相对不足等因素，比如学历、资格证书相对于大学毕业生等青年群体处于劣势地位，使他们更多的处于二级劳动力市场，或者是一级劳动力市场中的非正规部门（岗位），因此，新生代农民工就业质量整体不高。

（二）经济发展方式与新生代农民工就业

劳动力需求作为派生需求，其需求旺盛与否无疑受影响于一国的经济发展方式，宏观层面体现为经济增长与就业弹性之间的动态互联关系。实际上，经济发展方式更从微观层面影响着劳动者的充分就业、体面就业、和谐就业。较之劳动密集型和技术密集型经济发展方式，资本密集型经济发展方式具有显著的"挤出效应"，这不利于就业规模扩大，继而不利劳动者个体实现充分就业，同时，经济发展过度依赖资本，"强资弱劳"用工格局无形中也会增加劳动者个体处于就业不体面、不和谐的风险，表现为就业稳定性较低、劳动报酬不高、劳动关系不和谐、劳动份额占比偏低等窘境，就业质量不高。那么当前我国的经济发展方式是怎样的呢？从技术进步和要素投入对经济增长的贡献率看，1988 年以来，我国要素投入对产出的贡献率 76.59%，全要素生产率（total faetor productivity，TFP，通常为技术进步的代理变量）对产出增长的贡献为 23.41%（发达国家对应比例一般在 50% ~70%），资本投入对产出的贡献率为 71.77%（见表 6-6），[1] 这表明当前我国经济发展方

---

[1] 肖六亿：《技术进步的就业效应——基于宏观视角的分析》，人民出版社 2009 年版，第 141~142 页。

式为资本密集型,这将同时不利于普通劳动力和高人力资本水平劳动力的就业规模扩大和就业质量提升。

表6-6　　　　技术进步和要素投入对经济增长的贡献率:
1988年、1991~2007年　　　　　　　　　　单位:%

年份	劳动生产率对产出增长的贡献率	资本生产率对产出增长的贡献率	TFP对产出增长的贡献率	资本投入对产出的贡献率	劳动投入对产出的贡献率	要素投入对产出的贡献率
1988	28.09	7.89	35.98	53.84	10.18	64.02
1991	32.72	7.26	39.98	54.1	5.92	60.02
1992	35.49	19.36	54.85	41.95	3.2	45.15
1993	35.04	10.68	45.72	50.66	3.62	54.28
1994	34.82	4.69	39.52	56.64	3.84	60.48
1995	34.57	-5.2	29.37	66.49	4.14	70.63
1996	33.24	-10.11	23.13	71.45	5.42	76.87
1997	33.89	-13.17	20.72	74.44	4.84	79.28
1998	36.34	-24.19	12.15	85.28	2.57	87.85
1999	27.38	-25.1	2.27	86.57	11.16	97.73
2000	34.04	-16.18	17.86	77.41	4.73	82.14
2001	31.88	-22.43	9.46	83.74	6.8	90.54
2002	34.15	-18.73	15.42	79.97	4.61	84.58
2003	34.91	-17.23	17.68	78.46	3.86	82.32
2004	34.5	-21.84	12.66	83.1	4.25	87.35
2005	36.79	5.28	12.46	83.1	4.25	87.35
2006	37.09	-16.91	16.65	81.74	2.56	84.29
2007	36.39	-18.73	15.57	82.84	2.54	85.38
平均	33.96	-8.59	23.41	71.77	4.92	76.59

资料来源:①由于1990年的人口普查数据使人口的数据差了7 000万,因此劳动就业的数据在1989年和1990年之间的变化出现了巨大的跳跃。使得1989年和1990年数据失去可比性,因此分析时将其忽略。

②数据来源于国家信息中心数据中心与新华在线信息技术有限公司合作提供的《经济数据系统特供系统》,网址为http：//data.xinhuaonline.com；2005年以后的数据来源于《中宏数据库(教育版)》,网址为http：//edul.macrochina.com.cn。

（三）产业结构升级、转型与新生代农民工就业

2014年全国27 395万农民工中，新生代农民工占比接近一半，总量超过1.2亿。总体来看，农民工主要在第二产业中就业，比重为56.5%，在第三产业中的就业比例也高达42.9%。从行业来看，从事批发和零售业的农民工比重达到11.4%，比2013年提高0.1个百分点，从事交通运输、仓储和邮政业的农民工比重为6.5%，比上年提高0.2个百分点；从事住宿和餐饮业的农民工比重为6.0%，比上年提高0.1个百分点。从事居民服务、修理和其他服务业的农民工占比也超过一成，但比上年下降了0.4个百分点。[①]

从就业结构的产业特性来看，新生代农民工的就业与农民工整体就业特性既有相同之处也有不同之处。共同点表现在新生代农民工与第一代农民工一样也主要集中在第二产业，但在行业分布上与第一代农民工主要集中在建筑业不同，他们积聚在制造业。而且呈现出区域差异，在东部地区的新生代农民工主要集中在制造业，在中西部地区仍集中在建筑业。[②] 对行业和地区的选择与他们感受到的就业质量——工作是否体面、辛苦程度、发展前景等相关。

产业结构对新生代农民工的就业结构具有决定性的影响，处于产业升级与转型双重变化之中的我国产业结构变化必然对新生代农民工的就业结构及就业质量产生影响。一方面，产业结构的整体性升级对新生代农民工的技能提出更高的要求，也为增加收入、获得职业资格认证、实现向上流动，改善就业质量提供了巨大的机遇。2014年接受过技能培训的农民工占34.8%，其中接受非农职业技能培训的占32%，比国家教育"十二五"规划目标低8个百分点。《国家中长期人才发展规划纲要（2010~2020）》《高技能人才队伍建设中长期规划（2010~2020年）》预计，到2020年，我国高技能人才的缺口将达到1 400多万，中低技能人才缺口近6 000万。我国是人力资源大国，13亿人口、9亿劳动力资源，但不是人力资源强国，人才总量仅为1.14亿，技能劳动者占从业人员比例不足20%，低于发达国家20个百分点。[③] 为发挥人力资源优势，赢得国际竞争的主动，在《中共中央关于全面深化改革若干重大问题的决定》《国家新型城镇化规

[①] 国家统计局：《2014年全国农民工监测调查报告》，http://www.stats.gov.cn/tjsj/zxfb/201504/t20150429_797821.html。

[②] 新生代农民工基本情况研究课题组：《新生代农民工的数量、结构和特点》，载于《数据》，2011年第04期，第68~70页。

[③] 李源潮：《加快建设世界一流的高技能人才队伍》，载于《人民日报》，2011年12月22日（03版）。

划（2014~2020年）》《现代职业教育体系建设规划（2014~2020年）》《中国制造2025》以及《国务院关于进一步做好为农民工服务工作的意见》等多个国家发展战略、政策文件中政府重申要加大对农民工的技能培训，实现从农民工大国到技工大国的转变。另一方面，我国产业结构的进一步转型，即进一步扩大二、三产业的就业比重，以及产业结构的国际国内的区域分布调整，劳动力密集型的产业逐步向中西部地区转移，由特大城市、大城市向中小城市、城镇转移，也将深刻影响新生代农民工的就业。从流动类型来看，农民工跨省流动与省内流动比例相差不大，2014年跨省流动农民工占外出农民工总量的46.8%，比省内流动农民工仅低6个多百分点。从流动的城市类型来看，流入地级以上城市的比重仍在上升，2014年达到64.7个百分点，比2013年提高0.8个百分点。其中，跨省流动农民工77%流入地级以上城市，省内流动农民工流入地级以上城市者的比例也高达53.9%。京津冀协同、长三角、珠三角、环渤海地区等区域协同发展布局，"丝绸之路经济带"和"21世纪海上丝绸之路"国际合作发展战略构想的提出与实施，同样带来我国产业结构区域分布的国际性变化，跨国流动和"一带一路"建设过程中对各类技能型人才的巨大需求为胸怀"长见识"梦想的新生代农民工带来了巨大的机会，这同样也将有利于提升其就业质量。

总而言之，基于专项问卷调查数据，采用实证分析与理论分析相结合方法，本章考察了当前中国新生代农民工的就业现状及其特点、原因、对策。研究发现，新生代农民工呈现就业结构相对单一、就业渠道以熟人网络为主、劳动关系和谐度不高、过度劳动现象凸显、工作稳定性偏低、创业活动相对活跃、劳动收入差距不大、注重工作与生活质量等特点；劳动力市场分割和经济发展方式等深刻影响着新生代农民工就业质量；着力构建统一劳动力市场、全面实施创新驱动型经济发展方式等有利于新常态下推动新生代农民工实现更高质量的就业和社会融合。

第二节 新生代农民工的就业能力研究

就业能力是影响新生代农民工充分就业、体面就业和社会融合的重要变量。就业能力的提升离不开教育，也离不开职业技能培训。那么，就业能力呈现怎样的特点？又有哪些因素影响新生代农民工的塑造与提升？为促进新生代农民工更高质量的就业，从就业能力视角出发，如何予以政策调适？

一、新生代农民工就业能力的国内外研究现状分析

(一) 国外相关研究状况分析

就业能力概念于20世纪初出现在英国,当时许多行业都存在劳动力短缺问题,因此就业能力概念引入的目的在于识别可就业的劳动力,从而帮助他们进入劳动力市场。20世纪五六十年代,就业能力的概念基本形成,到21世纪后该概念的演变先后经历了五个发展阶段,形成了七个版本的模式和多个操作化定义。具体见表6-7。

表6-7 就业能力概念的演进

时期	年代	类别	操作化定义	测量
起源	20世纪初~50年代	二分法就业能力	将就业能力看作一个简单的二分体,一个人或被雇用或失业,能够立刻在劳动力市场中找到相应职位的劳动者就具备就业能力;对于被认为无就业能力的劳动者,就需要引导他们利用各种劳动力市场的福利政策早日实现就业(Grizer, 1999)	通过能够工作的劳动者的可利用率衡量
早期发展	20世纪50~60年代	社会—医疗就业能力	由医生和康复工作者提出,主要针对社会上的无能者,引入量化的量表,该量表根据身体和精神的残疾人程度对无能者进行分类排级,再根据排级结果,设计相应的改进计划(Grizer, 1999)	依靠"态度"衡量就业能力,并将评估的相关结果信息应用到劳动力市场分配中
		劳动力政策就业能力	关注的是社会弱势群体(Grizer, 1999)。对就业能力的评估主要与个人的社会背景有关,不仅涉及个人能力,还包括可流动能力和以往表现。衡量了弱势群体当前的工作能力或个体特征与岗位任职资格之间的差距	

续表

时期	年代	类别	操作化定义	测量
早期发展	20世纪50~60年代	流动就业能力	衡量了某个失业群体找到工作的速率、概率,是对某个失业群体就业能力的评估(Grizer, 1999; Ledrut, 1966; Lefrense, 1999)	
转折点	20世纪70年代	劳动力市场绩效就业能力	就业能力被认为是个体或特定群体基于他们自身的人力资本而在未来劳动力市场的产出(即工资)(Grizer, 1999)	通过获得一个或多个工作的可能性,工作质量以及劳动者参加与就业能力相关项目的劳动力市场结果
基本形成	20世纪80年代后期	主动性就业能力	再次强调个人可转移性能力的重要性以及激发个体人力资本及其周围社会资本积累的能力	通过潜在的或已获得的人力资本,或通过某个人可以调动的社会资本来衡量(Forier & Sels, 2003; Fugate etal., 2004; McQuaid & Lindsay, 2005)
	20世纪90年代	交互型就业能力	就业能力由一系列个体特征和劳动力市场机会构成(Grizer, 1999; McQuaid & Lindsay, 2005)	引入集体和交互性维度,包括个体特征,以及环境因素和实现条件(Berntson, 2008)
延伸和丰富	21世纪至今	基于胜任力的就业能力概念	通过胜任力的最优利用,持续成就、获得和创造工作的能力(Van der Heijde & Van der Heijden, 2005)	职业专长、预期和最优化、个人灵活性、企业认同感、工作社会的平衡
		劳动力市场就业能力概念	各种个体特征、个人环境、劳动力市场条件和其他环境因素相互动态影响的结果	个体因素、个人环境、外部环境(McQuaid & Lindsay, 2005)

资料来源:曾湘泉等:《"双转型"背景下的就业能力提升战略研究》,中国人民大学出版社2010年版,第54~55页。

综观就业能力概念的演进，20世纪80年代以前的就业能力概念交叉性不明显，从80年代开始，伴随雇主和雇员之间建立起一种基于就业能力的新型心理契约。在新型心理契约下，员工以工作绩效换取可持续的就业能力。[①] 与此同时，雇员的就业价值观发生改变，雇员希望更多地获得跨越不同企业的可携带的技能、知识和能力；希望从事有意义的工作，并能获得做中学的学习机会，同时发展多种工作网络和学习关系，作为提升就业能力的重要途径。因此，从企业角度看，在组织内外，就业能力都是培养"灵活性和适应性的"员工的关键。[②] 这一时期，就业能力概念发展的一个趋势是交叉性与互动性并存。

随着实践的发展，就业能力概念的内涵正逐步扩展和丰富，其关注的领域逐渐从就业者态度发展到个体在职业方面的知识和技能，并最终融合了包括态度、能力和环境条件等的综合因素。结合国内外的研究结论，杨伟国等认为，就业能力是指能够在内部或外部劳动力市场生存的能力。概念的内涵是丰富和多维度的，并受外部环境、组织机制和个体特征三大因素的影响。[③]

（二）国内相关研究状况分析

在国内的研究中，王春光（2001）、成艾华等（2005）、白小瑜（2006）、魏晨（2007）、齐心（2007）、许传新（2007）、王君健等（2007）分别以代际特征、身份认同、关系网络（社会资本）、社会融入、社会支持系统等为切入角度关注了"新生代农民工"问题。[④] 何瑞鑫等（2006）、李长健等（2007）分别关注了"新生代农民工"的价值观问题和犯罪问题等。[⑤] 罗恩立（2010）研究发

[①] Altman, B. W., Post, J. E. Beyond the Social Contract: An Analysis of the Executive View at Twenty-five Larger Companies. In D. T. Hall（ed.）The career is dead-long live the career. San FranciscoJossey – Bass, 1996, pp. 46 – 71.

[②] CBI（Confederation of British Industry）: Making Employability Work: An Agenda for Action. London: CBI, 1999.

[③] 杨卫国、谢欢：《就业能力概念的发展演变》，收录于曾湘泉等：《"双转型"背景下的就业能力提升战略研究》，中国人民大学出版社2010年版，第33~56页。

[④] 王春光：《新生代农村流动人口的社会认同与城乡融合的关系》，载于《社会学研究》，2001年第3期，第63~76页。成艾华、姚上海：《农民工的代际差异分析》，载于《统计与决策》，2005年第20期，第61~63页。白小瑜：《新生代农民工的社会资本》，载于《湖北民族学院学报（哲学社会科学版）》，2006年第1期，第148~150页。魏晨：《新生代农民工的城市社会融入研究》，载于《湖北广播电视大学学报》，2007年第2期，第66~67页。齐心：《延续与建构：新生代农民工的社会网络》，载于《江苏行政学院学报》，2007年第3期，第74~79页。许传新：《农民工的进城方式与职业流动——两代农民工的比较分析》，载于《青年研究》，2010年第3期，第1~12页。王君健、井风：《浅议农民工融入城市的社会支持系统》，载于《重庆科技学院学报（社会科学版）》，2007年第3期，第42~43页。

[⑤] 何瑞鑫、傅慧芳：《新生代农民工的价值观变迁》，载于《中国青年研究》，2006年第4期，第9~12页。李长健、唐欢庆：《新生代农民工犯罪的文化社会学研究》，载于《当代青年研究》，2007年第3期，第17~23页。

现，新生代农民工的就业能力受到个体自身因素、个人环境因素和制度政策因素等多方面的影响，培养和提升新生代农民工的就业能力应该是一个基于多元动力共同支持和作用的系统过程，其中，公共服务因素和支持性政策因素显得尤为重要。① 马云献（2011）对河南省 851 名农民工② 及用人单位进行了实证调查，立足代际差异的视角对新生代农民工的就业能力状况进行了分析研究，发现新生代农民工的整体素质有所提升，但较低的技能仍是其职业发展的瓶颈，为此建议应对社会资源进行整合，加大对农民工的培训力度；促进社会保障的体制改革，推进民生的改善；营造和谐的社会氛围等。③ 汪霞、李东琴（2011）利用郫县新生代农民工的调查数据，对提升新生代农民工就业能力的自身因素进行了分析和研究，研究认为新生代农民工的就业能力受到性别因素、年龄因素、工作稳定性因素、文化因素和工龄因素等多方面的影响，得出相应的就业能力的提升政策和建议。④ 陈昭玖，邓莹和申云（2012）实际调查了 566 个农民工，运用二元 Logistic 模型对调查数据进行处理，对影响农民工就业能力的因素进行了实证分析。分析的结果指出，农民工的年龄、技能专长、技能培训、外出务工年限、家庭人均年收入和父亲的受教育程度与其就业能力之间呈现着显著的正相关关系；而农民工的性别、受教育程度、养老负担、政府推荐就业、村域经济发展水平和母亲的受教育程度与其就业能力之间呈现不相关或零相关的关系。⑤ 刘俊威（2012）鉴于中国国情、新生代农民工作为特定群体的特征，对中国新生代农民工就业能力的内涵进行了研究，认为中国新生代农民工就业能力内涵应包括学习力、环境力、专业知识与技能及适应力等 4 个方面。在新生代就业能力内涵的基础上，对就业能力指标进行分析，得出中国新生代农民工就业能力的严重弱势及其原因，进而提出了包括提升学习能力、改善就业环境、传授专业知识与技能和培养适应能力等对策。⑥ 孙慧（2013）利用国家统计局、全国总工会和国家政策研究室等权威机构的调查数据，研究分析了新生代农民工就业能力的影响因素：个体自身因

---

① 罗恩立：《新生代农民工的就业能力研究》，载于《中国人力资源开发》，2010 年第 2 期，第 5 ~ 9 页。
② 样本涉及第一代农民工和新生代农民工两个群体。
③ 马云献：《新生代农民工就业能力评估及代际差异——基于河南的调查》，载于《郑州航空工业管理学院学报》，2011 年第 12 期，第 113 ~ 118 页。
④ 汪霞、李东琴：《新生代农民工就业能力提升的自身因素分析——基于对北京市新生代农民工的调查数据》，载于《技术与市场》，2011 年第 7 期，第 434 ~ 436 页。
⑤ 陈昭玖、邓莹、申云：《农民工就业能力的影响因素分析》，载于《江西农业大学学报（社会科学版）》，2012 年第 6 期，第 14 ~ 19 页。
⑥ 刘俊威：《中国新生代农民工就业能力内涵与特征研究》，载于《安徽农业科学》，2012 年第 40 期，第 4895 ~ 4897 页。

素①、个体环境因素②和外部环境因素,③ 并在此基础上提出新生代农民工就业能力的提升对策和建议。④

从上述国内外文献看,国外对就业能力的研究起步早,研究方法多元丰富,研究内容系统全面,研究结论可参考性强,然而也存在一些不足,比如专门关注迁移人口,尤其是青年迁移劳动力就业能力的研究,还相对偏少。国内对新生代农民工就业能力问题研究起步较晚,但近年来对该主题的研究态势明显加强。此外,尽管对新生代农民工就业能力研究的视角呈多元化发展趋势,但研究方法相对单一,多数研究主要采用描述性统计研究分析法。由于评价指标缺乏统一性,加之数据来源多样化,研究结论也不尽一致。

二、新生代农民工就业能力的统计分析和模型建构

(一) 描述统计发现

本书所使用的数据来源于课题组通过派遣校园调查员于2013年1月19日至2013年2月28日在北京、浙江、江苏、广东、山东、河南、安徽、四川等省市实施的问卷调查数据。在每个省内采用随机抽样和典型抽样相结合的调查方法,共收回了有效问卷1 789份,收回率为96%。需要补充的是,为保证调查质量,课题组事先对校园调查员进行了专门调查培训。数据的基本情况见表6-8。

表6-8显示,当前新生代农民工以男性、未婚为主,政治面貌以群众和团员为主体,年龄一般在26岁左右,受教育程度主要为普通初中,工作经验5年左右。在职业资格证书方面,7成新生代农民工没有任何职业资格证书,接受相关职业培训的时间均值仅有24.7天。借助家人或亲戚、朋友网络进行工作搜寻是当前新生代农民工的主要就业渠道。绝大多数新生代农民工没有参加过职业技能培训,近7成新生代农民工没上过职业学校。在就业结构方面,新生代农民工的职业类型以生产或加工工人为主,就业单位性质以私营企业、个体企业为主体,就业行业主要集聚在制造业。6成以上新生代农民工已签订了劳动合同。新生代农民工平均实际月工资为2 964元,期望薪资为5 000元,期望工资偏高。在

---

① 主要包括个人工作技能和特性、人口特征与健康状况、工作搜寻能力和适应性。
② 主要涉及对待工作的态度、可及性资源、社会网络和家庭环境。
③ 主要有市场需求、可及性公共服务和支持性政策。
④ 孙慧:《新生代农民工就业能力探讨》,载于《太原城市职业技术学院学报》,2013年第8期,第13~14页。

表 6-8　　　　　　　　主要变量的描述性统计分析

名称	基本情况	名称	基本情况
性别		人力资本特征	
男性	58.8%	年龄	26 岁
女性	41.2%	受教育年限	11 年
政治面貌		工作经验	5 年
党员	6.8%	每天工作时间	10 小时
团员	39.9%	平均月工资	2 946 元
群众	52.4%	期望工资	5 000 元
民主党派	0.9%	城市户籍朋友	9 个
婚姻状况		换工作频次	
未婚	58.2%	从未换过	33.5%
已婚	40.4%	1 次	10.2%
职业资格证书情况		2 次	22.5%
没有	70.4%	3 次及以上	33.8%
初级	13.3%	进城务工前是否参加过相关职业培训	
中级	9.3%	是	11.1%
高级	3.8%	否	88.9%
技师和高级技师	3.2%	是否上过职业学校	
主要求职渠道		没上过	69.3%
单位直接招工	17.4%	职校/技校/中专	23.7%
家人或亲戚介绍	32.9%	高职	7%
朋友介绍	21.3%	主要职业类型	
招聘广告	8.2%	建筑工人	7.6%
主要就业行业		生产或加工工人	34.3%
制造业	28.1%	其他生产运输工人	9.2%
建筑业	10.4%	服务员	7.6%
居民服务和其他服务业	10.1%	其他服务性工作人员	12.0%

注:"其他生产运输工人",主要是指司机、搬运工、送货员、维修员等从业人员。

工作流动方面，3/4 的新生代农民工进行过工作转换，其中，工作流动频次为 2 次和 3 次及以上的比例分别为 22.5% 和 33.8%，新生代农民工维持稳定工作的能力偏低。

（二）模型构建

1. 因变量。

本部分以新生代农民工就业能力为因变量。新生代农民工就业能力的计量分为两步，第一步，采用主成分分析法对新生代农民工就业能力变量的各项次级指标进行降维；第二步，使用 OLS 法计算新生代农民工就业能力各主成分的特征向量。

在文献研究的基础上选取了 8 个次级指标构建新生代农民工就业能力综合评价指标体系，分别是新生代农民工解决问题的能力（jjwt）、业务技能水平（ywjn）、协调管理能力（xtgl）、时间管理规划能力（sjgl）、团队合作能力（tdhz）、人际交往与沟通能力（rjjw）、学习与创新能力（xxcx）和就业信息与各种资源的使用能力（jyxx）。对这 8 个次级指标进行主成分分析（principal components analysis，PCA）。主成分分析也称主分量分析，是由霍特林（Hotelling）于 1933 年首先提出的。主成分分析法的核心思路是：在信息损失很少的前提下，将所设立的多个指标在信息损失很少的前提下通过降维，进而转化成几个综合、有效的综合指标，这些综合指标通常被称为主成分，需要特别注意的是，得出的各个主成分都是原始变量的线性组合，同时，各主成分彼此之间呈现出不相关的关系，这使得由降维得出的主成分拥有的性能优于原始变量。使用主成分分析法研究和解决较为复杂的问题时，可以在只考虑少数几个主成分进行分析时，不会造成众多信息的损失，有助于研究者抓住问题的主要矛盾，较为容易地揭示出复杂事物之间以及事物内部各组成部分之间的规律性，有效地简化问题，提高效率。主成分分析模型计算步骤：

首先，根据 $SX = \beta^{-1}(X - \mu)$，对原始数据 X 进行标准化处理，得出标准化矩阵 SX，其中，μ 和 σ 是原始变量 X 的期望和方差。其次，将标准化的数据导入 SPSS17.0 软件，进行主成分分析。根据 $|R - \lambda I| = 0$，$\text{var}(Y_i) = \text{var}(\gamma'X) = \lambda_i$ 等公式分别进行计算，得出对统计量的描述结果、公因子方差、特征值、方差贡献率、成分矩阵和相关矩阵等。其中，R 为相关矩阵，

$$R = (r_{ij})_{m \times m}, \quad r_{ij} = \frac{S_{ij}}{\sqrt{S_{ii}S_{jj}}};$$

S 为样本协方差矩阵，

$$S = \frac{1}{n-1} \sum_{k=1}^{n} (x_{ki} - \overline{x_i})(x_{ki} - \overline{x_i})';$$

Y_i 为第 i 个主成分；$\lambda_i (i = 1, 2, \cdots, m)$ 为 R 矩阵特征值；γ 为 R 矩阵特征值相应的特征向量，$\gamma = (\gamma_1, \gamma_2, \cdots, \gamma_m)$。根据 SPSS 运行结果，选取主成分。根据

$$a_i = \frac{\lambda_i}{\lambda_1 + \lambda_2 + \cdots + \lambda_m} \quad (i = 1, 2, \cdots, m),$$

计算方差贡献率，a_i 为第 i 个主成分 Y_i 的方差贡献率；根据

$$\frac{\sum_{i=1}^{c} \lambda_i}{\sum_{i=1}^{m} \lambda_i}$$

计算主成分 Y_1，Y_2，Y_3，$\cdots$，Y_c 的累积贡献率，依据累积贡献率选取 n 个主成分，$n < m$。最后，对所选主成分进行经济分析。

对数据进行了 KMO 检验，根据样本数据计算的 KMO 值为 0.821，适合做主成分分析。基于过程内定取特征值大于 1 的原则，分析过程提取了前 3 个主成分，这 3 个主成分的特征值的累计方差贡献率为 67.38%，即前 3 个主成分提供了原始数据近 70% 的信息，检验结果显示该数据适合做主成分分析，具体结果如表 6-9 所示。

表 6-9　　　　　　　方差总和解释表

主成分	特征值	方差	方差贡献率	累计方差贡献率
1	3.2827	2.2062	0.4103	0.4103
2	1.0765	0.0451	0.1346	0.5449
3	1.0314	0.3401	0.1289	0.6738
4	0.6913	0.1609	0.0864	0.7602
5	0.5304	0.0167	0.0663	0.8265
6	0.5137	0.0357	0.0642	0.8908
7	0.4781	0.0822	0.0598	0.9505
8	0.3958	—	0.0495	1.0000

求得特征向量矩阵，并对主成分表达式进行描述。计算主成分特征向量的过程很复杂，但通过利用 SPSS17.0 软件进行计算就会变得简便，通过计算得出的

主成分特征向量矩阵如表 6-10 所示。

表 6-10　　　　　　　　主成分特征向量

变量	1	2	3
jjwt	0.4313	-0.0373	0.0049
ywjn	0.3725	-0.3494	0.0756
xtgl	0.3982	-0.2304	0.2256
sjgl	0.3862	-0.2659	-0.0542
tdhz	0.4240	-0.0472	-0.0303
rjjw	0.2956	0.5027	-0.4088
xxcx	0.3103	0.6097	-0.0703
jyxx	0.0643	0.3551	0.8761

根据表 6-10 中 3 个主成分的特征向量建立新生代农民工就业能力 3 个主成分得分方程，通过运算可以得出新生代农民工就业能力 3 个主成分的得分 F_1、F_2、F_3，根据 3 个主成分得分和方差贡献率建立综合评价模型，得出新生代农民工就业能力综合得分 F。各主成分得分及综合得分方程如下所示。使用 Stata12.0 运行主成分分析模型，得出的 3 个成分得分和综合得分结果。[①]

第一主成分得分：

$$F_1 = 0.4313 \times jjwt + 0.3725 \times ywjn + 0.3982 \times xtgl + 0.3862 \times sjgl$$
$$+ 0.4240 \times tdhz + 0.2956 \times rjjw + 0.3103 \times xxcx + 0.0643 \times jyxx$$

第二主成分得分：

$$F_2 = -0.0373 \times jjwt - 0.3494 \times ywjn - 0.2304 \times xtgl - 0.2659 \times sjgl$$
$$- 0.0472 \times tdhz + 0.5027 \times rjjw + 0.6097 \times xxcx + 0.3551 \times jyxx$$

第三主成分得分：

$$F_3 = 0.0049 \times jjwt + 0.0756 \times ywjn + 0.2256 \times xtgl - 0.0542 \times sjgl$$
$$- 0.0303 \times tdhz - 0.4088 \times rjjw - 0.0703 \times xxcx + 0.8761 \times jyxx$$

综合得分：

$$F = 0.4103 \times F_1 + 0.1346 \times F_2 + 0.1289 \times F_3$$

2. 自变量。

在对主流文献研究的基础上，结合指标选取的全面性、代表性、可操作性、

---

① 因篇幅较长，在此不再显现这部分的结果，若有兴趣可以联系作者。

层次性原则，我们将影响新生代农民工就业能力的自变量大致分为三个方面，即新生代农民工个体因素、新生代农民工个人环境因素和新生代农民工面临的外部因素。下面是对这三方面指标的具体阐明和分析，并筛选出具体计量指标，构成评价新生代农民工就业能力的自变量。

新生代农民个体因素主要包括技能和特征因素、人口统计学特征、健康因素、工作搜寻能力、适应性和移动能力因素。（1）技能和特征因素。这一因素主要涉及四个方面的内容，具体包括新生代农民工的基本特征（如正直诚实等品质、积极乐观的态度和举止等）、任职资格、知识基础（涉及新生代农民工的受教育年限、职业资格、工作经验、所受培训等方面的内容）和新生代农民工自身所呈现的劳动力市场属性（如失业停滞期以及工作转换次数等）。这部分具体指标包括正直诚实（zzcs）、积极态度和举止（jjtd）、受教育年限（sjyn）、职业资格（zyzg）、健康状况（jkzk）、工作经验（gzjy）和培训时间（pxsj）。（2）人口统计学特征。有研究显示，不同性别和年龄的人群所呈现的就业能力有一定的差异。比如在劳动力市场上，男性的就业选择机会要相对较多，被雇用的概率也相对较高（Flecker, Meil & Pollert, 1998）；老年人的就业机会要比年轻人的就业机会少。因此，笔者将性别（gender）和年龄（age）这两个因素纳入新生代农民工就业能力指标体系之中。（3）工作搜寻能力。这里主要是指新生代农民工在劳动力就业市场上表现出来的对就业信息与各种资源的使用能力，如使用非正式的社会关系能力、自我分析能力等。鉴于数据的可获得性，本书在此部分设置工作搜寻能力的指标时，只选择了自我分析能力（zwfx）方面的数据指标。（4）适应性和移动能力。这里主要包括地理位置的移动性、工作职位弹性（主要涉及工作时间以及职位和部门等方面的内容）、工资弹性和保留工资等。本书在这一部分选取了工作时间（gzsj）、职位和部门（zwbm）两个具体指标来表示新生代农民工的适应和移动能力。

新生代农民工所处的个人环境状况直接影响着其就业的状态，因此对其就业能力也产生了非常重要的影响。新生代农民工面临的个人环境因素主要有三个方面，即家庭环境、工作文化环境和获取资源的环境。其中，家庭环境涉及新生代农民工面临的直接或间接照顾责任和其他家庭环境等，直接照顾责任则主要指需要承担直接照顾责任的家庭成员的规模和情况；工作文化环境是指新生代农民工所面临的在同事间及其他人际关系的环境中获得鼓励或支持力量的可能性和存在性；获取资源的环境，主要指新生代农民工在就业过程中获取各种支持性资源的能力，如获取交通的能力、获取他人资金支持的能力等。本书在这部分设置的指标包括新生代农民工孩子的数量（hzsl）、直接照顾责任（zgzr）、社会关系（shgx）、工作环境（gzhj）和交通获取（jthq）。

根据劳动力市场就业能力理论，劳动者的就业能力水平不仅与劳动者自身的状况有关，还与劳动者所处的就业环境紧密相关。文章从三个方面对新生代农民工面临的外部环境进行了梳理：一是劳动力市场上空缺职位的特点，这反映为劳动力市场的需求因素，如雇主提供的报酬情况、雇主招聘的职位对劳动者要求的工作强度情况、企业所要求的工作时间和工作转换的频率、企业为新生代农民工提供的晋升机会等；二是企业的招募因素，这也反映为劳动力市场的需求性因素，如企业在招聘过程中对新生代农民工相关工作经验、任职资格和信任书等的要求情况；三是就业支持因素，这一因素为辅助性因素，但也是至关重要的因素，因为现实中的劳动力市场为不完全竞争市场，存在着信息不对称、道德风险等一系列的问题，需要政府部门、企业工会等组织进行适度的调整和支持，以保证新生代农民工的快速顺利就业，如税收—福利系统的激励、政府为新生代农民工提供职业教育培训的适用性和局限性、工会支持的可获得性等因素都影响着新生代农民工就业能力状况。本书在这部分设置的指标包括工作转换次数（gzzh）、相关工作经验（xggz）、任职资格和信任书（rzzg）、税收—福利系统的激励（fljl）和职业培训适用性（pxsy）。

综上，本书在研究新生代农民工就业能力影响因素的过程中建立了三级指标体系，其中一级指标3个，二级指标10个，三级指标22个。具体指标体系如表6-11所示。

表6-11　　　新生代农民工就业能力影响因素指标体系

一级指标	二级指标	三级指标
个体因素	技能和特征因素	正直诚实 zzcs
		积极态度和举止 jjtd
		受教育年限 sjyn
		职业资格 zyzg
		健康状况 jkzk
		工作经验 gzjy
		培训时间 pxsj
	人口统计学特征	年龄 age
		性别 gender
	工作搜寻能力	自我分析 zwfx
	适应性和移动能力	工作时间 gzsj
		职位和部门 zwbm

续表

一级指标	二级指标	三级指标
环境因素	家庭环境	孩子的数量 hzsl
		直接照顾责任 zgzr
	工作文化环境	社会关系 shgx
		工作环境 gzhj
	获取资源的环境	交通获取 jthq
外部因素	需求因素	工作转换次数 gzzh
	招募因素	相关工作经验 xggz
		任职资格和信任书 rzzg
	就业支持因素	税收—福利系统的激励 fljl
		职业培训适用性 pxsy

3. 回归模型。

根据因变量、自变量的设计建立如下所示的线性回归模型：

$$F = \alpha_0 + \alpha_1 x_1 + \alpha_2 x_2 + \cdots + \alpha_i x_i + \mu$$

其中 F 为因变量，表示新生代农民工就业能力；（x_1, x_2, …, x_i）表示包括新生代农民个体因素、环境因素和外部因素三个层面的解释变量，具体指标名称已在指标设定部分进行了较为详细的解释，这部分不再赘述；μ 为随机误差项。

三、新生代农民工就业能力的调查研究与问题分析

（一）新生代农民工品德、性格和对待生活的态度直接决定着其就业能力水平的高低

那些正直诚实、积极乐观、善于做自我境况分析的新生代农民工往往显示出更高的就业能力。究其原因，本书认为具有良好品德、性格和生活态度的新生代农民工更受雇主的信任和支持。在劳动力市场中，由于各方面信息的不对称，雇主很难在第一时间了解雇员的各方面能力状况，因此偏好于给予那些正直诚实、具有良好生活态度的雇员更多的机会，尤其是在制造业和建筑业等典型的劳动密集型企业中，雇主更多愿意雇用那些憨厚实干、不偷懒，但又灵活善于自我分析和提升的雇员为其服务，这为雇员就业能力的提高创造了很好的平台。

(二) 新生代农民工就业能力与其社会关系、相关工作经验有较为显著的正相关关系

新生代农民工就业能力与其社会关系、相关工作经验有较为显著的正相关关系，即社会关系越好，相关工作经验越多，新生代农民工的就业能力也就越强。本书认为，那些社会关系好的新生代农民工可能通过朋友介绍、人脉网络更容易获得与自身技能水平相匹配、偏好更强的工作岗位，这在一定程度上有利于其更好地发挥个人优势，提升自身就业能力。

(三) 新生代农民工直接照顾责任的大小在一定程度上影响着其就业能力水平的高低

值得注意的是，当我们把照顾孩子的责任（孩子的数量）作为解释变量放入模型中时，并未得出显著的结果，本书认为，随着计划生育政策的实施，农村中孩子的数量有明显减少的趋势，同时新生代农民工年龄较小，很多还没有孩子，所以相对来说，照顾孩子的责任较小，因此对其就业能力的影响并不显著。根据本书的样本数据显示，每名新生代农民工照顾的孩子数量不到1人。但是，扩展到整个家庭后，其直接照顾责任明显增强，结果显示，那些家庭需要照顾、人口多的新生代农民工显现出了相对较弱的就业能力。这表明，新生代农民工在家庭责任的影响下承受了较大的压力，进而阻碍其就业能力水平的提升。

(四) 工作时间的长短与新生代农民工就业能力水平之间呈现显著的负相关关系

根据北京师范大学劳动力市场研究中心发行的《2014中国劳动力市场发展报告》，[①] 当前，中国正处于从中等收入迈向高收入国家的进程中，工时问题凸显，主要表现为加班加点、过度劳动现象严重。而新生代农民工作为一个比较特殊的群体，其工时问题也是不容忽视。工作时间过长，导致新生代农民工的就业能力下降，这与《2014中国劳动力市场报告》中有关新生代农民工的相关研究结果基本一致。

---

① 赖德胜、孟大虎、李长安、王琦等：《2014中国劳动力市场发展报告——迈向高收入国家进程中的工作时间》，北京师范大学出版社2014年版，第32~113页。

（五）不同所有制形式的企业中新生代农民工显现出不同的就业能力

根据实证结果显示，私营企业的新生代农民工就业能力相对较差。本书认为，这与私营企业就业环境较差，激励制度、工作时间制度落实较差等因素有一定的关系。而国有企业的新生代农民工就业能力较好。这可能与其较好的就业环境、较为有效的激励制度和工时制度的较好落实等因素关系较为密切。

（六）人力资本投资如受教育年数、培训时间、工作经验等并未显现出对新生代农民工就业能力的显著正向作用

本书认为这可能与新生代农民工的职业类型有关，根据对样本数据的描述性统计可知，新生代农民工从事的职业类型主要为生产或加工工人（34.3%）、其他生产运输工人（9.2%）、建筑工人（7.6%）、服务员（7.6%）、其他服务性工作人员（12.0%）等。这些职业类型对就业人员的受教育水平和工作经验等方面的要求往往不是很高，所以实证中并未呈现显著的结果。但是，受教育年数还是呈现了正相关关系，只是不显著。这在一定程度上反映了我国新生代农民工这一特殊群体所面临的窘境，即由于当前时期对新生代农民工的各方面支持性政策，比如针对新生代农民工的培训机制、对新生代农民工的各项补贴政策等，还不是很健全，因此新生代农民工职业技能培训呈现明显"壁炉现象"，新生代农民工接受各类技能培训的意识和动力不够强烈。这也解释了为何在关于新生代农民工培训状况的问卷调查中大量数据缺失现象。随着科学的进步和经济的发展，未来形势势必会强调各行各业技能水平的提升，因此不能忽视对新生代农民工的人力资本投资。

四、有效提升新生代农民工的就业能力的政策建议

新生代农民工就业能力同时受其自身、个体环境、外部环境等多种因素共同制约。因此，提升新生代农民工就业能力应是一个多元化的系统工程。为此，我们建议从以下几点着手：

（一）引导劳动者主动关注各种培训和学习机会，提升自身就业能力

作为就业能力的主要载体，劳动者自身积极主动地看待职业技能培训是提升

其就业能力的内在动力。新生代农民工有年龄优势，并且拥有较强的学习能力，但是同时也面临着多方面的劣势，如职业技能层次较低、寻找工作的途径较单一、已从业人员面临着各种健康风险等，这些劣势在很大程度上制约了这一群体稳定的就业以及向更高层次的职业转移和发展的可能性。因此，新生代农民工应该增强自身意识以加强提升就业能力的主动性，即应该积极主动地参加职业技能相关培训及再教育，提高自身就业能力。在已就业的情况下，新生代农民工应该主动寻找并把握教育和职业技能培训的机会，充分发挥自身优势，有效利用已开放的如公共图书馆、互联网等公共服务设施以达到学习科学文化及专业知识、掌握职业技能、了解法律法规、体会和领悟企业文化、熟悉企业制度、促进思维转变等目的，养成学习的习惯以保证自身就业能力和综合素质的提升。同时，新生代农民工还应该加强职业规划能力和就业信息的搜集能力，从而促进自身就业能力的提升。

（二）加强学校教育、技能培训和就业引导，多措并举扶持农民工提升就业能力

对义务教育和职业教育的普及力度进行强化。在进入劳动力市场之前，每一位新生代农民工通过强化自身的义务教育和职业教育来促进就业能力的提升的环节是必不可少的。政府应该充分发挥服务职能，保证"两免一补"政策、进城务工子女接受免费义务教育和平等入学工作的稳步落实，抓好有效补助义务教育阶段贫困学生工作，尤其是要保证农村义务教育的贫困资助和补贴力度，从而促进新生代农民工文化知识水平的进一步提高。当前，职业教育已成为对新生代农民工进行培训的主要阵地。建议在对新生代农民工进行职业教育培训的工作中充分发挥政府主导作用，根据劳动力就业市场上的实际情况，对教育资源进行有效的整合，制定一系列的政策和措施鼓励民间力量兴办培训机构，增加对新生代农民工的培训力度，以提高其职业教育水平；健全配套的政策及其保障体系，为新生代农民工接受继续教育创造了有利的条件，促进新生代农民工职业教育培训的规范化和制度化，采取具体措施以加大对新生代农民工接受继续教育培训的补贴力度，从而有效减轻新生代农民工承担的经济负担；逐渐扩大对新生代农民工进行免费培训的范围，让更多的新生代农民工，尤其是保证经济条件较差的新生代农民工群体掌握一技之长，帮助其扩大就业的范围，增加就业选择的机会，进而提升就业能力。

针对新生代农民工群体建立比较完善的培训体系。建议：在制定和实施经济政策以实现对就业的拉动作用上继续努力，并在此基础上建立一系列政策以保证对培训的补贴力度，以及培训经费的有效分担，针对新生代农民工形成以企业作

为主导力量、政府作为支持力量的技能培训体系；加强新生代农民工培训内容的针对性和有效性，在培训手段上积极使用现代手段如广播电视、远程教育等，向新生代农民工传输外出务工的基本知识，以保证培训内容能够实现和企业的用工需求的有效衔接。同时，促进对新生代农民工培训实施补贴办法的完善，给予接受培训的新生代农民工群体适当的培训费作为补贴，促进"培训券"等直接补贴法的实施。加强对贫困地区新生代农民工培训工作的重视，加大对用人单位建立培训基地的鼓励和支持力度，把新生代农民工岗位技能的提高纳入当地的职业培训计划之中，制定并实施一系列政策以鼓励农民工积极参加职业技能的鉴定、主动申请国家职业资格证书的获取。

加快和调整产业结构的升级以便保证更多新生代农民工顺利就业。中国为谋求经济和社会的可持续发展一直在努力加快和调整产业的转型和结构的升级。建议：在产业转型和结构升级的过程中注重产业发展布局的有效调整，促进第三产业的快速发展，推进工农业经济的均衡稳定发展，在优质劳动力资源从农业领域输入工业领域的同时，确保农业实现现代化的进程中所必需的优质劳动力资源；加快和调整产业结构的升级，优化产业结构，保证产业质量，逐步实现从低附加值转向高附加值、高能耗和高污染向低能耗和低污染、粗放型向集约型的升级，创造和开发新的经济增长点以保证和吸纳更多的新生代农民工拥有就业机会，从而提高新生代农民工的就业能力。

（三）大力推进职业技能培训，提升新生代农民工"市民化"能力

职业技能培训和职业教育不仅具有"增能"效应，而且具有"赋能"效应，大力推进职业培训和职业教育，提高新生代农民工的就业能力和"市民化能力"，有助于提高其社会融合质量。建议：一是继续完善现行职业培训体系。比如适当延长培训周期、提高培训中技能型培训权重、增加实操课时、强化与企业互动、建立适合新生代农民工的考核机制和技能认证制度、简化对参与提供培训的机构的行政审批和报销手续。二是加大职业技能培训投入。鼓励更多的地区"因地制宜"，建立新生代农民工职业技能培训的长效机制。比如总结推广"广东经验"，进一步实施"圆梦计划"工程、提高对提供培训服务的机构（组织）的师资和设备补贴力度，增加对新生代农民工学员培训期间的生活补贴、交通补贴、机会成本补贴和费用减免力度，加大对"三园共建"工程的资助，使培训园能长期驻足工业园、创业园，平衡职业技能培训的供给与需求。[①] 三是适当规范从业标准，

[①] 赖德胜、石丹淅：《完善培训体系，促进农民工和谐就业》，载于《人民政协报》，2013年10月16日（10版）。

可先从技术密集型或知识密集型行业开始着手。具体各行业根据本行业的从业基本要求，逐渐建立从业人员准入制度和任职资格要求，并对已持有相应职业等级资格证书的新生代农民工设置合理的具有竞争力的薪级和福利条件，如继续推广"积分入户"政策中，给更高学历或技能人才更高积分，优先考虑入户等，扩大职业技能培训前后的收益，激励更多新生代农民工主动参与职业培训。四是做好区域产业结构预测和教育分流，科学地定位不同层级职业教育的人才培养目标，为培养具有一定职业素养和职业技能的人才营造出满意的教育环境。现行多数中职教育高职化，高职教育普教化，使得各级各类职业教育办学定位模糊、教学特色不明显，人才培养模式趋同，很多接受职业教育的毕业生竞争力不强。为此，应积极构建合理的教育机制、保障机制和激励机制，塑造职业教育人才培养模式①和人才质量观，重视人才职业素养教育。同时加强社会舆论宣传与教育，正确地认识职业教育，使大众形成科学的人才评价观，即新生代农民工也是筑梦者。

（四）鼓励用人单位在新生代农民工就业能力提升中的主动发挥作用

在市场经济运行的过程中，企业这一类型的用人单位在吸纳新生代农民工的用人单位总量中占据着主体地位，这一重要的角色决定了企业在提升新生代农民工就业能力时起着十分重要的基础性作用。② 在提升劳动者就业能力的过程中，与政府甚至劳动者个人相比，拥有主导地位的企业推出的一系列的就业能力提升机制具备天然的优势：企业对就业能力提升的需求与政府或劳动者个人相比更加清晰，能够明确提升就业能力的目标，有针对性地制定提升计划，可操作性和适用性较强；企业通过运用丰富而先进的管理手段、清晰顺畅的传导机制能够有效保证劳动者就业能力的提升对策的应用以及相关政策的实施，减少甚至避免资源的浪费；在实施就业能力提升政策的过程中，企业能够建立相对更为有效可靠的政策评价机制，以保证提升就业能力相关操作效果的及时反馈和调整。因此，应重视用人单位对提升劳动者就业能力的作用。

---

① 邵文红：《关于高职院校人才培养模式的思考》，载于《教育发展研究》，2013年第3期，第69~72页。

② 问卷调查显示企业实施的技能培训效果最好，验证了企业这一类用人单位提升新生代农民工就业能力中的重要作用。

第七章

新生代农民工就业质量的调查分析与建议

就业作为保障和改善民生的头等大事,其机会是否平等、结构是否合理、规模是否适宜、质量是否满意等深刻地影响着劳动者个体的生活与社会融合,同时也关乎经济可持续增长、创新型国家建设、社会和谐构建和法治国家建设。[①]因此我国历来都重视就业工作。比如中国共产党第十六次全国代表大会报告指出:"扩大就业是我国当前和今后长时期重大而艰巨的任务,是国家实行促进就业的长期战略和政策。"中国共产党第十七次全国代表大会提出了"实施扩大就业的发展战略"。"十二五"规划、《促进就业规划(2011~2015年)》、中国共产党第十八次全国代表大会报告、《2013年国务院政府工作报告》等,均重申了就业优先战略和更高质量就业的政策目标。

2017年,农民工中新生代农民工约占农民工总数的一半。2014~2016年具有高中及以上文化程度的农民工占比分别为23.8%、25.2%、26.3%。新生代农民工已成为农民工群体的就业主体、现代产业工人队伍的主力军、城市化工业化进程中的新生力量。高质量的就业是新生代农民工实现自我认同、社会认同、社会融合、体面生活的关键,关注新生代农民工的就业状况,及时出台积极政策给予调适也是促进社会公平、构建和谐社会的主要内容。

那么,何谓就业质量?当前我国新生代农民工就业质量状况如何?影响新生代农民工就业质量的因素主要有哪些?新时期,如何推动其实现更高质量的就业

[①] 赖德胜、石丹淅:《推动实现更高质量的就业:理论探讨与政策建议》,载于《第一资源》,2013年第1辑,第18~26页。

和社会融合？基于课题组大样本问卷数据，采用文献法、统计分析法、计量分析法等研究方法，本章将围绕上述问题展开专业系统的研究，力图揭示出我国新生代农民工就业质量的共性和特性，在研究结果的基础上，最终提出促进新生代农民工更高质量的就业与社会融合的政策建议。

第一节 新生代农民工就业质量指标体系的构建

一、新生代农民工就业质量的国内外研究现状分析

（一）国外相关研究现状分析

关于就业质量的探究早在19世纪末期就已经开始，此后的相关研究陆续跟进，形成了就业质量的微观、中观和宏观三层释义[1]。微观方面，就业质量的内涵体现为就业者的工作效率、就业者与职位的匹配、薪酬激励等方面[2]。中观方面，就业质量则主要涵盖劳动力市场的运行状况、资源配置效率等，包括劳动力供求状况和公共就业服务质量[3]。宏观方面，就业质量最早来源于1995年国际劳工组织提出的核心劳工标准，之后该组织在1999年提出了体面劳动（decent work）的概念，其核心含义是强调自由平等、安全和尊严的条件下的生产性工作，其中，特别强调了权利保护、足够的报酬和社会保障、三方对话等因素。

在就业质量指标构建的研究中，不同的国际组织和学者从多种角度对其进行了考察，提出了体面劳动、工作质量、就业质量等指标体系。权利、就业、社会保障及社会对话是体面工作的主要战略目标，故多数研究者也主要从上述几个角度构建就业质量评价指标体系，其中，盖伊（Ghai, 2003）、博尼特（Bonnet, 2003）、安刻尔（Anker, 2003）、贝斯孔（Bescond, 2003）等人的指标设计很具

---

[1] 苏丽锋：《我国转型时期就业质量研究》，北京师范大学博士学位论文，2012年，第7页。

[2] Yoakam, D. G. A Theory of Human Motivation. Quarterly Journal of Speech, 1943, 29 (4): p. 512.
Mayo, E. The Human Problems of Industrial Civilization. New York: Macmillan, 1979.

[3] Schultz, T. W. Investment in Human Capital. The American Economic Review, 1961, 51 (1): pp. 1–17.

代表性。① 详见表 7-1。

表 7-1　　　　代表性的学者设计的就业质量指标体系

设计者	维度指标
盖伊	基本权利（妇女参与率，男性/女性就业率的比值，在技术、管理和行政工作领域女性的比例）；就业（劳动力参与率，失业率，基尼系数）；社会保障（公众社会花费占 GDP 的比例）；社会对话（工会密度）
博尼特	宏观方面包括输入、过程和结果三方面（劳动力市场保障，基业保障，岗位保障，工作保障，技能再造保障，收入保障，话语权保障）；中观层面是衡量工作地的状况；微观层面是衡量个人体面工作状况
安刻尔	工作机会；在自由条件下工作；多产性工作；工作公平；工作保障和工作尊严
贝斯孔	低小时工作报酬；过量工作时间；国家失业率；儿童不在校；青年失业率；劳动参与中男女差异；没有养老金的老年人

在一些国际组织和国家对就业质量指标构建的系统研究中，以欧盟（European Union）、欧洲基金会（European Foundation）、联合国欧洲经济委员会（United Nations Economic Commission For Europe）、加拿大、新西兰和美国的相关研究最具代表性。② 详见表 7-2。

表 7-2　　　　代表性的组织和国家的就业质量指标体系

组织和国家	维度指标
欧盟	与就业相联系的客观特征，包括工作本身的具体特征和工作场所的具体特征；就业岗位上的人的特点；就业岗位上人和工作的匹配；就业者对上述特征的主观评价（工作满意度）
欧洲基金会	就业稳定性；技能和职业发展；健康福利；工作和生活的平衡
联合国欧洲经济委员会	劳动安全与规范；劳动报酬；工作时间及工作与生活平衡度；工作稳定性与社会保护；社会对话；技能培训与发展；员工关系及工作动机

---

① Ghai, D. Decent Work: Concept and Indicators. International Labor Review, 2003, 142 (2), pp. 113-145. Bonnet, F., Figueiredo, J. B., Standing, G. A Family of Decent Work Indexes. International Labor Review, 2003, 142 (2), pp. 213-238. Anker, R., Chernyshev, I. Measuring Decent Work with Statistical Indicators. International Labor Review, 2003, 142 (2), pp. 147-177. Bescond, D., Chataignier, A. Seven Indicators to Measure Decent Work: An International Comparison. International Labor Review, 2003, 142 (2): pp. 179-211.

② 苏丽锋：《我国转型时期就业质量研究》，北京师范大学博士学位论文，2012年，第9~10页。

续表

组织和国家	维度指标
加拿大	沟通机会和员工意见的影响力；工作中计算机的使用；工作报酬；工作稳定感；工作设计；工作环境；工作时间；工作关系；工作需求；工作与生活之间的平衡；薪水；技能培训；工会指标；国际比照；性别与工作质量；不同地区工作生活平衡程度的比较
新西兰	工作外在特征；工作内在特征；其他特征；更宽泛的劳动力市场内容
美国	工作收入；工作稳定性；工作满意度

（二）国内相关研究现状分析

在国内的研究中，对于就业质量定义的研究，多数是通过对就业质量涵盖的内容进行阐述的。譬如，从早期的计划经济体制下就业质量所具有的特征出发，杨宜勇（1997）重点研究了失业冲击问题，研究显示，在计划经济体制下，行政级别、政治面貌和工龄等因素会影响就业质量，而教育水平不会对就业质量产生显著影响；而在市场经济体制下，教育水平是就业质量的重要影响因素。[①] 郭丛斌（2004）研究发现，计划经济时期，人们在单位组织中的权力大小对资源的获取有直接影响，从而影响其就业质量，比如行政级别、政治面貌和工龄等因素，与人们在单位组织中的权力具有显著的相关关系，教育水平则对权力乃至资源获得没有显著的影响。[②]

在就业质量指标体系的研究中，李军锋（2003）认为就业质量是反映就业机会的可得性、工作稳定性、工作场所的尊严和安全、机会平等、收入、个人发展等有关方面满意程度的综合概念。[③] 刘素华（2005）指出，就业质量的主要内容应包括工作的性质（如工作时间、劳动报酬、工作稳定性、职工培训等）、工作环境、社会保障、劳动关系等基本因素。[④] 杨河清、李佳（2007）从工作条件、劳动关系和社会保障三个方面构建了 3 个一级指标、12 个二级指标的就业质量评价指标体系。[⑤] 史淑桃（2010）构建了 15 个就业质量评价指标，通过赋予不

---

① 杨宜勇：《失业冲击波》，今日中国出版社1997年版。
② 郭丛斌：《二元制劳动力市场分割理论在中国的验证》，载于《清华大学教育研究》，2004年第4期，第1~8页。
③ 李军锋：《就业质量的性别比较分析》，载于《市场与人口分析》，2003年第6期，第1~7页。
④ 刘素华：《就业质量：内涵及其与就业数量的关系》，载于《内蒙古社会科学（汉文版）》，2005年第5期，第125~128页。
⑤ 杨河清、李佳：《大学毕业生就业质量评价指标体系的建立与应用》，载于《中国人才》，2007年第8期，第56~58页。

同的权重对当前我国高校毕业生就业质量进行了研究，发现高校毕业生就业质量的性别差异日渐显现且有逐步拉大之势。[①] 赖德胜等（2011）则建立了一个包括6个维度指标、20个二级指标和50个三级指标的就业质量评价指标体系，使用统计年鉴数据，采用主成分分析法对我国内地各地区2007年和2008年的就业质量状况进行了实证研究，发现除少数经济发达省份外，大部分省份的就业质量指数较低。[②]

在对农民工的就业质量研究方面，程蹊、尹宁波（2003）分析认为，劳动力市场供过于求、多元劳动力市场仍未改善、农民工自身受教育水平低等是农民工就业质量低的主要原因。[③] 赵立新（2005）从社会资本的视角出发，指出农民工由乡村迁移到城市，因为脱离了其熟悉的社会生活环境，导致了其社会资本缺失成为常态，在就业环境没有改善的情况下，社会资本存量明显下降，必将影响到农民工的就业质量。[④] 彭国胜（2008）使用湖南省长沙市301名青年农民工调查数据，研究表明，青年农民工在社会职业地位等级上处于较低层次、人力资本偏低、社会制度缺陷等是导致他们就业质量偏低的重要原因。[⑤] 俞玲（2012）使用2006~2009年中国统计年鉴数据对比法研究发现，农民工工资具有增长显著但总体不高、时间密集型、不稳定等特点，人力资本贫乏和就业中不公平对待是其收入不高的重要诱因，这进一步会影响该群体的就业质量。[⑥] 唐美玲（2013）发现，较之城市青年，青年农民工在工作特征、工作保证、职业发展等方面处于不利地位，这使其就业质量明显低于城市青年群体。张卫枚（2013）等也得到类似结论。[⑦]

从国内外现有文献看，可以得出：第一，国外关于就业质量的研究历史较长，研究的内容深入系统，包含了就业质量释义、就业质量评价指标体系、就业质量的测算及与宏观经济的联动机制等诸方面。第二，国内关于就业质量的研究

[①] 史淑桃：《大学生就业质量性别差异渐显的原因与对策》，载于《湖北社会科学》，2010年第12期，第177~179页。

[②] 赖德胜等：《2011中国劳动力市场报告——包容性增长背景下的就业质量》，北京师范大学出版社2011年版，第24~26页。

[③] 程蹊、尹宁波：《浅析农民工的就业质量与权益保护》，载于《农业经济》，2003年第11期，第37~38页。

[④] 赵立新：《从社会资本视角透视城市农民工就业》，载于《兰州学刊》，2005年第5期，第258~260页。

[⑤] 彭国胜：《青年农民工的就业质量与阶层认同——基于长沙市的实证调查》，载于《青年研究》，2008年第1期，第18~26页。

[⑥] 俞玲：《农民工低收入的经济学解析》，载于《经济论坛》，2012年第1期，第104~106页。

[⑦] 张卫枚：《新生代农民工就业质量分析与提升对策——基于长沙市的调查数据》，载于《城市问题》，2013年第3期，第60~64页。

相对来说起步较晚，但发展比较迅速，对于就业质量内涵、不同就业群体的就业质量指标体系探究的成果日益增多。但在农民工就业质量的研究中，国内存在以下几点不足：第一，国内对于农民工群体（尤其是新生代农民工群体）的就业质量问题研究依旧不足，缺乏大样本的微观证据；第二，现有研究侧重于对农民工就业质量的现状描述，通过规范的计量模型对新生代农民工就业质量状况进行实证研究的文献较少；第三，在农民工（包括新生代农民工）就业质量评价研究方面，多数研究使用的就业质量评价指标体系具有松散性、主观性特点，缺乏同时囊括就业环境、就业状况（就业机会、就业结构、就业效率、就业稳定性）、劳动者报酬、社会保护和劳动关系等层面的评价指标体系。

二、新生代农民工就业质量的研究维度与计量分析[①]

为科学地判断当前我国的就业质量状况，本书采用欧洲基金会四维度的就业质量评价指标体系（见图7-1），力图揭示出新生代农民就业质量的共性与特性。选择该指标体系的主要原因有二：一是此指标体系相对较为全面，包括了就业环境、就业能力、就业状况、劳动者报酬、社会保护和劳动关系等方面内容，能较全面系统地反映就业质量状况。二是数据可得性原则。

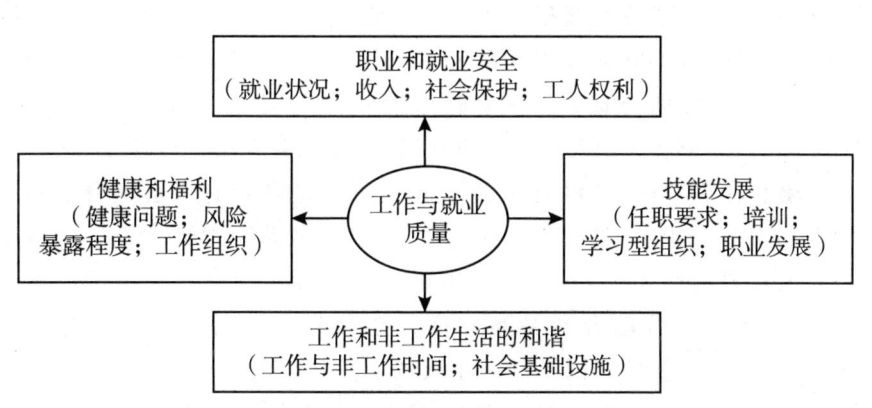

图 7-1 欧洲基金会就业质量评价指标体系构成

鉴于此，本书使用数据课题组总库数据中的河南省数据对问题进行进一步分析。[②] 河南省调查于2012年3月在河南省郑州、漯河、洛阳、焦作四个城市进

[①] 此部分详见：石丹淅、赖德胜、李宏兵：《新生代农民工就业质量及其影响因素研究》，载于《经济经纬》，2014年第3期，第31~36页。

[②] 课题组总库数据是不同时间不同地区问卷调查数据的最终汇总。而河南省数据是课题组开展的关于新生代农民工工作与生活第一次问卷调查数据。

行，发放问卷 1 700 份，共回收有效问卷 1 096 份，其中，男性占比 61.5%，女性占比 38.5%；样本政治面貌为党员的占比 15.8%，团员、民主党派和群众依次占比为 42.8%、0.6% 和 40.8%；未婚样本为 56.7%，已婚样本为 41.9%，其他（再婚、离异、丧偶）占比为 1.4%。同时，课题组还与各地级政府部门、用人单位、新生代农民工代表、技校学生代表、职校负责人等进行了深度访谈，取得了第一手高质量的数据。

具体而来，在职业和就业安全维度方面，在全部有效样本中，样本的年龄均值为 27 岁，工作经验平均为 7.0 年，月实际工资均值为 1 775.3 元，期望工资为 3 000 元。在职业分别方面，从事生产运输工人（包括建筑工人、司机、搬运送货、生产加工、维修等）、专业技术人员、行政办公室管理人员、服务性工作人员（包括服务员、理发员、保姆钟点工、汽车家电修理工、保洁员、厨师等）等样本占比比较大，依次为 32.1%、16.0%、11.9% 和 10.3%，而商业工作人员（包括贩卖水果蔬菜食品、收购废旧物品、售货员等）、私人企业老板、个体工商户和农林牧副渔劳动者样本占比很低，分别为 3.7%、2.1% 和 0.4%。在行业方面，当前新生代农民工主要就业于制造业（41.0%）、建筑业（21.5%）和住宿餐饮业（18.6%），在采矿业、农林牧渔业、交通运输及邮政业、批发零售和零售业、公共管理和社会组织等就业比例很小，依次为 2.5%、0.5%、0.7%、3.0% 和 0.9%。在工作单位规模方面，单位职工在 20 人以下、20~100 人之间、100~999 人之间、1 000 人及以上的样本分别为 19.83%、29.08%、38.8% 和 12.29%。在集体协商方面，24.4% 的人表示工资是通过集体协商确定的，36.7% 表示否定，38.9% 的人选择"不知道"。在工会方面，知道自己所在单位有工会的样本占 57.1%，"没有工会"和"不清楚是否有工会"分别占比为 29.1% 和 13.8%。同时，在"工会在代表职工维护权益"方面，仅有 7.0% 的人表示"有很重要的作用"，认为"几乎没作用"和"完全没作用的"分别为 14.6% 和 6.9%。在劳动合同关系方面，签有劳动合同的样本共计占比为 63.4%，其中，签约长期合同工（一年及以上）的样本比例为 39.5%，签约短期合同工（一年以下）的样本比例为 23.9%，为单位"正式工"的样本是 7.9%，"自我经营""无合同临时工"和"其他"的比例分别是 2.2%、13.7% 和 12.8%。

从健康和福利维度看，在养老、医疗、失业、工伤、生育等保险类型中，参与保险的与不参与保险的基本持平，如参与农村社会养老保险（新农保）的为 49.6%，没参加的为 50.4%，参与城市职工基本医疗保险的为 50.8%，没参加的为 49.2%，参与工伤保险的为 44.4%，没参与的为 55.6%，参与生育保险的为 40.7%，没参与的为 59.3%。在工作强度方面，9.2% 的样本认为特别累，

43.69%的样本感觉比较累,选择一般、比较轻松和很轻松的比例分别为41.39%、4.69%和1.03%。

在技能发展维度方面,新生代农民工的教育年限均值为13.0年,其中,小学、初中、普通高中、中专/职高/技校、大专/高职、大学本科以上样本占比分别为15.6%、35.7%、25.9%、7.4%、5.4%、1.8%。在职业资格证书方面,没有任何等级职业资格证书的被访者所占的比例为59.0%,具有初级(国家职业资格五级)职业资格证书的比例为20%,而拥有中级(国家职业资格四级)、高级(国家职业资格三级)、技师(国家职业资格二级)、高级技师(高级职业资格一级)的比例比较低,分别为13.5%、3.8%、3.1%和0.6%。在培训方面,培训时间以短期为主,如"15天及以下"占比为40.1%,"16~30天"占比为30.4%,新生代农民工缴纳培训费用的均值为517.9元,当前的培训方式以课堂教学为主,以"实操"形式参与培训学习的样本仅占7.6%,此外,引导性培训占总培训课时60%左右,技术性培训明显偏少。

从工作和非工作生活的和谐状况看,在工作时间方面,新生代农民工每天工作8小时以下、8~10小时、11~12小时和12小时以上样本比例分别是19.5%、63.0%、13.1%和4.4%;没有休息、0~4天(含4天)、4~8天、8天及以上的样本占比依次为15.3%、48.8%、18.5%和17.4%。他们拥有城市户籍朋友的均值为10个。在是否有孩子方面,没有、一个、两个、三个及以上的比例依次为27.81%、57.75%、13.01%和1.43%。在加班方面,仅有15.25%的样本表示从不加班,选择偶尔、有时、经常和天天加班的样本分别为34.09%、15.07%、29.66%和5.93%。在下班后的生活调查方面,"看电视""上网"和"与朋友聚餐、聊天"为最常见的娱乐活动。此外,"读书看报""去KTV""运动锻炼"也占较明显比例。

不难看出,当前我国新生代农民工的就业质量总体上不高,就业状况有待进一步改善。为深刻地揭示影响新生代农民工就业质量的因素,将借助计量模型进一步展开研究。根据样本结构和本书研究问题的特性,结合欧洲基金会四维度的就业质量评价指标体系,我们认为被解释变量具有离散特征,选择线性概率模型(linear probability model)较为科学。考虑到 y 的预测值介于 $[0,1]$ 之间,这是一个二值变量,其两点分布概率为:

$$\begin{cases} P(y=1 \mid x) = F(x, \beta) \\ P(y=0 \mid x) = 1 - F(x, \beta) \end{cases} \quad (7-1)$$

对于给定的累积分布函数 $F(x, \beta)$ 若满足标准正态的累积分布,则可以保证 y 的预测值介于0和1之间,因为有:

$$E(y \mid x) = 1 \cdot P(y=1 \mid x) + 0 \cdot P(y=0 \mid x) \quad (7-2)$$

所以，概率模型可进一步表示为：

$$P(y = 1 \mid x) = F(x, \beta) = \Phi(x'\beta) = \int_{-\infty}^{x'\beta} \phi(t) \mathrm{d}t \qquad (7-3)$$

式（7-3）即为概率单位模型（probit model）。接下来的分析将在此模型的基础上展开；但值得关注的是，Probit模型估计系数的大小及符号并不代表解释变量对被解释变量的边际影响，而仅表示对被解释变量取0或1的影响方向。为此，我们还需估计出各变量对被解释变量概率取值的边际影响，以进一步考察各因素的影响程度。

结合数据可得性和各变量间相关程度，基于欧洲基金会的四维度就业质量评价指标体系，我们最终将性别、培训次数、职业类型、工资水平、工会、工作强度、是否加班、是否有城市户籍朋友作为模型的解释变量，分别将劳动合同类型、五险一金、任职学历要求、日均工作时间对应为职业和就业安全、健康和福利、技能发展、工作和非工作生活的和谐度代理变量，作为被解释变量进行回归。变量的定义及其赋值详见表7-3：

表7-3　　　　　　　　各变量的解释及其赋值

变量	变量解释及赋值
性别	男性=1；女性=2
培训次数	三次及以上=1；两次=2；一次=3；没参加过=4
职业类型	生产运输工人=1；服务性工作人员=2；个体工商户=3；商业工作人员=4；私人企业老板=5；专业技术人员=6；行政办公管理人员=7；农林牧副渔劳动者=8；其他劳动者=9
工资水平（元）	1 000以下=0；1 000~1 500=1；1 500~2 000=2；2 000及以上=3
工会	有工会=1；没有工会=2；不清楚=3
工作强度	特别累=1；比较累=2；一般/时忙时闲=3；比较轻松=4；很轻松=5
是否加班	几乎天天加班=1；经常加班=2；有时加班=3；偶尔加班=4；从不加班=5
是否有城市户籍朋友	有=1；没有=0
劳动合同关系	没有合同关系=0；有合同关系=1
五险一金	没有=0；有其中1种=1；有其中2种=2；有其中3种=3；有其中4种=4；有其中5种=5；全部都有=6
任职学历要求	没有要求=0；有要求=1
日均工作时间	8小时以下=1；8~10小时=2；11~12小时=3；12小时以上=4

使用 Probit 和 Ordered Probit 模型对影响新生代农民工就业质量的各因素进行了回归分析，计量检验结果显示，模型的对数似然值、卡方检验值以及拟 R^2，均说明回归的整体效果较好。具体结果详见表 7-4 和表 7-5：

表 7-4　　　　　　　　　　Probit 模型的回归结果

指标	模型 1 劳动合同关系			模型 2 任职学历要求		
	系数	标准误	边际效应	系数	标准误	边际效应
性别	0.110	0.11	0.037	0.166	0.11	0.063
培训次数	-0.142***	0.05	-0.047	-0.1142**	0.05	-0.043
职业类型	-0.068***	0.02	-0.023	0.050***	0.02	0.019
工资水平	0.113**	0.05	0.038	0.109**	0.05	0.042
工会	-0.375***	0.07	-0.125	-0.440***	0.07	-0.167
工作强度	0.180**	0.08	0.060	-0.277***	0.08	-0.105
是否加班	-0.078	0.05	-0.026	-0.086*	0.05	-0.033
城市朋友	0.086	0.11	0.029	0.229**	0.11	0.088
常数项	1.392***	0.36		0.584*	0.34	
样本数	686			686		
对数似然估计	-376.18514			-407.1357		
卡方检验值	77.44			105.41		
Pseudo R^2	0.0933			0.1146		

注：表中变量"城市朋友"表示为是否有城市户籍朋友。***、** 和 * 分别表示在 1%、5% 和 10% 水平上统计显著。

表 7-5　　　　　　　　Ordered Probit 模型的回归结果

指标	模型 3 五险一金			模型 4 日均工时		
	系数	标准误	边际效应	系数	标准误	边际效应
性别	-0.133	0.11	0.042	0.022	0.09	-0.005
职业类型	0.072***	0.02	-0.023	-0.060***	0.01	0.014
工资水平	0.114**	0.05	-0.036	0.053	0.04	-0.013
工会	-0.284***	0.07	0.091	0.243***	0.05	-0.058
工作强度	0.006	0.08	-0.002	-0.303***	0.06	0.072

续表

指标	模型 3 五险一金			模型 4 日均工时		
	系数	标准误	边际效应	系数	标准误	边际效应
是否加班	-0.174***	0.05	0.055	-0.229***	0.04	0.055
城市朋友	0.164	0.11	-0.053	-0.285***	0.09	0.066
样本数	813			461		
对数似然估计	-708.13			-724.164		
卡方检验值	152.14			56.54		
Pseudo R^2	0.097			0.0376		

注：表中变量"城市朋友"表示为是否有城市户籍朋友。***、**和*分别表示在1%、5%和10%水平上统计显著。

（一）职业和就业安全

以性别、培训次数、职业类型、工资、工会、工作强度、是否加班、是否有城市户籍朋友作为解释变量，以劳动合同关系（视为职业和就业安全的代理变量）作为被解释变量，使用Probit模型计量检验结果显示：工资水平、工作强度与劳动合同关系之间呈显著正相关，培训次数、职业类型、工会与劳动合同关系之间呈显著负相关，性别、是否有城市户籍朋友与劳动合同关系之间正相关，但不显著，是否加班与劳动合同关系间呈负相关，系数值亦不显著（见表7-4模型1）。

具体来看，性别因素没有对新生代农民工的劳动合同状况产生显著影响，可能原因在于：新生代农民工多为体制外就业，他们所处的劳动力市场在很大程度上具有完全竞争性，且近年来随着供求关系的变化，各地普遍出现了一定的"民工荒"现象，使新生代农民工就业中的性别歧视也逐渐得到缓解，从而导致性别与农民工的合同状况之间不存在显著关系。劳动合同关系与培训次数之间呈显著负相关，表明在其他条件相同的情况下，与作为参照组的有三次及以上培训经历的新生代农民工相比，没有参加过任何培训的新生代农民工签订劳动合同的概率会降低4.7%，其内在原因不难理解，培训作为一种特殊福利，既益于员工自身职业发展又利于企业追求更多剩余价值。一般而言，提供培训次数与企业自身的规模和实力呈正相关，即提供培训次数越多的企业，意味着其规模（实力）越大，其劳动合同关系也就相对越规范；因为其更容易成为《劳动法》和《劳动合同法》等法律法规规制的对象。另外，与没有参加过任何培训的新生代农民工相比，参加培训次数越多，其专用性人力资本也就相对越丰富，用人单位也倾向于通过规范劳动关系来吸引其留下。劳动合同关系与职业类型呈显著负相关,意味着随着新生代农民工职业类型的变化其劳动合同关系也会随之改变,如从专业技术人员或行政办公管理人员成为农林牧副渔劳动者,其签订劳动合同关系的概率也会下降2.3%。劳动合同关系与工资水平呈显著正相关,这符合现实判断,工资水平的逐步提高,工资的收入效应和替代效应会使劳动力供给状况发生变化,对新生代农民工而言,至少会使他们的自我保护和维权意识提高,使他们对劳动合同的诉求增大,数据显示,与月工资为1 000元以下者相比,月工资在2 000元及以上者签订劳动合同关系的概率增加3.8%。劳动合同关系与工会间呈显著负相关,表明当前工会的存在一定程度提高了新生代农民工签订劳动合同的概率(12.5%),但上文统计分析显示,仅有7.0%的样本表示在"工会在代表职工维护权益"方面"有很重要的作用",这说明工会的实效亟待提高。在工作强度方面,随着工作强度的增加,签订劳动合同的概率也随之增加,体现出新生代农民工自身对职业和安全的重视。是否加班与劳动合同关系呈现负相关,原因不难理解,因为劳动合同的签订意味着劳动者可以根据相关法律维护自身的权益,这提高了雇主要求员工加班的成本,这间接反映出我国《劳动合同法》效力逐渐凸显。是否有城市户籍朋友作为一种社会资本,内嵌于社交网络之中,其在就业机会获取方面的作用引起众多学者关注。[①] 一般而言,拥有城市户籍朋友越多,意味着社会资本积累越多,获得优势工作的概率就越大,而优势工作通常都有较规范的劳动合同关系,因此两者呈正相关;不显著的可能原因在于,在求职中,是否有城市户籍朋友的作用更多地体现在新生代农民工工作搜寻(就业入口)而非工作之中(就业过程和就业结果)。当然,这也间接反映出他们拥有城市户籍朋友资源的质量不高。

(二)健康和福利

以性别、职业类型、工资、工会、工作强度、是否加班、是否有城市户籍朋友作为解释变量,以五险一金(视为健康和福利的代理变量)作为被解释变量,使用 Ordered Probit 模型计量表结果表明,职业类型、工资水平、工作强度、是否有城市户籍朋友与五险一金之间呈显著正相关,但工作强度和城市朋友分别与五险一金回归的系数值未通过显著性检验,性别、工会、是否加班与五险一金呈

[①] 胡永远、马霖、刘智勇:《个人社会资本对大学生就业市场的影响》,载于《中国人口科学》,2007年第6期,第61~67页。陈成文、谭日辉:《社会资本与大学生就业关系研究》,载于《高等教育研究》,2004年第4期,第29~32页。马莉萍、丁小浩:《高校毕业生求职中人力资本与社会关系作用感知的研究》,载于《清华大学教育研究》,2010年第1期,第84~92页。黄敬宝:《社会资本与大学生就业——基于2010年北京18所高校调查》,载于《生产力研究》,2012年第6期,第102~105页。

显著负相关，但性别与五险一金间的系数值不显著（见表7-5模型3）。

具体而言，性别与新生代农民工的拥有五险一金情况呈负相关，但不显著，对此，可能的解释是，尽管较之男性，女性新生代农民工拥有五险一金的情况存有一定的差异，但是随着保险制度的完善和宣传力度加大，无论是男性新生代农民工还是女性，对保险的功效都有了较为清楚的认识，使他们参保率有所提高，与此同时，随着教育水平的提高，他们自身对保险的需求也相应提高，因为他们逐渐意识到健康和医疗保健作为人力资本投资的一种形式，对以后职业发展的重要性。职业层次相对越高，为其提供五险一金的概率就越大，因此职业类型与五险一金之间呈显著正相关。工资水平与五险一金显著正相关，符合预期判断，借助皮奥里和多丁格的二元劳动力市场分割理论，可以进一步理解其内在原因，高工资水平工作伴随着高福利，因为通常情况下这类工作处于一级劳动力市场中，同理，低工资水平工作有着较低福利，因为多数情况下这类工作处于二级劳动力市场中。两者之间的边际效应为负值，可能的解释是，尽管新生代农民想留在城市的愿望强烈，但现实中"亦工亦农"的身份使他们社会融合的阻力较大，进而使他们更愿意以现金而非福利形式积累财富。工作强度的增加也会抬升新生代农民工对保险的需求，如就业于建筑行业的新生代农民工普遍参加了工伤保险，同时，作为一种补偿性工资，雇主也愿意为工作强度较大的行业提供各类保险，故工作强度与五险一金间呈正相关，系数不显著的可能原因在于，当前新生代农民工求职时首选工作强度低的工作，而又由于与大学生相比，新生代农民工教育程度和技能水平有限，故首选工作强度低的工作五险一金情况一般。是否拥有城市户籍朋友与拥有五险一金间呈正相关，城市户籍朋友作为一种弱关系，其越多意味着新生代农民工社会资本越丰富，提高了他们进入较好工作的可能性，而多数情况下，较好的工作都具有较好的福利条件；系数不显著，其深层原因与上文是否拥有城市户籍朋友和劳动合同关系机理相似，故不再赘述。工会与五险一金呈显著负相关，其实质反映了工会在提高拥有五险一金方面的作用，与拥有工会组织相比，就业于没有工会组织的用人单位，新生代农民工拥有五险一金的概率会降低9.1%。加班情况与五险一金呈显著负相关，不难理解，因为与没有五险一金的企业相比，拥有五险一金的企业一般都相对有较规范的劳动关系，故对加班有明确的规定，如加班时间和加班补偿的问题，因此加班频率也会随之减少。

（三）技能发展

以性别、培训次数、职业类型、工资水平、工会、工作强度、是否加班和是否有城市户籍朋友作为解释变量，以任职学历要求（视为技能发展的代理变量）作为被解释变量，使用 Ordered Probit 模型回归结果显示，性别、职业类型、工资水平、是否有城市户籍朋友与任职学历要求之间呈正相关，但性别变量不显著，培训次数、工会、工作强度、是否加班与任职学历要求之间呈显著负相关（见表7-4模型2）。

具体来看，性别与任职学历要求呈正相关但不显著，在求职方面，在其他条件相同的条件下，较之男性而言，女性新生代农民工会遭受一定程度上的就业歧视，如在其他特征一样下，女性新生代农民工面临任职学历要求提高的概率为6.3%。系数值不显著则间接地说明，与其父辈相比，男、女性新生代农民的受教育程度都有了较大的提高，他们被雇用的可能均有较大的提高。培训次数与任职学历要求之间呈显著负相关符合现实判断，因为培训作为人力资本投资形式之一，它与教育水平等其他常见的人力资本投资形式具有互补性，一般而言，拥有培训次数越多，意味着新生代农民工专用性人力资本积累相对越丰富，用人单位会根据实际生产需要吸纳具有各类技能的专用性人才，现实表现为以需定量、择优录用，有时会降低硬性的学历标准。职业类型与任职要求呈显著正相关，表明：尽管随着职业层次的下降，任职学历要求也会相应降低，但是为便于生产活动，某些行业依旧会对其从业人员文化程度有一定的要求。工资水平与任职学历要求呈显著正相关，这与现实判断一致，一般而言，工资水平越高，其任职要求相应也会越严格，体现出了经济学中"高投入高收益"特性。工会是工人群体集体行动工具，代表工人利益，工会与任职学历要求呈显著负相关，表明在其他条件相同下，没有工会组织的用人单位对新生代农民工任职学历要求提高的概率为5.8%，可见，从就业机会获得方面看，工会有助于新生代农民工就业。作为"理性人"，求职者倾向于选择工作强度较小的工作就业，这种趋利避害的求职流动会使工作强度较小的行业劳动力供给增大、竞争加剧，进而使雇主提升任职学历要求，会使工作强度较大的行业劳动力供给不足，为保持生产必需的劳动力，该行业的雇主通常会选择降低一定的任职学历要求来吸纳足够的新生代农民工劳动力，故工作强度与任职学历间呈显著负相关。是否加班与任职学历要求呈显著负相关，内在机理与工作强度和任职学历间相似，不再赘述。正如前文所述，是否有城市朋友作为一种社会资本，益于微观个体工作搜寻和就业机会的获得。通常情况下，微观个体拥有社会资本越多，其获得就业竞争优势越多，就越有可能就职于优势企业；而较之劣势企业，[1] 优势企业中的工作通常都有较高的任职学历要求；因此是否有城市户籍朋友与任职学历要求呈显著正相关。计量结果显示，与有城市户籍朋友相比，没有城市户籍朋友的新生代农民工求职中面临更高

---

[1] 吴克明、石丹淅：《大学生自愿性失业新解：博弈论视角》，载于《高教探索》，2010年第6期，第118~122页。

任职学历要求的概率将上升8.8%。

(四) 工作和非工作生活的和谐度

以性别、职业类型、工资水平、工会、工作强度、是否加班、是否有城市户籍朋友作为解释变量，以日均工作时间（视为工作和非工作生活和谐度的代理变量）作为被解释变量，使用Ordered Probit模型，表7-5模型4的回归结果显示，性别、工资水平、工会与日均工作时间呈正相关，但性别和工资水平变量系数值未通过显著性检验，职业类型、工作强度、是否加班、城市朋友与日均工作时间呈显著负相关。

具体而言，性别与日均工作时间呈正相关，表明，与男性相比，女性新生代农民工面临着较长日均工作时间的概率增大，系数不显著的可能原因在于，随着《劳动法》《劳动合同法》、"中央一号文件"等法力凸显和"民工荒"程度的加深，为保盈利，更多的用人单位正逐渐规范用工标准。根据变量定义及赋值情况，职业类型与日均工作时间呈显著负相关，可以理解为，随着职业类型由白领转化为蓝领，新生代农民工日均工作时间也会相应增加。工资水平与日均工作时间呈正相关，体现出了工资的收入效应，暗示出当前新生代农民工的收入还处于较低水平（问卷数据显示月工资均值为1 775.3元），一般是通过延长工时来获得较高收入，两者的系数不显著则间接反映出了当前新生代农民工生活方式的转变，开始注重非工作时间和精神享受，不会为获得较高工资收入而过度地牺牲闲暇时间。工会与日均工作时间呈显著正相关，说明当前工会组织的存在有益于新生代农民工工作条件的改善（工时没有额外延长），从边际效应系数看，与所在单位有工会者而言，没有工会的新生代农民工日均工作时间增长的概率为5.8%，边际效应系数值为负则暗示工会的实效有待进一步提升。工作强度与日均工作时间呈显著负相关，则进一步反映出了新生代农民就业的职业（行业）特点，譬如就业于建筑行业的新生代农民工，工作强度大但工时相对较短，但就业于传统的服务业（如餐饮业），工作强度小但工时相对较长。是否加班与日均工作时间负相关，可以理解为，现实中加班频率越大，其日均工作时间越长。问卷数据证实，与其父辈农民工相比，尽管新生代农民工在教育程度、行业、职业、所有制等方面有了较明显的变化，但是当前多数新生代农民依然就业于劣势行业、蓝领、非国有部门，而这类工作频繁加班的概率较大，故其日均工作时间也就相应较长。与有城市户籍朋友的新生代农民工相比，没有城市户籍朋友的新生代农民工在职业搜寻中有更少的社会资本可以使用，进而降低了其获得优质工作的概率，劣势工作劳动关系相当缺乏规范，工作时间存在较大不稳定性，因此城市朋友与日均工资时间呈负相关，从边际效应系数来看，在其他条件相同下，有城市户籍朋友的新生代农民工面临更久日均工作时间的概率将下降 6.6%。

数据显示，当前新生代农民工具有"教育程度高、就业期望高、物质和精神享受高、工资低"的特点。采用欧洲基金会四维度就业质量评价指标体系，统计分析表明，整体上当前我国新生代农民工就业质量不高；使用 Porbit 和有序 Probit 模型计量检验结果得出，培训次数、职业类型和工会等是影响职业和就业安全维度的主要因素，健康和福利维度的主要影响因素为职业类型、工会和是否加班等，工会、工作强度和职业类型等是影响技能发展维度的主要因素，工作和非工作生活和谐度的主要影响因素为职业类型、工会、工作强度、是否加班和是否有城市户籍朋友等。职业类型、工会、工资水平、工作强度、加班情况、培训状况等是影响就业质量不高的主要诱因。

本节给出了影响农民工的就业质量的研究维度，当然影响就业质量的指标有很多，建立以指标为单元的研究框架有利于我们从整体上把握就业质量的基本问题。不过有三个主要研究问题还有待进一步深入挖掘。在城市化进程中，流动性强、过度劳动、劳资关系不佳是影响新生代农民工就业质量的主要原因。一方面，三个影响因素分别涉及工作流动性、工作时间及劳动关系三个研究课题；另一方面，这三个问题是政府管理者、大众媒体、群众舆论关注的热点。鉴于此，在第二、三、四节，本章分别就这三个课题展开更加深入细致的分析。

第二节　工作流动对新生代农民工就业质量的影响

工作流动是指雇员从一个工作单位转换到另一个工作单位，或者说是雇员的雇主发生了变化。根据新生代农民工的群体特性，新生代农民工工作流动则可以理解为新生代农民工个体在不同工作组织类型（或职业或行业）之间进行自愿性或非自愿性工作转换，即人们通常所说的"跳槽"。有研究表明，适当的工作流动，有利于劳动力个体提高其人力资本水平和实现收益最大化，但过度的工作流动，则会产生诸多负面的结果。比如，不利于劳动者工资水平的提高、不利于劳动者自身专用性人力资本水平的积累，提高劳动力市场中"统计性歧视"概率，等等。对新生代农民工而言，过高的工作流动率，还易引致阶层"固化"、代际收入差距扩大等，不利于实现更高质量的就业与社会融合，并对流入地和流出地的社会管理造成较大的影响。鉴于此，本节专门探究了新生代农民工工作流动状况，以期为推动新生代农民工更高质量就业和社会融合提供政策启示。

一、工作流动与就业质量分析的理论框架

（一）工作流动的一般分析框架

自从20世纪60年代人力资本理论诞生以来，经济学家就开始利用人力资本投资模型对工作流动进行广泛而深入的研究，这方面研究的开创者是（Sjaastad，1962），[①] 虽然他当时只是用来分析迁移现象，但是这一思想完全适用于工作流动。这一基本思想是，只要辞职的收益大于成本，辞职就会发生。所以，工人的辞职决策取决于辞职的预期净收益贴现值是否为正数。工人 i 的辞职概率 Q_i 与辞职净收益贴现值成正相关。即：

$$Q_i = F\Big[\sum_{t=1}^{T} \frac{B_{jt} - B_{it}}{(1+r)^t} - C\Big] \tag{7-4}$$

$\sum_{t=1}^{T} \frac{B_{jt} - B_{it}}{(1+r)^t} - C$ 是指工作流动净收益现值，B_{jt} 为工人在 t 年时从新工作 j 中所获得的预期收益，B_{it} 为工人在 T 年时从现工作 i 中所获得的预期收益，T 为在工作 j 上的预期工作年限，r 为贴现率，C 为辞职成本。

那么，到底是什么因素引起工作流动的呢？对此，学者们从不同的角度进行了解释，由此产生了不同的理论。

（二）工作流动的主要理论

1. 特殊培训理论。[②]

特殊培训理论与企业专用性人力资本理论（firm-specific human capital theory）息息相关，二者本质相同，特殊培训是指仅对提供培训的企业的生产率有利的培训。该理论最早由贝克尔（1962）提出，该理论认为工人的辞职率和被解雇率与其所受的特殊培训的多少呈负相关。从工人的角度看，因为受过特殊培训的工人起初工资比其他企业所能得到的工资高，只有在其他企业的工资增加到超过原来工资时，这些工人才会考虑辞职。所以，受过特殊培训的工人的

[①] Sjaasted, L. The Costs and Returns of Human Migration, Journal of Political Economy, 2006, 70, pp. 80-93.

[②] 由于特殊培训的目的就是增加工人的企业专用性人力资本（firm-specific human capital），所以该理论也可称为企业专用性人力资本理论，二者的实质完全一致。

辞职率低于没有受过特殊培训的工人。有研究表明，女性辞职率高于男性的一个重要原因在于，女性所接受的特殊培训往往低于男性。从企业的角度看，假定一个企业的产品需求减少，这样所有工人的边际产品都将下降，因为没有受过特殊培训的工人的边际产品起初等于工资，所以为了防止他们的边际产品低于工资，企业将首先解雇他们。受过特殊培训的工人的边际产品起初是大于工资的，需求的减少也会使这些个人的边际产品下降，但是只要他们的边际产品的减少小于起初与工资的差额，企业也就不会解雇他们。因此，受过特殊培训的工人由于需求减少而被解雇的概率要小于没有受过培训或只受过一般培训的工人。[①]

2. 工作匹配理论。

工作匹配理论认为，工作流动是雇主和雇员之间不完全匹配的结果。由于工人和雇主最初拥有的关于对方的信息是不完全的，故一个工人与一位雇主达成的最初"匹配"很可能不是最优的，并且即使最优也不可能永远保持在最优的水平上。经过一段时间以后，随着雇主和工人对彼此的了解日益加深，如果他们发现相互之间不匹配，那么工作流动将发生。[②]

3. 工作搜寻理论。

工作搜寻理论的发展经历了一个从研究离职搜寻（unemploymed search 或 off-the-job search）到研究在职搜寻（employed search 或 on-the-job search）的过程，肯尼斯（Kennneth）于1978年首先提出包含在职搜寻的一般性搜寻理论，并运用该理论来分析辞职行为。其主要观点是，在职者经过搜寻，如果发现能够从其他企业获得更高的工资，那么就会辞职。可见，工作搜寻理论的假定前提也是认为劳动力市场中，雇主和雇员双方都存在不完全信息，其结果是，不同企业对于相同技能的工资出价是不同的，不同企业的不同工资出价可能为在职者选择更高的工资提供了机会，这就是在职搜寻产生的根源。

（三）影响工作流动的主要因素

1. 工资对工作流动的影响。

人力资本理论认为，在其他条件一定的情况下，工人辞去低工资工作的可能性比辞去高工资工作的可能性要大。也就是说，工人在当前雇用状态下所获得的工资如果能够比在其他企业获得的工资低，那么他辞职的可能性非常大。事实

[①] 吴克明：《教育与工作流动研究》，中国海洋大学出版社2007年版，第14~15页。
[②] Jovanovic, B. Job Matching and the Theory of Turnover. Journal of Political Economy, 2007, 87, pp. 972 - 990.

上，所有相关研究中都得出了一个不仅十分显著而且非常一致的结论，这就是：在个人特征一定的情况下，工人的工资越低，辞职率越高[①]。

2. 劳动力市场状况对工作流动的影响。

根据工作搜寻理论，如果工人能够比较容易且较为迅速地找到一个更好的工作，那么他们的在职搜寻就增加，[②] 从而辞职概率就较高。因此，可以预测工人在劳动力市场较为紧张（劳动力市场的紧张程度是相对于企业而言的，此时对于求职者来说，工作机会是充分的）时的辞职率要高于在劳动力市场较为宽松（此时对于求职者而言，只有很少的工作可以提供，且许多工人被解雇了）时的辞职率。这种预测得到了很多时间序列研究资料的证实。所以，当劳动力市场紧张时，辞职率趋于上升，当劳动力市场宽松时，辞职率趋于下降。衡量劳动力市场紧张程度的一个指标是失业率，所以，当失业率较高时，辞职率就较低。劳动力市场状况与解雇率的关系是：当经济衰退、企业生产紧缩时，解雇率趋于上升，当经济繁荣、企业生产扩张时，解雇率趋于下降。可见，劳动力市场紧张时，辞职率上升而被解雇率下降；劳动力市场宽松时，辞职率下降而被解雇率上升。

3. 年龄、企业工龄（job tenure）和劳动力市场经历（labor market experience）对工作流动的影响。

根据人力资本投资模型，年龄越大的工人在更换工作以后获得收益的时间较短，从而工作流动预期收益越小，所以工作流动的可能性就越小。有研究表明，20 世纪 80 年代美国和英国男性工人随着年龄的增长，平均更换雇主的次数逐渐减少。[③]

根据工作匹配理论，因为工作匹配的质量随着生命周期的发展而提高，这意味着工人在一个工作岗位上工作的时间越长，那么他与工作匹配的质量越好，所以离职的可能性也就越小。且根据专用性人力资本理论，企业工龄越久的工人，其企业专用性人力资本存量越多，所以辞职的概率越低，且雇主也越不愿意解雇他。所以企业工龄与工作流动是负相关。相关的经验研究结果都无一例外地验证了年龄和企业工龄对工作流动的负影响。[④] 关于劳动力市场经历与辞职的关系，有研究表明，二者不是简单的线性关系，而是倒 U 形关系。[⑤]

[①] Borjas, G., Rosen, S. Income Prospects and Job Mobility of Younger Men, in Ehrenberg, Ronald (ed.) Research in Labor Economics 3, Greenwich: JAI Press, 1980, pp. 159 – 181.

[②] Black, M. An Empirical Test of the Theory of On – The – Job Search. The Journal of Human Resources, 1981, 16 (1), pp. 129 – 140.

[③] 吴克明：《教育与工作流动研究》，中国海洋大学出版社 2007 年版，第 91~95 页。

[④] Mincer, J., Jovanovic, B. Labor Mobility and Wages. In Rosen, Sherwin (ed.) Studies in Labor Markets. Chicago: University of Chicago Press (for NBER), 1981. Royalty. A. B. Job-to – Job and Job-to – Nonemployment Turnover by Gender and Education Level. Journal of Labor Economics, 1988, 16 (2): 392 – 443.

[⑤] Blau. F. D., Kahn. L. M. Causes and Cosequences of Layoffs, Economic inquiry. 1981, XIX, pp. 270 – 296.

4. 辞职成本对工作流动的影响。

根据人力资本投资模型，辞职的成本越大，工作流动的可能性就越小。辞职成本首先包括机会成本，从特殊培训理论的角度看，工人接受的特殊培训越多，意味着辞职所放弃的收益就越大，所以工人辞职的可能性就越小。同样，他们被解雇的可能性也较小，因为对于企业来说，解雇一个接受较多特殊培训的工人所导致的损失也越大。机会成本还可以解释养老金和健康保险等政策对工作流动的影响。[1] 如果企业政策规定，雇员离开企业时不能带走养老金和健康保险金，那么这一政策将增加工作流动的机会成本，减少工作流动。工作流动成本不仅包括机会成本，也包括心理成本。工作流动的心理成本虽然无法观察，但在工人之间所存在的心理差别可能相当大（比如，有些工人适应周围环境的速度更快），有研究表明，工人们在更换工作的倾向性上存在明显差异。[2]

（四）新生代农民工工作流动研究进展

在影响农民工工作流动的研究中，有学者研究发现，追求经济利益是老一代农民工频繁地工作转换的主要诱因。[3] 也有学者研究认为，当前工作流动频率高的原因并非劳动者身份、年龄、教育水平等个体因素，而主要是工资福利待遇低、员工的主体地位未受到重视等劳动关系方面的因素。[4] 另有研究比较农民工与城市工人的工作流动，并对不同时期农民工的工作流动进行分析，研究得出，尽管存在人力资本和所处部门对其工作流动的影响，但户籍歧视仍作为一个独立因素影响农民工的工作稳定性，但这种影响随社会发展正在降低。[5]

然而，由于成长背景、家庭负担、教育水平及思想差异等因素的不同，新生代农民工与老一代农民工之间有着明显差异，[6] 比如在非农工作态度上，新生代

---

[1] Gruber. J. M., Brigitte, C. Health Insurance and Job Mobility: The Effects of Public Policy on Job-Lock. Industrial and Labor Relations Review, 1994, 48 (1): pp. 86–102.

[2] Farber, H. S. The Analysis of Interfirm Worker Mobility, Journal of Labor Economics, 1994, 12 (4), pp. 554–593.

[3] 杨国勇：《我国两代农民工城市就业的差异及特点分析》，载于《北京劳动保障职业学院学报》，2007年第3期，第18~20页。许传新：《农民工的进城方式与职业流动——两代农民工的比较分析》，载于《青年研究》，2010年第3期，第1~12页。陈媛媛：《工作转换对农民工收入的影响——基于珠三角两代农民工的调查》，载于《南方经济》，2013年第3期，第1~12页。

[4] 刘冰、李强、何勤英：《劳动关系视角下的就业流动意向研究》，载于《南京师大学报（社会科学版）》，2012年第5期，第84~92页。

[5] 张春泥：《农民工为何频繁变换工作——户籍制度下农民工的工作流动研究》，载于《社会》，2011年第6期，第153~177页。

[6] 石丹淅、田晓青：《新生代农民工就业现状调查分析——基于2012年河南省4市数据》，载于《调研世界》，2013年第3期，第38~41页。

农民工更想融入城市生活,他们更看重工作的体面性、发展空间、舒适度,不再看重单纯工资收入。这使得通常用于分析老一代农民工工作流动的因素并不一定能很好地解释新生代农民工工作流动机理。鉴此,本节使用2013年新生代农民工就业状况调查数据,采用描述性统计分析法和计量分析法,对新生代农民工的工作流动状况及其影响因素进行了研究,在对实证结果分析的基础上,提出了相应的政策建议。

二、数据描述、计量分析与主要结论

本书所使用的数据来源于课题组通过派遣校园调查员于2013年1月19日至2013年2月28日在北京、浙江、江苏、广东、山东、河南、安徽、四川等省市实施的问卷调查数据。数据主要变量的描述性统计分析见第六章第二节的第一部分。

数据显示,当前新生代农民工以男性、未婚为主,政治面貌以群众和团员为主体,年龄一般在26岁左右,受教育程度主要为普通初中,工作经验5年左右。在职业资格证书方面,7成新生代农民工没有任何职业资格证书。借助家人或亲戚、朋友网络进行工作搜寻是当前新生代农民工的主要就业渠道。绝大多数新生代农民工没有参加过职业技能培训,近7成新生代农民工没上过职业学校。在就业结构方面,新生代农民工的职业类型以生产或加工工人为主,就业单位性质以私营企业、个体企业为主体,就业行业主要集聚在制造业。6成以上新生代农民工已签订了劳动合同。新生代农民工平均实际月工资为2 964元,期望薪资为5 000元,期望工资偏高。在工作流动方面,3/4的新生代农民工进行过工作转换,工作流动次数均值为2.4次,其中,工作流动频次为2次和3次及以上的比例分别为22.5%和33.8%。需要补充的是,有数据证实,当前农民工工作流动平均频次为2.06次,而16~30岁间的在职职工工作转换均值为1.6次。[①] 可见,当前我国新生代农民工工作流动性总体上偏高,劳动力市场中新生代农民工就业不稳定特点明显。为更加深刻地探究新生代农民工工作流动问题,我们通过构建适合的计量模型进一步展开分析,力图揭示出影响新生代农民工高工作流动的具体因素。为此,构建如下模型:

$$y = \beta_0 + X\rho + Z\gamma + \mu$$

---

① 白南生等研究发现,农民工就业流动频繁,63.65%的农民工变换过工作。在经历过流动的劳动力中,分别有48.1%和28.9%的农民工变换过1次和2次工作,流动3次及以上的占23.0%,平均每人流动2.06次。见:白南生、李靖:《农民工就业流动性研究》,载于《管理世界》,2008年第7期,第70~76页。而北京师范大学劳动力市场研究中心在2011年举行的16岁以上在职职工的就业质量调查中,全国14个省份的问调数据显示,16~30岁的在职职工工作流动的均值为1.6次。

其中，y 表示被解释变量，具体为新生代农民工的工作流动频次，X 为主要解释变量，Z 为一组控制变量，ρ 和 γ 是待估计参数，β_0 为截距项，μ 为随机扰动项。

基于以上模型，笔者运用 Stata12.0 软件对模型进行 OLS 回归分析。

需要说明的是，结合本研究对象特征、研究目的和主流文献研究结论，当将影响新生代农民工工作流动的诸变量放入同一模型中进行回归分析时，结果显示，就业渠道、就业行业、企业性质、拥有城市户籍朋友数等变量 T 值未通过相应检验，因此笔者把这几个变量从模型中逐步剔除，继续对剩余的解释变量进行回归分析。从进一步的回归结果可以看出，工资水平、职业性质（类型）、培训状况、职业教育、就业年限和工会 6 个解释变量均通过了显著性检验，这表明其对新生代农民工工作流动有较为明显的影响。回归结果见表 7-6。

表 7-6　　　　　　　高工作流动性影响因素的回归分析

分类	变量名称	回归系数
解释变量	工资水平	-0.601*** (-2.37)
	职业性质	0.086* (1.47)
	职业培训状况	0.516*** (2.37)
	职业教育	0.177 (1.46)
	就业年限	-0.126* (-1.72)
	工会	0.081 (1.15)
控制变量	性别	-0.154 (-1.10)
	政治面貌	0.074 (1.10)
	婚姻	-0.138 (-1.03)
	教育程度	-0.228*** (-3.68)
截距	_cons	6.255*** (14.08)
样本数		1 372

注：表中 *** 表示 $p<1\%$，** 表示 $p<5\%$，* 表示 $p<10\%$。

具体来看，工作流动与工资水平呈显著性负向相关，意味着工资越高，新生代农民工工作流动性越低，这与现实判断相一致。工作搜寻理论认为，劳动者进行工作搜寻、职业流动的临界点在于，在持有一定保留工资条件下，劳动者的工作搜寻收益应大于或至少等于工作搜寻成本，而工资水平作为可度量易识别的工作搜寻收益，其越高，工作流动的倾向越强，原因在于这样获得的净工作搜寻收益相对越多。但需要指出的是，随着工作搜寻时间的增长，工作搜寻成本会持续增加，搜寻到高工资岗位的概率会降低，这抬升了工作搜寻、职业流动的风险。较之其他类型青年求职群体，如大学毕业生，新生代农民工受教育程度偏低，更长久的工作搜寻，不利其获得高工资水平的岗位，基于"理性人"假设，在获得相对满意的高工资岗位后，其会自愿选择稳定就业而非继续在职或离职工作搜寻，因为这样的行动策略会使其获得相对最大的净工作搜寻收益。因此工资水平与工作流动性呈负相关，或者说，富有竞争力的高工资岗位会降低新生代农民工工作流动倾向。

对于职业性质而言，考虑到职业性质变量按白领、蓝领、普通劳动者顺序赋值，因此新生代农民工工作流动与职业性质变量之间呈正向相关符合预期判断，其反映的现实是从事职业层级越低的新生代农民工越有可能"跳槽"。在职业技能培训方面，职业培训状况变量赋值情况为：参加过培训＝1，没有参加过＝2。回归结果显示，工作流动与职业培训状况呈显著性正向相关，表明越"没有参加职业技能培训"的新生代农民工，越有可能工作流动。原因在于，一方面，参加职业技能培训，提高了新生代农民工的专用性人力资本水平，使其在劳动力市场中，与那些没有参加过任何职业技能培训的新生代农民工相比，更可能找到人岗匹配质量高的工作；另一方面，专业性人力资本水平越多，劳动者的劳动生产效率越强，基于生产要素的边际收益等于边际成本原则，企业也愿意支付较高的工资率，这会进一步降低其工作流动的动力。而没有参加过任何职业技能培训的新生代农民工，几乎不会面临专用性人力资本贬损风险，流动后收益可能会更大，因此情愿工作流动。

工作流动与职业教育呈正相关，结合职业教育变量赋值情况（高职＝1，职高/技校/中专＝2，没有上过＝3），这意味着职业教育确实会在一定程度上改善新生代农民工高工作流动性现状，内在原因与职业技能培训状况对工作流动的作用机制相似，故不再赘述，但回归系数不显著，则暗示出当前我国中等职业教育及以上职业教育培育人才的质量还有待进一步提升。工作流动与就业年限（tenure）呈明显负向相关，表明新生代农民工在某一企业（或行业或职业）就业时间越长，工作流动倾向越低，可能的原因有三点：一是因为就业年限越长，新生代农民工积累的专用性人力资本越丰厚，在不同企业（或行业或职业）工作流动，会使该类型人力资本的经济回报大幅度地降低甚至是完全损失；二是在某一企业任职越久，越有可能晋升到该企业中更高层次岗位上，这将有利于新生代农民工职业发展，因此他们愿意继续固守原单位；三是就业年限越久，与同级、上级之间的人际关系相对更融洽，这会提高新生代农民工对单位工作环境的满意度，激励其更长久地留下来工作。工会变量赋值情况为：是＝1，不是＝2，没有工会＝3。工作流动与工会呈正相关，意味着工会通过影响劳动关系，如帮助工人维权等，一定程度上降低新生代农民工的工作流动，但回归系数未通过显著性检验，暗示出当前工会在维护新生代农民工劳动关系和谐度方面的实效还有待大力提升。

  为了更好地观察各解释变量对新生代农民工工作流动性的影响程度，在模型中同时还引入了个体特征控制变量。从表7-6可以看出，除受教育程度变量外，其他变量均未通过显著性检验。尽管如此，我们依然可以从中获得相关重要启示。比如年龄对工作流动的影响，较之男性新生代农民工，女性新生代农民工工作流动性更高，这可能是因为女性新生代农民工在就业、社会融合中面临的障碍更多（如就业歧视），使其倾向于选择通过"用脚投票"方式来规避失业风险或平衡就业收益。在政治面貌方面，表现为越具有政治身份（如党员或团员）的新生代农民工，工作流动频次越少，就业稳定性相对较高，但回归系数不显著。在婚姻状况对工作流动的影响方面，工作流动与婚姻状况负向相关，表明相对于已婚新生代农民工，未婚的新生代农民工工作流动性更大，原则可能这在于，考虑到养家糊口、抚养子女等因素，使已婚的新生代农民工工作中更多地体现为风险厌恶者，不愿意因不必要的变动使其收入不稳定，而未婚者则更多地表现为风险偏好者，展现出"一人吃饱全家不忧"的工作心理，但回归系数未通过显著性检验。在受教育程度方面，工作流动与受教育程度呈现显著性负相关，表示新生代农民工拥有的文化程度越高，其工作流动频次相对越低，原因有二：一是受教育程度越高，根据教育筛选理论，教育的信号功能越强，越有可能将其配置到工作阶梯中排位靠前的工作岗位上，其需要工作流动的动力下降，因此工作流动性下降。二是因为接受教育需要一定的周期（年限），接受教育年限越长，在自然生命周期内，未来教育回报的时期和工作流动后的净回报周期越短，加之外在环境的不确定性因素，使其工作流动后的净收益降低，基于成本—收益行为决策思维，使其倾向选择较少工作流动。

  通过上文统计分析和计量回归分析结果发现，当前我国新生代农民工的工作流动性偏高，表明新生代农民工就业稳定性偏低，这不利于其就业质量提升。进一步考察发现，工资水平、职业性质、职业培训状况、职业教育、就业年限和工会6大因素显著地影响着新生代农民工的工作流动。具体而言，工资水平越低、职业层次越差、没有接受过任何职业技能培训、就业年限越短、受教育年限越少，会加速新生代农民工工作流动；此外，是否接受过职业教育、是否为工会会员等也正向影响着新生代农民工的工作流动频次，不过回归系数不显著，暗示出当前职业教育的人才培养模式与质量、企业层面工会的实效性还有待大力加强。

第三节 工作时间对新生代农民工就业质量的影响

一、工作时间与就业质量分析的理论框架

随着时间的经济价值不断提高，劳动者个体选择工作或闲暇的机会成本也会随之增加，收入效应和替代效应互为博弈的结果则最终决定着劳动者个体的劳动参与决策和社会整体劳动供给状况。对于参与劳动的个体而言，工作时间作为衡量工作质量优劣状况的重要指标之一，其长短既影响着劳动者个体工作和生活的和谐度（reconciliation of working and non-working life），又影响着劳动者个体的工作效率和身心健康，进而影响着劳动者个体的就业质量和生活质量。事实上，过长的工作时间（即过度劳动）还对就业、消费产生明显的挤出效应，也会使企业更多的依赖掠夺式使用人力资源而轻于合理开发人力资源、技术进步、改善管理、提升产品与服务质量而保持市场竞争力。工作时间作为生活工作满意度的主要指标之一，其越长，还会使劳动者产生"逃离"过劳（地）区的心理，不利于社会融合。鉴于此，关注和重视新生代农民工的工作时间问题、揭示新生代农民工工作时间的特点、探究影响新生代农民工工作时间的具体因素，对更好地促进他们充分就业、体面就业、和谐就业以及社会融合等均有较强的现实意义和政策价值。

从现有文献看，国内学术界对工作时间研究还相对较少，只是在最近几年才有学者介入此问题的研究，而专门关注新生代农民工工作时间的研究则更为少见。譬如，曾湘泉等（2006）基于调查数据研究发现，我国企业工时正在向标准化和灵活化的双重趋势演进，工时的灵活安排在中国内地企业普遍存在，而企业工人对灵活工时模式更感兴趣。[①] 程连升（2006）考察了改革开放后中国劳动力

[①] 曾湘泉、卢亮：《标准化和灵活性的双重挑战——转型中的我国企业工作时间研究》，载于《中国人民大学》，2006年第1期，第110~116页。

市场特点和就业环境变化，认为劳动法治的失效、就业者工作时间的不断延长是导致20世纪90年代以后中国经济就业弹性持续下降的主要因素之一。[①] 基于2000年中国妇女社会地位调查福建省样本数据，石红梅（2006）实证研究显示，1990~2000年间，城镇和农村已婚女性工作时间总量明显上升，婚姻、妻子健康状况、夫妻教育水平差距、家庭财产支配能力、居住地等因素对已婚女性的工作时间影响显著。[②] 使用问卷和访谈数据，杨河清等（2009）研究了北京地区政府、企事业机构员工的过度劳动问题，发现当前北京地区过度劳动现象比较普遍，而加强劳动保障立法与执行、建立职业化的社会援助机构、倡导科学的工作价值观念则可以较好缓解过度劳动现象。[③] 李珍珍等（2010）利用2008年江苏和浙江两省农民工调查数据分析了农民工的健康状况，结果显示，家庭负担系数越大、日工作时间越长的农民工健康状况越差。[④] 张世伟等（2011）采用劳动力参与模型和工作时间模型研究了城市中农村迁移家庭的供给行为，研究表明，受教育年限提高，男性工作时间明显增加，身体健康有助于男性和女性工作时间的增加，而随着年龄增长，个体则倾向于减少工作时间。[⑤] 沈红等（2011）使用11个省份68所大学3 612名大学教师的调研数据研究发现，男教师比女教师工作时间长，高职称比低职称教师的工作时间长，"985"大学教师比一般大学教师的工作时间长。[⑥] 田艳芳（2011）使用中国健康与养老追踪关于浙江和甘肃两省的预调查数据，采用Tobit模型估计了居民健康状况对劳动工作时间的影响，她发现健康冲击会显著减少劳动力者的工作时间。[⑦] 王晶等（2013）研究显示，两性群体之间在休闲时间总量上，不仅呈现群体之间的性别差异，而且同一性别群体内又呈现出代际差异（受教育程度差异和职业差异）。[⑧] 杨春江等（2014）以河北省四市310名农民工为研究对象，重点考察了农民工收入和工作时间对城市融入的影响，结果表明，收入对城市融入的影响并不显著，但工作时间对城市融入具

[①] 程连升：《超时加班与就业困难——1991~2005年中国经济就业弹性下降分析》，载于《中国经济史研究》，2006年第4期，第21~28页。

[②] 石红梅：《已婚女性的时间配置研究》，厦门大学博士学位论文，2006年。

[③] 杨河清、韩飞雪、肖红梅：《北京地区员工过度劳动状况的调查研究》，载于《人口与经济》，2009年第2期，第33~41页。

[④] 李珍珍、陈琳：《农民工健康状况影响因素分析》，载于《南方人口》，2010年第4期，第10~16页。

[⑤] 张世伟、贾鹏、周闯：《城市中农村迁移家庭的劳动供给行为分析》，载于《中国人口·资源与环境》，2011年第8期，第35~42页。

[⑥] 沈红、谷志远、刘茜：《大学教师工作时间影响因素的实证研究》，载于《高等教育研究》，2011年第9期，第55~63页。

[⑦] 田艳芳：《健康状况和健康冲击对工作时间的影响》，载于《人口学刊》，2011年第2期，第90~96页。

[⑧] 王晶、孙瞳：《男女两性休闲时间的差距——基于第三期中国妇女社会地位调查吉林省数据研究》，载于《云南民族大学学报》，2013年第1期，第71~76页。

有的显著的负向影响。[①] 王小洁等（2014）使用CHIP2007年外来务工人员的个体调查数据，将贸易开发引入工时方程，研究发现，总体上贸易开放显著降低了农民工工时，贸易开放对较高技能农民工工时的负向影响高于对低技能农民工的影响，意味着高劳动强度的低技能农民工反而受到了更少的工时下降影响。[②]

二、数据描述、计量分析与主要结论

（一）数据描述

1. 数据来源。

本节所使用的数据来源于课题组于2013年1～7月实施的校园调查、晋江调查、广东调查收集的数据。采用整体抽样与随机抽样相结合的方法，回收有效问卷5 193份。数据显示，样本年龄均值为26岁，男性占比57.41%，已婚者占比41.53%，平均受教育年限为11.4年，职业主要以生产或加工工人（32.59%）、专业技术人员（14.57%）为主，40.67%的新生代农民就业于私营企业，19.92%的新生代农民工就业于个体企业，行业分布以制造业为主要代表（占比为39.53%）；在劳动合同关系方面，45.13%的新生代农民工为长期合同工（一年及以上合同工），平均月工资为3 017.36元，其中，男性月工资均值为3 372.97元，女性为2 661.75元。

2. 工时与加班状况的描述性统计分析。

在月休息时间方面，数据显示，每月能够休息8天以上的新生代农民工比例仅为3.04%，能够休息8天者的占比8.62%，休息4～8天、小于等于4天、没有休息的比例依次为18.74%、56.13%和13.48%。不难看出，当前近6成的新生代农民工每周工作时间在6天左右，而每周都没能及时休息者的比例也不容忽视。为更加细致地揭示出新生代农民工工时与加班特点，结合数据可得性，下文将从不同性别、受教育程度、技能水平、职业、行业、所有制类型、劳动合同类型、是否为工会成员、单位规模等维度对新生代农民工的工作时间状况进行描述性统计分析。需要补充的是，在本书中，将日工作时间为8小时及以下的情况归类于工作适度，将日工作时间超过8小时的情况归类为过

[①] 杨春江、李雯、逯野：《农民工收入与工作时间对生活满意度的影响——城市融入与社会安全感的作用》，载于《农业技术经济》，2014年第2期，第36～46页。

[②] 王小洁、李磊、刘鹏程：《贸易开放对农民工工时的影响研究——来自2007年外来务工人员调查数据的经验分析》，载于《财经研究》，2014年第5期，第112～121页。

度劳动，也即加班。

总体上看，问卷数据表明，新生代农民工日工作时间 8 小时及以下的比例为 35.8%，工作时间为 9~10 小时、11~12 小时、12 小时以上分别占比 43.13%、15.73% 和 5.34%。

分不同性别考察，男性新生代农民工日工作时间 8 小时及以下、9~10 小时、11~12 小时、12 小时以上的比例依次为 35.19%、43.59%、16.30% 和 4.92%，女性新生代农民工对应占比为 36.41%、42.67%、15.16% 和 5.76%，不难发现，新生代农民工工作时间的性别差异特点不明显。

分不同受教育程度讨论，数据显示：（1）随着新生代农民工受教育程度的提高，其日工作 8 小时及以下的比例逐渐提高。例如，学历为小学及以下的新生代农民工的日工作时间在 8 小时及以下的比例是 22.66%，而拥有本科及以上学历的新生代农民工，其对应比例则为 50.64%；（2）新生代农民工受教育程度越低，越有可能加班。比如学历为小学及以下的新生代农民工，其日工作时间为 11~12 小时、12 小时以上的比例分别为 22.84% 和 9.18%，而本科及以上学历者的对应比例则为 7.42% 和 3.58%，前者明显高于后者；（3）随着新生代农民工文化程度的提高，其日工作超过 8 小时以上的比例总体上呈下降趋势。详见表 7-7：

表 7-7　　　　不同受教育程度者的日工作时间状况　　　　单位：%

指标	≤8 小时	9~10 小时	11~12 小时	>12 小时	合计
小学及以下	22.66	45.32	22.84	9.18	100
初中	24.67	45.20	24.36	5.77	100
高中	32.53	46.80	16.63	4.04	100
中职中专	38.49	40.68	16.33	4.50	100
大专/高职	46.40	42.30	6.80	4.50	100
本科及以上	50.64	38.36	7.42	3.58	100

对于拥有不同技能状况的新生代农民工而言，数据表明：（1）相比于无任何职业资格证书者，拥有职业资格证书级别越高的新生代农民工，其日工作时间 8 小时及以下的比例越高；（2）随着职业技能水平的提高，新生代农民工过度劳动的概率会随之降低。比如，相比与无职业资格证书者，拥有中级职业资格证书及以上的新生代农民工，其日工作时间为 9~10 小时的比例由 46.28% 减至 40.65%，其日工作时间 11~12 小时的比例由 22.32% 降至 10.62%。详见表 7-8：

表7-8　　　　　　　不同技能水平者日工作时间状况　　　　　　　单位：%

指标	≤8小时	9~10小时	11~12小时	>12小时	合计
无职业资格证书	24.70	46.28	22.32	6.61	100
拥有初级证书	37.44	42.82	14.03	5.71	100
拥有中级证书及以上	45.24	40.65	10.62	3.49	100

注：初级职业资格证书即国家职业资格五级；中级证书对应为国家职业资格四级。

职业为蓝领①的新生代农民工，其日工作时间在8小时及以下、9~10小时、11~12小时、12小时以上的比例分别为25.77%、46.55%、20.97%和6.71%，而职业为白领的新生代农民工对应比例依次为45.83%、39.71%、10.49%和3.97%，可见白领新生代农民工工作时间状况明显优于蓝领者。就业于私营企业的新生代农民工日工作时间在8小时及以下、9~10小时、11~12小时、12小时以上的占比依次为33.56%、46.4%、14.97%和5.07%，受雇于个体企业的新生代农民工日工作时间对应占比为39.7%、38.47%、17.14%和4.69%。处于垄断行业工作的新生代农民工日工作时间在8小时及以下、9~10小时、11~12小时、12小时以上的比例分别为29.82%、46.02%、21.05%、3.11%，而处于非垄断行业的对应比例则为41.78%、40.24%、10.41%和7.57%。

在劳动合同关系与日工作时间方面，问卷数据显示，正式工日工作时间在8小时及以下的比例高于长期合同工（合同期为一年及以上），而长期合同工的对应比例则高于短期合同工（合同期为一年以下）和临时工；日工作时间为9~10小时、11~12小时、12小时以上的比例则呈现出相反的特征，即总体上看临时工高于短期合同工、长期合同工和正式工。换言之，较之正式工和长期合同工的新生代农民工，劳动关系为其他两种状态的新生代农民工更易被加班。详见表7-9：

表7-9　　　　　　　不同劳动合同关系者的日工作时间状况　　　　　　单位：%

指标	≤8小时	9~10小时	11~12小时	>12小时	合计
正式工	43.10	38.08	15.02	3.80	100
长期合同工	39.73	38.63	16.19	5.45	100
短期合同工	31.01	47.09	15.93	5.97	100
临时工	29.22	48.64	16.00	6.14	100

---

① 依据1988年国际标准职业分类（ISCO88）将问卷数据中职业为建筑工人、生产或加工工人、其他生产运输工人（如司机、搬运工、维修工等）的新生代农民工归类为蓝领，将管理者、专业人员、技术人员、专业人员助理等归类为白领。

在工会与日工作时间方面，属于工会成员的新生代农民工日工作时间在 8 小时及以下的比例明显高于非工会成员者，而日工作时间在 9~10 小时、11~12 小时、12 小时以上的比例则低于非工会成员者，说明工会身份有利于改善新生代农民工工作时间状况。比如问卷数据证实，对于工会成员者，日工作时间为 8 小时及以下、9~10 小时、11~12 小时、12 小时以上的比例分别为 44.18%、43.16%、9.49% 和 3.17%，而非工会成员者对应占比为 27.42%、43.1%、21.97% 和 7.51%。

在单位规模与日工作时间方面，问卷数据显示，随着单位规模增加，新生代农民工日工作时间为 8 小时及以下的比例呈现下降态势，工作时间为 9~10 小时的占比呈现类似倒 U 形变动趋势，工作时间为 11~12 小时的比例则呈现 U 形趋势，而工作时间为 12 小时以上的占比总体上则基本维持不变（详见表 7-10）。综合起来看，对新生代农民工而言，随着单位规模增大，其日工作小时逐渐增加，这似乎有悖常理，因为对于普通劳动者而言，通常情况下，工作单位规模越大，其工作时间应该越短才合乎预期。出现这一现象，可能与新生代农民工在工作单位中的职位分布有关。如果新生代农民工在较大规模的单位中仅从事较低层次的工作，如一般的生产工人，其日工作时间较长也就不难理解了。具体原因有待下文进一步分析。

表 7-10　　　　　不同单位规模的日工作时间状况　　　　　单位：%

指标	≤8 小时	9~10 小时	11~12 小时	>12 小时	合计
1 人	45.00	34.72	15.39	4.89	100
2~5 人	33.33	43.08	13.53	10.06	100
6~20 人	38.64	44.05	12.67	4.64	100
21~49 人	35.29	49.22	12.16	3.33	100
50~99 人	34.44	44.41	16.95	4.20	100
100~499 人	32.00	46.80	17.00	4.20	100
≥500 人	30.58	39.66	22.39	7.37	100

（二）计量分析结果

上文主要使用了统计分析法描述了当前我国新生代农民工的工作时间状况，使我们对当前新生代农民工的工作时间特点有了总体性的了解和把握。为了更加深刻地探究新生代农民工工作时间特点，下文将构建适当的计量模型进一步展开分析。

1. 计量模型选择。

由于被解释变量 y 工作时间的取值具有序列等级特点，因此本书选用了有序 probit 计量模型开展研究。① 模型如下：

假设潜变量 y^* 由下式决定：

$$y^* = x\beta + e, \quad e \mid x \sim \text{Normal}(0,1) \tag{7-5}$$

进一步假设 $\alpha_1 < \alpha_2 < \cdots < \alpha_J$ 表示未知切割点（cut point），定义为：

$$y = 0 \quad \text{如果} \quad y^* \leq \alpha_1$$
$$y = 1 \quad \text{如果} \quad \alpha_1 < y^* \leq \alpha_2$$
$$\cdots\cdots$$
$$y = J \quad \text{如果} \quad y^* > \alpha_J \tag{7-6}$$

根据模型的设定，y 的每个取值的概率就可以用下式计算出：

$$P(y=0 \mid x) = P(y^* \leq \alpha_1 \mid x) = P(x\beta + e \leq \alpha_1 \mid x) = \Phi(\alpha_1 - x\beta)$$
$$P(y=1 \mid x) = P(\alpha_1 < y^* \leq \alpha_2 \mid x) = \Phi(\alpha_2 \leq x\beta) - \Phi(\alpha_1 - x\beta)$$
$$\cdots\cdots$$
$$P(y=J-1 \mid x) = P(\alpha_{J-1} < y^* \leq \alpha_J \mid x) = \Phi(\alpha_J - x\beta) - \Phi(\alpha_{J-1} - x\beta)$$
$$P(y=J \mid x) = P(y^* > \alpha_J \mid x) = 1 - \Phi(\alpha_J - x\beta) \tag{7-7}$$

上述模型可以通过最大似然法估计出来。最大似然估计的结果表示的是 x 对 $E(y^* \mid x)$ 的影响，基于本书的目的，笔者更为关心 x 对 $P(y=j \mid x)$ 的影响。而这可以通过估计边际效应得到。边际效应则可以借助下式得到：

$$\frac{\partial p_0(x)}{\partial x_k} = -\beta_k \phi(\alpha_1 - x\beta)$$

$$\frac{\partial p_J(x)}{\partial x_k} = \beta_k \phi(\alpha_J - x\beta)$$

$$\frac{\partial p_j(x)}{\partial x_k} = \beta_k [\phi(\alpha_{j-1} - x\beta) - \phi(\alpha_j - x\beta)], \quad 0 < j < J \tag{7-8}$$

其中，$\phi(\alpha_1 - x\beta)$ 为标准正态的密度函数。

2. 变量选取与赋值。

解释变量包括新生代农民工人口学特征变量、人力资本特征变量、社会资本特征变量和工作特征变量。具体变量及其赋值情况见表 7-11：

---

① 当然，也可以使用有序 logit 模型研究此问题，取决于研究者的偏好。

表 7-11　　　　　　　　　变量选取及赋值说明

变量	变量标识	变量定义
worktime	工作时间	等于 1，如果日工作时间≤8 小时；等于 2，如果日工作时间为 9~10 小时；等于 3，如果日工作时间为 11~12 小时；等于 4，如果日工作时间为高于 12 小时
age	年龄	个体年龄
gender	性别	等于 1，为男性；否则为 0
child	孩子数	等于 1，如果个体无孩子；等于 2，如果个体有一个孩子；等于 3，如果个体有两个孩子；等于 4，如果个体有三个及以上孩子
edu	教育程度	等于 1，如果文化程度为小学及以下；等于 2，如果文化程度为初中；等于 3，如果文化程度为高中；等于 4，如果文化程度为中职中专；等于 5，如果文化程度为大专；等于 6，如果文化程度为本科及以上
certi.	技能证书	等于 1，如果个体没有证书；等于 2，如果个体有初级职业资格证书；等于 3，如果个体有中级及以上职业资格证书
exp	经验年限	个体工作经验年限
exp^2	经验平方	个体工作经验年限平方
bluec.	蓝领	等于 1，如果个体职业属于蓝领；否则为 0
ownship	所有制	等于 1，如果个体单位所有制类型为私有或个体企业；否则为 0
indus.	行业	等于 1，如果个体就业所属行业为垄断行业；否则为 0
contrac.	合同关系	等于 1，如果个体为正式工；等于 2，如果个体是长期合同工；等于 3，如果个体是短期合同工；等于 4，如果个体为临时工
sizes	单位规模	等于 1，如果单位规模为 1 人；等于 2，如果单位规模为 2~5 人；等于 3，如果单位规模为 6~20 人；等于 4，如果单位规模为 21~49 人；等于 5，如果单位规模为 50~99 人；等于 6，如果单位规模为 100~499 人；等于 7，如果单位规模为 500 人及上
unionm.	工会会员	等于 1，如果个体是工会会员；否则为 0
childcare	照顾孩子	等于 1，如果个体自己照顾孩子；否则为 0
channel	求职途径	等于 1，如果个体借助政府行为找寻工作；否则为 0

3. 研究发现。

新生代农民工工作时间状况的有序概率模型的回归结果见表 7-12。

表7-12　　工作时间状况的 Ordered Probit 回归结果

变量	系数	标准误	边际效应
年龄	-0.0097	0.0061	-0.0010
性别	-0.0385	0.0681	-0.0037
孩子数	0.1052*	0.0599	0.0103
受教育程度	-0.0566**	0.0272	-0.0055
职业资格证书	-0.0747	0.0506	-0.0073
经验年限	-0.0001	0.0081	-7.7300
经验年限平方	0.0001	0.0001	2.7200
蓝领	0.4212***	0.0722	0.0438
私营或个体企业	0.0761	0.0700	0.0077
垄断行业	0.1980	0.1454	0.0121
劳动合同关系	0.1442***	0.0413	0.0141
单位规模	0.0512**	0.0233	0.0050
工会会员	-0.4175***	0.0862	-0.0593
照顾孩子	-0.1488**	0.0705	-0.0160
求职途径	-0.1171*	0.0718	-0.0123
样本数	1 217		
对数似然估计	-1 313.14		
LR chi2	164.92		
Pseudo R^2	0.0991		
预测概率			0.4949

注：(1) 表中 *** 表示 $p<1\%$，** 表示 $p<5\%$，* 表示 $p<10\%$。
(2) 表中边际效应反映的是"worktime = 2（即日工作时间为 9~10 小时）"时的结果。当然也可以将边际效应设置为 worktime = 3 或 4 的结果。之所以这样选择的原因在于，上文数据显示，有 5 成新生代农民工的日工作时间落入此区间，因此选择此区间分析更具有现实意义。

具体来看，计量回归结果显示，年龄越大，新生代农民工每日工作更长时间的倾向会降低，可能的原因在于，一方面，能否工作更长的时间，是需要一定的身体素质做支撑的，年龄更大者可能会因身体素质或家庭因素（如照顾家庭）主动放弃日工作时间较长的工作；另一方面，这一定程度上也反映出，较之父辈，新生代农民工的吃苦精神有限，但系数不显著。

在性别方面，相比于男性，女性新生代农民工日工作的时间更长，可能的解释是，由于受人力资本水平、用人单位偏好等因素影响，使女性去了就业环境不好的岗位或部门，而这些岗位或部门往往日工作时间较长。但如同年龄变量那样，其系数也不显著。

在孩子数量方面，拥有子女数越多的新生代农民工，其日工作时间越长，边际效应表明，每多增加一个子女，新生代农民工选择每日工作9~10小时的概率会增加0.010，可能的解释在于，家庭子女越多，家庭开支也就越多，为更好地满足家庭生计需求，他们需要不断地工作而增加家庭收入。

在教育程度方面，新生代农民工受教育程度越高，其每日工作时间会相对会越短，原因在于，教育是人力资本形成的主要途径，一方面，新生代农民工受教育程度越高，其生产能力和配置能力越强，这有利于其在主要劳动力市场上就业或"向上"工作流动，而通常情况下，主要劳动力市场中的工作具有工作环境好、薪酬待遇高、劳动关系规范、晋升空间大等特点，这保证了新生代农民工能够更大可能地享受每天8小时工作制；另一方面，较高的受教育水平也提高了新生代农民工的维权意识和议价能力（negotiation power），使他们能够更好地保护好自身权益。边际效应显示，新生代农民工受教育程度每提高一个层次，其日工作时间9~10小时的概率就会降低0.006。

在职业方面，职业为蓝领的新生代农民工日工作时间更长，边际效应证实，其日工作时间9~10小时的概率将会提高0.044。相比于正式工，无合同临时工的日工作时间更长，其日工作时间9~10小时的概率会提高0.014。出现这种现象的原因在于，劳动合同关系为正式工、长期合同工的新生代农民工，其劳动关系也会相对更为规范稳定，工作时间会更为合理，而无合同临时工属于非正规就业，其工作环境、劳动关系和工作时间则不具这样的特点。

在单位规模与日工作时间方面，单位规模变量系数为正且显著，表明新生代农民工所在的工作单位规模越大，其日工作时间也会越长。与前文统计分析结果一致。进一步分析后发现，在那些规模较大的企业中工作的新生代农民工，4成以上为生产或加工工人，即在其某一生产线某个生产环节承担常务性工作，在日益激烈的竞争中，为保持盈利，这类企业往往会采用延长员工工作时间、提高产量的方式追求更多的剩余价值，因此工作在其中的新生代农民工的日工作时间通常都会超过8小时。而选择自我雇用者，则可以灵活地安排上班时间，工作自由度较高。[①] 边际效应显示，随着单位规模逐渐增大，新生代农民工日工作9~10小时的概率会提高0.005。

在工会身份与工作时间方面，回归结果显示，属于工会会员的新生代农民工

[①] 石丹淅、赖德胜：《自我雇用问题研究进展》，载于《经济学动态》，2013年第10期，第143~151页。

的日工作时间会相对较低;边际效应进一步表明,是工会会员的新生代农民工,其日工作时间9~10小时的概率会降低0.059。工会是维护工人利益的集体工具,这说明入会后,工会可以切实保障好新生代农民工的基本权益和福利状况,这与姚洋等(2008)、石丹淅等(2014)、李明等(2014)的研究结论一致。[①]

在子女照看与工作时间方面,相比于那些由家里老人或亲戚照顾孩子的新生代农民工,需要亲自照顾孩子的新生代农民工的日工作时间会相对较短,这可能是劳动者个体处于家庭与工作理性决策后的结果。这与费根和伯切尔(Fagan & Burchell, 2002)、安科索(Anxo, 2004)、李和麦卡恩(Lee & McCann, 2007)、於嘉(2014)等人的研究结论一致,他们认为由于受家庭责任和义务(family responsibilities and obligations)的影响,使那些拥有子女(≤6岁)的劳动者更倾向于降低劳动参与和工作时间,对于女性劳动者个体,这一特点更为显著。[②] 本书的边际效应具体显示,需要亲自照顾子女的新生代农民工,其日工作时间9~10小时的概率会降低0.016。

求职途径一定程度上影响着劳动者的就业状况优劣与就业公平。因为选择不同的求职途径,会不同程度上降低着劳动者的工作搜寻成本,与此同时,会使劳动者面临不同的就业风险,因为不同求职途径传递的就业信息质量是有差别的。回归结果显示,借助政府行为获得工作的新生代农民工,其日工作时间相对越短,边际效应表明,通过政府行为获得工作的新生代农民工,其日工作时间为9~10小时的概率会降低0.012。

此外,回归结果表明,技能状况、工作经验变量与新生代农民工工作时间呈负向关系,意味着职业技能状况、工作经验多寡有助于改善新生代农民工工作时间状况,但系数不显著。与此同时,回归结果还显示,私营企业或个体企业、垄断行业变量与新生代农民工工作时间呈正向关系,表明当前就业于私营企业或个体企业、垄断行业的新生代农民工,其日工作时间也往往会更长,前者不难理解,对于处于垄断行业就业的新生代农民工,他们日工作时间较长,这可能与处在垄断行业的新生代农民工的具体职业层次(岗位类型)有关。但两个变量系数

---

① 姚洋、钟宁桦:《工会是否提高了工人的福利?——来自12个城市的证据》,载于《世界经济文汇》,2008年第5期,第5~29页。石丹淅、赖德胜、李宏兵:《新生代农民工就业质量及其影响因素研究》,载于《经济经纬》,2014年第3期,第31~36页。李明、徐建炜:《谁能从中国工会会员身份中获益》,载于《经济研究》,2014年第5期,第49~62页。

② Fagan, C., Burchell, B. J. Gender, Jobs and Working Conditions in the European Union (Dublin, European Foundation for the Improvement of Living and Working Conditions), 2002. Anxo, D. Working Time Patterns Among Industrialized Countries: A Household Perspective, in Messenger, J. C. (ed.) Working Time and Workers' Preferences InIndustrialized Countries: Finding the Balance, London: Routledge, 2004. Lee, S., McCann, D. Messenger, J. C. Working Time Around the World, London: Taylor & Francis Group, 2007. pp. 66 - 68。於嘉:《性别观念、现代化与女性的家务劳动时间》,载于《社会》,2014年第2期,第166~192页。

都未通过相应的显著水平检验。总的来看，模型整体的预测概率为49.5%，说明模型选取的变量能够较好地反映现实。

需要说明的，为更好地实证检验影响新生代农民工加班状况的影响因素，本研究还专门对新生代农民工的加班状况进行了有序概率模型回归[①]，计量结果与表7-12没有太大的差异，这表明当前影响新生代农民工工作时间的这些变量基本上也是影响其加班状况的主要因素。

（三）主要结论

描述性统计分析的结果表明，除性别之外，不同性别、受教育程度、技能水平、职业、行业、所有制类型、劳动合同类型、是否为工会成员、单位规模的新生代农民工的工作时间差别较大。总体上看，当前我国新生代农民工的日工作时间偏长，约60%的新生代农民工每天工作时间超过8小时，近5成的新生代农民工日工作9~10小时，1/5的新生代农民工日工作时间在11小时以上。Ordered Probit 模型的计量结果显示，年龄、子女数量、受教育程度、是否为蓝领、劳动合同关系、工作单位规模、是否为工会会员、是否亲自照看孩子、求职途径等因素显著地影响着新生代农民工的工作时间。其中，年龄、受教育程度、工会、是否亲自照看孩子、求职途径等变量显著地降低了新生代农民工每天工作更长时间的概率，而蓝领、无合同临时工等变量则显著地提高着新生代农民工每天工作更长时间的概率。

第四节 有效提升新生代农民工就业质量的政策建议

综合本章的研究结论，经济新常态下，为更好更快地推动新生代农民工高质量的就业与社会融合，我们提炼出以下政策建议：

一、建立高效一体的劳动力市场，减少工作流动阻力

当前我国劳动力市场呈现出多元化分割的特点，而以户籍为代表的制度安排则强化了劳动力市场在区域、城乡、职业、行业、部门层面的二元分割属性，形成了不同形式的二元劳动力市场。一级劳动力市场与二级劳动力市场之间在薪

---

① 此时的模型中仅考虑到日工作时间为9~10小时、11~12小时和大于12小时三种情况，而不再将日工作时间为小于等于8小时纳入模型中。

酬、福利、工作环境、职业前景等方面的显著差异，两级劳动力市场之间少有的流动性，一级劳动力市场的强稳定性和二级劳动力市场的强灵活性，使劳动者一旦进入二级劳动力市场，明显的"锁住"效应会降低其生命周期内的净收益，作为"理性人"，因此初入职场者竞相进入前一种劳动力市场，新生代农民工也不例外。然而，在劳动力市场分割状态下，信息传递机制亦相应变得不通畅，进而出现工作信息不对称、不完全现象，在此时条件下，新生代农民工为追求更多的分割性收益，频繁地进行工作流动，实质上仅是一种区域或职业或行业或部门的就业"平移"，而非"向上"升迁，这将不利于其工资水平提高、人力资本水平积累（尤其是技能），也会使企业不愿意向新生代农民工提供职业培训和高福利的概率增加，进而会引致新一轮的盲目频繁工作流动，难以实现社会融合。因此深化市场化改革，打破劳动力市场分割的制度藩篱，建立统一的劳动力市场，则有益于新生代农民工有序自由迁移、向上工作流动、工资水平提高和技能水平积累。

二、着力完善新生代农民工的就业服务以及管理工作

问卷调查显示，新生代农民工就业信息获取的渠道单一且同质性强，他们希望政府为他们提供就业信息服务。从劳动力和人才需求方看，企业、事业单位、城市有家政服务需求的家庭等又经常面临"招工难""用工荒"，因此政府加强就业服务和就业管理，培育和完善统一开放、竞争有序的人力资源市场，既有利于劳动者的就业，又有利于企业保障正常的生产经济活动，同时还有利于满足城市家庭的生活性服务需求。进一步加强新生代农民工的就业服务，丰富其就业渠道、增加其就业机会、拓展其就业信息、增进其就业指导、维护其就业权利，不仅能使其充分就业的概率增加、抵御失业风险的能力增强，降低其工作流动性，而且有利于提高他们的就业稳定性、人力资本水平积累和社会融合质量。

建议：一是进一步完善公共就业服务平台，增加政府安排、政府职介、社区就业服务、园区（厂区）就业服务点或机构，并通过电视、报纸、网络、短信、微信、户外电子屏、宣讲会等形式积极宣传与教育。二是出台专项的制度和法规，成立专门的工作处（组），保证这些基本服务文本化和常态化。三是鼓励制度创新和积极政策探索，尽可能调动社会上其他闲置资源，让更多的社会组织参与到这些服务提供中去，增加基本就业服务的有效供给。四是以积极的就业政策促进更多的新生代农民工创业就业。我们的实地调查了解到广州务工的新生代农民工具有创业意愿强、创业率较高等特点，因顺势而为，出台更多的积极创业就业政策，提供全方面、多层次的创业就业服务和管理，比如简化创业行政审批手续与周期，扩大创业财税减免力度和金融支持等，鼓励更多的外来青年创业就业。

三、加快产业结构转型升级,以创新驱动经济的增长

加快产业结构调整,将新生代农民工等农村转移劳动力和新增劳动力的就业需求纳入国际国内的产业布局规划,进一步拓展新生代农民工的就业空间。一方面产业结构决定新生代农民工的就业结构,劳动力需求作为派生需求,受影响于产业结构、产品市场和技术进步水平等因素。另一方面新生代农民工的就业能力和工作搜索反作用于产业结构的转变,推动或阻碍产业升级与转型。建议在转变经济方式即"由主要依靠投资、出口拉动向依靠消费、投资、出口协调拉动转变,由主要依靠第二产业向依靠第一、第二、第三产业协调带动转变,由主要依靠增加物质资本消耗向主要依靠科技进步、劳动者素质提高、管理创新转变",综合考虑新生代农民工的地区分布、行业分布,并加以适当引导。另外,同时运用技术引进与自主创新两种技术升级手段。引进多宜于下游产业发展,如制造业和加工业,而自主创新式技术进步,则有利于发展上游产业,如高新技术产业和研发业。

四、建立通畅地信息传递机制,解决信息不对称问题

具体包括两个方面:一是通畅的就业信息传递机制。在劳动力市场不完善条件下,信息的不完全、不对称性会增加经济活动的交易费用,具体会使个体行为交易成本增加和交易收益减小,同时,也会使影响决策的随机干扰增多,使个体期望工资向实际工资累积分布高位处游走,高质量的就业的概率会随之降低。因此,完善劳动力市场,建立通畅的信息传递机制,使新生代农民工及时、准确地了解劳动力市场上的供求信息与动态变化,形成科学的就业预期,对抵制失业、促进就业、改善职业分布结构、促进社会阶层向上流动、更高质量的就业等均有较大好处。二是通畅的技能培训信息传递机制。48.11%的人表示没有参加政府、学校组织或减免学费的职业培训的原因在于不知道有这样的培训,此外,9.9%的人承认听说过类似的培训,但不知道怎么去报名参加,凸显出职业培训信息传递机制的缺失,因此应加强此机制的建设与宣传,使信息溢价能惠及更多有需求的新生代农民工,这将在最大程度上促进他们充分就业和和谐就业。

五、采取有力措施改善新生代农民工劳动关系和谐度

面对新生代农民工遭遇的劳资关系问题,以及面对问题时较少依据法律工具

保障保护自身权益的实际情况，建议从工资收入和工会建设两方面入手进一步改善他们的劳动关系。一是需要进一步推进工资集体协商制度。具体的措施包括：首先要确保新生代农民工知晓其工资可以通过集体协商及自己所属的具体集体单位；其次是确保真正代表新生代农民工利益的工资集体协商谈判和管理代表，最后是政府要通过最低工资制度等政策措施为新生代农民工的薪资确定一个合适的区间，使新生代农民工工资保持在一个科学范围之内，进而降低新生代农民工因工资水平不满意而盲目工作流动。二是真正发挥好工会的作用。工会的产生和发展是市场经济的内在需求，没有工会就谈不上市场经济的健康发展。因为在与资本的关系中，劳动者个体先天就处于劣势，如果没有工会这样的组织，劳动者的合理合法权益就无法得到保障，从长期来看，资本的权益也会失去存在和扩大的基础。应在实践中进一步明确工会的角色和职责，更好地发挥工会在构建新生代农民工和谐劳动关系中的作用。一方面，继续推进"两个普遍"，进一步提高工会建会率，特别是对新生代农民工占比较高的组织在建会方面给予更多关注；另一方面，努力使工会相对独立于企业所有者和经营者，使工会更好地反映职工诉求，代表职工与雇主进行谈判、协商。我国已建立了三方协商机制，政府、雇主组织和工人组织代表不同的利益主体，可以对涉及工人劳动关系的重大问题进行协商。建议还可进一步发挥社会组织和媒体的作用，监督和促进新生代农民工和谐劳动关系的构建。

六、加强劳动力市场的法治建设、有效保障就业权益

2003年1月，国务院办公厅下发了《关于做好农民工进城务工就业管理和服务工作的通知》。2003年9月，国务院办公厅转发了教育部等部门《关于进一步做好进城务工就业农民工子女义务教育工作意见的通知》。2004年12月，国务院办公厅发布了《关于进一步做好改善农民工进城就业环境的工作通知》，要求进一步改善农民进城就业环境，维护农民工合法权益。2006年4月，国务院办公厅转发了劳动和社会保障部《关于做好被征地农民就业培训和社会保障工作指导意见的通知》，要求各地相关部门认真贯彻执行。2007年以来，我国政府先后颁布实施的《劳动合同法》《就业促进法》《劳动争议调解仲裁法》《社会保险法》《劳动合同法实施条例》《就业促进规划（2011—2015年）》等，无疑使整个劳动力市场的灵活性和稳定性保持了较好的平衡。下一步，则建议重点放在法律的实施和监察方面，切实保护新生代农民工权益、维护劳动力市场秩序，为推动新生代农民工实现体面就业、和谐就业和更高质量的就业营造出较好的法律氛围。建立"体面工作时间"制。过长的工作时间和高频加班，影响劳动者的工作

和非工作生活的和谐度,影响就业质量的提升。要解决当前新生代农民工工作时间过长的问题,加快经济发展方式的转变是关键,良好的制度设计是基础,适当差异化的工时设计是手段,基于新技术建立的工时协商机制是途径,政府宏观协助是保障,总而言之,一个良好的工时制度背后,需要有各个部门的通力配合,在不违背市场基本运行规律的前提下,组合运用各种手段。

七、加快户籍制度的改革,推动基本公共服务均等化

我们研究发现,当前户籍制度下,农民工不能得到"城市居民待遇",融入社区生活困难,且子女无学可读、上学太贵的局面使得外来务工者增加非工作时间的家庭劳动或工资支付。虽然政府一直推进社区建设、入托与就学援助等工作,但这些措施依然治标不治本,户籍制度背后的城市与非城市福利始终影响着教育公平和和谐劳动关系。在大城市,特别是在北京、上海这样的特大城市,短时间内全面放开户籍难度大,因为户籍制度背后牵涉到社会福利的再分配、城市基础设施的承受力等多方面利益约束和基本物质条件约束。但是就目前政府财力和法律执行力来看,去除户口在社区生活服务、幼儿教育、义务教育上的牵绊,让打工者享受基本公共服务是能够行得通的。

第八章

新生代农民工社会融合理论分析与调查研究

随着我国市场化、工业化和城市化的发展,以及交通和通信技术的进步,人口流动的规模和频率大大增加,这其中又以青年农民工为主体。据国家统计局公布的调查结果,2013 年全国农民工总量达到 26 894 万人。其中,1980 年及以后出生的新生代农民工 12 528 万人,占农民工总量的 46.6%,占 1980 年及以后出生的农村从业劳动力的比重为 65.5%。[①] 新生代农民工与老一代农民工相比,他们年纪轻、受教育水平高,缺乏农业生产经验,向往城市生活,更希望永久定居到城市。[②] 新生代农民工的社会融合问题成为学术研究的热点,也是社会政策关注的焦点之一。本章主要对社会融合的相关理论进行综述,然后对新生代农民工社会融合的现状进行描述性分析。

第一节 社会融合理论分析

一、社会融合的概念建构

社会融合是一个从国外相关研究中翻译而来的一个学术词汇,特别是在英文

[①] 国家统计局:《2013 年全国农民工监测调查报告》,http://www.gov.cn/xinwen/2014-5-12/content_2677889.htm。

[②] 王春光:《新生代农村流动人口的社会认同与城乡融合的关系》,载于《社会学研究》,2001 年第 3 期,第 63~76 页。

文献中有多个词被翻译为社会融合，比较典型的是 accuculture，assimilation，integration。实际上每个词都有其产生和使用的特殊学科背景和历史背景。社会融合概念最早产生于文化人类学者对殖民文化和土著文化之间关系的研究中，后来被社会心理学者用于研究移民的社会适应问题，如今它被社会学和政治学研究者用来研究移民特别是国际移民在迁入国的适应与发展问题。在国内，社会融合被学者们用来研究流动人口特别是农民工在城市的生存与发展的境况，与之类似的概念还有"城市适应""社会融入""市民化"等概念。学术界围绕社会融合的内涵与外延，以及影响社会融合的因素进行了广泛的研究。本节就社会融合的概念进行澄清和界定，随后会对解释社会融合的主要理论范式进行综述，这为理解新生代农民工社会融合现象提供了理论参照。

究竟什么是社会融合？首先，要从社会融合概念的历史谈起。早在20世纪20年代，美国社会学家帕克将社会融合定义为"个体或群体互相渗透、互相融合的过程，通过共享历史和经验，相互获得对方的记忆、情感、态度，最终整合于一个共同的文化生活之中"。[1] 后来，人类学家雷德菲尔德提出，社会融合是指"由个体所组成，具有不同文化的两个群体之间，发生持续的、直接的文化接触，导致一方或双方原有文化模式发生变化的现象。"[2] 可以说传统的社会融合概念主要是从文化适应的角度来定义的。

近年来，特别是欧洲的有关学者对社会融合概念的内涵进行了拓展，认为社会融合的概念除了文化要素外，还应包括社会结构的要素，特别强调公民身份与权利的获得以及相关公共服务的获取。例如，福凯姆和德哈斯（Fokkema & de Haas）[3] 认为融合过程有很多个维度，通常将融合分为结构融合和社会文化融合。结构融合是指在移入地的制度环境下权利和地位的获得，如就业、住房、教育、政治权利和公民身份。社会文化融合主要包括以下三个方面：以主流社会的规范为参照，移民的认知、态度和行为的改变（文化融合）；社会互动、友谊、婚姻、社团参与（互动融合）；归属感和认同感（认同融合）。又如，阿格尔和斯特郎（Ager & Strang）[4] 提出了成功的社会融合的核心要素，认为社会融合主要围绕四个核心主题展开：一是就业、教育、住房和医疗卫生等公共服务的获得；二是关于公民身份和公民权利的界定和获得；三是社区内外、不同群体之间建立联系的过程；四是不同群体间建立联系的结构性障碍的克服，包括语言、文

---

[1] Park R E. Human Migration and the Marginal Man. American Journal of Sociology，1928，33（6）：881 - 893.

[2] Redfield R，Linton R，Herskovits M J. Acculturation. Oceania，1935，6（2）：229 - 233.

[3] Fokkema T，de Haas H. Pre-and Post - Migration Determinants of Socio - Cultural Integration of African Immigrants in Italy and Spain. International Migration，2011.

[4] Ager A S A. Understanding integration：a conceptual framework. Journal of refugee studies，2008：166 - 191.

化、地方环境等。这些要素中公民身份及相关的权利是社会融合的基础。

国内学者多数在借鉴国外关于国际移民社会融合相关理论来研究国内的流动人口问题和融合问题，特别是农民工的社会融合问题。杨菊华[1]是国内较早对社会融合理论进行梳理和对概念进行辨析的学者。她提出，社会融入是比社会融合更适于形容农民工在城市适应的过程及结果。她认为社会融入是一个动态的、渐进的、多维的、互动的概念，但她并没有给社会融入下一个确切的定义，只是提出社会融入至少包含经济整合、文化接纳、行为适应和身份认同四个维度，并且四个维度之间存在一定的递进关系。悦中山、李树茁、费德尔曼[2]总结国内外关于社会融合相关概念的基础上，提出"移民的社会融合是指移民与迁入地社会居民之间差异的消减"，而农民工的社会融合是指"农民工与城市居民之间在文化、社会经济地位、心理等方面差异的消减"。文章提出农民工社会融合分为三个重要维度即文化融合、社会经济融合和心理融合。周皓[3]认为流动人口社会融合是指迁入人口在迁入地逐步接受和适应迁入地文化，并以此建构良性的互动交往，最终形成相互认可，相互"渗透、交融、互惠、互补"。王春光从社会心理、日常生活行动和制度等3个层面，将新生代农民工的城市融合状况概括为"半城市化"现象[4]。余运江等认为社会融合结构维度包括经济适应、社会接纳、文化与心理融合，其研究还发现，社会融合的主要影响因素是个人特征、经济因素及制度安排，个人特征是基础性因素，经济因素不再是影响社会融合最重要的因素，但与社会融合呈现复杂的线性关系，制度因素特别是参与社会养老保险最为重要[5]。黄匡时等针对现有社会融合的研究维度和指标体系中存在的一些问题，借鉴欧盟社会融合指标和移民整合指数，系统梳理了社会融合的维度和研究层面，并在各维度中区分了主观融合指标和客观融合指标。[6] 他认为农民工城市融合的测量应当从城市层面和个体层面去理解。他从理论框架上建立了"农民工城市融合政策指数"和"农民工城市融合个体指数"，建议从城市与农民工相关的政策角度和农民工个体主观融合感受和评价以及农民工客观融合状况进行测量。上述研究为更清晰地研究农民工社会融合提供了一个较好的理论框架，也为我们从制

---

[1] 杨菊华：《从隔离、选择融入到融合：流动人口社会融入问题的理论思考》，载于《人口研究》，2009年第1期，第17～29页。

[2] 悦中山、李树茁、费尔德曼：《农民工社会融合的概念建构与实证分析》，载于《当代经济科学》，2012年第1期，第1～11页。

[3] 周皓：《流动人口社会融合的测量及理论思考》，载于《人口研究》，2012年第3期，第27～37页。

[4] 王春光：《对新生代农民工城市融合问题的认识》，载于《人口研究》，2010年第2期。

[5] 余运江、高向东、郭庆：《新生代乡—城流动人口社会融合研究——基于上海的调查分析》，载于《人口与经济》，2012年第1期。

[6] 黄匡时、嘎日达：《社会融合理论研究综述》，载于《新视野》，2010年第6期。

度层面和个体层面立体地剖析问题提供了启发,然而,该研究作为一个理论框架,其具体的评价标准和操作化方法还需进一步开发。

对国内外关于社会融合的定义与维度进行综述后,我们认为农民工社会融合是指,农民工与城市市民之间差异的削减。差异削减的过程是农民工发展相应的能力、学习并获得市民的基本资格、适应城市并具备一个城市市民基本素质的过程。

二、社会融合的解释范式

社会融合 (social integration) 是1966年法国实证主义社会学家涂尔干在研究自杀率时提出的。从这一理论提出伊始,不同的研究者就开始从不同的视角进行各自的阐述,从而发展出从宏观、中观和微观等不同研究层面的诸多论说和测量方式。

脆弱群体理论、社会分化理论、社会距离理论和社会排斥理论可以看成是社会融合的理论基础。社会融合的族群模式,特别是研究外来群体与流入地当地居民之间的社会关系是社会融合理论在较早时期关注的重点,比如像克雷夫科尔的熔炉论、帕克的族群关系循环论和戈登的同化过程理论以及多元化模式都是关注融合过程中族群的行为模式的研究[1]。社会融合的心理建构,主要从微观个体的心理层面研究社会融入和社会接纳,包括社会认同理论、自我认同理论和社会接纳理论,这些研究也为理解弱势群体的社会融合提供了心理动力机制分析。

可以说社会融合是一个立体的概念,包括融入的过程和机制,也包括融入的内容和程度。有部分学者是从融合的过程来理解和认识社会融合现象的,还有些学者是从融合的内容和结果及其影响因素来阐释融合现象的。为了加深我们对新生代农民工社会融合问题的理解与认识,这里主要介绍文化适应与社会化范式,社会资本与社会网络范式以及社会认同范式。

(一) 文化适应与再社会化

人类学家拉尔夫·L.比尔斯,指出城乡之间的文化适应和跨文化之间的文化适应过程只有程度不同,变化过程并无本质差异,它们之间只有数量差异,基本过程具有可比性。[2] 这说明移民研究中的文化适应理论有助于我们理解农民工

---

[1] 黄匡时、嘎日达:《社会融合理论研究综述》,载于《新视野》,2010年第6期。
[2] 王兴周、张文宏:《城市性:农民工市民化的新方向》,载于《会科学战线》,2008年第12期,第173~179页。

的城市适应与融入问题。

1. 什么是文化适应。

沃德（Ward）① 认为移民会引起生活方式的改变，当生活方式发生重大转变时，已经习惯的生活方式（文化）与变化的环境之间发生错位或不协调。这种错位发生在制度层面、家庭和个体层面，特别是农村经济欠发达地区的生活方式在城市发达地区的环境下会产生不适应，这就需要发展新的能力来适应新的生活环境。因此，沃德提出文化适应是指为了适应新的文化环境，了解当地社会组织系统的运作，掌握在一个陌生环境下必需的技能和办事程序。

早期的文化适应研究是由人类学家或者社会学家所组织进行的，并且一般都是集体层次上的研究。他们探讨的通常是一个较原始的文化群体，由于与发达文化群体接触而改变其习俗、传统和价值观等文化特征的过程，关注社会结构、经济结构、政治组织及文化习俗的改变。心理学家在这一领域的贡献主要是最近几十年来的工作，他们通常更加注重个体这个层次，强调文化适应对各种心理过程的影响，以认同、价值观、态度和行为改变的研究为主。②

2. 文化适应理论的模型。

随着交通和通信技术的发展，移民的数量激增，促进了不同文化之间的交流，推动了文化适应研究的发展，形成了众多的理论模型，新近的研究主要集中在个体层面的文化适应。目前，研究文化适应有 2 个主要的模型，即单维度模型和双维度模型。③

（1）单维度模型。这一理论模型假设移民总是接受新社会文化的所有方面，而失去原生社会文化的所有方面。移民可能处于完全同化和完全不同化两极的中间，但最终是要实现完全同化。同时，个体受主流文化影响越多，原有的文化对其影响就越小。处于两极中间的是一种双文化状态，即个体在某些方面已经被主流文化所同化，但在另外一些方面却仍然受原有文化的影响。

单维度模型的主要缺点是它不能区别出个体对两种社会文化都熟悉或都不熟悉的情况。单维度模型理论对移民政策的影响，主要体现在美国社会的"熔炉"观和移民的同化政策上。

（2）双维度模型。20 世纪 70 年代，一些心理学家提出双维度模型以挑战单维度模型，比较有代表性的是白瑞（Berry）④ 提出的双维度模型。他提出两个相

---

① Ward C. The A, B, Cs of acculturation. Matsumoto D. New York: Oxford University Press, 2001: 411–445.

② 余伟、郑钢：《跨文化心理学中的文化适应研究》，载于《心理科学进展》，2005 年第 6 期，第 134~144 页。

③ Lee J H, Heo N, Lu J, et al. Qualitative Exploration of Acculturation and Life–Span Issues of Elderly Asian Americans. Adult span Journal, 2013, 12 (1): 4–23.

④ Berry J W. Immigration, Acculturation, and Adaptation. Applied Psychology, 1997, 46 (1): 5–34.

互独立的维度,即保持传统文化和身份的倾向性,和其他文化群体交流的倾向性。根据个体在文化适应中两个维度上的不同表现,区分出了 4 种不同的文化适应策略,即整合、同化、分离、边缘化;后来,白瑞在原来的两维度基础上增加了第三个维度,文化适应期望和主流文化群体在强有力的相互文化适应过程中所扮演的角色,区分了四种主流文化群体所使用的策略,即多元文化、熔炉、种族隔离、排斥。双维模型越来越受到研究者和政策制定者的重视,在移民政策中主要表现为多元文化政策(multiculturalism)。

3. 文化适应的层次与领域。

文化适应理论除了在维度层面进行讨论外,还对文化适应的层次和领域进行了分析。沃德和她的同事做了大量的工作,她们把文化适应分为心理层次上的文化适应和社会文化层次上的文化适应。关于文化适应领域的研究对我们研究农民工再社会化和文化资本积累具有很好的启示。一些心理学家[①]提出了移民在不同生活领域采取不同的文化适应策略。他们指出,以往研究把所有的生活领域都等同化,这样做可能不符合实际,因为不同的领域可能采取的策略不同,比如一个移民可能在经济和工作上的同化、语言上的整合,在家庭、婚姻和饮食等问题上却采用分离的策略。一些研究表明,移民在公共领域采取同化策略,但是在家庭私人领域,他们更加愿意保持原来的文化传统。

4. 文化适应理论给我们的启示。

西方的文化适应研究对西方国家移民政策产生了重要的影响,因此文化适应研究对我国流动人口的适应问题的研究具有重大的理论借鉴意义。

就我国农民工社会融合问题而言,从群体和代际城市适应的过程来讲,大部分农民工社会融合还是要向市民靠近且被同化,单维度模型对此可能更有说服力。但是,这一过程不是一代人所能完成的,可能需要二代或几代人才能完成,就个体和个人生命阶段而言,可能双维度模型更有解释力。但是,我们要区分的是在不同生活领域,农民工的文化适应可能采取不同的策略,即在公共生活领域,他们更可能采取同化策略,这可以帮助他们获得更多的社会承认和平等的机会,在家庭私人生活领域他们更可能采取隔离的策略。

社会化与适应是一个事物的两个不同方面。适应主要从适应主体来看问题,社会化则从施教者的角度来分析问题。因此,农民工进城并融入城市也是一个再社会化过程,他们首先要再学习的是有助于他们适应城市生活的公共领域的知识、规则、办事的程序等,这也可以是政策干预的切入点。

[①] Arends-Tóth J, Vijver F J R V. Multiculturalism and acculturation: views of Dutch and Turkish-Dutch. European Journal of Social Psychology, 2003, 33 (2): pp. 249-266.

（二）社会资本与社会网络范式

1. 社会资本的主要理论框架。

当代对社会资本概念的第一个系统表述是由法国社会学家布迪厄（Bourdieu）正式提出的。他将社会资本定义为："现实或潜在资源的集合体，这些资源是与拥有或多或少制度化的共同熟识和认可的关系网络有关，换言之，与一个群体中的成员身份有关，它从集体拥有的角度为每个成员提供支持"。[①] 科尔曼（Coleman）从功能的角度，指出社会资本不是某种单独实体，而是具有各种形式的不同实体，这些实体是构成社会结构的各个要素，并为结构内部的个人行为提供便利。[②] 科尔曼进一步指出，社会资本的主要形式包括：义务、期望和信任，基于社会网络的信息获取通道，以及规范和有效制裁。美国社会资本领域的关键性人物帕特南（Putnam）侧重于社会资本对群体信任和公民参与的影响，他认为社会资本是"诸如社会网络、规范和社会信任所具备的，将通过推动合作以实现互惠互利的诸要素"。[③] 帕特南认为，信任是社会资本必不可少的组成部分，互惠规范和公民参与网络能够促进社会信任，更重要的是，社会信任、互惠规范与网络互相加强，最终形成自愿合作，解决集体行动困境。

布郎和特纳（Brown & Turner）等把社会资本的分析层次归纳为微观、中观和宏观三个层次。[④] 微观层次的社会资本关注的是个体自我通过包含自我在内的社会网络动员资源的潜力；中观层次的分析则关注网络结构是怎样形成的，以及资源在网络中的分配；宏观层次的社会资本理论关心的是社会资本网络如何嵌入在较大的政治经济系统或文化与规范的系统之中。[⑤]

2. 社会资本的关键要素和运行机制。

学术界对于社会资本的具体内容存在着一些分歧，但有一个基本共识，即社会资本主要是指嵌入社会网络中可以接触和动员的各种资源。[⑥] 社会网络是承载社会资本的具体形式，而信任和规范则是弥漫于社会网络之中无形的塑性剂，在信任和规范的相互作用下，个人社会网络的密度、规模和每个联结人的关系发生

[①] 包亚明：《布迪厄访谈录——文化资本与社会炼金术》，上海人民出版社1997年版。

[②] Coleman J S. Social Capital in the Creation of Human Capital. The American Journal of Sociology, Supplement: Organizations and Institutions, 1988, 94: pp. 95 - 120.

[③] Putnam R D. Making Democracy Work: Civic Traditions in Modern Italy. Princeton University Press, 1994.

[④] 胡涤非：《农村社会资本的结构及其测量——对帕特南社会资本理论的经验研究》，载于《武汉大学学报（哲学社会科学版）》，2011年第4期，第62~68页。

[⑤] 张文宏：《社会资本：理论争辩与经验研究》，载于《社会学研究》，2003年第4期，第23~35页。

[⑥] 林南、俞弘强：《社会网络与地位获得》，载于《马克思主义与现实》，2003年第2期，第46~59页。

着动态变化。在社会资本的形成和积累过程中，社会网络、信任和规范有着共生和互为因果的复杂关系。

（1）社会网络。社会网络是指限定的一组人中的特定的连续群，或是一个特定个人的关系群。一方面，潜在的信息是社会网络蕴藏的重要资源，但是社会网络本身并不能够自动产生所谓的资本投资效果，只有当社会网络中的资源被人们有目的使用时，社会网络中的资源才能够转换为社会资本。另一方面，社会资本动员后的社会资源，只能依附孕育在社会网络中。作为获取信息和资源的社会关系网络，不管正式的还是非正式的，都必须建立在互惠和信任准则之下。

边燕杰发现，有四个重要的网络特征可以产生社会资本，一是较大的网络规模；二是网络顶端高，也就是网内拥有权力大、地位高、财富多、声望显赫的关系人；三是网络差异大，即网内人从事不同的职业，处于不同的职位，资源相异，影响互补；四是网络构成合理，与资源丰厚的社会阶层有关系纽带。[①]

个人的社会网络主要有两种来源，一种是"先赋"，一种是"后致"。[②] 个人一出生便置身于特定的社会关系和网络之中，和特定的人发生特定的社会关系，这是非选择性的。对于出生在农村家庭的孩子来说，他们从出生起就成为"农民"，他们社会网络中的资源基本来源于农村和其他农民。在他们生命的早期阶段，他们自身无法做出改变。随着大规模的人口流动，在先赋性社会关系网络呈现出弱化趋势的同时，自致性社会关系网络的重要性逐渐凸显。

"自致"即是通过自我努力来获得社会资源，是个人在开放、自由的社会环境中，通过发挥个人的能动性，建立新的社会网络以获得更多社会资源。对于进城务工的农民工来说，他们离开亲人朋友到城市工作，亟待建立起新的适应城市生活的社会网络以便支持他们今后在城市中生活并获得足够的社会资源和支持。对于生活在这样家庭中的孩子，他们除可以承继父母在家乡建立的社会网络以外，父母在城市里新建立的网络，也可以成为孩子将来可以承继的社会网络的重要组成部分。

（2）信任和规范。信任被认为是对他人期望可靠性的感知和解释，是基于普通共享的规范出现在一个社区、协作行为的相互期望。责任、期待以及对某社会结构的信任，共同组织了"信任"。科尔曼用了一个生动的例子证明这种信任的形成过程：如果 A 帮助 B 做了某件事，并且期待 B 在日后会有报答，这便使 A 建立了要求 B 履行相关义务的期待。这种义务则构成了 A 所拥有的由 B 来履行的"人情债"（credit slips）。如果 A 拥有很多可以随时收回的"人情债"，那么

---

① 边燕杰：《城市居民社会资本的来源及作用：网络观点与调查发现》，载于《中国社会科学》，2004年第3期，第136~146页。

② 夏瑛：《中国城市贫困人口的社会资本研究》，上海复旦大学博士学位论文，2007年。

这些"人情债"就构成了 A 在需要时可随时取用的大量资源。这种"人情债"原理同样也存在于一个社区甚至一个社会中，如果社区/社会中有更多的人愿意为他人提供帮助，并也相信当他需要帮助时，社区/社会里有人提供同样的帮助，这个社区/社会就会累积大量的"人情债"，换言之，这个社区里产生并存在了大量的社会资本。无论在怎样的社会结构中，那些拥有着更多未偿还"人情债"的"债主"，拥有着更多的社会资本，这些未偿还的"人情债"意味着，当他/她需要时，这些"人情债"的效用被放大并归还。[①]

规范是信任和互惠的规范，大都约定俗成。规范普遍地、非正式地存在于集体或组织之中，遵守这些规范，意味着要放弃个人利益而与集体利益保持一致。这种由社会支持、社会地位、荣誉和其他奖励不断强化的社会资本，大到建设一个年轻的国家、呼吁人民为社会公共利益服务，小到增强家庭的凝聚力，起着重要的作用。这些非正式规范是处在关系网络中的个人或组织在频繁的接触、交流与交易过程中逐渐形成的，对个人或组织的行为取向起着重要的约束和激励作用。

（3）三种关键要素的相互关系。科尔曼提出"闭合社会网络"（closure of social metworks）的概念，清晰地阐述了信任、社会网络和规范这三种社会资本的关键要素彼此之间相互促进、共同成长的关系。所谓"闭合社会网络"，是指这个网络中，每个人都因为某种原因与他人有关。科尔曼认为，只有在相对闭合的社会网络中，规范才会存在并发挥作用，如果 A 分别对 B 和 C 施加消极影响，但 B 和 C 彼此之间没有联系，无法形成合力来消减或抵抗 A 施加的影响，他们之间无法形成共同的责任、信任和人情，所以规范无法存在。他特别引申出"闭合代际社会网络"（intergenerational closure）这个概念，用来描述父母如何更有效地将规范传递给子女。[②] 闭合的代际关系，是指在社会网络中，父母的朋友是孩子朋友的父母，这样父母不仅对自己的孩子产生影响，也会更加关注自己孩子的朋友，在这样的代际关系中，父母还可以与其他父母一起，达成孩子们共同遵守的规范。闭合的社会网络也能有效地增进人们彼此的信任，"人情债"的作用将会被放大，通过人们口口相传，"债主"的影响力和地位也会相应提高。因此，可以将闭合的社会网络视作社会资本形成和积累的土壤，信任和规范是社会网络得以维持和壮大的机制。

3. 社会资本的功能。

（1）社会资本与社会地位获得。林南等通过社会资本和社会地位获得的实证研究指出，社会资本增加了获得较好地位的机会。[③] 他们在对纽约州 400 多名男

[①②] Coleman J S. Social Capital in the Creation of Human Capital. The American Journal of Sociology, Supplement: Organizations and Institutions, 1988, 94: S95 – S120.

[③] 林南、俞弘强:《社会网络与地位获得》，载于《马克思主义与现实》，2003 年第 2 期，第 46~59 页。

性员工开展研究的证实,除了父母地位和教育之外,熟人的地位也对个体自我获得地位有影响;同时,熟人地位受父亲地位的正向影响,但是受个体自我与熟人的联系强度的负向影响。坎贝尔(Campbell)等人发现,网络的资源组成与诸如职业声望和家庭收入之类的获得地位有着显著的关联。[1] 巴比里(Barbieri)也发现,当前的职业地位显著地受到教育(自致地位)和熟人的地位的直接影响。反之,交往者地位又受父母地位(先赋地位)、教育、网络资源及与交往者的较弱联系的影响。

(2) 社会资本与人力资本。社会资本理论的开创者提出,一方面,社会资本有助于产生人力资本,另一方面,[2] 人力资本显然也能促进社会资本,这表现在受过良好教育与培训的个体往往能够进入资源丰富的社会圈子和团体中。还有研究发现,当社会资本缺乏时,人力资本对收入有着最大的影响,而当社会资本充裕时,人力资本对收入的影响会变得最小。[3]

4. 社会资本与社会融合。

社会融合一般指在移民与本地人在社会经济、文化适应及心理和身份认同等方面共同变化逐渐接近、并最终消除差异融为一体的社会过程。[4] 社会资本在这三个方面都对社会融合起着关键的影响作用。叶鹏飞对在北京市务工的农民工的社会交往方式的研究中指出,农民工城市生活仍然呈现出明显的内卷化特征,表现为与本地居民交往行为的形式化、社会网络里松散的链接关系,以及他们参与社区活动的有限性,这种社会资本形态影响了他们与本地居民信任度的延伸,进而缩小了社会距离,最终会导致农民工社会融合的艰难。[5] 悦中山等的研究也证实了这一观点,他们发现,农民工拥有的与市民的非亲属关系在农民工的文化融合和心理融合发挥着显著的正向影响,这种影响还会从文化、心理和社会经济地位三个维度上长期发挥作用。[6]

(三) 社会认同理论范式

社会认同理论是由塔吉费尔和特纳(Tajfel & Turner)等人提出的,该理论

---

[1] Campbell K, Marsden P, Hurlbert J. Social resources and socioeconomic status. Social Networks, 1986, 8(1): 1.
[2] 包亚明:《布迪厄访谈录——文化资本与社会炼金术》,上海人民出版社1997年版。
[3] 林南、俞弘强:《社会网络与地位获得》,载于《马克思主义与现实》,2003年第2期,第46~59页。
[4] Ager A, Strang A. Understanding integration: A conceptual framework. Journal of Refugee Studies, 2008, 21: 166-191.
[5] 叶鹏飞:《探索农民工城市社会融合之路——基于社会交往"内卷化"的分析》,载于《城市发展研究》,2012年第1期。
[6] 悦中山、李树茁、靳小怡等:《从"先赋"到"后致":农民工的社会网络与社会融合》,载于《社会》,2011年第6期,第130~152页。

产生于对群体行为的解释,认为个体对群体的认同是群体行为的基础。社会认同是指"个体认识到他(或她)属于特定的社会群体,同时也认识到作为群体成员带给他(她)的情感和价值意义"。[①]

社会认同理论的基本观点是,个体通过社会分类,对自己的群体产生认同,并产生内群体偏好和外群体偏见。社会认同理论认为,社会认同是经过社会分类、社会比较和积极区分的原则建立的。社会认同的目标是为了满足自尊的需要,现实社会中的个体会采取社会流动、社会竞争和社会创造等策略来维持或提高社会认同。社会认同理论在集体行动、种族和移民研究领域得到了广泛的应用。我们正处在快速的工业化和城镇化的过程中,流动人口大量增加,特别是农民工,所以社会认同理论也大量地应用于农民工的相关研究中,特别是农民工社会认同的现状及其形成原因和社会后果成为学者们主要探讨的问题。

杨宜音提出,新生代农民工的身份认同存在明显的过渡性特征,主要表现在他们徘徊在以城市居民身份替代农民工身份的过程之外,身份的双重边缘化城市和乡村对他们的双重排斥(半城半乡),身份空白化既不认同农民工身份,也不认同市民身份。新生代农民工为什么会面临这样的过渡性身份认同的困境,其主要影响因素有哪些,形成的机制是怎样的?为了回答这些问题,杨宜音梳理了认识农民工身份认同的5个理论视角,具体包括跨文化心理学的文化涵化理论、社会认同理论中的群体关系理论、社会心理学的动态建构理论、社会表征理论和全球化理论。她认为新生代农民工身份认同的困境来自制度性分类以及制度性分类自身所带有的地位高低的结构性。因此,理解新生代农民工的认同困境需要透过城乡权力关系的视角寻找答案。[②]

一些学者围绕社会认同的不同维度对农民工社会认同的现状进行了研究。王春光[③]从身份认同、职业认同、乡土认同、社区认同、组织认同、管理认同和未来认同等7个方面分析了农民工的社会认同的状况。结论是新生代农民工的社会认同状况比起第一代更为不确定,同时他们返回乡村生活也变得更加困难。周明宝提出城市滞留型青年农民工有四重身份认同,即从制度认同、人际认同、生活方式认同和自我认同。青年农民工的认同危机会导致相对剥夺感、过客心理和游民化等不良后果。[④] 郭星华和刑朝国提出社会认同的二维图式,即社会认同在两

---

① 张莹瑞、佐斌:《社会认同理论及其发展》,载于《心理科学进展》,2006年第3期,第475~480页。
② 杨宜音:《新生代农民工过渡性身份认同及其特征分析》,载于《云南师范大学学报(哲学社会科学版)》,2013年第5期,第76~85页。
③ 王春光:《新生代农村流动人口的社会认同与城乡融合的关系》,载于《社会学研究》,2001年第3期,第63~76页。
④ 周明宝:《城市滞留型青年农民工的文化适应与身份认同》,载于《社会》,2004年第5期,第4~11页。

个维度上发生变化，一方面对社会群体本身的认识和评价，另一方面是自身与社会群体之间关系的认知和评价。他们认为社会认同的这种二维性是导致个体社会认同张力和矛盾性的重要原因。①

另外一些学者则对影响农民工社会认同的因素进行了探讨。唐斌用"双重边缘人"这一概念描述城市农民工的自我认同状况，认为城市和农村社会的双重外力是其认同困境产生的原因。② 邱爱芳认为工资水平低、社会保障制度不健全，城市居民的偏见及新生代农民工的心理承受能力较弱等因素阻碍了新生代农民工的社会认同。③ 许传新探讨新生代农民工身份认同及影响因素，新生代农民工身份认同处于混沌状态，性别、城市生活体验、与市民的社会交往状况、与市民之间的社会差异感、城市社会生活的满意度以及是否参与当地城市社区组织，对新生代农民工的身份认同有显著性影响。④ 刘玉侠、尚晓霞认为，新生代农民工的社会认同困境阻碍着他们的市民化进程，主要表现为制度制约、自身地位制约、社会关系网络制约等。摆脱这一困境，需要政府创造良好环境、城市居民宽容接纳，新生代农民工积极提高自身素质及劳动技能等。⑤ 社会认同是心理融合的重要内容，社会认同特别是身份认同会强烈影响新生代农民工的城市归属感和居留打算。

三、社会融合的政策变迁

在本书研究中，我们把农民工的社会融合界定为与城市市民差异的消减，这一过程表现在两个方面，一个是个体的行为方式和规范，另一个是公民权利的角度。从公民权利去观察、描述农民工的社会融合，在一定意义上是对我国农民工社会政策的分析。

农民工的社会融合是富余农村劳动力向城市流动过程中发生的。当代意义上的农民工社会融合发端于20世纪80年代初，家庭联产承包责任制的建立极大地

---

① 郭星华、邢朝国：《社会认同的内在二维图式——以北京市农民工的社会认同研究为例》，载于《江苏社会科学》，2009年第4期，第54~60页。

② 唐斌：《"双重边缘人"：城市农民工自我认同的形成及社会影响》，载于《中南民族学院学报（人文社会科学版）》，2002年第S1期，第36~38页。

③ 邱爱芳：《影响新生代农民工社会认同的因素与对策分析》，载于《山东青年政治学院学报》，2011年第3期，第39~42页。

④ 许传新：《新生代农民工的身份认同及影响因素分析》，载于《学术探索》，2007年第3期，第58~62页。

⑤ 刘玉侠、尚晓霞：《新生代农民工城市融入中的社会认同考量》，载于《浙江社会科学》，2012年第6期，第72~76页。

激发了广大农村人民的生产积极性，然而，人多地少的矛盾更加凸显，怀着对美好生活的向往，年轻力壮、技能和文化水平高的农民精英开始通过务工、自雇、投亲靠友等形式，自发地开始了向城市生活过渡的社会融合过程。在2000年以前，农民工社会政策基本以限制、管制为取向，之后，社会政策开始松动，"服务"出现在各项关于农民工的政策文本中。2014年迎来一个农民工社会政策法律权利的高峰，以《国务院关于进一步做好为农民工服务工作的意见》（以下简称《意见》）为标志。从赋予农民工的公民权利来看，逐渐从就业、工伤保险过渡到整体性的社会保障、住房、城市公共服务及子女教育权利的保障。

  2000年以前的农民工社会政策文本中，流动到城市的农民工被称为"盲流，"在计划经济还未被彻底改革的时代，在1994年以前，流动农民进城还需自理口粮，流入地城市的政府和市民并不欢迎，进城就业需办理各种证、卡，如外出务工证、计划生育证、城市就业证、上岗培训证、暂住证、健康证等，每个证件都需要交纳费用。即便如此，城市政府管理部门对流动就业的进城农民工更是堵、截、赶等。进城农民工一方面承担了城市收入最低、安全最无保障、工作环境最恶劣、工作时间最长的，对于维持城市正常生活秩序又必不可少的岗位，另一方面为城市居民提供了廉价、方便的服务。此外，工资性收入已成为农民现金收入最主要的部分。在这种情况下，2000年，原国家劳动保障部、计委、农业部等七部委联合发布了《关于进一步开展农村劳动力开发就业试点工作的通知》，其中有这样的表述，"逐步建立统一的就业制度"。国家在试点的地区范围内从政策上决定"取消"对农民工劳动者就业的限制。2003年，国务院办公厅《关于做好农民进城务工就业管理和服务工作的通知》明确将"取消对农民进城务工就业的不合理限制"扩大到各地区、各有关部门。"要严格审核、清理农民进城务工就业的手续，取消专为农民工设置的登记项目，逐步实行暂住证一证管理。"然而，农民工的平等就业权利缺乏有效的政策运行机制未能真正保障农民工的劳动权益。反对歧视的法律法规仍然存在，工资水平依然低于同等同类岗位，就业服务体系不健全，①农民工外出就业仍然以亲朋熟人介绍为主，政府有培训有组织的转移所占的比例很低。随迁子女的教育权利得不到有效保障。为此，《意见》再次肯定了农民工是"我国产业工人的主体，是推动国家现代化建设的重要力量，为经济社会发展作出了巨大贡献"，并从就业稳定性、权益保护、公共服务、户籍改革等四个方面专门重申和界定了国家农民工社会政策的价值定位与未来走向。提出到2020年，要完成年度2 000万人次的职业技能培训，社会保险要全覆

---

  ① 《我国农民工工作"十二五"发展规划纲要研究》课题组：《中国农民工总体趋势：观测"十二五"》，载于《改革》，2010年第8期，第5~29页。

盖,实现两亿人城镇化,对未落户者提供城镇基本公共服务,为实现农民工的市民化社会融合目标打下基础。

公民权利的实现多经过应然状态、法律状态和现实状态三个阶段。《意见》为农民工的社会融合提供了最新的政策规定,并以法律政策的形式明确下来,这是农民工公民权利的进步,也标志着农民工社会政策进一步完善。下面,我们将从具体的数据和田野调查展现农民工社会政策的最新实践和效果。

第二节 社会融合的研究设计

一、社会融合指标体系的建构

综合国内关于农民工或者流动人口社会融合的相关实证研究,我们认为农民工社会融合应当至少包括经济融合、社区与社会关系融合和心理融合三个维度:经济融合是指农民工在流入地居住,并获得一定的经济收入,这是立足城市的基础;社区与社会关系融合主要指农民工与社区居民的交往与互动,社区服务获得、社区活动参与等方面;心理融合是指农民工在城市心理上获得认同,情感上找到归属。三个维度之间存在一定的递进关系,但不是绝对的。我们认为经济融合是社会融合的基础,心理融合是社会融合的最高境界。本章所采用数据来自本课题组的专题调查数据库。2012年5月至2013年8月,课题组先后赴河南、广东、福建进行了问卷调查。2013年寒假期间,课题组利用学生放假回家的机会,招募学生调查员进行了问卷调查。4次调查共收集问卷6 289份,以出生在1980年以后、农村户籍为计量口径,有效问卷为4 588份。在构建社会融合指标体系时,本书遵循了系统性、简明性、易得性、普适性与特殊性等原则。[①] 新生代农民工社会融合指标体系主要用于测量新生代农民工在流入城市社会融合的总体状况以及不同维度上的融入水平。

(一) 社会融合指标体系的主要内容

新生代农民工社会融合指标体系由三个层级构成,第一个层级有3个维度,

[①] 杨菊华:《流动人口在流入地社会融入的指标体系——基于社会融入理论的进一步研究》,载于《人口与经济》,2010年第2期,第64~70页。

包括经济融合、社区与社会关系融合和心理融合三个维度。第二个层级包括了12指标，分属于三个维度。第三层为具体测量变量，通过具体的问题或量表来测量所有的指标（见表8-1）。

表8-1　　　　　　　　　　社会融合指标体系

维度	指标	测量变量
经济融合	职业阶层	目前工作的类型
	月收入	每月的收入（包括工资、奖金）
	住房类型	自己或父母的房子，或是租房、单位宿舍
	社会保险	是否参加了养老、医疗和失业三种保险
社区与社会关系融合	邻里关系融合	邻里关系融合量表（7个问题）
	社区参与	参与最多社区事务是什么
	社区服务获取	在社区获取过的最多的服务是什么
	社会交往对象	平时和谁玩的最多
	求助对象	生活遇到困难，最先向谁求助
心理融合	城市归属感	归属感量表（6个问题）
	社会距离	社会距离量表（7个问题）
	城市居留意愿	你想一辈子住在城里吗

（二）社会融合指标体系的操作化

关于社会融合指标体系的应用，既可以采取单变量分析的方法，也可以采取指数分析法，还可以采取互补法，即整合上述两种方法。[①] 研究将采取互补法，即使用单变量进行分析，也采用指数分析法。这样处理的好处在于既可以分析新生代农民工整体（或各维度）融入的状况，也可以深入分析新生代农民工在某个方面的融合状况。

为了能够对新生代农民工社会融合状况进行系统、简明的整体性的描述，特别是为了制定社会融合指数，还需要对每个变量进行操作化，进行加工处理。具体的操作化方法如下：

1. 经济融合。

借鉴已有研究，本书在测量新生代农民工经济融合时主要选取职业阶层、月收入（工资加奖金）、社会保险和住房类型4个指标。

---

① 杨菊华：《流动人口在流入地社会融入的指标体系——基于社会融入理论的进一步研究》，载于《人口与经济》，2010年第2期，第64~70页。

职业阶层的测量，根据被访者的职业身份，将普通员工赋值 1 分，技术工人赋值 2 分，自雇及其他赋值 3 分，管理者（包括基层管理者和中高层管理者）赋值 4 分。

月收入的测量，首先，我们将每月的工资和奖金合并，计算出每个月的总收入；其次，将月收入四等分，分别赋值，1 = 2 000 元及以下；2 = 2 000 ~ 2 500 元；3 = 2 500 ~ 3 000 元；4 = 3 000 元及以上。

住房类型的测量，1 = 住自己或者父母的房子；0 = 单位宿舍或租房。社会保险的测量，这里主要选择在务工地参加养老保险、医疗保险和失业保险作为测量指标，如果三险都参加了赋值 3 分，如果参加其中 2 险赋值 2 分，如果参加其中 1 险赋值 1 分（见表 8 - 2）。

表 8 - 2　　　　　　　　经济融合指标操作化

指标	变量操作化
职业阶层	1 普通工人；2 技术工人；3 自雇及其他；4 管理者
月收入	1 = 2 000 元及以下；2 = 2 000 ~ 2 500 元；3 = 2 500 ~ 3 000 元；4 = 3 000 元及以上
住房类型	类别变量 1 = 自有住房；0 = 租房或者是单位宿舍
社会保险	3 = 在务工地参加了养老、医疗和失业三险；2 = 参加其中二险；1 = 参加其中一险

2. 社区与社会关系融合。

本书选择即邻里关系融合量表、社区参与、社区服务获取、社会交往、求助对象 5 个指标。

社区融合量表包括 7 个指标，采用 5 点里克特量表法测量，答案分别为非常符合、比较符合、不确定、比较不符合、非常不符合。这 7 个指标分别是：我认识社区里的很多居民；我和邻居经常来往；当邻居有事时，我会主动提供帮助；我帮助过社区里的其他居民；我接受过社区里其他居民的帮助；我的孩子和本地孩子一起玩；我的父母会和社区里的其他老人一起聊天娱乐。计算社区融合分值时将 7 个指标的得分相加，然后取均数作为该指标的得分。

社区参与测量，如果参加过居民互助类活动、公益和志愿活动、文化娱乐类活动、政治类活动或其他任意一种社区活动赋值为 1，什么都没有参加过赋值为 0。

社区服务获取测量，在目前生活的社区中，如果获取过劳动就业、社会救助、医疗卫生和计划生育、社区教育、社区矫正、文化娱乐、体育健身、法律服务、老年服务、儿童服务、残疾人服务、其他任何一种服务则赋值为 1，未获取任何服务赋值为 0。

通常认为，非亲属、非地缘关系的交往对象是一种更加优质的社会资本。因此，本书通过社会交往对象和求助对象来测量新生代农民工的社会资本情况。社会交往的测量，问卷中设计有一题，您平常和谁玩的最多，将选择亲戚、老乡和没有玩伴者赋值为 0，选择同事、朋友、恋人、其他赋值为 1。

求助对象测量，原理同上，问卷中设计问题为遇到生活方面的困难，您最先向谁求助？选择自己解决或找家人和亲戚帮忙赋值为 0，如果选择找工友和师傅帮忙、找同学/朋友帮忙、找工厂的老板帮忙、找政府有关部门反映情况、其他赋值为 1（见表 8-3）。

表 8-3　　　　　　　　社区与社会关系融合指标操作化

指标	变量操作化
社区融合	社区融合量表
社区参与	类别变量，1=参与过任何一种社区活动，0=没有参加过
社区服务获取	类别变量，0=未获得服务，1=其他
社会交往	类别变量，1=非亲属老乡，0=亲属老乡或没玩伴
求助对象	类别变量，0=自己或家人，1=其他

3. 心理融合。

城市归属感量表由 6 个指标组成，6 个指标分别为：我在这里有一种归属感；我感觉我是这里的一个成员；我认为我自己是这个城市的一部分；我对这个城市充满激情；如果我是本地人，我会很开心；这个城市的人是全国最好的。采用 5 点里克特量表法测量，答案分别为完全同意、同意、一般、不同意、完全不同意，分别赋值 1~5 分，得分越高说明城市归属感越强。

社会距离量表由 7 个指标组成，7 个指标分别为：经常有人对我不礼貌；常有人对我不尊重；去外面吃饭或买东西时，我得到的服务会比别人得到的差；经常有人觉得我脑子挺笨的；经常有人好像挺怕我的；经常有人觉得我不诚实；经常有人觉得我低他们一头。采用 5 点里克特量表法测量，答案分别为完全同意、同意、一般、不同意、完全不同意，分别赋值 1~5 分，得分越高说明社会距离越小。

长期居留意愿测量，问卷设计了问题"你想一辈子住在城市里吗？"，如选想，赋值 1 分，如果选不想或没考虑过赋值 0 分（见表 8-4）。

表8-4　　　　　　　　　心理融合指标操作化

指标	变量操作化
城市归属感	量表
社会距离	量表
长期居留意愿	1=想，0=不想或没考虑过

二、社会融合指数的计算方法

社会融合指数可以从群体层次反映新生代农民工在流入地社会融合的现状和特点。我们可以对新生代农民工的社会融合水平做出定量的评价，计算出社会融合指数，以考察新生代农民工社会融合的程度。确定社会融合的指标体系之后，社会融合指数的建构可以归纳为以下四个步骤：一是数据的标准化；二是权重的设置；三是分类指数的生成；四是总指数的生成。

（一）数据的标准化

因为不同变量其属性不同，计量的单位也不同，因此不能直接进行比较和分析，必须对原始数据进行标准化处理，去除量纲不同带来的影响。通过数据的标准化处理，所有变量的度量单位得到统一，其变化范围介于0~1之间，这样为下一步进行指数建构打好基础。

常用的数据标准化的方法包括：Z值法是将各变量值减去均值后除以标准差，标准化后的变量值平均值为0，标准差为1；差值法，是将各变量值减去最小值后除以全距（最大值与最小值的差），处理后的变量的取值范围是0~1之间；最大值法，各变量除以最大值，处理后变量的最大值为1。[①]

不同的数据标准化方法适合不同的数据类型，Z值法更适合定距型数据，最大值法更适合定序型数据，而差值法对于定距和定序两类数据均适用。本书的绝大多数变量都是定序型的，即使有部分定距的变量如收入、社区邻里关系量表、城市归属感量表、社会距离量表也通过数据变换将其转化为定序型数据。故本书主要采用最大值法进行数据的标准化处理，因为变量取值都是正数，故数据标准化后取值范围在0~1之间。对于研究中经过数据变换而成的二分类变量，本书采取的赋值方法为凡是选"是"的赋值为1，选"否"的赋值为0。

[①] 薛薇：《SPSS统计分析方法及应用》，电子工业出版社2006年版，第312页。

（二）权重的设置

权重是社会融合指数建构过程中非常重要的一环，不论是用不同指标建构分指数，还是用分指数建构总指数的过程中都要用涉及权重的分配问题。比较典型的权重处理方法有德尔斐法（又称专家意见法）、因子分析法和等权重法。本书采取等权重的方法，即对不同的指标赋予同等的权重。这种方法在现有相关研究中得到应用，如王桂新等[1]和张斐[2]关于农民工市民化的相关研究中采用了此种方法。该方法具有操作简便，相对客观的优点。

（三）分类指数的生成

如前所述，社会融合包括了经济融合、社区与社会关系融合和心理融合3个维度，每个维度又包含若干个指标。首先，要利用这些指标，构建分社会融合分指数，我们分别命名为"经济融合度""社区与社会关系融合度""心理融合度"。其次，再利用分指数合成社会融合总指数，我们将其命名为"社会融合指数"。表8-5是分指数生成过程中各指标的分布特征及权重的设置。

表8-5　　社会融合分指标标准化后的分布及指标权重

	均值	最小值	最大值	权重
经济融合度				
职业阶层	0.47	0.25	1	1/4
月收入等级	0.63	0.25	1	1/4
住房类型	0.26	0	1	1/4
社会保险	0.39	0	1	1/4
社区与社会关系融合度				
社区邻里关系	0.61	0.2	1	1/5
社区参与	0.43	0	1	1/5
社区服务获取	0.64	0	1	1/5
交往对象	0.64	0	1	1/5

---

[1] 王桂新、沈建法、刘建波：《中国城市农民工市民化研究——以上海为例》，载于《人口与发展》，2008年第1期，第3~23页。

[2] 张斐：《新生代农民工市民化现状及影响因素分析》，载于《人口研究》，2011年第6期，第100~109页。

续表

	均值	最小值	最大值	权重
求助对象	0.63	0	1	1/5
心理融合度				
城市归属感	0.63	0.2	1	1/3
社会距离	0.67	0.2	1	1/3
长期居留意愿	0.32	0	1	1/3

(四) 社会融合指数生成

在社会融合三个维度的分指数的基础上，对其进行等权重的加总计算，得到社会融合总指数，简称社会融合指数。

社会融合指数 = 经济融合度 × 1/3 + 社区与社会关系融合度 × 1/3 + 心理融合度 × 1/3

第三节 新生代农民工社会融合指数

一、新生代农民工指数调查样本基本情况

数据显示，新生代农民工的平均年龄集中在 25 岁附近，他们第一次工作的平均年龄为 18.90 岁，该群体有占 39.6% 的人是中学及以下文化程度，有约 3 成的人是高中、中专文化程度，大专及以上的比例为 23.6%。参加过职业教育的人数占总数的 37.8%，其中 2012 年新生代农民工的平均月收入为 2 833.4 元。新生代务工青年中独生子女的比例不是很高，只占到 7.7%。有 41.8% 的调研对象已经结婚，其中有近一半人已经有了自己的孩子。此外，新生代农民工在城市中的职业阶层，多数是普通员工，占总样本的 57.2%，技术工人及管理人员相对较少，分别为 19.4% 和 15.3%。此外，他们参加保险情况是，有一半以上的人一个也没有参加，有 25.8% 的新生代农民工参加了三个社会保险项目（见表 8-6）。

表8-6　　　　新生代农民工基本特征的描述（N=4588）

变量名称	变量取值	频数	比例（%）	变量名称	变量取值	频数	比例（%）
年龄	20岁以下	171	3.7	最高学历	中学及以下	1 566	39.6
	20~25岁	1 871	40.8		普通高中	670	16.9
	26~30岁	1 924	41.9		技校/中专	782	19.8
	31~33岁	622	13.6		大专/高职	720	18.2
性别	男性	2 652	58.0		本科及以上	215	5.4
	女性	1 917	42.0	平均月工资	2 833.4元		
婚姻状况	未婚	2 672	58.2	是否有子女	有子女	2 212	48.2
	已婚	1 916	41.8		没有子女	2 376	51.8
职业阶层	普通员工	2 500	57.2	社会保险	一个没参加	2 113	52.9
	技术工人	839	19.4		参加了1个	414	10.4
	自雇及其他	355	8.1		参加了2个	436	10.9
	管理人员	669	15.3		参加了3个及以上	1 029	25.8

注：不含缺失值。
资料来源：根据作者调查问卷整理。

二、新生代农民工社会融合的描述性统计

如前所述，利用社会融合指标体系可以对新生代农民工社会融合状况进行单变量分析与指数化分析，下面主要是对新生代农民工社会融合状况进行单变量描述性分析。

（一）经济融合：组内差距小

从调研的情况来看，新生代务工人员的职业阶层大部分是普通员工，这一比例大约在58%[①]附近，有一技之长的务工青年有19.4%，企业里的已经成为管理人员的人占到了15.3%，但还有将近9%的新生代农民工是自我雇用的阶层。在月收入方面，我们是将工资与奖金相加得出的结果。为了方便统计，我们把月收入分为4段，即2 000元及以下；2 000~2 500元；2 500~3 000元；3 000元及以上。通过数据的初步分析发现，该群体的平均工资在2 833.24元左右。具体详

---

① 此处的百分比没有将缺失值包含在内，只是计算了有效样本。

见图8-1：

由图8-1可知，新生代农民工的月收入情况分布还是比较平均的。其中3 000元及以上的有34%，[①] 2 000元及以下的群体还是占了比较大的比重，接近1/3。

在住房情况上，有多于1/5的青年有自己的房产，这一结果大大超出了我们的预期。事后我们分析发现，这可能是我们问卷中没有将这一问题更加细化。题项将父母的房产也算在其中，这导致了这一比重的上升。另外一个原因是，很多新生代农民工是跨市、跨县的近距离的进城务工，跨省流动的人群在调查样本中所占比重可能比较少。总之，没能将这一问题细化，得出更加精确的结论还是比较遗憾的。

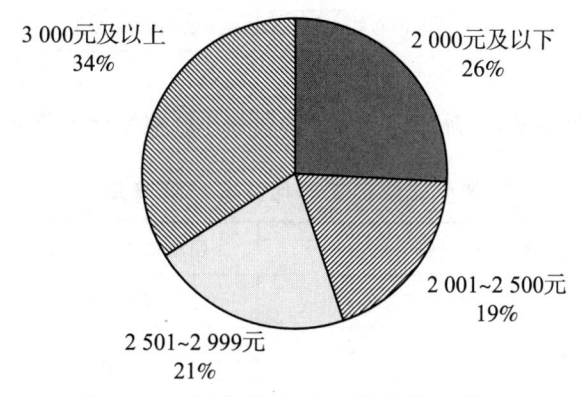

图8-1 新生代农民工的月收入情况

从图8-2看，新生代农民工主要居住在单位宿舍，占比32.9%，或是自己租房住，租住商品房小区、公租房、廉租房和经济适用房，城乡接合部房屋的比例合计达到48.5%。进一步调查发现，除了单位宿舍，他们居住的小区类型最多的是城乡接合部或城中村的民房、商品房小区等，位置大多在城市的郊区及城乡边缘地带。

问卷结果显示，新生代农民工参加社会保险的情况不是很好，三险（养老保险、医疗保险、失业保险）中，在务工地一个都没有参加的比重超过50%。参加一个保险类型的只有10%，但是也有超过25%的人已经参加了三险。具体来说从表8-7可以看出，新生代农民工参加社会保险的情况在务工地要好于在老家的参保情况。

---

① 该分段中有少数样本的收入存在极端值，这里没有进行剔除。

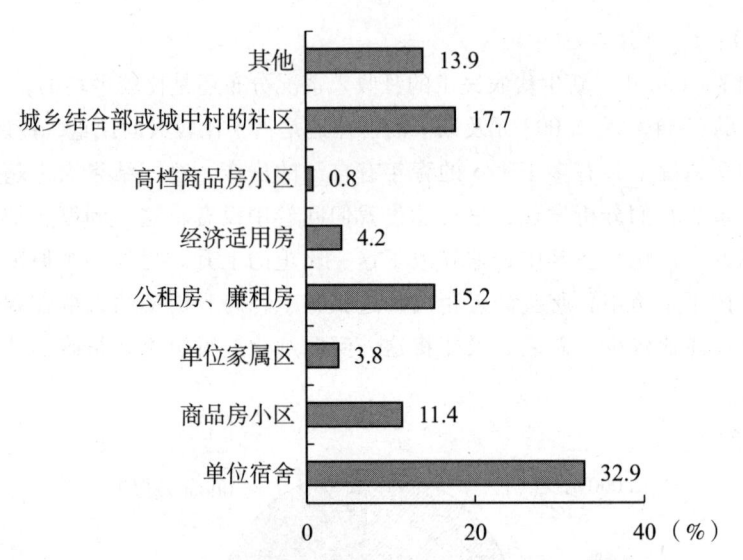

```
其他                    13.9
城乡结合部或城中村的社区   17.7
高档商品房小区           0.8
经济适用房              4.2
公租房、廉租房          15.2
单位家属区              3.8
商品房小区             11.4
单位宿舍              32.9
        0        20       40 (%)
```

图 8-2　新生代农民工的居住小区类型分布情况

表 8-7　　　　　　新生代农民工参加社会保险情况　　　　　　单位：%

指标	老家参加了	务工地参加了	两地都没有参加	不清楚
养老保险	18.5	36.7	27.0	17.8
医疗保险	34.7	39.8	13.7	11.8
失业保险	4.4	36.1	36.1	23.3

资料来源：根据作者调查问卷整理。

但是，我们还可以看出里面存在的一些问题，即当前新生代农民工的参保率并不是很高，还有将近15%的人群根本不清楚他们是否参加了社会保险，而这对于他们今后的社会融合会产生消极的影响。

目前新生代农民工的经济融合状况中存在的问题主要包括以下几点：

首先，从客观经济融合状况来看，新生代农民工群体的收入依然在一个相对较低的水平，与他们希望获得的收入有较大差距。他们成为企业"正式工"的可能性很小，无法通过工作获得完善的社会保障和生活在城市里的安全感。他们每月用于学习和继续培训的开支很少，很难支持其自主地参加职业培训。

其次，从主观经济融合的状况来看，他们认为缺乏专业技术和技能是困扰他们找到理想工作的首要原因。这也从另一个侧面暴露了目前大量年轻工人在走上工作岗位之前，无法获得必要的职业教育和技术培训的现状。这一不足将会影响新生代农民工未来的职业生涯的发展。由于缺乏一技之长而缺乏在劳动力市场上的议价能力，使其一直处于劳动力市场的最底端，待其身体资本使用殆尽后将面临被劳动力市场抛弃的现实。

另外，新生代农民工的社会保障参与率较低。可以发现，大多数人对于社会保险的参保流程、个人和单位的缴存比例、未来的收益等内容并不了解，这影响了新生代农民工参保率。这一点从与企业代表座谈时也有发现。有几位企业代表反映，工人们往往并不希望缴纳社会保险，所以工厂在与工人签订"自愿放弃保证书"后，工厂将本应为工人缴纳社会保险的费用以现金形式发放给工人。尽管工人会有一些短期经济效益，但从长远来看，工人的社会保障权利受到了严重的伤害，养老和失业的风险全部需要由其本人承担。而完善的社会保障体系，正是社会融合的重要内容之一，缺失的社会保障，使他们始终在缺乏保障的环境下工作和生活，这将直接影响到他们在工作城市的安全感而对其社会融合产生消极的影响。

（二）社区与社会关系的融合现状："双没"下的疏离

从社区邻里关系融合量表 8-8 看，回答非常符合和非常不符合的比例均比较低，回答比较符合、不确定和比较不符合较多。指标 6 和指标 7 比较特殊，选择非常不符合的比例较高。可能是这些农民工的孩子或老人不在身边，所以和他们的实际情况不符，而不是他们的孩子或老人不愿与本地人交往。总体来看，新生代农民工社区关系融合的情况比较好。

表 8-8　新生代农民工社区邻里关系融合各指标分布情况

指标	非常符合	比较符合	不确定	比较不符合	非常不符合
1 我认识社区里的很多居民	10.2	27.6	28.4	21.4	12.4
2 我和邻居经常来往	8.9	32.1	24.8	22.7	11.5
3 当邻居有事时，我会主动提供帮助	10.8	39.7	27.6	14.9	7.0
4 我帮助过社区里的其他居民	8.1	37.7	27.8	18.3	8.2
5 我接受过社区里其他居民的帮助	7.5	33.5	28.1	20.0	10.9
6 我的孩子和本地孩子一起玩	8.7	22.1	25.9	15.5	27.9
7 我父母会和社区里的其他老人一起聊天	10.8	24.5	25.0	16.0	23.7

资料来源：根据作者调查问卷整理。

从表 8-9 中可以看到，新生代农民工社区活动参与情况并不理想，绝大部分人没有参加过社区的任何活动，占 72.4%。只有少数人参加过居民互助类活动,占 7.7%,文化娱乐类活动占 6.5%。

表 8-9　　　　　　　新生代农民工社区活动参与情况

指标	频数（人次）	百分比（%）
什么没参加过	2 767	72.4
居民互助类活动	296	7.7
公益和志愿活动	145	3.8
文化娱乐类活动	247	6.5
政治类活动	36	0.9
其他	333	8.7
总数	3 824	100

资料来源：根据作者调查问卷整理。

对于他们中的绝大多数来说，他们居住的社区仅仅就是一个住处。绝大部分都没有参加过社区组织的活动或事务，只有少数人参加过邻里间生活上相互照顾这类的互助活动，以及社区举办的文化娱乐活动，还有个别人参加过社区组织的投票选举等活动。

不参加社区活动的原因总结起来大概有下面几个方面，一是很多人所在的社区从来没有举办过、或他们不知道有这些活动；二是很多人没时间参加这些活动；三是对这些活动不感兴趣所以不去参加。

新生代农民工在社区服务的获得和利用方面的比例也不高，有 43.3% 的新生代农民工未获得过任何社区服务。一方面可能是社区没有提供新生代农民工需要的服务，或社区提供了但新生代农民工不知道如何获得；另一方面可能是新生代农民工不需要在社区获得服务，他们只是在社区住一下而已。获得过社区服务的新生代农民工中，利用比较多的社区服务是劳动就业服务，占 12.9%；其次是文化娱乐服务，再次是医疗卫生和计划生育服务（见表 8-10）。

表 8-10　　　　　　　新生代农民工社区服务获取情况

指标	频数（人次）	百分比（%）
无任何服务	1 796	43.3
劳动就业	535	12.9
社会求助	151	3.6
医疗卫生和计划生育	258	6.2
社区教育	95	2.3

续表

指标	频数（人次）	百分比（%）
社区矫正	21	0.5
文化娱乐	263	6.3
体育健身	164	4
法律服务	38	0.9
老年服务	40	1
儿童服务	38	0.9
残疾人服务	8	0.2
其他	737	17.8
总数	4 144	100

在问到"你平常和谁玩的最多"这一问题时，回答最多是工友同事，占39.5%，其次为朋友，占26.5%。日常的玩伴为亲属或老乡的合计为15.7%，没有玩伴的仅为1.7%。我们可以看到，新生代农民工日常交往对象，逐渐倾向于非亲属或非老乡。社会关系主要是依业缘关系建立起来的工友同事关系（见表8-11）。

表8-11　　　　　　　　新生代农民工日常交往对象

指标	频数（人次）	百分比（%）
工友/同事	1 754	39.5
朋友	1 175	26.5
老乡	289	6.5
恋人	421	9.5
同学	149	3.4
家人/亲戚	409	9.2
没有玩伴	75	1.7
其他	164	3.7
总数	4 436	100

关于"如果遇到生活方面的困难，您最先会向谁求助？"39.6%的人选择自己解决，35.1%的人选择找家人和亲戚帮忙。可见，新生代农民工真正可以依赖的和他们信任的还是血缘关系形成的社会网络。当然，也有一部分人选择找同学或者朋友帮忙，占13.2%，还有6.3%的人选择找工友和师傅帮忙（见表8-12）。

表8-12　　　　　　　新生代农民工遇到困难求助对象

指标	频数（人次）	百分比（%）
自己解决	1 740	39.6
找家人和亲戚帮忙	1 542	35.1
找工友和师傅帮忙	279	6.3
找同学/朋友帮忙	580	13.2
找工厂的老板帮忙	51	1.2
找政府有关部门反映情况	46	1
其他	160	3.6
总数	4 398	100

通过对调查问卷结果的分析发现，新生代农民工的社区融合程度很低，他们既没有时间，也没有兴趣参加社区活动与服务，其所在的社区也没有具备新生代农民工融入的最基本条件。而新生代农民工自身往往存在着"过客"心理，也为社区融合造成了消极影响。

首先，从社区提供的服务、环境等外部因素来看，大部分新生代农民工居住在单位宿舍、城乡接合部或城中村的社区中。这些社区的功能极不完善，几乎没有任何社区服务，也没有行之有效的信息交流的途径。这样的社区，对于大部分居住其中的人来说，仅仅是个住处而以，无法获得必要的支持和信息，也无法建立融入其中的物质和情感基础。

其次，从新生代农民工自身因素来看，这些功能不完善的社区对他们来说只是打工生活中的一个暂时落脚的地点。在无法获得充分支持和信息的环境里，他们无法与所在的社区建立信任，也没有要参与其中的愿望和动力。他们对社区所持的"无所谓"的态度，正是一种"过客"的心理。他们没有时间也没有兴趣参加社区活动，正是这种心理的外在体现。这种"过客"心理，会使新生代农民工更加容易脱离目前居住的社区，造成频繁的流动，为社区融合造成消极的影响。

最后，由亲人、老乡和工友构成的社会网络在新生代农民工的生活中发挥着非常重要的作用。一方面，这个社会网络是一个非正式的社会保障网，在其遇到困难时为其提供帮助和信息；另一方面，这个网络还是他们的主要的精神家园，承担着为他们提供精神慰藉、调节和缓解压力等作用。在这个社会网络中，他们的同群关系比较紧密，他们对于这种关系也比较满意。

但是，无论是平日的休闲活动，还是遇到困难需要帮助，他们都很少与城市户籍的人群有来往。尽管身处城市，但他们依旧生活在相对封闭的熟人社会里，其人际关系和社会交往方式依旧与城市社会相隔甚远。可以看出，新生代农民工的社会关系融合程度偏低。

（三）心理融合现状：艰难的城市梦

大量的研究表明，社会融合是一个逐步递升的过程，心理融合是社会融合的最高境界。本书使用城市归属感、社会距离和城市定居意愿三个指标来测量心理融合。城市归属感和社会距离我们使用了量表进行测量。

通过问卷中的社会归属感和社会距离量表的测量，两个量表共有13个题目，分别从对城市的归属感强弱、是否感觉是该市的成员、对本座城市的感情、感觉别人对自己的态度等方面进行了调查，以下是关于社会归属感及社会距离感的具体描述（见表8-13）。

表8-13　　　　归属感与社会距离量表统计结果　　　　单位：%

指标	完全同意	同意	一般	不同意	完全不同意
1 我在这里有一种归属感	9.1	24.8	46.5	14.6	5.1
2 我感觉我是这里的一个成员	8.0	31.9	41.9	14.0	4.2
3 我认为我自己是这个城市的一部分	7.3	26.2	43.5	17.8	5.2
4 我对这个城市充满激情	7.2	24.8	48.7	15.1	4.2
5 如果我是本地人，我会很开心	10.1	24.4	41.1	18.4	6.0
6 这个城市的人是全国最好的	5.0	12.7	48.9	25.1	8.2
7 经常有人对我不礼貌	3.5	13.2	42.7	33.4	7.1
8 经常有人对我不尊重	3.6	12.9	41.1	35.0	7.4
9 我得到的服务会比别人得到的差	3.5	10.8	38.5	39.0	8.1
10 经常有人觉得我脑子挺笨的	4.2	11.4	33.2	40.0	11.2
11 经常有人好像挺怕我的	3.5	11.5	31.6	42.7	10.7
12 经常有人觉得我不诚实	4.3	9.1	26.6	44.6	15.5
13 经常有人觉得我低他们一头	4.3	11.4	28.5	40.8	15.0

我们发现，有超过46.5%的人对于目前所居住的城市归属感觉一般，有大约

24.8%的新生代农民工觉得自己有一种归属感，认为在流入地基本没有归属感的人数还是比较少的，只占了约5%。虽然他们之中有18.2%（不同意+完全不同意的比例）的人并不同意自己是这座城市的一员，但还是有超过77%的人认为自己是这座城市的一部分。大部分的务工青年的生活态度是积极的，对这座城市充满了激情。在社会距离方面，大部分被试在其所居住的城市里并没有明显地感受到受歧视或遭受不公正待遇，只是他们觉得有时候有人会对他们不礼貌（16.7%）（同意+完全同意的比例）、不太尊重（16.5%）（同意+完全同意的比例）。

分析其原因，大概可以推测是因为新生代农民工有很大的比例是来自附近农村或省内流动。他们对于本地的文化认同、生活习惯、语言和衣着等与城市居民相差无几，因此在日常生活中，没有明显地感受到歧视。然而，尽管他们说着同样的语言，分享着近似的文化风俗，但由于事实上存在的城乡分割的社会保障、就业市场以及文化认同，他们从内心里并没有对所在的城市有强烈的归属感。缺乏归属感，是一个新生代农民工不断流向其他城市和省份的内驱力，在客观上为社会融合造成了消极的影响。

经调查发现，大部分的新生代农民工是不愿意留在这座城市的，回老家的比例合计达到31.9%，但还是有40.4%的被访者明确表示考虑留在"目前的这个城市"。进一步的调查发现，新生代农民工大部分还是倾向于留在城市之中。除了在本城市之外，家乡的城镇以及别的城市是他们的首选（见图8-3）。

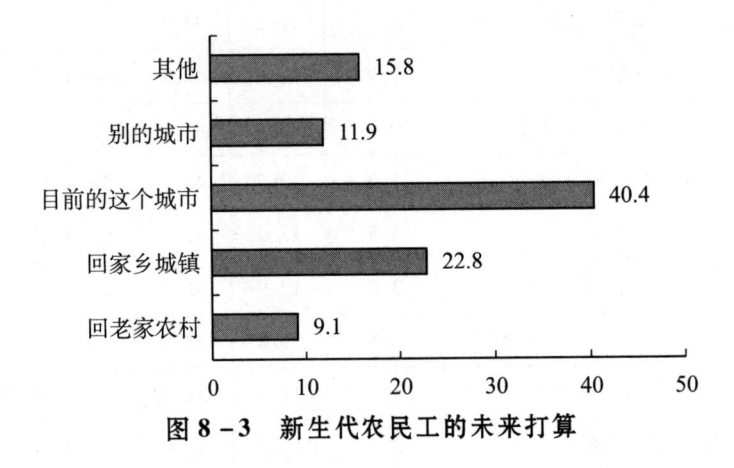

选项	比例
其他	15.8
别的城市	11.9
目前的这个城市	40.4
回家乡城镇	22.8
回老家农村	9.1

图8-3 新生代农民工的未来打算

之所以留在这座城市，更多考虑的是为了下一代的学习，如图8-4所示，这一群体占了30%，此外，城市生活方便也成为他们选择留下的原因。还有一部分人主要是习惯了城市的生活，回到家乡可能会不适应。当然，经济因素也是吸引他们留在这座城市的原因之一。

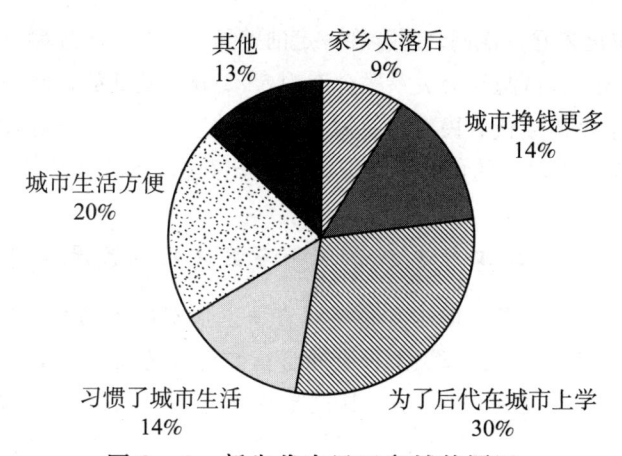

图 8-4 新生代农民工留城的原因

资料来源：根据作者调查问卷整理。

三、新生代农民工城市融合指数评价结果

（一）新生代农民工社会融合整体指数值为 52

图 8-5 显示了新生代农民工社会融合各维度得分及社会融合指数得分。就新生代农民工社会融合指数来说，新生代农民工得分为 52 分，表明新生代农民工在流入地社会融合的总体状况一般。

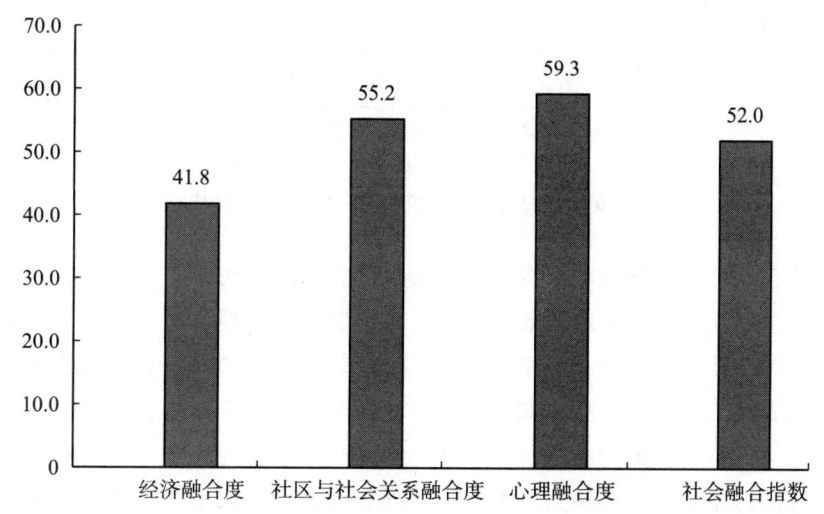

图 8-5 新生代农民社会融合状况

资料来源：根据作者调查问卷整理。

就各个分维度来看，他们之间存在一定的差异。首先，心理融合度最高，得分为 59.3 分；其次，社区与社会关系融合度为 55.2 分，最低的是经济融合度，得分为 41.8 分。这表明新生代农民工经济融合的改进空间较大。相对来说，新生代农民工的主观融合（心理）的情况要好于客观融合（经济和社区与社会关系）情况。

（二） 新生代农民工社会融合水平与区域经济发展水平成正比。[①]

就我们调研的广东省、福建省和河南省新生代农民工的社会融合状况来看，经济越发达的城市，新生代农民工社会融合指数得分越高。广东省新生代农民工社会融合指数得分最高为 53.6 分，其次是福建省 50 分，最低的是河南省 46.7 分（见图 8-6）。

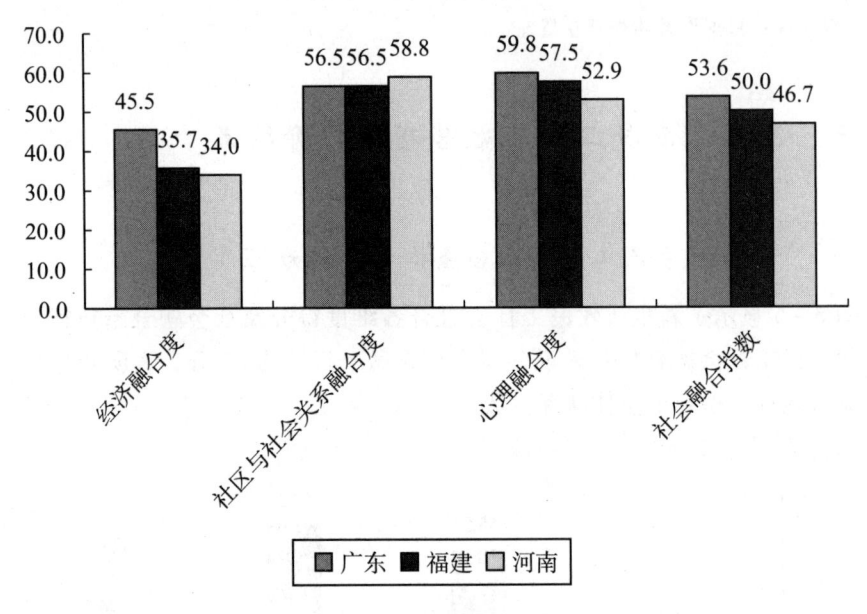

图 8-6 三省新生代农民社会融合状况比较

从社会融合的各分维度来看，三省新生代农民工之间亦存在差异。首先，从经济融合度来看，仍然是广东最高，而后是福建，然后是河南，且差距明显；其次，从社区与社会关系融合度来看，三省新生代农民工之间差异不是很明显，河南新生代农民工的情况比广东和福建略好，广东和福建得分相同；最后，从心理融合度来看，与经济融合度的情况相似，从高到低依次为广东、福建和河南，但是他们之间的差异并不是很大。可见，不同省份新生代农民工社会融合的差异主

---

① 此处，没有引用校园调查数据，只用了广东、福建和河南的数据进行了比较。

要来自经济因素的影响。

(三) 20世纪80年代出生新生代农民工社会融合状况好于90年代出生者

80后（出生于1980~1989年）社会融合状况总体状况要好于90后（出生于1990年及以后），80后社会融合指数得分为53.2分，90后的得分为49.7分（见图8-7）。

从各分维度来看，80后在经济融合度和心理融合度得分上都高于90后，特别是在经济融合度上明显高于90后。而90后则在社区与社会关系方面略高于80后。可能的原因是80后比较早进入劳动力市场，工作经验和社会经济地位高于90后，城市生活经历丰富，对城市的归属感也高于90后。但是，90后相对年龄比较轻，更具冒险精神，更喜欢休闲娱乐、社交，所以90后在社区与社会关系方面的得分要高于80后。

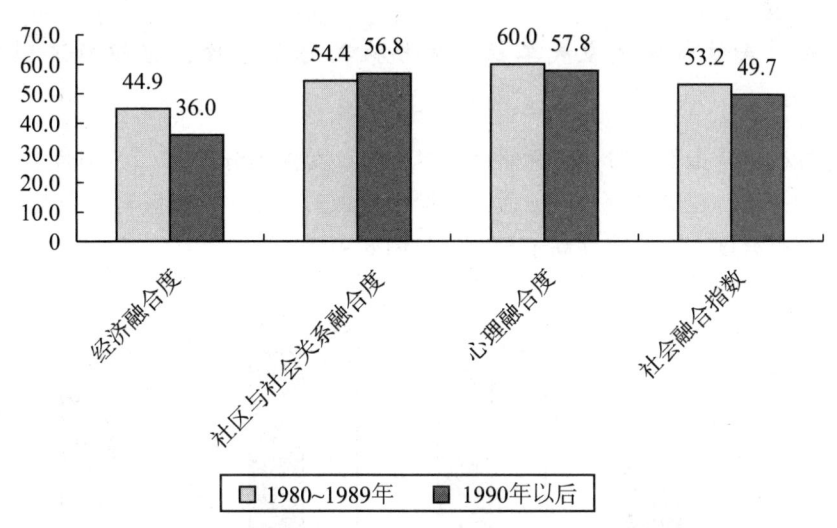

图8-7 按出生年代分新生代农民社会融合状况

(四) 本地出生与外地出生新生代农民工社会融合状况差异不明显

本地出生（包括农村和城市，主要是省内流动的农民工）新生代农民工与外地出生者相比，在社会融合指数得分方面略高，高出0.2分。从分维度来看，本地出生者在社区与社会关系融合度和心理融合度方面都略高于外地出生者，而外地出生的则在经济融合度方面略高于本地出生者。可能是外地出生的农民工更能够吃苦耐劳，而且流出的多数是精英分子，所以他们的经济融合度更高一些（见

图 8-8)。

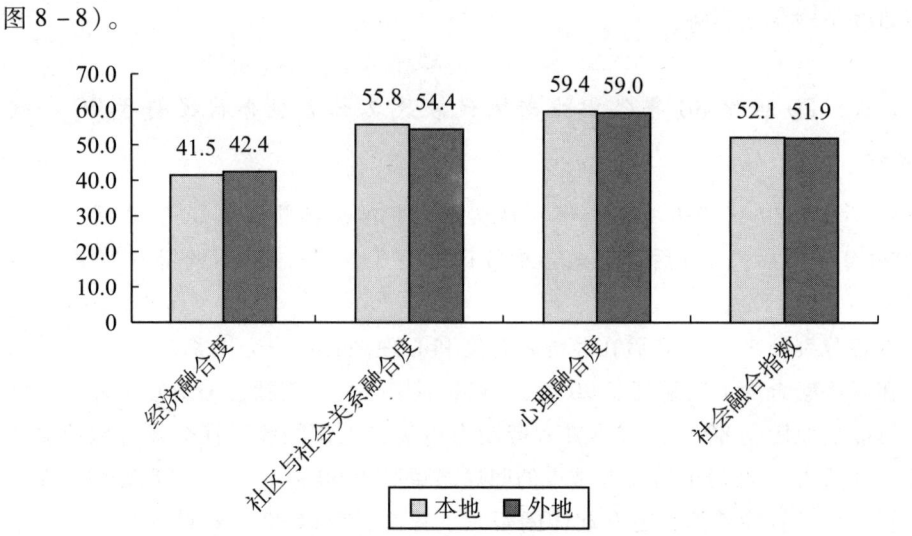

图 8-8 按出生地分新生代农民社会融合状况

(五) 女性新生代农民工社会融合状况好于男性,男性经济融合度高于女性

从社会融合指数来看,女性略微比男性高,女性得分为 52.2,男性为 51.8。从分维度来看,在经济融合度方面,男性明显高于女性。在社区与社会关系融合度和心理融合度方面,女性高于男性(见图 8-9)。

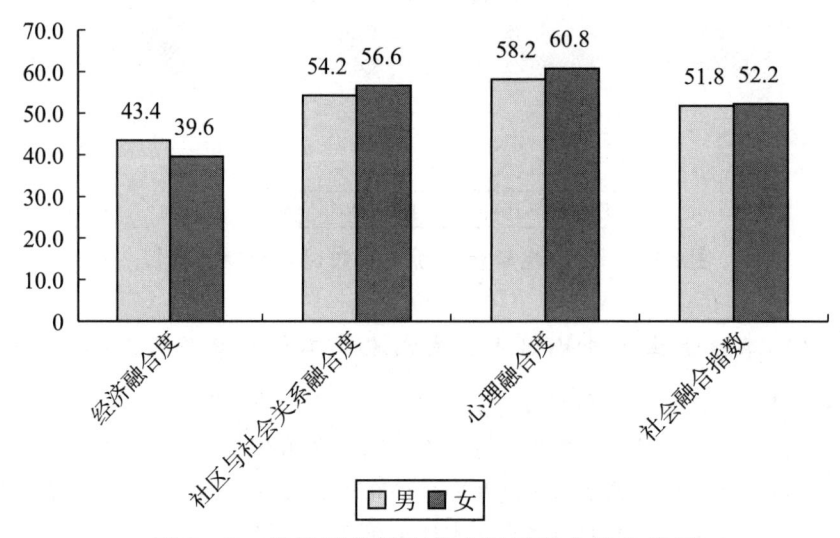

图 8-9 按性别分新生代农民工社会融合状况

(六) 在婚新生代农民工社会融合程度高于不在婚者

在婚(已婚和在婚)新生代农民工社会融合程度高于不在婚(未婚、其他)新生代农民工,前者社会融合指数为54.2,后者社会融合指数为50.5。已婚者在经济融合度、社区与社会关系融合度和心理融合度三个维度得分均高于不在婚者。前者三个维度的得分分别为46.3、56.1、60.1,后者三个维度的得分分别为39.1、54.5、58.8(见图8-10)。

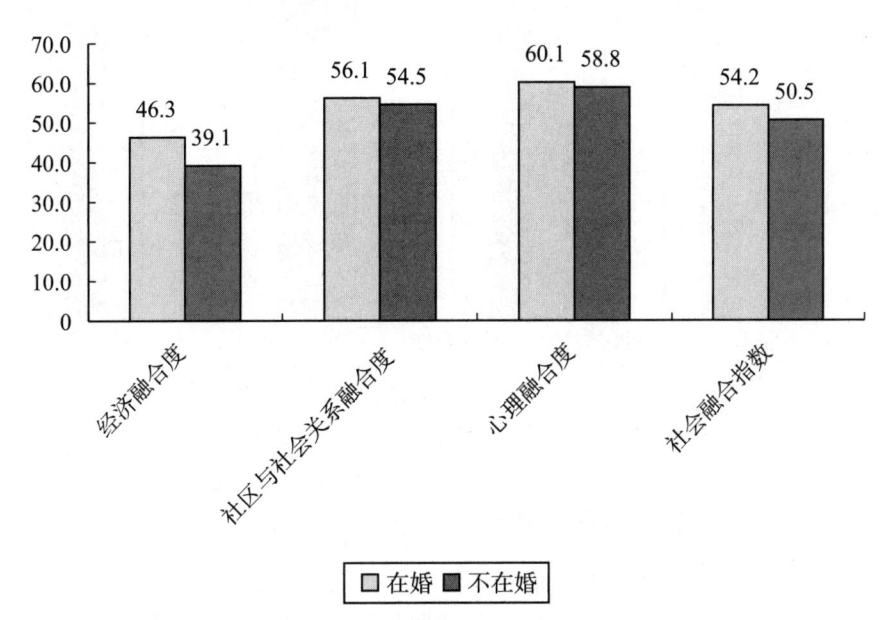

图 8-10 按婚姻状况分新生代农民社会融合状况

(七) 受教育水平越高,社会融合程度越好

从社会融合指数来看,大专及以上得分最高为54.4分,其次为普通高中(简称普高)得分53分,再次为中专、技校和职高52.1分,最低是初中及以下学历,得分为50.3分。就经济融合度来看,教育程度越高,经济融合度越好,呈现明显的阶梯状。普高教育水平高于初中及以下,中专技校和职高教育水平高于普高,大专及以上受教育水平高于中专、技校和职高。我们可以看到,接受同样的教育年数,中专技校和职高教育的新生代农民工经济融合度高于接受普通教育的新生代农民工,显示了中等职业教育在经济融合方面的作用。就社区与社会关系融合度来看,普高学历者得分最高,其次为中专技校职高学历者,再次为初中及以下学历者,最低为大专及以上学历者。但是总体来看,不同学历的新

生代农民工在社区与社会关系融合度的差别不是很大。心理融合度类似于经济融合度，即随着学历的升高，呈阶梯上升趋势，依次为初中学历、普高学历、中专技校职高学历、大专及以上学历。但是，不同学历之间的得分差异不是很明显（见图8-11）。

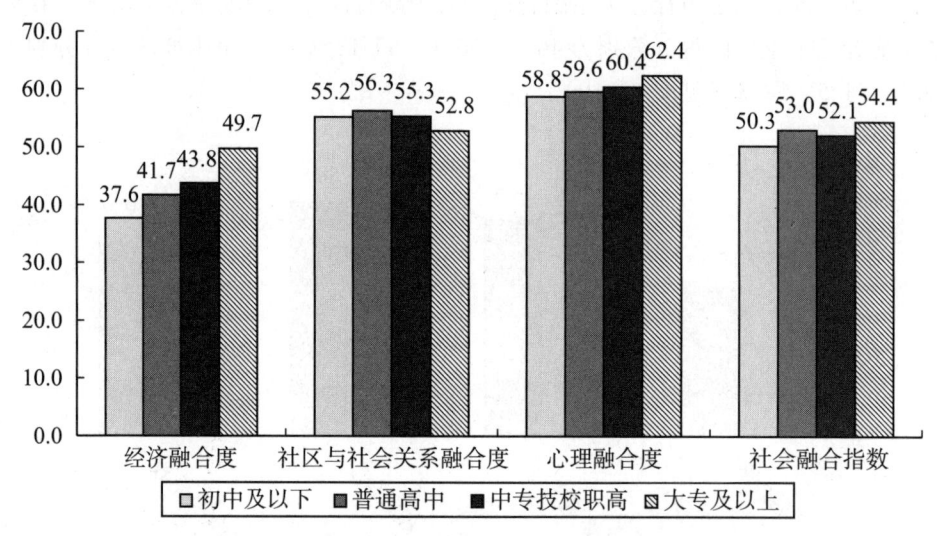

图8-11 按学历分新生代农民社会融合状况

（八）有职业资格证书者社会融合状况好于无职业资格证书者

职业资格证书是一个人职业能力高低的象征，对于每个人就业具有重要的意义。同样，对于新生代农民工而言，有职业资格证书的比没有职业资格证书的更有助于社会融合。我们从社会融合指数来看，有职业资格证书的指数得分为53.8，没有职业资格证书的指数为51.4。就经济融合度、社区与社会关系融合度和心理融合度而言，有职业资格证书者得分均高于无职业资格证书者，特别是在经济融合度方面，有证者比无证者高6.2分（见图8-12）。

四、促进新生代农民工社会融合的政策建议

从新生代农民工社会融合的总体状况来看，社会融合的程度并不高，特别是经济融合度明显低于其他维度。经济融合是其他维度融合的基础，特别是与心理融合显著相关。因此，需要政府及社会各界帮助新生代农民工提高融入城市的能力，特别是提高经济融合能力，帮助其能够更好地融入城市。经济越发达的地区，新生代农民工的社会融合程度越高，这也解释了为什么东部发达城市对农民

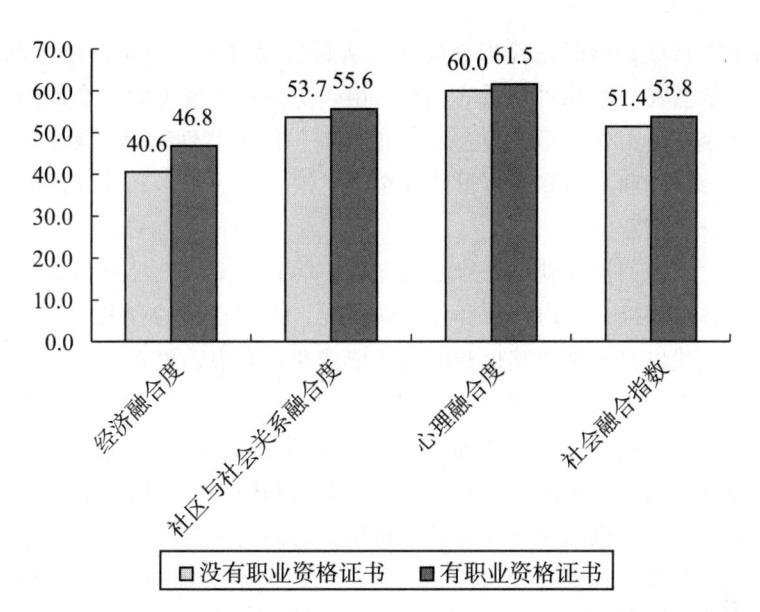

图 8-12 按有无职业资格证书分新生代农民工社会融合状况

工吸引力要高于中西部城市的原因。经济越发达，就业机会也多，就业稳定性强，工资待遇水平高，各种社会服务水平也高，农民工社会归属感也强。

从新生代农民工的社会人口特征来看，80 后社会融合状况要好于 90 后，90 后应成为今后社会政策关注的重点人群之一。本地出生新生代农民工与外地出生农民工在社会融合程度方面并无显著差异，在我国目前属地管理的体制下，这个问题应当引起思考。女性社会融合状况要好于男性，虽然男性的经济融合度高于女性。可能是男性从事的行业都比较辛苦，其社会参与、社会交往的机会相对较少，而且男性往往承担养家糊口的责任，其心理负担也比较重，较之女性，其融合度低。已婚者社会融合程度高于未婚或其他，结婚对于新生代农民工社会融合有正向积极影响。这也验证了中国传统价值观念——"成家立业"。成家之后，新生代农民工责任感更强，更能在城市安心工作，为了家庭可能有更多的社会参与，也更能融入城市。人力资本对新生代农民工社会融合具有重要的影响。随着受教育水平的提高，融合程度也提高，特别是职业教育和职业资格证书有助于提高新生代农民工的经济融合度。

针对新生代农民工社会融合的现状和特点，我们分别从经济融合、社会关系和社区融合、心理融合三个方面提出几点建议。

（一）经济融合

经济融合是新生代农民工立足城市的基础，还是要以提高新生代农民工经济融合度为基本目标，不断完善相关政策。从新生代农民工的经济融合状况来看，他们的收入依然在一个相对较低的水平，由于受到城乡侵害的社会保障机制的限制，他们在企业里工作，但成为企业"正式工"的可能性很小，无法通过工作获得完善的社会保障和生活在城市里的安全感。缺乏专业技术和技能限制他们找到理想工作和获得满意收入。

另外，由于他们比较缺乏法律法规知识，尽管很多人已经开始意识到在权益受到损害时，要积极向政府有关部门反映情况，维护自己的权利。然而，在现实情况中，新生代农民工维护其权利的途径依然非常有限，更多的人还可能采取自己忍受、或其他较为消极的应对方式。

第一个建议是进一步规范企业合法用工，提高新生代农民的社会保险参保率，一方面政府的劳动保障部门和企业人力资源部门要广泛向农民工宣传社会保障的作用和意义，还应当完善保险异地转移支付的政策落实，鼓励新生代农民工着眼未来，积极参加各项社会保险，以避免后顾之忧。加强劳动合同的签约率，健全工资集体协商制度，制定合理的最低工资标准，建立工资正常增长机制。

第二个建议是为新生代农民工提供职业技能培训时，除要使其具备一技之长外，还应当特别包括法律意识、职业道德、职业发展规划等方面的培养，以提高其在劳动力市场上的议价能力，改善经济状况，获得比较理想的经济和生活水平，为其经济融合奠定一个好的物质基础。

第三个建议是大力推动就地就近就业。从调研的数据来看，东中西部区域发展不均衡，新生代农民工的问题也不一样。具体来说，中西部地区对新生代农民工的吸引力不足，东部地区的大中城市仍然是新生代农民工的主要流入地。为了实现人口的合理分布和劳动力资源的合理配置，中西部城市在进行产业结构调整的时候，要注重引进能够创造更多就业机会、就业质量相对较高的产业，增加就业吸引能力。同时，中西部城市继续提高公共服务水平，推进基本公共服务均等化，创立更好的制度环境，吸引新生代农民工，特别是本省农民工就地就业。

第四个建议是总结提炼地方经验。从目前调研的河南省经验来看，在政府提供的农民工劳动力转移技术培训中，劳动权益保护和维权的一般程序已经成为其中的重要内容之一。一方面，要肯定和推广这样的经验；另一方面，还应当注重劳动权益保护和维权有关知识培训的方法，创新形式，让更多新生代农民工能够完全掌握这些法律知识。

（二）社会关系和社区融合

目前政府对于新生代农民工面临的社会困境，仅仅关注到社会保障、劳动权益保护、收入、子女教育、户口、住房等"显性"困境，也就是影响其经济融合和制度融合的各个指标。然而，经济和制度的融合，仅仅是新生代农民工迈进城市生活的第一步。新生代农民工要在城市里真正实现安居乐业，过上体面的、有尊严的生活，更为重要的，是他们能够获取有质量的服务、能够参与社会服务和管理，认同自己的身份，接纳当地的文化，享有一个融洽的社会关系网络，也就是社会融合指标里的社区融合、社会关系融合以及心理和文化融合等指标。

而这些方面，恰恰是去除融合障碍、推动新生代农民工社会融合的基本要素，对于农民工是否可以在城市体面就业和有尊严的生活，有至关重要的作用。很显然，这些社会融合的问题，还没有引起有关领导和工作人员的重视，也未进入政府的工作议程。这无疑应当成为政府、企业和社会组织在今日推动新生代农民工社会融合的重要内容。

从前期调研可以发现，大部分新生代农民工居住在企业提供的集体宿舍里，还有少部分居住在城乡接合部或城中村里。他们对于其所在的社区归属感不强，大都持"无所谓"的态度，这些社区里公共服务资源极其有限，居住在其中的人也极少有享受公共服务及相关信息的途径。另外，这些社区都以外来打工者为主，新生代农民工与本地城市居民之间缺乏有效的交流和互动。

第一个建议是社会福利制度设计应当从"支持一个人"改变为"支持一个家庭"，支持新生代农民工的家庭迁徙，并鼓励全家能够在城市扎下根来。企业、政府、社会一方面要促进已经结婚的新生代农民工家庭生活的正常进行，家庭功能的正常发挥。例如，一方面，解决新生代农民工子女的就地入学问题，建设夫妻宿舍房，使农民工家庭能够实现夫妻团聚等；另一方面，帮助那些还没有结婚的特别是90后新生代农民工树立正确的婚恋观，提供心理咨询和婚姻辅导服务，创造未婚青年交友的平台，帮助他们顺利实现未婚向已婚的过渡。

同时，要切实降低流入地中小学校和幼儿园的入学门槛，确保新生代农民工子女能够平等地享有受教育的权利，这不仅仅是政府对家庭责任的有效支持，更是社会公平的体现，是确保新生代农民工融入城市的政策保障。各地妇联、共青团、家庭教育协会等以及在相关领域从事工作的社会组织，应当更加关注新生代农民工在家庭教育上的需求，为年轻的父母提供量身定制家庭教育和亲子能力培训，并开展社区的亲子活动，使新生代农民工能够免费或花费少许便能获得他们需要的为人父母的能力和知识，帮助他们不仅能为下一代提供更好的物质生活条件，还将有能力关注孩子的精神世界，培养出身心健康的下一代，从而有效地预防由于家庭功能的缺乏导致的社会风险和失范行为。

第二个建议是企业应制定有利于职工行使其家庭责任的制度。企业应当执行更为人性化的措施，对于与自己父母或子女共同生活的新生代农民给予适当安排。比如在食宿上提供支持，提供家庭房和基本生活设施，供全家一起居住；对于有孩子的年轻父母给予更灵活的工作时间和休假制度，可由企业提供工作时间内的免费照顾，还可由工厂出面与周围的幼儿园、学校合作，帮助本厂职工子女就近入托和入学。

第三个建议是发挥社会组织的功能，创新途径把新生代农民工和社区居民连接起来。应依托现有的社会管理和服务系统，比如工会、团组织、妇联和行业协会等，采用各种创新形式，为新生代农民工提供关怀和服务。政府有关部门和社会组织应当主动搭建连接工人与社区的桥梁，把与当地与青年工人权益保护相关的资源请进工厂，使新生代农民工在解决自身困境时有更多选择。另外，政府有关部门应当广泛利用社会组织的专业能力和资源，通过政府购买社会组织服务的形式，为新生代农民工提供日常化和专业化的服务，让城市敞开胸怀，使他们能更加方便地融入社区生活。

（三）心理融合

社会也越来越意识到，80后、90后农民工，是与他们的父辈截然不同的群体，带有鲜明的时代特点和个性，以及由此产生的对于心理和文化融合特别的需要。然而，在目前的政策和服务中，并没有考虑到政策和服务如何应对这些鲜明的时代特征，提供的服务也没有完全符合新生代农民工的现实需要，就使得政府提供的公共服务与新生代农民工的需要不符合，便产生了服务提供者抱怨"免费的培训都没有人参加，得硬抓人来参加"。

在调研中发现，河南四市的人社局等单位针对农民工提供的职业培训，分为两方面内容，一是"技能性培训"，另一个方面是"引导性培训"。技能性培训主要是根据不同的输出企业行业特性和需要，或是技术学校的专业设置安排的培训内容。而"引导性培训"，在政府看来，是为了让农民工具备在"在城市生活的能力"。但当详细了解"引导性培训"的内容时发现，主要内容仅包括有关法律法规、办理证件等，而对于城市生活技能、城市文化等内容几乎没有。

因此，第一个建议是对新生代农民工的政策应秉持"以人为本"的理念，依托政府"引导性"培训的平台，加入促进新生代农民工心理和文化融合的要素。政府应该增加职业教育和培训的投入力度，提高新生代农民工的综合能力，促进新生代农民工社会融合。社会融合一方面靠流入地政府政策的包容及流入地市民的接纳，更主要的还要看新生代农民工自身的素质能力和努力程度。职业教育和职业培训在提升新生代农民工素质和能力，帮助新生代农民工实现社会融合已经显出效果。因此，政府应当加大投入，减免新生代农民工参加职业教育与培训的各项费用。但是，我们也看到目前职业教育特别是中职教育存在的一些局限，虽然中职教育对于提高新生代农民工的技能水平，提高其经济融合度的作用比较显著，但是对社会融合的其他维度的作用并不显著。因此，在强化技能培训的同时，要增加城市适应性教育的内容，课程要在适应城市文化、享用城市公共服务资源、自我心理调适等方面的能力需求上做有益的探索，把符合这些需求的培训内容充实进目前职业技术培训的"引导性培训"中，编写新生代农民工《城市生活指南》等培训教材。职业教育学校可以培养教授"城市生活"课程的老师，要求在职业技术的学历教育和各个部门提供的短期培训中都要纳入相关内容和课时。尽快提高其适应城市的综合能力，从多方面帮助新生代农民工获得职业资格证书。一方面，继续发展职业教育中实施的"双证教育"制度，帮助在校学生取得学历证书的同时，也取得职业资格证书。另一方面，要加强就业后新生代农民工的在岗和转岗培训，帮助其取得相关职业资格证书，促进其社会融入。

  第二个建议是政府和社会组织要积极动员各界资源，构建新生代农民工能力发展社会支持系统，为新生代农民工提供个人能力拓展、职业发展规划等人性化关怀。政府有关部门、社会组织和企业应把个人成长方面的能力培训作为人性化关怀的主要内容，诸如开展沟通交流能力、城市生活经验和职业发展规划等培训，积极为青年员工创造成长空间。具体说来，政府应该制定相应的政策及法规，为新生代农民工提升综合能力及社会融入提供必要的政策、法律以及制度支持。其支持重点在于相关政策的决策、制度安排、提供强有力的经费保障、发挥舆论优势，宣传培养综合能力的必要性舆论等方面；企业或社会组织的支持主要体现在协助政府或独自开展新生代农民工综合能力提高的支持活动。企业和社会组织还应当关怀新生代农民工的业余生活，鼓励青年员工自发组织文化体育活动，积极参与社区里的各项事务，尽快熟悉城市生活环境，使他们更多自主地享受自己的生活。

第九章

新生代农民工社会融合与制度包容和文化资本

第一节 新生代农民工社会融合与制度包容

据国家统计局农民工监测数据显示,2014年全国农民工总量达27 395万人,比上年增加501万人,增长1.9%。农民工的流向和就业地区分布呈现以下特点:一是农民工总量增速继续回落;二是在西部地区务工的农民工增长较快,中西部地区对农民工的吸纳能力进一步增强,吸纳的农民工数量比东部仅低4.4个百分点;三是跨省流动的农民工所占比重微升,但低于省内流动的农民工的比重8.4个百分点;四是外出农民工仍主要流向地级以上大中城市。从农民工的年龄结构来看,农民工以青壮年为主,16~30岁的年轻农民工占35.7%。[1] 可以看出,随着城镇化进程的加快,农民工流动的规模继续在扩大,省内流动成为农民工流动的新趋势。同时,新生代农民工仍占农民工群体的多数,成为破除城乡二元结构、加快城镇化进程的关键政策人群。

以往,社会各界对户籍、社会保险等影响新生代农民工社会融合的某项制度因素强调较多,从多维综合视角来考察得相对较少。基于此,课题组从城市制度包容性的角度入手,基于调查数据和政策文本重点分析了新生代农民工城市融入

---

[1] 国家统计局:《2014年全国农民工监测调查报告》,国家统计局官网,2015年4月29日。

的制度性障碍，并提出以下几点政策建议：畅通新生代农民工从迁移流动到落户定居的制度渠道；为新生代农民工子女在城市求学设计通道；加大政府投入，将新生代农民工纳入城镇住房保障政策体系；建立流动人口社会融合政策指标体系，推动地方政府进行制度创新。

一、制度包容性的理论分析

（一）制度包容性的理论溯源

非收入的不平等与制度化的不平等存在显著关联。为应对全世界范围内非收入的不平等——表现为经济、政治和社会不平等——日益增多，及其在弱势群体间的相互关联与代际传递问题，2007年林毅夫的《以共享式增长促进社会和谐》，首次提出"共享式增长"，后演化为"包容性发展"的概念，从社会排斥角度关注机会不平等，探讨通过实现共享式增长构建和谐社会的政策选择。包容性发展旨在通过消除社会排斥确保高速、有效的可持续的发展模式，建设和谐社会。包容性政策改革的重点在于拓展发展机会，实现发展成果共享，增强制度设计与政策制定的公平性，建立公平的社会保障体系。机会不平等是导致所有不平等的基本因素，权利的不平等不仅会转化为机会的不平等，而且会形成永久的制度化地位的不平等。[1] 财富和资产的集中意味着经济上处于弱势的群体很难获得潜在的发展机会。收入与非收入差距都在持续加大，中等程度的收入差距也可能与一些核心的福利指标的高度差距相关，故在调整社会政策时应区分个人努力的差距和个人背景、所处环境带来的差距。[2] 从益贫式增长、包容性增长到包容性发展，是一个逐步递进拓展的过程。包容性发展关注包括弱势群体在内的所有国民的实际需求、可行能力、发展环境与机会以及利益分配，追求经济、社会和政治全面协调发展。公平与发展相辅相成，包容性发展是一种新的发展理念和模式，建立包容性的制度就是试图通过政治和经济竞争环境的公平化，对人进行人力资本投资，扩大司法公正和基础设施的享受范围，促进劳动市场、金融市场和产品市场的公平性。[3]

---

[1] 杜志雄、肖卫东、詹琳：《包容性增长理论的脉络、要义与政策内涵》，载于《中国农村经济》，2010年第11期。
[2] 林毅夫、庄巨忠、汤敏等：《以共享式增长促进社会和谐》，中国计划出版社2008年版。
[3] 高传胜：《论包容性发展的理论内核》，载于《南京大学学报（哲社版）》，2012年第1期。

(二) 城市制度是影响农民工社会融合的重要因素

已有研究表明政策体制是影响农民工留城意愿的重要因素。在一定意义上讲，农民工社会融入是指农民进城后在实现职业身份转变的基础上，实现居住地域、生活方式、行为模式和思想观念转变的过程。农民工社会融入的过程是一个双向互动的过程，一方面取决于农民工自身的愿望、能力、努力程度等。另一方面更重要的是取决于流入地政府对农民工的态度，特别是其制度结构对融入的过程具有决定意义。

新生代农民工的社会融合问题来自制度、文化、社会的偏见和排斥，主要体现在他们是否有机会获得城市居民的正式身份，是否与城市居民享有平等的权利、享受均等化的公共服务。由于我国长期的城乡二元体制的惯性，总体上来讲，城市制度对农民工的接纳程度比较低，制度包容性比较差，更多的是制度障碍。在收入上，新生代农民工未能实现同城同待遇，同工不同酬。在户口的可获得性，以及基于户口的基本公共服务的分配上，新生代农民工也被区别对待。他们的子女难以与城市儿童一样平等接受义务教育，多被安置在教育质量较低的学校，他们难以或根本不能享受保障性住房的政策优惠，而保障性住房是重要的民生问题，加快建设和完善保障性住房政策，对于改善民生、促进社会稳定具有重要意义。到目前为止，他们的医疗保险、社会保险还未实现全国范围内的对接，难以真正享受到工伤保险的保障。虽然他们事实上已常住在流入城市，但在城市的各项公共服务的规划中，他们依然未被考虑在政策对象的范围内。

(三) 提升制度包容性的具体途径

包容性发展关心每一个人的自由和全面发展，同时它不仅关注经济收入上的公平，更关注非收入——社会权利、发展机会、基本公共服务获得等——的公平。因此包容性的制度建设应以政府为实施主体，以剔除和调整已有关于农民工社会政策中的不公平、歧视性、排斥性内容为具体的途径和改善的举措。

保障农民工工资性收入的持续增长。在一次分配领域兼顾效率与公平，提升在劳动密集型产业和资本密集型产业里面的劳动密集区段工作人员的工资，让依靠劳动作为主要收入来源的农村和城市低收入人群分享经济发展的果实，提高劳动力相对于资本的稀缺性，以实现普通劳动力的工资增长速度高于富人和资本的速度。在二次分配领域，建议建立统一的劳动力市场，建立偏向生产型的公共支出结构，如教育投入，阻断收入差距的代际转移；针对丧失劳动能力的弱势群体进行针对性救助，兼顾救助资金的使用效率、落实与可持续性。①

完善非财政性的社会政策，系统提升政策的包容性水平。一是增加对教育、基本医疗卫生，以及其他基本社会服务方面的投入，来提高民众特别是弱势群体的基本素质与发展潜能；如面向困难家庭，最低收入、低收入和中低收入发放不同标准的补贴，资助其租赁公共租赁住房，形成有梯次的住房保障。公共租赁住房向在城镇稳定就业的外来务工人员开放。二是加强政策与制度的公平性，消除社会不公，完善市场机制，创造平等竞争的条件；三是建立社会风险保障机制以防止与消除极端贫困。②

下文，我们将梳理比较不同城市在户籍制度、就业制度、住房制度、社会保障制度、教育制度等设计上阻碍农民工融入的障碍，总结影响农民工社会融入的共性因素和特殊因素，从侧面来反映城市的制度包容性，并提出有针对性的政策建议。

二、城乡二元制度面临挑战

大中城市作为新生代农民工的主要流入地，其户籍管理、保障性住房、教育培训、社会保障、医疗卫生等政策法规及操作办法是影响农民工社会融入的主要制度性因素。有学者提出农民工融入城市难的原因就政策本身而言，存在政策缺位和既有政策落实不利的问题③。相关政策中又以户籍、就业、住房、社会保障、教育政策的影响最为重要。我们重点以调研过的中部地区城市郑州、洛阳和东部城市晋江的相关制度为例进行分析说明。

（一）新生代农民工获得城市户籍的渠道窄、机会少

户籍制度的推行，对促进计划经济的发展，以及社会秩序的重建起到过积极作用。但随着改革开放及市场经济的不断深化，这一制度已经不能满足新时期社会管理和人民生活的需要了，甚至还给城市社会管理带来各种各样的新问题。④近年来各地都在积极探索户籍改革的路径。比较有创新性的是广东省中山市于2009年推出的"积分入户"政策，有学者认为该举措"为打破户籍坚冰提供了一种比较务实的路径选择"。⑤积分入户作为一种制度创新是值得肯定的，但是

---

① ② 林毅夫、庄巨忠、汤敏等：《以共享式增长促进社会和谐》，中国计划出版社2008年版。
③ 王春光：《中国社会政策调整与农民工城市融入》，载于《探索与争鸣》，2011年第5期。
④ 郑杭生、陆益龙：《开放、改革与包容性发展：大转型大流动时期的城市流动人口管理》，载于《学海》，2011年第6期。
⑤ 熊光清：《从限权到平权：流动人口管理政策的演变》，载于《社会科学研究》，2012年第6期。

目前还存在一些有待解决问题，如适用对象界定模糊；积分权重有待完善；各区入围分值差异较大；资料审核相对复杂；部分流动人口对政府"诚意"和透明度存在疑虑。[①]

此外，很多地区陆续推出了居住证制度以代替此前推行的暂住证制度，从理论和政策制定者的目标来看，居住证制度是要给流动人口更多的市民待遇，缩小流动人口与本地居民之间待遇差距，但是它无形中却在流动人口内部产生了分化作用。赵德余、彭希哲（2010）以上海经验为基础，验证了居住证制度对大城市外来流动人口的内部分化作用。研究的主要结论是现行的居住证制度的导入有利于哪些市场能力强的或者技术人力资本高的外来人群，其筛选机制本身具有促进社会分化的功能。但是，他们同时肯定了上海市户籍改革的思路——设计了从居住证向户籍转变的条件和机制——的积极意义，也就肯定了居住证的积极作用，即为不同的社会阶层之间创造了可以流动和迁移的通道。[②] 接下来对我们调查的三个城市相关户籍制度和居住证制度进行分析。

课题组在河南的调查显示，35.2%的新生代农民工表示愿意永远生活在城市里，59.4%的人认为城市户口对于成为城市人很重要，47.4%的人愿意将自己的户口转为城镇户口。城市户籍对于新生代农民工长期定居城市而言具有重要意义。

就郑州和洛阳两个中部地区城市而言，农民工落户的途径主要有投资入户、工作入户及毕业入户，同时本地农民工和外地农民工落户有差异。投资入户需要有较为雄厚的资本比如购房或投资实业，工作入户需要有较高的职业技能水平，通常是中级及以上专业技术职称，对于多数新生代农民工来说难以达到要求。中专、技校、职高的学生大多来自农村，因此，"毕业入户"为新生代农民工入籍城市开辟了重要的途径，但是又受到严格的专业限制。相对来说，本地农民工获得城市户籍的难度要小一些，关键在于是否愿意放弃责任田的承包权和经营权。

从表9-1的郑州市的户籍政策，我们可以看到郑州实行了"居民户口"制度，取消了城乡的户籍限制，实现了本市内的户籍自由迁移。对于外地农民工要想获得本地户籍主要的途径：

[①] 郑梓桢、宋健：《户籍改革新政与务实的城市化新路：以中山市流动人口积分制管理为例》，载于《人口研究》，2012年第1期。

[②] 赵德余、彭希哲：《居住证对外来流动人口的制度后果及激励效应——制度导入与阶层内的再分化》，载于《人口研究》，2010年第6期。

表 9-1　　　　　　　　　　郑州市户籍政策

相关文件	具体规定
《郑州市人民政府关于户籍管理制度改革的通知》，非郑州籍居民取得户籍的主要资格条件	1. 凡在郑州市辖区内购买住房的外省市公民，凭房屋产权证明即可办理本人及其直系亲属的迁郑户口。 "外地公民在我市市区购买房屋，建筑面积达 56 平方米以上的，其本人和直系亲属（下同）准予迁入 2 人，达 90 平方米以上的可迁入 3 人，达 120 平方米以上的可迁入 4 人，达 150 平方米以上的可迁入 5 人。" 2. 凡具有中等专业技术学校（含技工学校）以上文凭的毕业生，到郑州市人才中心存档后，凭毕业证即可办理迁郑户口。 （1）具有博士学位愿到我市就业的，可先入户后择业，与其共同生活的配偶、子女的户口可随迁入户。 （2）硕士和本科毕业生自愿在我市就业的，可先入户后择业。户籍放在人才交流中心。 （3）大专毕业生在我市有接收单位的，凭就业报到证，准予入户。 （4）我市需要的特殊专业的中专、技校、职专毕业生，有接收单位，经劳动保障或人事部门批准，凭就业报到证，准予入户。 3. 凡与我市企事业单位签订劳动合同，并交纳社会统筹金的人员，可办理迁郑户口。 外地企业职工，在我市有接收单位，符合下列条件之一的，经劳动保障或人事部门批准，准予迁入： （1）具有中级（相当于工程师）以上专业技术职称的人员； （2）具有大专以上学历的人员； （3）具有高级职业技能资格（技师、高级技师、高级工）的人员； （4）我市急缺的技术工种和特殊工种的人员； （5）企业聘用的高级管理人员
郑州市居民居住证制度	2007 年 8 月 1 日，郑州市实施《郑州市区暂住人口登记办法》，废除暂住证，在全省率先实行居住证制度。 1. 申领范围 暂住 30 日以上需办理居住证。郑州市居住证的申领范围是：没有本市市区常住户口，到本市市区范围内（不含上街区）暂时居住的人员，拟在暂住地暂住 30 日以上的，7 日内申领居住证。 2. 申领条件 一般来说，需要带身份证、两张照片和租房合同。也就是说要有固定住所。 3. 凭居住证可享受的重要公共服务项目（权利） （1）子女上小学可以就近分配入学； （2）持有郑州居住证半年以上的外地人员，可在郑办理驾照和车辆上牌； （3）凭居住证居住郑州一年以上的外地人员，可在郑购房； （4）子女可以接受计划免疫接种； （5）子女就读幼儿园可获政府补贴； （6）享受劳动就业等一系列优惠政策

一是购房投资入户，同时，受购房面积的影响，购房面积与获籍人数成正比，总体上是家庭取向的；二是工作入户，但是往往是具有较高职业技能才可以，从人才引进的角度考虑；三是毕业入户，中专、技校、职专的学生大多来自农村。这一途径是向新生代农民工开放的，但是受到由地方经济和产业结构决定的劳动力需求（特殊专业）的限制。总体来看，第二、三种入籍途径的政策取向是个人导向的。

表 9 – 2　　　　　　　　　洛阳市户籍政策

相关文件	具体规定
《洛阳市人民政府关于进一步改革我市户籍管理制度的意见》	1. 本地农民： 城中村、近郊农民（责任田可能已经被征用或剩余很少）凡有合法住所，有稳定职业或者生活来源的，准予迁入。 远郊农民，如果放弃责任田和宅基地或者只放弃责任田的农民，进城入户政策全部放开。不放弃责任田的，实行暂住证管理，即所谓差别化的户籍管理办法。 2. 投资、兴办实业、公益事业、继承购买房地产。准许本人及直系亲属迁入。 3. 人才引进，大专以上毕业生自愿落户。 4. 投靠亲属 5. 外来从业人员落户：凡被国家机关、团体、企事业单位和民营企业正式聘用满一年以上，并签订劳务合同，按时缴纳社会保险金的外来人员，准予其本人在就业地申请入户。 6. 毕业分配、干部职工调动、部队转业干部、退伍兵等
《洛阳市暂住人口管理办法》	1. 管理对象：办法所称暂住人口，是指离开常住户口所在地，跨市、县（市）异地居住的人员。 2. 办理暂住证的条件：暂住人口在暂住地拟居住 1 个月以上的，应到公安派出所申领《暂住证》，整户暂住的须申领《暂住户口簿》。 暂住人口为 16～49 岁的，应有计划生育证明，无证明的，公安机关不予办理《暂住证》。 居住自购商品房的，由本人持房产证等证件办理。 3. 暂住人口的义务：暂住人口应履行遵纪守法与服从管理的义务。 4. 持暂住证的权利：暂住人口须持有《暂住证》方可办理劳务许可证（就业）、营业执照、房屋租赁等有关事宜

从表 9 - 2 可以看出洛阳市推进户籍制度改革的指导思想主要有两点：一是要吸引优秀人才；二是要引导农民到县城和小城镇定居。从上述政策，我们可以看到，实际上本地农民工和外地农民工是有所差别的。本地农民工获得城市户籍

的条件是要放弃土地的承包权和使用权。其实，多数农民都不愿意。而外地（非洛阳市籍）农民工的资格条件是正式聘用满一年以上，并签订劳务合同，按时缴纳社会保险金的外来人员。但是，只允许其本人申请，不连带其家庭成员。此外，投资、兴办实业、公益事业、继承或购买房产，可以准许本人及直系亲属迁入。这是一种吸引投资导向的户籍政策。但是，以上事项都是一笔不小的投资，大多数的农民工都不具备这样的能力。

通过对洛阳和郑州户籍管制制度的分析，我们可以看出，本地农民工要获得城市户籍相对比较容易，问题的关键在于是否愿意放弃责任田；对于外地农民工（非本市户籍）获得城市户籍的途径主要：一是购房获得，基本上是家庭取向，也就是本人及家庭成员均有机会获籍。二是工作获得，与用人单位签订正式的劳动合同，并缴纳相应的社会保险金，这是个人取向的。三是毕业获得，但条件较高，要有接收单位，要是特殊专业，也是个人取向。相对而言，农民工要获取到市民资格，成为合法的永久居住居民，门槛还是比较高的。

而地处东部沿海的晋江市推出了具有地方特色的流动人口居住证政策。居住证分为《晋江市临时居住证》和《晋江市居住证》两大类。年满16周岁，在晋江居住30日以上的可以办理临时居住证，在晋江连续居住满3年、有固定住所、稳定职业、在本市参加社会保险3年以上、遵纪守法者有资格申请《晋江市居住证》，持有居住证2年以上，有固定住所，并符合本市常住户口落户条件的，才可以申请登记为常住户口。

总体而言，无论是中部城市还是东部沿海城市，对于异地务工的新生代农民工而言，要获取到本地市民户籍，渠道比较窄，门槛比较高，实现难度很大。

（二）城市保障性住房政策向新生代农民工开放力度不足

目前大中城市最低房价已远远高出农民工的经济承受能力，而城市的廉租房、经济适用房等公共住房又基本上不对农民工开放，大部分农民工只能在用人单位提供的宿舍或工棚、"城中村"和城乡接合部租房居住，其居住环境和条件与城市户籍居民有较大差距。侯慧丽、李春华（2010）的研究认为，北京流动人口居住状况差的影响因素包括制度和非制度两个方面，非制度因素包括收入和在京居住时间两个因素，而制度因素方面户籍制度是主要影响变量。[①] 本次调查显示，26.4%的新生代农民工住在单位宿舍，22%的人居住在城乡接合部或"城中村"的民房中，他们的居住条件不容乐观。同时，65%的新生代农民工认为在城

---

① 侯慧丽、李春华：《北京市流动人口住房状况的非制度影响因素分析》，载于《北京社会科学》，2010年第5期。

里买房子对于在城市立足很重要。可见，稳定的住房对于新生代农民工的城市融入非常关键。随着城市房价的高涨，购买商品住房不仅使普通市民倍感压力，更是让多数农民工可望而不可即。调查中政府官员、教师、学生都提到住房是影响新生代农民工融入城市的一大因素。城市住房制度的包容性，主要体现在农民工是否有机会享受各类保障性住房。

例如郑州市有关住房政策规定，没有本市户籍的外地人，特别是农民工，没有资格购买经济适用房或是申请廉租房（见表9-3）。据郑州市人民政府《关于印发郑州市公共租赁住房暂行管理办法的通知》，尽管来郑州务工人员可以申请公共租赁住房，但严苛的限制把绝大多数农民工排斥在外。在晋江市购买经济适用房和申请廉租房也必须是本市户籍的居民。晋江市新近下发了《公租房建设管理规定的通知》，将包括新生代农民工在内的外来务工人员纳入保障对象，条件是在本地居住就业3年及以上（以缴社会养老保险时间为依据）与用工单位签订劳动合同或聘用合同。此规定将灵活就业的外来务工人员排除在外。

表9-3　　　　　郑州市关于外来务工人员住房的相关规定

相关文件	具体规定
关于商品房的住房政策	郑州市住房保障和房地产管理局办公室2011年《关于本市及非本市户籍居民家庭在我市限购商品房的通知》中关于商品房限购的具体规定："在本市建成区内对人口过密区域和其他区域实施差异化的限购政策。无法提供在本市1年以上纳税证明或者社会保险缴纳证明的非本市户籍居民家庭暂停在人口过密区域购房，只能在其他区域新购1套商品住房。能提供在本市1年以上纳税证明或社会保险缴纳证明的非本市户籍居民家庭在人口过密其他区域暂定只能新购1套商品住房。本市户籍居民家庭在人口过密区域暂定只能新购1套商品住房。"
关于经济适用房的住房政策	据郑州市《2011年申请经济适用房的条件新规》，(1) 具有本市市区建成区城市户口3年以上；(2) 家庭人均月收入低于城镇居民最低生活保障标准的4倍；(3) 无住房或者家庭人均住房建筑面积不足20平方米；(4) 市人民政府规定的其他条件
关于廉租房的住房政策	符合下列条件的低收入住房困难家庭可申请廉租住房保障：（一）具有市区常住户口，且家庭成员中至少有1人取得本市常住户口3年以上；申请实物配租的家庭，其家庭成员中至少有1人取得本市常住户口6年以上。家庭成员如有户口迁入的，迁入必须2年以上；（二）持有民政部门发放的《城镇居民最低生活保障金领取证》或者家庭人均月收入低于我市城市居民最低生活保障标准2倍的低收入家庭认定证明；（三）无自有住房，或者人均住房建筑面积低于12平方米。其他应当列入廉租住房保障的家庭按市人民政府有关规定执行

续表

相关文件	具体规定
公租房的住房政策	郑州市人民政府《关于印发郑州市公共租赁住房暂行管理办法的通知》 申请对象为"具有本市常住户籍的中等偏下收入家庭、新就业职工、来郑务工人员"。同时具备下列条件的来郑务工人员可以申请公共租赁住房：（一）连续缴纳社会保险1年以上或累计缴纳社会保险3年以上；（二）已与用人单位签订2年以上的劳动合同；（三）月工资低于城镇居民最低生活保障标准的5倍；（四）在本市市区范围内无自有住房；（五）非本市的户籍证明。新就业职工和来郑务工人员申请租赁政府产权公共租赁住房的，由用人单位统一向单位所在地的街道办事处或者乡、镇人民政府提出书面申请

相对于中小城市洛阳市，并没有关于商品房的限购政策，也没有出台公租房的政策。经济适用房和廉租房只限于本市城市户籍的常住人口。外地人特别是农民工只能租住私房（见表9-4）。

表9-4　　洛阳市关于外来务工人员住房的相关规定

相关文件	具体规定
经济适用房	申请的主要资格条件包括： 1. 具有本市市区常住户口（常住户口满一年）； 2. 中低收入家庭； 3. 无房户或住房困难户； 4. 市人民政府规定的其他条件； 5. 单身人员除应当符合前款规定条件外，申请购买经济适用住房时，年龄需满26周岁
廉租房	第二条本办法适用于本市城市规划区内的城市居民最低生活保障家庭的廉租住房管理。 （一）家庭人均收入符合城市居民最低生活保障标准，并已经享受民政部门最低生活保障救助的； （二）家庭成员（有法定赡养、抚养、扶养关系的同住亲属）人均住房建筑面积在12平方米以下的

可见，经济适用房和廉租房等政策性住房基本没有向新生代农民工开放。新近推出的公租房已经将新生代农民工纳入保障范围，但是条件相对比较严格，其执行

效果还有待考察。但是，总体来看，农民工除了住单位宿舍或购买商品房或租用私房以外，他们得到政策性住房的机会比较少，他们的居住面临着巨大的挑战。

（三）子女接受义务教育基本得到保障，参加中考和高考仍然面临困境

随着我国农民工流动"家庭化"的趋势不断增强，越来越多的儿童跟随父母进入城市生活。农民工人口子女教育问题随之而来。2011年国务院颁布了《关于基础教育改革与发展的决定》，提出流动儿童接受义务教育应以流入地区政府管理为主，以公立小学为主，简称"两为主"原则。目前，在保障流动人口子女有学可上的层面，问题得到一定程度的缓解，但是还没有根本解决。在"地方负责，分级管理"的教育体制下，农民工随迁子女由于未纳入流入地公办教育发展体系，使得相当多的农民工随迁子女只能就读于有些教学条件不太好的民办农民工子弟学校；同时，还有相当一部分农民工随迁子女在城市完成高中教育之后，不得不回原籍所在地参加高考。这种城乡二元教育体制造成农民工随迁子女的教育机会、受教育条件及其过程与城市居民子女的不平等，制约了农民工市民化进程。

针对上述问题，谢宝富[①]对流动人口子女属地化教育问题进行了研究。提出了建立流动性流动人口子女学校；建立梯度入学制度；根据流动人口子女学习成绩编班；向流动人口开放中等职业学校等建议。对于儿童来说，教育是一个持续不断的过程。完成义务教育之后，中考和高考问题又随之而来。彭虹斌[②]对流动人口子女高考升学政策进行了专题研究。最后，提出流动人口子女高中阶段入学和参加高考政策可以采取分两步走的建议：第一步，让流动人口子女参加流入地举行的高考，然后实行考分转换，也就是将考生的高考分数等比例转换为户籍所在地的分数，考生在户籍所在地填报高考志愿；第二步，待条件成熟后，允许在流入地读完高中的流动人口子女在流入地参加高考，并享受当地居民的待遇，正常填报流入地所在省份的高考志愿。

新生代农民工多数已经进入婚育期，子女入学和升学问题是影响农民工融入城市的另一个重要因素，它是影响新生代农民工家庭团聚的重要因素，是促进其城市融入的重要中间机制。被调查新生代农民工认为子女在公立学校就学的主要障碍，选择比例最多三项依次为，入学手续烦琐条件太多占22.2%，入好学校难

---

① 谢宝富：《城乡结合部流动人口子女属地化教育问题的思考：以北京市城乡结合部为例》，载于《中国教育学刊》，2010年第5期。
② 彭虹斌：《流动人口子女高考升学政策研究》，载于《教育科学研究》，2012年第6期。

占 22.0%，入学费用高占 16.7%。

可以说中央出台了义务教育"两为主"的政策后，农民工子女的义务教育问题基本得到了解决。但是仍然存在入学手续烦琐，不能平等享受优质教育资源等问题。从郑州和洛阳两市有关教育政策文本来看，新生代农民工子女已经获得接受义务教育的权利。但是，与市区户籍人口相比，农民工子女在报名入学时要更多的手续。市区常住人口要"四证"，外来务工人员需要"六证"，特别是需要获得户口所在地乡镇人民政府或教育部门的批准证明，增加了外来务工人员报名的成本。晋江市也规定外来务工人员子女在晋江市公立学校就学需提供"三证、一簿"，即"务工证、暂住证、流动人口计生证和户口簿"，不能提供者引导其去民工子弟学校或者私立学校就学，公办学校不得接收父母在周边县（市、区）务工的外来工子女入学。

然而，外来的农民工子女很难在郑州或洛阳接受高中教育。根据《2011 年郑州市市区普通高中招生工作意见》的规定，普通高中的招生对象是"郑州市市区初中学校在籍就读的应届初中毕业生或具有郑州市市区常住户口，在郑州市区以外学校借读的应届初中毕业生"。又据《洛阳市教育局关于印发 2011 年普通中学招生工作方案的通知》的规定，"户口不在我市的考生原则上不属于我市高（完）中招生范围"（见表 9 – 5、表 9 – 6）。

表 9 – 5　　　　　　　　　郑州市相关教育政策

相关文件	具体规定
中等职业教育	根据《2011 年郑州市中等职业学校招生工作意见》来看： 1. 招生对象 主要面向应届初中毕业生，同时面向往届初中毕业生、未升学高中毕业生、退役士兵、农村青年、农民工、生产服务一线职工、下岗失业人员等群体招生。 2. 学生资助体系 2009 年秋季开始，郑州市安排专项资金，对就读郑州市属及县（市）、区属各类中等职业学校的郑州市户籍（含六县、市）的学生实行学费补贴政策，每生每年补贴学费 1 000 元。2010 年秋季开始，对就读郑州市属及县（市）、区属各类中等职业学校的郑州市户籍（含六县、市）的学生实行免学费政策。 2009 年秋季开始，国家对农村家庭经济困难及涉农专业的学生实行免学费政策。免学费标准为每生每年平均 2 000 元。①

---

① 此外，2007 年秋季开始，国家对农村户籍、县（镇）非农户籍的学生、城市低收入家庭和经济困难家庭的学生实行助学金制度，对一、二年级的在校学生每生每年补助生活费 1 500 元。

续表

相关文件	具体规定
小学义务教育	根据郑州市教育局《关于做好郑州市市区 2011 年小学入学工作的通知》的规定： 1. 基本原则 坚持义务教育"免试""相对就近入学""平等受教育"的原则。不得拒收已经由教育行政部门认定的、符合在郑借读条件的外来进城务工人员同住子女，并且不能收取借读费。 2. 报名手续 具有市区常住户口的适龄儿童，报名时须持户口簿、房屋所有权证、父母身份证、《计划免疫保偿证》或《预防接种卡》到规定学校履行报名手续。 外来进城务工人员同住子女入学，须持户籍所在地的户口簿、父母身份证、郑州市居住证、父母一方与用人单位签订的劳动合同（此合同文本必须是规范的劳动合同文本）或工商行政部门颁发的营业执照，以及户口所在地乡（镇）级人民政府或县（市）级以上教育行政部门准予在郑就读的证明，到实际居住地所在区教育局（教体局）指定的报名点报名，经审查同意，按照相对就近入学的原则，安排到相关学校就读
初中义务教育	据郑州市教育局《关于郑州市市区 2011 年小学毕业生升初中招生工作的通知》的规定： 1. 基本原则 继续坚持免试、相对就近入学的原则。具体操作办法原则上以小学毕业生家庭真实住址所在社区居委会为基本单位，相对就近升入初中。不得拒收已经由教育行政部门认定的，符合在郑借读条件的外来进城务工人员同住子女，并且不能收取借读费。 2. 报名手续 外来进城务工人员同住子女入学。须持户籍所在地的户口簿、父母身份证、郑州市居住证、父母一方与用人单位签订的劳动合同（此劳动合同文本必须是规范的劳动合同文本）或工商行政部门颁发的营业执照，以及户口所在地乡（镇）级人民政府或县（市）级以上教育行政部门或户口所在地乡（镇）应该就读的学校准予在郑就读的证明，到实际居住地所在区中招办报名，经区中招办审查同意，分配到相关初中就读。居住地所在区与务工单位所在区不一致的，在居住地所在区就读

续表

相关文件	具体规定
普通高中教育	据《2011年郑州市市区普通高中招生工作意见》 1. 招生对象 (1) 郑州市市区初中学校在籍就读的应届初中毕业生。 (2) 具有郑州市市区常住户口，在郑州市区以外学校借读的应届初中毕业生。 2. 录取工作 (1) 录取原则 普通高中招收初中毕业生坚持综合评价、择优录取的原则。 (2) 志愿填报 志愿设置。普通高中志愿设置共分三个批次、四个志愿。第一批次为省级示范性高中学校志愿，设置两个学校志愿；第二批次、第三批次分别为市级示范性高中学校志愿和非省、市示范性高中学校志愿，各设置一个学校志愿。 具有郑州市市区常住户口的考生，可以填报三批录取学校志愿，分别为第一批录取学校志愿、第二批录取学校志愿和第三批录取学校志愿。非郑州市市区常住户口，在市区学校就读并注册学籍的初中毕业生，可以填报三批录取学校志愿，即第一批录取学校中的郑州中学、郑州106中学、郑州101中学天明班、郑州四中天明班、郑州二中信息化教学创新班和郑州九中创新实验班，以及第二批、第三批录取学校志愿

表9-6   洛阳市相关教育政策

相关文件	具体规定
中等职业教育	据《洛阳市2011年中等专业学校招生工作细则》的有关规定： 1. 招生对象范围 应届初中毕业生、往届初中毕业生和进城务工农民及退役军人。 2. 资助政策 除做好国家的相关资助政策没有其他特殊政策
小学、初中义务教育	《洛阳市教育局关于调整城市区接受进城务工就业农民子女义务教育学校的通知》规定： 洛阳市适龄儿童在进入义务教育阶段的小学、初中报名就读时，须持有监护人（必须是父亲或母亲且是户主）户口簿及相关证明，监护人（必须是父亲或母亲且是户主）住房证及相关证明（包括户口还没有迁入的）。

续表

相关文件	具体规定
小学、初中义务教育	进城务工人员随迁子女需在洛阳市各区（涧西区、西工区、老城区、洛龙区、瀍河回族区）小学、初中就读的，须持三项证明——流出地县一级教育行政部门开具的转学（或同意外出就读）手续及学籍证明、流入地办事处出具的居住证明、外来务工人员与用人单位签订的书面劳动合同或经商营业执照，到所就读的学校（之前未在洛阳城市区就读的新生到所在区教育局）注册登记，由各城市区教育局按"相对就近、免试入学"的原则，将外来进城务工人员随迁子女分配到市教育局规定的学校就读。 接受进城务工人员随迁子女中学的中小学校共79所，其中小学37所，初中36所，九年一贯制学校6所①
高中教育	据《洛阳市教育局关于印发2011年普通中学招生工作方案的通知》中关于普通高中招生范围的规定：普通高中招生的对象为应、往届初中毕业生及同等学力者。城市区高（完）中主要面向城市六区初（完）中招生。九县（市、区）高（完）中主要在所辖区域内招生。户口不在我市的考生原则上不属于我市高（完）中招生范围，回户口所在地报考确有困难者，也可报考我市高（完）中

相对于东部城市晋江市来说，他们在外来务工人员子女参加中考方面政策更加开放一些。凡户籍关系不属于晋江市的外来务工人员子女，允许报考除师范类五年制专科之外的本市各级各类学校，并在普高、中职招生录取时与当地的考生一视同仁。同时，鼓励准备回户籍地就读普通高中的非福建省户籍的外来务工人员子女回户籍所在地报名参加中考中招。已在晋江参加中考的四川、重庆、安徽、江西户籍学生，可以填报荆山外来工子弟学校的"川、渝、皖、赣高中教学班"志愿，由学校与考生进行双向选择。此外，虽然中央已经要求各地出台异地高考的具体政策措施，但是目前具体落实的还比较少。

可见，教育问题是贯穿农民工子女发展的不同阶段，由于制度不顺畅，农民工子女并不能在务工地接受连贯的教育。虽然新生代农民工目前有的还没有子女，或者子女还比较小，但是教育政策的开放性会影响他们生育决策以及是否将子女带在身边的家庭决策，进而影响其城市融入。

---

① 资料来源：《洛阳每个适龄儿童都能实现相对就近入学》，载于《洛阳商报》，2011年7月11日，http://news.lyd.com.cn/content/2011/7/12/950269.shtml。

(四) 城市的劳动、就业制度不利于新生代农民工的体面、稳定就业

以往关于农民工就业问题的研究，往往关注的是户籍对农民工就业总量、就业行业和就业层次的限制，同工不同酬、工作时间与休息权益保障的研究。对农民工的公共就业服务的研究较少。《我国农民工工作"十二五"发展规划纲要研究》课题组研究发现，由于就业供求信息的严重不对称，导致农民工找不到合适就业岗位和行业缺员现象并存，如城市家政。促进就业是一项公共政策，政府应发挥重要作用。但政府对农民工的公共就业服务严重不足，具体表现为：第一，公共就业服务体系在农村基础薄弱，惠农政策和用工信息难以及时传递给农民工；以城市居民为主要服务对象的就业服务模式不适应农民工的需求。第二，组织洽谈会和登记介绍的方式周期长耗费大成本高，农民工难以承担，同时这些方式也不适用于临时用工或低层次的劳动力供求；返乡农民工获取信息更难；权威性、指导性的公共就业信息发布不够，各个公共就业服务机构之间缺乏沟通；第三，农村信息基础设施不够发达，缺乏向农民工传递信息的有效手段。第四，就业服务市场不发达，难以满足农民工跨区域流动的要求；第五，农民工培训的组织形式和内容还有待改进。[①] 李志红、郭欣[②]以研究青年流动人口的就业服务需求为出发点，在此基础上对我国公共就业服务体系提出了对策建议，包括增加青年流动人口的公共就业服务认同度；发展全方位多层次的公共就业服务；提高公共就业服务的信息化水平；加强公共就业服务体系的合作等。本次调研重点关注了农民工就业稳定性以及再就业培训补助问题。

本次调查中，75.2%的调查对象认为在城里有稳定工作非常重要。就业从岗位类型来看，超过一半的新生代农民工是普通员工，2.9%的人为中高层管理人员，但仅有5.4%的人希望自己是普通员工，高达18.2%的人希望成为中高层管理人员。通过政府组织、介绍和社区就业服务等渠道有秩序转移就业者的比例合计不到5%。在晋江，平均4.5年中新生代农民工换过2.4次工作，40%的人甚至换过3次及以上的工作。政府层面，劳动政策对本地人与外地人实行差别对待，对于参加再就业培训的本地农村转移劳动力，晋江市政府提供1 000元的培训补贴，晋江籍大中专学生在企业实习期间，晋江政府提供月均400元，为期三个月，共计1 200元的补助。外地人口则不能享受这一培训补贴政策。企业层面，部分与户籍无关的岗位招聘政策的条款设计中明确排斥非本地户籍人口，只

[①]《我国农民工工作"十二五"发展规划纲要研究》课题组：《中国农民工问题总体趋势：观测"十二五"》，载于《改革》，2010年第8期。

[②] 李志红、郭欣：《青年流动人口公共就业服务问题的分析与探讨：以北京市定性调查研究为依据》，载于《中国青年研究》，2012年第7期。

有保安、保洁、家政、生活性服务业等工资水平低、工作环境差、工作强度大，特别是本地人不愿意从事的行业、岗位才向外地农民工开放。可以说，劳动、就业政策中的排斥性内容极大地降低了新生代农民工的就业质量，阻碍了他们的城市融入、社会融合进程。

（五）现行社会保障制度存在漏洞，不利于保障新生代农民工的社会权利

社会保障权是流动人口的基本权利之一，享受社会保障权利水平是流动人口城市融入程度的重要标志。但总体上，农民工的参保率仍然较低，大部分地区农民工的社会保障基数、参保费率、兑付水平等也都与城镇职工的保障水平有较大的差距。我们的问卷调查显示，新生代农民工在流入地没有参加任何一项养老保险、医疗保险、失业保险的比重超过50%。参加一个类型保险的只有10%，仅有四成多一点的人回答已经参加了这三险。究其原因，一方面，尽管我国现行城镇职工基本社会保险制度对农民工作出了制度安排，但由于农民工自身就业状态不稳定以及企业不愿因农民工的社保基金支出而减少企业利润，政府也不愿因农民工的社保基金支出而影响当地的投资环境等方面因素，另一方面，我国养老保险制度的统筹层次不高，地区分割严重，流转衔接机制不健全也是重要原因。[①] 新生代农民工的社会保险参与率不高，使得他们的抵御社会风险的能力较差，因病致贫、返贫的现象比比皆是。第一代打工者将年轻时候的经历与聪明才智奉献给了城市，如同一根甘蔗，汁水留在了城市，留下的残渣最终还要回到乡村，回到生养他的土地。而新生代农民工大都没有务农经验，也无心子承父业，没有任何积蓄、没有任何社会保障的他们被迫只身返回家乡所在的城镇时，可能仍需要父辈甚至祖辈为他们的生存提供帮助与支持。[②] 正如上文指出，新生代农民工的社会保障参与率较低。可以发现，大多数人对于社会保险的参保流程、个人和单位的缴存比例、未来的收益等内容并不了解，这影响了新生代农民工参保率。这一点从与企业代表座谈时也有发现。有几位企业代表反映，工人们往往并不希望缴纳社会保险，所以工厂在与工人签订"自愿放弃保证书"后，工厂将本应为工人缴纳社会保险的费用以现金形式发放给工人。尽管工人会有一些短期的经济效益，但从长远来看，工人的社会保障权利受到了严重的伤害，养老和失业的风险全部由其本人承担。完善的社会保障体系是社会融合的重要内容之一，缺失社会保障使他们始终在缺乏保障的环境下工作和生活，这将直接影响到他们在工作城

---

① 钟兵：《新型城镇化背景下农民工市民化制度缺失与体制创新》，载于《开发研究》，2015年第3期。
② 王君柏：《失落的乡村：一位大学教授的乡村笔记》，天熹策论微信公号，2015年8月20日。

市的安全感而对其社会融合产生消极的影响。

三、增强制度包容性的建议

农民工的社会融合问题,在社会政策上要推进户籍制度改革为引擎的整体性社会体制改革,使农民工享受同等的居住权、就业权、教育权、保障权、参与权、表达权、组织权等。[①] 针对上述问题,结合课题组的调查研究和其他地区的经验,围绕如何提升城市制度包容性、促进新生代农民工社会融入提出以下几点建议:

(一) 畅通新生代农民工从迁移流动到落户定居的制度渠道

积极稳妥地推进户籍制度改革,基本的原则是既不能阻断新生代农民工中没有定居意愿或竞争能力较弱者返乡的退路,又要打通有定居意愿逐步融入城市成为城市市民上升的通道。首先,降低入户门槛,要把具有稳定劳动关系、在城镇已经购置房产并缴纳一定年限社会保险的新生代农民工及其直系家属转化为城镇居民。其次,全面推行居住证制度。明确居住证持有者的基本权益,保障其与户籍居民平等享有基本的公共服务,以此来淡化将户籍作为享有权利的唯一门槛的障碍。最后,采取积分入户的办法,在居住证和户籍两种制度之间建立联系与流动的通道。可以借鉴广州等地采取的积分入户的办法(见表9-7),但是要降低居住证转为常住户口的门槛。积分量化的指标可以包括工作年限、文化程度、技能水平、参加社会保险、投资规模、纳税额度、遵纪守法等。

表9-7 广州市积分制入户政策 (节选)

相关文件	具体规定
可申请人群	已在我市就业的农民工以及非本市十城区的城镇户籍异地务工人员,除属违反计划生育政策、有违法犯罪记录、未办理广东省居住证(增城、从化市户籍人员除外)、未办理就业登记、未缴纳社会保险、未签订一年期及以上劳动合同、或未达到初中毕业及以上文化程度等情况之一者外,可申请积分制入户。 申请人员的劳动合同签订单位、缴纳社会保险单位和就业登记单位三方单位名称必须一致(总公司下属的分公司,集团公司属下子公司视为同一单位),不一致的,不具申请资格

[①] 王春光:《中国社会政策调整与农民工城市融入》,载于《探索与争鸣》,2011年第5期。

续表

相关文件	具体规定		
申请条件	申请入户人员积满85分可提出入户申请。		
积分制入户指标及分值	1. 年龄：35周岁以下（5分）；36~45周岁（2分）；46~55周岁（1分） 备注："年龄"积分项计算截止时间为2013年7月15日（含当天）。 2. 文化程度及技能（只计最高分，不累计加分）：		
	副高级以上专业技术资格（或职业资格，下同）或高级技师（一级）职业技能资格	100分	博士学位	100分
	硕士并具有中级专业技术资格	100分	硕士学位	90分
	大学本科毕业学历并具有中级专业技术资格	90分	大学本科毕业学历	80分
	大专或高职学历，并具有中级专业技术资格	80分	中技、中职、高中毕业及以上学历，并具有技师（二级）或高级工（三级）职业技能资格	80分
	大专或高职毕业学历	60分	技师（二级）职业技能资格、中级专业技术资格	60分
	高级工（三级）职业技能资格、初级专业技术资格	50分	中级工（四级）职业技能资格	30分
	中技、中职或高中毕业学历	20分	初级工（五级）职业技能资格	10分
	初中毕业学历	5分		
	3. 社会保险：参加城镇基本养老保险、城镇基本医疗保险、失业保险、工伤保险、生育保险，每个险种缴费累计每满一年积1分，总分最高不超过50分。补缴费期间不计分，重复参保期间不重复计分。医疗保险缴费月数仅统计基本医疗保险、住院医疗保险和外来工医疗保险3类保险。 4. 住房：在广州市有产权住房（20分） 5. 工种：紧缺工种（10分） 6. 行业：重点发展行业（10分） 7. 地区：政策导向区域（10分） 8. 毕业院校：教育部重点建设高校、211工程高校、985工程高校、广东省属及广州市属重点高校或其他重点高校（10分） 毕业院校名称发生变化的，必须本人提交书面说明。 属于目录中重点院校的网络、成人、函授、业余、非全日制等教育的不予加分。 9. 和谐劳动关系（只计最高分，不累计加分）：A企业的员工（3分）；AA企业的员工（5分）；AAA企业的员工（10分）		

续表

相关文件	具体规定
积分制入户指标及分值	10. 社会服务：近5年内，参加献血每次积2分，最高不超过10分，须经广州市无偿献血工作委员会办公室认定；参加义工、青年志愿者服务每满50小时积2分，最高不超过10分，须经广州市义务工作者联合会或广州市志愿者行动指导中心认定；慈善捐赠每千元积2分，最高不超过10分，须经广州市慈善会认定，并提供捐赠收据。 11. 表彰奖励：获得广州市区、县级市党委政府或广州市局级部门表彰嘉奖或授予荣誉称号每次积30分，最高不超过60分；获得广州市委市政府或广东省厅级以上部门表彰、嘉奖或授予荣誉称号每次积60分，最高不超过120分。 12. 投资纳税（同时满足两项条件的，不累计加分）：个人在广州市企业的投资额在500万元人民币及以上（20分）。近5年内，在广州市连续3个纳税年度内依法缴纳的个人所得税累计在10万元及以上（20分）

（二）为新生代农民工子女在城市求学设计通道

近年来，随着"两为主"教育政策——以流入地区政府管理为主，以全日制公办中小学为主，及全面免除义务教育学杂费、借读费等有关教育政策的贯彻与落实，农民工子女的入学问题得到了很大的改善。另外，多数研究者认为，公办学校对于农民工子女的教育具有正向的影响。因此，对于农民工子女义务教育，公办学校尽量接纳农民工子女，使其就近入学，简化入学手续。在公办学校容纳能力有限的情况下，采取民办公助、公办民营等办学形式鼓励民办教育发展，满足农民工子女对教育服务的需求。

为完成义务教育还想继续接受学历教育的农民工子女设计前进的通道，即能够让有能力的学生继续攻读普通高中，以后能够就近参加高考。在这方面，郑州的政策比洛阳更开放，尽管还有一定的限制。郑州拿出一部分普通高中指标，给那些学籍在市区初中非市区户籍的学生，取得了理想的效果，这对于发挥地方主动性，因地制宜地解决实际问题具有很好的借鉴意义。

首先，可以探索完善在流入地高考借考政策，修订进城务工人员（包括农民工）随迁子女在流入地参加高考借考的规定，并落实具体操作管理措施。其次，教育部出台允许进城务工人员随迁子女在流入地参加中考的具体政策，以促进地方政府结合实际进行制度创新；最后，深化职业教育改革，将进城务工人员及其子女纳入免费接受职业教育的范围。可以根据地区实际情况，对农民工的职业教育和培训进行地区或跨地区合作，发挥先进地区成熟的培训与经验，提高农民工培训的效率。同时，针对在职业学校中的农村户籍青少年，进行职业技能培训的过程中，还应该加强社会能力，如城市生活能力，基本常识能力的教育。

（三）加大政府投入，将新生代农民工纳入城镇住房保障政策体系

对于新生代农民工来说，大多工作时间不长，没有什么积累，也买不起房子。所以，多数是租私房，往往居住标准差（安全、居住面积等），承租权难以保障。所以，将农民工纳入租住公房申请范围是未来可行的政策。除了将正规就业的农民工（有劳动合同的）纳入租住公房的范围外，可以考虑将灵活就业的农民工也纳入租住公房的申请者范围。因为相当一部分农民工还是灵活就业或是自雇者，只要他们合法经营，照章纳税，就应该给予其资格。

各地政府应结合本地实际，根据新生代农民工的居住意愿和支付能力，多渠道、多层次、多元化统筹解决新生代农民工的住房问题。考虑到新生代农民工群体收入水平普遍不高，积蓄不多的实际情况，大力发展面向新生代农民工的公租房和廉租房应该成为今后解决新生代农民工住房问题的主要发展方向。在建设面向新生代农民工群体的廉租房和公租房时，应当注重合理选址，尽量建在新生代农民工就业比较集中的工业园区和厂区附近，并配套建设周边公共基础设施，提高新生代农民工的生活舒适度和城市融入感。适当放宽公租房和廉租房的申请条件，将自雇者和灵活就业者也纳入保障范围。

调查显示，多数新生代农民工没有参加住房公积金。政府应当出台政策，鼓励新生代农民工和企业缴纳公积金，同时拿出一定比例的经济适用房或限价房给符合申请条件的新生代农民工，使得新生代农民工也能圆他们的购房梦。

（四）进一步完善保障新生代农民工劳动、就业权利政策及相关的保障制度

采取多种措施提升新生代农民工就业能力，如引导企业完善在职学习体系，落实培训资金，培训投入和制度设计向农民工集中的一线工人、普通员工等岗位类型倾斜。为已就业的新生代农民工在工作岗位上创造再学习、培训与职业生涯上升的通道。通过培育社会组织、落实税收优惠等措施鼓励社会力量参与新生代农民工的技能和城市适应培训。改善政府培训的效果，加强技能性培训。在转变经济发展方式的大背景下，国家在布局产业结构时，要充分尊重和使用市场机制调节就业，同时考虑新生代农民工分布的行业和地区特点，为其就业和创业提供机会与有利的政策环境。顺应就地城镇化的大趋势，将新生代农民工回乡就业、创业纳入招商引资和经济发展规划范围，对就地就业的返

乡新生代农民工逐步放开户籍限制，清理就业政策中歧视农民的条款；对返乡创业者通过创业园、联络处、创业基金等解决其"用地难""发展难"和"资金难"。

针对新生代农民工比较缺乏的法律法规知识，要加强法制教育，鼓励他们在权益受到损害时积极向政府有关部门反映，维护自身权利。对于企业，要进一步规范企业合法用工，提高新生代农民的社会保险参保率，一方面政府的劳动保障部门和企业人力资源部门要广泛向农民工宣传社会保障的作用和意义，还应当完善保险异地转移支付的政策落实，鼓励新生代农民工着眼未来，积极参加各项社会保险，以避免后顾之忧。

（五）建立合理的农民工市民化成本分担机制

农民工市民化的成本是指将原本只覆盖本地户籍居民的基本公共服务扩展到农民工并保障其特殊权益，由此产生的额外的成本。具体包括农民工子女义务教育、就业扶持、社会保障、住房条件、公共卫生和计划生育改善等领域为农民工提供与城镇居民平均标准相同的公共服务所需要增加的支出。一些城市不愿意为农民工提供均等化的公共服务的重要原因是担心公共财政支出的大幅增加，减少本地居民的福利。因此，有必要建立农民工市民化成本的合理分担机制，调动地方政府的积极性，创造更加包容的制度环境。提出可以根据公共服务属性的差异，合理安排中央、地方政府及企业之间的责任。[1] 公共物品属性突出的领域主要由政府承担，例如教育、就业扶持、公共卫生和计生、社会救助等，但是要以地方政府为主，中央政府通过采用"增量调整、奖补并用"的专项转移支付方式加大对于跨省和跨市农民工集中流入地区补助力度。而对于准公共服务领域如社会保障和住房补助，则由政府和企业共同分担成本。企业承担起工伤、失业、生育、养老、医疗等社会保险缴费责任；住房条件改善则由地方、中央和省政府及企业共同承担。同时，进行体制机制创新，建立农民工市民化的资金保障机制。一是积极推进财税体制创新，要根据财权与事权相匹配的原则，建立财政转移支付与农民工市民化挂钩机制，合理确定各级政府分担的市民化成本；二是积极推进投融资体制创新，放宽市场准入，通过项目融资、股权融资、特许经营等多种途径，鼓励和吸引民间资本和境外资本参与公共服务的生产和提供，切实解决城镇化建设资金不足问题。[2]

---

[1] 申兵：《"十二五"时期农民工市民化成本测算及其分担机制构建》，载于《城市发展研究》，2012年第1期。

[2] 钟兵：《新型城镇化背景下农民工市民化制度缺失与体制创新》，载于《开发研究》，2015年第3期。

（六）建立流动人口社会融合政策指标体系，推动地方政府进行制度创新

科学系统的流动人口社会融合政策指标体系可以作为测评各地政府公共服务均等化、制度包容性的参照基准。以此为基础建立城市政策融合指数排名，像城市竞争力排名一样定期发布。这样，可以对城市地方政府形成软约束，促使地方政府采取更加积极有效的政策措施，提升城市的制度包容性，创造有利于以新生代农民工为主体的流动人口社会融合的制度环境。指标体系的设计可以从制度公平和事实平等两个维度进行设计。制度公平主要是指制定帮助新生代农民工融入城市的相关制度措施，比如居住证制度、入户制度、子女入公立学校就读政策、保障性住房政策等。事实平等主要指享受到政策的占符合条件的新生代农民工的比例，如新生代农民工每年入籍的比例，子女进入不同类型公立学校就读的比例，申请到公租房的比例，社会保险参保率，等等。

总之，我们认为应当按照权利和义务对等的原则，根据新生代农民工对城市发展贡献大小而非简单的户籍身份，来确定新生代农民工的资格和权利，以此作为城市制度设计的基本出发点，努力提升城市的包容性和对新生代农民工的吸引力，从实质上推进城市化进程。

第二节　新生代农民工社会融合与文化资本

随着我国城市化和工业化的发展，越来越多的农村人口进入到城市工作和生活。农民工进城与其他类型移民有相似之处，往往面临着生理转变、社会转变、文化转变，转变越多越难适应新环境[①]。城乡文化的差异是农民工进城后首先遇到的问题，这种文化的差异主要表现在文化规则、文化实践和价值观念的不同。农民工为适应城市生活与新的职业身份，他们必须抛弃或搁置熟知的乡村生活知识，学习城市文化规则、价值观念、模仿城市文化实践，必然要经历一个再社会化的过程。因此，学者们[②]称农民工进城为"文化移民"。以往的研究多从人力资本或社会资本的视角，解释新生代农民工的城市融入问题，通常关注新生代农民工经济层面或社会层面的融入。相对来说，从文化资本视角进行相关研究较少。

[①] 何雪松、黄富强、曾守锤：《城乡迁移与精神健康：基于上海的实证研究》，载于《社会学研究》，2010 年第 1 期。

[②] 朱力：《论农民工阶层的城市适应》，载于《江海学刊》，2002 年第 6 期；郭星华、姜华：《农民工城市适应研究的几种理论视角》，载于《探索与争鸣》，2009 年第 1 期。

为此，我们使用城市文化资本这个概念来概括新生代农民工有关城市文化生活的知识和能力。文化资本的积累过程是新生代农民工对城市语言、法律知识、城市符号系统等知识的掌握，城市日常生活能力的习得和城市居民生活方式的模仿和价值观念改变的过程。本书主要通过实证研究来检验城市文化资本与新生代农民工社会融合的关系。同时，分析影响新生代农民工文化资本积累的关键因素。本书可以帮助我们从提高新生代农民工的城市文化资本角度来解决当前新生代农民工的城市融合问题，有利于相关部门更为深入地认识和理解新生代农民工的社会融合问题，从而创造条件，提高新生代农民工的城市文化资本，帮助其尽快适应和融入城市社会。这样有利于整个社会的和谐稳定。

一、文化资本的理论分析

法国著名社会学家布迪厄首先提出了文化资本理论，他认为文化是社会等级区分的标志，文化品位是行动者社会等级归属的象征。文化的区隔体系与社会空间在结构上具有同源性。新生代农民工处于城市社会的底层，他们在社会空间的位置不仅受其经济资本匮乏的影响，也受其文化资本匮乏的影响。布迪厄的文化资本理论，为我们从文化的视角来解释农民工的社会融合问题提供了重要的理论来源。

（一）布迪厄文化资本理论述评

布迪厄用这样一个理论公式："日常生活言行（实践）＝惯习（资本）＋场域"来解释具体的社会情境和日常生活言行的关系。布迪厄将资本分为经济资本、文化资本、社会资本和符号资本。其中，文化资本是布迪厄社会理论体系中最主要的概念，也是本书主要研究的问题。为了理解布迪厄的文化资本理论，先从布迪厄在其研究中使用的"资本"这个术语谈起。

1. 什么是资本。

以马克思为代表的古典资本理论认为，"资本是可以产生利润的那部分剩余价值"。而新资本理论（包括人力资本理论、社会资本理论及文化资本理论）认为资本可以存在于个体劳动者当中。资本是需要花时间积累的劳动。布迪厄认为"资本是累积的劳动，当这种劳动在私人性，即排他的基础上被行动者或者行动者小团体占有时，这种劳动就使得他们能够以具体化的或活的劳动形式占有社会资源。资本需要花时间去积累，需要以客观化的形式或具体化的形式去积累，资本是以同一的形式或扩大的形式去获取生产利润的潜在能力，资本也是以这些形式去进行自身再生产的潜在能力。"[①] 资本也是一种权力的形式。当一些资源作为"社会权力关系"发挥作用的时候，即当它们作为有价值的资源变成争夺对象的时候，布迪厄就把它们理论化为资本[②]。

2. 什么是文化资本。

虽然，文化资本是布迪厄社会理论体系中的核心概念之一，但是他并没有给文化资本概念下一个具体的定义。普里耶尔和萨维奇（Prieur & Savage）[③] 详细阐述了布迪厄文化资本概念的发展过程。在20世纪60年代，布迪厄和他的合作者首次使用了文化资本的概念，用来解释为什么出生于父母高学历家庭的孩子，学有所成的比例高的原因。20世纪70年代，布迪厄将文化资本的分析从教育领域拓展到了其他领域。特别是在《区隔》一书的研究中，提出文化资本是与不同阶层人士的生活方式、品味、文化能力、文化参与、文化政治态度、道德观念相关的。文化资本内涵丰富，包括正式教育、古典音乐知识、现代艺术的偏好、精美的书架等。

其他一些学者在阐释和应用布迪厄的文化资本理论时，对文化资本概念进行了定义和说明。林南认为行动者对主流文化与价值（合法化的知识）的获得与误识被称为文化资本。[④] 沃尔夫霍斯特和霍夫斯塔德（Van de Werfhorst and Hofstede）认为在通常情况下，文化资本是由对社会主流文化的熟悉和掌握所构成。主流文化可以表现为文化符号、行为方式、语言的使用等方面。文化资本会影响一个人的习性，影响包括价值观和动机在内的人的倾向系统。[⑤] 戴维·斯沃茨认为布迪厄的文化资本概念包括了各种各样的资源。比如词语能力、一般的文化意识、审美偏好、关于教学体系的知识及教育文凭等。他的目的是表明文化可以变成一种权力资源。[⑥]

总之，布迪厄的文化资本的概念是一个开放式的概念，它需要和场域分析的方法结合起来界定其具体内容。文化资本有赖于人们的认识和理解，它本身并没有一个普遍的标准，需要从比较和历史的角度进行定义和分析。从内容上来看，它是由主流文化所构成，从本质来看，它是一种权力资源，能够带来利润，也能

---

① ［法］布尔迪厄著，包亚明译：《文化资本与社会炼金术》，上海人民出版社1997年版。

②⑥ ［美］戴维·斯沃茨著，陶东风译：《文化与权力：布尔迪厄的社会学》，上海译文出版社2012年版。

③ Prieur A, Savage M. Updating cultural capital theory：A discussion based on studies in Denmark and in Britain. Poetics，2011，39（6）：566 – 580.

④ ［美］林南著，张磊译：《社会资本——关于社会结构与行动的理论》，上海人民出版社2005年版，第14页。

⑤ Van De Werfhorst H G, Hofstede S. Cultural capital or relative risk aversion? Two mechanisms for educational inequality compared1. The British Journal of Sociology，2007，58（3）：391 – 415.

够发挥社会分化和社会排斥的作用。同时文化资本内容价值还与场域密切相关，因为不同历史时期不同地区对于主流文化的定义是有所差别的。

3. 文化资本的形式及转化。

虽然，布迪厄没有给文化资本下定义，但是布迪厄（Bourdieu）在一篇文章中将文化资本区分为具体化、客观化、体制化三种状态的存在，分别体现为精神和身体的持久"性情"、文化商品及区分文化资本高低并为之提供庇护的原始资产（如教育资格）三种形式。① 这对人们理解文化资本产生了一定的误导，以为文化资本只有这三种形式，文化资本就是高雅文化的象征。这主要是因为在这篇文章中布迪厄没有将不同性质的文化资本放在场域中分析，而是集中分析文化资本与惯习的关系。

布迪厄认为文化资本的传承与积累是长时间的过程，其结果是形成某种生活方式，这种生活方式与社会位置之间形成对应关系。他还认为不同类型的资本，文化资本、社会资本和经济资本之间能够进行相互转化，同时经济资本是其他类型资本的基础。布迪厄认为资本的转换依赖于其起作用的场域，并要付出较为昂贵的代价。资本三种基本的形态，（1）经济资本，这种资本可以立即并且直接转换成金钱，它以财产权的形式被制度化的；（2）文化资本，这种资本在某些条件下能转换成经济资本，它是以教育资格的形式被制度化的；（3）社会资本，它是以社会义务（"联系"）组成的，这种资本在一定条件下也可以转化成经济资本，它是以某种高贵的头衔的形式被制度化的。② 这三种类型的资本，布迪厄认为经济资本是其他类型资本的根源，资本的不同类型都可以从经济资本中获得。

4. 关于文化资本的获得。

文化资本主要通过家庭和学校教育获得。文化资本在家庭中通过言传身教加以代际传承，不同家庭的子女具有不同的文化资本。学校通过对学生价值观念、意识形态的灌输使学生获得文化资本。文化资本的积累需要时间，因为它必须由投资者亲力亲为，就像肌肉发达的体格或被太阳晒黑的皮肤，是不能通过他人的锻炼而获得的③。

5. 文化资本与阶级再生产。

布迪厄提出文化资本概念的意义在于表明广义的文化已经成为一种重要的权力资源。在现代社会，文化资本与经济资本一起构成社会分化（分层）的两大基本的原则。现代社会中的行动者，只有将经济资本和文化资本结合起来，才能在社会中占据有利的社会地位。

---

①② ［法］布尔迪厄著，包亚明译：《文化资本与社会炼金术》，上海人民出版社1997年版。
③ 刘辉武：《文化资本与农民工的城市融入》，载于《农村经济》，2007年第1期。

布迪厄的文化资本概念主要用于解释统治阶级文化再生产。他认为社会再生产是统治阶级对被统治阶级施加的"符号暴力"。"符号暴力"发生在社会教化活动中，统治阶级通过教化，将自身的文化和价值，合法化为社会的"客观"文化和价值。

6. 布迪厄文化资本理论的评价与借鉴。

有学者指出了布迪厄文化资本理论的局限性。首先，布迪厄是在法国这样一个具有高雅文化传统的民族国家中发展出文化资本这个概念的。当用它分析一些更加多元文化的国家时，它的解释力有所下降。其次，布迪厄的文化资本的概念是建立在统治阶级文化的经验和实践基础上，布迪厄用文化资本的概念有力地辨认了统治阶级内部阶层分化的根源，对于工人阶级内部的分化关注不多。因此，"这个概念似乎没有普遍的适用性"。最后，布迪厄强调了文化在社会再生产中的作用，布迪厄的概念框架更加关注连续性的模式而不是变迁的模式。他没有提供关于变迁动力学的令人信服的解释。

尽管布迪厄的文化资本理论存在一些局限，但是不妨碍它为我们提供理论上的指导。文化资本理论表明，广义的文化已经成为一种重要的权力资源。在现代社会，文化资本已经成为社会分层的两大基本原则之一，这为我们研究社会分层与分化提供了理论视角。首先，布迪厄强调文化资本是一个开放式的概念，要在场域中进行界定和应用。布迪厄使用的文化资本概念主要指中产阶级对社会上层文化的熟悉和掌握程度，它包括各种符合上层社会文化的行为、惯习和态度。本书所指的文化资本的内涵主要是指城市文化而非上层的高雅文化，故与布迪厄文化资本的内涵不同。但是由于城乡的差别，导致城市文化成为比乡村文化更高级的文化模式，农民工进城学习城市文化模式的动机和过程与中产阶级模仿上流社会的文化非常相似。① 其次，根据布迪厄关于资本之间相互转化的思想，文化资本可以和社会资本和经济资本进行转化，文化资本越高越有利于农民工在城市的社会融合，反之，则不利于城市社会融合。如果农民工缺少文化资本会影响农民工的职业地位和职业流动，还会导致市民的文化排斥，还可能导致农民工的自我排斥，产生"边缘人"心理。② 最后，布迪厄指出文化资本积累的主要途径是家庭教育和学校教育，但是新生代农民工都已经完成了家庭教育和学校教育进入城市劳动力市场。他们在家庭中获得的文化资本可能与城市文化不适应甚至是相互矛盾的，他们必须经历再社会化的过程。有哪些途径可以促进新生代农民工的再社会化，帮助其积累新的文化资本，这是我们需要深入研究的问题之一。

---

① 朱虹：《收割城市的女孩——文化资本与打工妹城市生活世界的建构》，黑龙江人民出版社 2003 年版。

② 刘辉武：《文化资本与农民工的城市融入》，载于《农村经济》，2007 年第 1 期。

(二) 国内外关于文化资本与社会融合的相关研究述评

1. 国内对于文化资本与农民工社会融合关系的研究。

刘辉武提出文化资本是农民工融入城市的一个关键因素，并尝试从文化资本的两个维度即能力型文化资本（人际交往观念、语言、价值观念、户籍身份）和制度型文化资本（教育文凭、职业技术证书）分析文化资本缺乏对于农民工融入城市产生的制约。[①] 他指出文化资本影响农民工城市融入的路径（如图9-1），"文化资本的缺乏直接影响农民工的城市融入，同时，文化资本的缺乏影响到农民工人力资本、社会资本的积累，间接影响其融入城市主体社会。文化资本的缺乏也导致市民的文化排斥，文化排斥又形成农民工自我排斥的一个因素，进一步增加农民工融入城市的难度"。刘辉武的研究，从学理上探讨了文化资本与农民工社会融合的关系，没有对二者的关系开展定性或定量的实证研究，也就无法深入探讨文化资本对社会融合的影响机制。他从反面（即缺少文化资本）分析了文化资本对农民工城市融入可能的影响，但却不能解释农民工在拥有不同量的文化资本时，社会融入上的差异。

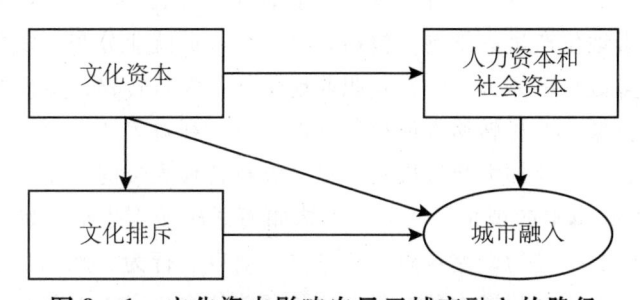

图9-1 文化资本影响农民工城市融入的路径

赵芳、黄润龙从文化资本的积累途径和文化资本的表现形态两个维度分析了农民工文化资本的占有状况[②]。一是学校与制度化文化资本。学校是制度化文化资本产生的重要场域，尤其是学历认定的最主要场合。但是，农民工通过学校获得的制度化文化资本的层次是比较低的。农民工通过职业培训也可以获得一定的职业资格认定，但是农民接受职业培训的比重和实际效果并不佳。二是家庭与身体化文化资本。在家庭中，文化资本的积累形态局限于身体化文化资本。身体化文化资本就是个人所拥有的文化素养。家庭教育的效果受父母文化素养的影响。他们认为农民工父母的文化资本有限，且带有乡土社会印记，父母教育很可能对

[①] 刘辉武：《文化资本与农民工的城市融入》，载于《农村经济》，2007年第1期。
[②] 赵芳、黄润龙：《文化资本与农民工的城市融入》，载于《法制与社会》，2008年第13期。

农民工适应城市生活产生负效应。三是文化传播与文化资本地再获得。现代社会，大众传播也是获得文化资本的一种有效方式。但农民工对大众传播的利用效果并不佳，这与主体的选择性有很大的关系。在此基础上，他们着重分析了农民工文化资本缺失对农民工社会层面和心理层面融合可能产生的影响。

赖晓飞通过质性研究的方法，基于对某工厂的实证研究，探讨了文化资本与农村流动人口城市融入问题。他将文化资本分为教育机会、家庭背景、品位与生活方式三个维度，分析了文化资本对于农村流动人口留城意愿、农村流动人口内部分化的影响；分析他们为了适应城市如何学习城市文化。[①] 他从家庭背景、教育机会角度分析了个体文化资本积累的差异，但对文化资本与城市融入的关系的探讨尚不够深入。

王小红[②]研究了文化资本与农村转移人员（农民工）社会地位的关系。提出社会资本为农村转移人员提供了获得岗位的外在机会，真正提高其社会地位的是他的文化资本，王小红从具体化、客观化和体制化三种文化资本形态分析了农村转移人员文化资本占有状况。首先，农村转移人员文化程度低，就业能力和职业转换能力差。其次，缺少文化商品和文化实践。再次，文化价值观念仍然表现为小富即安、乡土意识，城市的价值观念和生活方式欠缺。然后，她分析了文化资本缺失对其社会地位产生的影响，包括农村转移人员就业分布，发现他们大多在传统行业，且多数从事体力劳动，其职业地位低；农村转移人员比城镇职工工资低，其经济地位低；农村转移人员权利意识淡薄，利益表达渠道不清，影响其政治地位。最后，提出要加大教育投资，提升农村转移人员的文化资本。

朱虹[③]从文化资本的视角研究了打工妹如何适应城市生活。她采用质性的研究方法，以餐馆打工妹为研究对象，从身体、语言、行为、观念四个方面，展现了打工妹在城市积累文化资本的过程。这是目前从文化资本视角研究农民工城市适应问题，较为系统、深入的研究。研究结论认为文化资本是打工妹在城市谋生、发展和实现城市婚姻的重要资本，也是打工妹与城市互动的基础，是建构城市生活世界的重要内容。但是，由于质性研究的特点，研究对象和样本量的局限，不能做更广义的推论。

李丹丹（2008）[④]则对进城农民工文化资本的变化进行了系统的梳理，她提

---

① 赖晓飞：《文化资本与农村流动人口的城市融入——基于厦门市Z工厂的实证研究》，载于《南京农业大学学报（社会科学版）》，2009年第4期。

② 王小红：《文化资本与农村转移人员的社会地位》，载于《北京工业大学学报（社会科学版）》，2008年第6期。

③ 朱虹：《收割城市的女孩——文化资本与打工妹城市生活世界的建构》，黑龙江人民出版社2003年版。

④ 李丹丹：《农民工文化资本对农村留守儿童教育的影响探析》，东北师范大学硕士论文，2008年。

出进城农民工形成的"新的文化资本"包括知识、技能、观念、行为习惯等方面,新的文化资本的获得途径主要是同伴和教育培训。其不足之处是,主要采用文献研究,并没有深入进行定量或定性的实证研究。

2. 国外关于文化资本与社会融合的研究。

沙伦(M. Sharon, 2003)[①]利用加拿大1998年全国综合调查数据,研究了个体文化资本投资(文化参与)与志愿行为之间的关系。结果表明,文化资本投资将促进个体的提供志愿行为的意愿,增加社会资本,会使集体受益,从而也将促进社会融合。他的研究表明文化资本能够转化为社会资本,能够促进社区层面的融合。

布迪厄的文化资本概念也被用于国际移民相关研究中。乌穆特·埃雷尔(Umut Erel)[②]认为通常的研究将移民的文化资本看作从移出国带入移入国的具有种族界限的特殊的文化资本形式。移民的文化资本或适应或不适应移入国。乌穆特·埃雷尔批评了这样对文化资本僵化的理解,认为移民会根据移出国或移入国的权利关系,采取生产和再生产文化资本的新方式,而不是简单地借鉴过去的经验。她通过对从土耳其和库尔德移民于英国和德国的有技术的妇女的案例研究,说明移民如何与主流社会及移民机构进行协商,创造了使她们自己的文化资本合法化的机制。说明了文化资本在移民的职业流动和社会流动中有重要的作用。她的研究中的文化资本主要是指制度化的文化资本,包括移民的学历和职业资本证书等。

李和索德斯(Nee & Sauders)[③]对洛杉矶地区的亚洲移民的职业流动的研究表明文化资本(human-cultural capital)对职业地位的获得具有显著的影响。该研究认为文化资本包括制度性的文化资本和身体化的文化资本。前者指教育资格证书,后者指新儒家的核心价值观,如重视家庭和教育。同时,对流入地的语言的掌握和文化习俗的适应也是非常重要的文化资本。他指出从家乡带来的文化资本和在流入国新积累的文化资本都是寻找就业机会重要资源。从家乡带来的文化资本对在族群社区中寻找工作很重要,新学习的文化资本对于在主流社会中就业非常重要。

国外关于文化资本的研究,关注到了文化资本对社会融合的某个维度或层面的影响,例如社区融合、职业流动等。但是,没有综合全面地对文化资本对社会

---

① Jeannotte M S. Singing alone? The contribution of cultural capital to social cohesion and sustainable communities. International Journal of Cultural Policy, 2003, 9 (1): 35 – 49.

② Erel U. Migrating Cultural Capital: Bourdieu in Migration Studies. Sociology, 2010, 44 (4): 642 – 660.

③ Nee V, Sanders J. Understanding the diversity of immigrant incorporation: a forms-of-capital model. Ethnic and Racial Studies. 2001, 24 (3): 386 – 411.

融合的影响进行研究，而且就文化资本对社会融合的影响机制探讨不够深入。

3. 小结。

目前国内相关研究呈现四段论，即布迪厄的文化资本概念是什么；农民工缺少文化资本；缺少文化资本对农民工社会融合产生不利影响；结论与建议。国内相关研究的优点是：首先，从理论上肯定了文化资本与农民工社会融合的积极正向的相关关系。文化资本的缺失将会对农民工的经济、社会和心理维度的融合产生消极影响。其次，相关研究中也体现了布迪厄资本理论的核心理念，即资本间相互作用转化的思想。最后，对农民工文化资本积累的路径进行了探讨。

不足之处主要是：第一，从研究对象来看，多数从群体层次出发，将农民工作为一个同质性高的群体来对待。没有考虑农民工的代际差异，以及农民工的群体内部的个体差异，无法解释为何有的农民工文化资本高、有的农民工文化资本低，为何有的社会融合好、有的社会融合差等问题。第二，从研究内容来看，多数研究将农民工文化资本的形式分为身体化、制度化和客观化三种，并重点强调制度化文化资本对农民工社会融合的影响。这是一种机械的、静态地对文化资本的理解，没有充分考虑城乡文化的差异、结合农民工的生命历程从再社会化的视角来探讨文化资本的内涵和外延。就文化资本与社会融合的关系而言，其影响的内在机制探讨不够深入。第三，从研究方法来看，多数研究停留在理论阐述层面，少数进行了质性研究，对文化资本与社会融合的关系进行定量研究的非常少，将定性和定量方法结合进行研究的更是难得。

国外关于文化资本与社会融合的研究，为我们研究农民工社会融合提供了一些借鉴，比如，文化资本和社会资本的转化，文化资本对职业流动和职业地位获得产生的影响等；但是，在文化资本概念的操作化中，聚焦于文化资本的某一个方面，比如或者聚焦于高雅文化活动的参与或者聚焦于制度性的文化资本。因为研究的对象和对象面临的问题不同于国内的农民工，故其文化资本的内容与本书所要研究的内容有较大的差别。

（三）本部分的理论框架

布迪厄使用的文化资本概念主要指中产阶级对社会上层文化的熟悉和掌握程度，它包括各种符合上层社会文化的行为、习惯和态度。他对于工人阶级内部的分化关注不多，特别是那些农民出身，常常还保持着农民生活方式的工人，与那些城市出生的工人之间的差异，[1] 类似于我们所说的农民工与普通市民之间的差

---

[1] ［美］戴维·斯沃茨著，陶东风译著：《文化与权力：布尔迪厄的社会学》，上海译文出版社2012年版。

异。而本书正是要关注这种差异，以及这种差异对新生代农民工社会融合的影响。城市生活知识和技能是城乡文化差异的重要方面，本书中的文化资本概念，意指农民工为了适应和融入城市，需要再学习的，有关城市生活的知识和技能，它区别于人力资本理论所重视和强调的生产技能。

由于农民工再社会化本身的复杂和多样性，文化资本也是一个内涵和外延丰富的概念。基于前人的相关研究及日常生活经验，我们这里重点考查了对城市语言、法律知识、城市日常办事能力和生活方式等城市文化资本因子对新生代农民工社会融合的影响。首先，农民工进城务工，往往会经历一个语言再社会化的过程。研究显示，普通话成为农民工打工期间最主要的交际语言。[1] 其次，法律知识也是农民工需要积累的重要城市文化资本。法律知识的多少，会影响到农民工能否顺利转移以及就业、合法权益是否得到保障，影响转移后的生活状况，影响职业的稳定性等，[2] 进而会影响农民工在城市的社会融合。再次，日常办事能力也是农民工适应城市生活的必要资本。沃德（Ward）提出，社会文化的适应是指为了适应新的文化环境，了解当地社会组织系统的运作，掌握在一个陌生环境下必需的技能和办事程序。[3] 最后，农民工融入城市，还面临着生活方式的再社会化。狭义的城市生活方式专指消费、闲暇生活方式。[4]

社会融合也是一个复杂且内涵丰富的概念。从融合的过程和方向来看，移民社会融合是一个被主流社会所接纳和认可的过程，其方向是主流社会的中产阶级的文化模式。从融合的结果来看，应当是差异的削减和消失。因此，我们认为农民工社会融合是农民工被市民所接受和认可的过程，这一个过程是农民工发展相应的能力，适应城市生活并具备一个城市市民基本素质的过程。社会融合的最终结果是农民工与市民在经济、社会、文化、心理和市民资格等方面差异的削减。

国内学者朱力提出农民工的城市适应有经济层面、社会层面和心理层面三个依次递进的层次。[5] 特别强调心理适应是进城农民工适应的最高等级，是真正融入的标志。杨菊华提出社会融入至少包含四个维度：经济整合、文化接纳、行为适应和身份认同。她认为四个维度之间存在一定的递进关系，始于经济融合，经

---

[1] 刘玉屏：《农民工语言再社会化实证研究——以浙江省义乌市为个案》，载于《语言文字应用》，2010 年第 2 期。

[2] 刘水芬、张梅龙：《农民工法律知识缺乏对农村劳动力转移的影响》，载于《商业时代》，2009 年第 1 期。

[3] Ward C. The A, B, Cs of acculturation. David Matsumoto. The Handbook of Cnlture and Psychology. Oxford, UK: Oxford University Press, 2001: 411 – 445.

[4] 李培志：《城市生活方式的新动向：网络消费与网络休闲——基于文化堕距理论的考察》，载于《行政与法》，2010 年第 6 期。

[5] 朱力：《论农民工阶层的城市适应》，载于《江海学刊》，2002 年第 6 期。

过文化接纳、行为适应、最后到达身份认同。[①] 悦中山、李树茁、费德尔曼在总结国内外关于社会融合相关概念的基础上，提出农民工的社会融合是指"农民工与城市居民之间在文化、社会经济地位、心理等方面差异的消减"。[②] 目前国内关于社会融合的不同理论的探讨中，共同点在于，社会融合是多维度的，主要包括经济、社会、文化和心理等多个层面。

经济融合是指农民工在流入地居住，找到工作并获得一定的经济收入，这是立足城市的基础；文化融合指农民工适应城市生活的社会文化，主要包括语言学习、规范习得、生活方式模仿等；结构融合主要指农民工与居住社区居民的交往与互动，朋友圈的建立和维护等；心理融合是指农民工在城市心理上获得认同，情感上找到归属，具有长期居留的意愿等。四个维度之间存在一定的递进关系，但不是绝对的。多数认为心理融合是社会融合的最高境界。本书认同朱力的看法，将农民工社会融合分为经济、社会和心理三个维度，三个维度之间存在一定的递进关系，认为心理层面融合是社会融合的最高境界。通过对国内外社会融合理论的综述，提出本书关于社会融合的定义和维度的划分。

鉴于心理层面融合在社会融合中的地位，本书将心理融合作为因变量，重点分析城市文化资本对新生代农民工心理融合的影响，同时将经济层面的融合与社会层面融合作为控制变量纳入模型，来检验城市文化资本对新生代农民工心理融合影响的净效应。同时，分析哪些路径对新生代农民工城市文化资本的积累有显著影响。

本部分的主要分析框架如下：

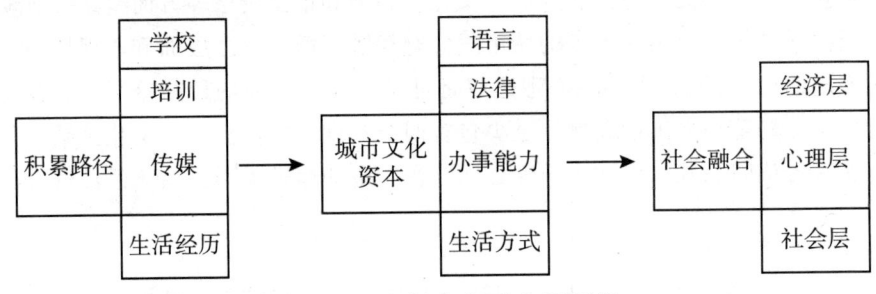

积累路径（学校、培训、传媒、生活经历）→ 城市文化资本（语言、法律、办事能力、生活方式）→ 社会融合（经济层、心理层、社会层）

图 9-2　本部分主要分析框架

[①] 杨菊华：《从隔离、选择融入到融合：流动人口社会融入问题的理论思考》，载于《人口研究》，2009 年第 1 期。

[②] 悦中山、李树茁、费尔德曼：《农民工社会融合的概念建构与实证分析》，载于《当代经济科学》，2012 年第 1 期。

二、文化资本的调查研究

基于上文提出的分析框架，本部分结合调查数据，对文化资本对社会融合的影响以及影响文化资本积累的路径进行实证分析。

（一）研究设计

1. 数据来源。

本章的数据来自课题组在2013年1月至3月实施的校园调查。本次调查通过招募北京师范大学学生调查员在寒假期间进行的面对面的问卷调查。课题组共发放问卷2 200份，回收1 789份，剔除部分拒答、漏答超过问题总数1/3的问卷，最后获得有效问卷1 644份。调查对象为1980年及以后出生、农村户籍的进城务工人员。

2. 变量测量。

（1）因变量。本书借鉴伯伦和霍利（Bollen & Holy）于1990年提出的主观社会融合量表（perceived cohesion scale）来测量新生代农民工的心理融合，该量表包括归属感和士气感两个因子，共有6项题目。[1] 每个题目都采用5点里克特量表，从"完全不同意"（1）到"完全同意"（5），得分越高说明心理融合程度越高。我们根据研究的情境，具体的表述方面略做调整。量表的α系数为0.83，具有较好的信度。我们取量表得分的均数作为个案心理融合的测量结果，其取值范围在1~5之间。

（2）主要自变量。文化资本是本书的核心解释变量，根据的前文关于文化资本的定义，我们主要从以下四个方面来测量城市文化资本：

普通话的水平。问卷设计了一个题目，询问被访者"您觉得自己的普通话水平如何"，答案从"很差"（1），到"很好"（5），来测量普通话水平。

法律知识知晓程度。问卷中设计了一个由15个问题构成的量表来测量被访者对法律知识的知晓程度，内容涉及劳动法、社会保险法、义务教育法及相关政策。每个问题都采用5点里克特量表，从"完全不了解"（1）到"非常了解"（5），得分越高，说明法律知识水平越高。量表的α系数为0.92，具有较高的信度。取其得分的均值作为最终的测量结果，取值范围为1~5。

---

[1] Bollen K A, Hoyle R H. Perceived Cohesion: A Conceptual and Empirical Examination. Social Forces, 1990, 69 (2): 479-504.

日常办事能力。问卷设计了3个题目来测量日常办事能力，包括去银行办理转账、去大医院看病、办理工商执照。每个问题都采用4分量表，从"不会做也不敢去打听"（1），"不会但敢去问别人"（2），"知道怎么做，但还是有些害怕"（3），"知道怎么做，做起来很轻松"（4）。我们将3个题的得分相加，取其均数得到日常办事能力这一变量，取值范围为1~4。

休闲娱乐。参加文体活动是重要的闲暇生活方式，以一种客观化的城市文化资本形式。问卷用文体活动参与来测量新生代农民工的此类城市文化资本。问卷也设计了3个题目，询问被访者，过去一年里参观过博物馆、去电影院看过电影、参加体育活动的次数；然后，作者分别进行了归类，前两题归为5类，没去过（1），1~2次（2），3~4次（3），5~6次（4），7次及以上（5）；最后一题也归为5类，从"从不参加"（1）到"至少每周一次"（5）。仍然采取将其相加取均数的方法得到此变量。

然后，我们将上述4个因子转化为标准分，将其相加得到城市文化资本变量。该变量在分析城市文化资本与心理融合的关系时，作为自变量处理，在分析影响城市文化资本的因素时作为因变量使用。

（3）其他自变量。本书采用月均收入（工资加奖金）来测量新生代农民工的经济层面的融合。采用社区邻里关系融合程度来测量新生代农民工社会层面的融合。社区邻里关系融合我们用7个题来测量，包括我认识社区很多居民，我和邻居经常往来，我帮助过社区其他居民等题目。每个题都用里克特5分量表测量，从"非常不符合"（1）到"非常符合"（5）。量表的α系数为0.88，具有较好信度。此外，个人的社会人口特征变量包括性别、婚姻状况、年龄、年龄平方、受教育年数、住房类型、工作类型。模型变量的具体说明参见表9-8：

表9-8　　　　　　　　　　模型变量说明

类别变量		频数	百分比（%）	连续变量	平均值	标准差
性别 （N=1 642）	男	667	40.6	心理融合	3.12	0.70
	女	975	59.4	年龄	24.62	3.61
婚姻 （N=1 628）	已婚	656	40.3	年龄平方	619.34	182.92
	未婚	972	59.7	受教育年数	10.85	2.86
居住类型 （N=1 630）	单位宿舍	523	32.0	普通话水平	3.50	0.93
	租房住	648	39.8	法律知识水平	2.77	0.75
	自有住房	459	28.2	日常办事能力	3.28	0.58

续表

类别变量		频数	百分比（%）	连续变量	平均值	标准差
工作类型 （N=1 639）	制造类	852	52.0	文化活动参与	1.58	0.66
	服务类	473	28.9	城市文化资本	2.38	0.37
	自雇及其他	314	19.2	月均收入	3 232	2 449
政府培训 （N=1 644）	是	196	11.9	社区融合度	3.22	0.95
	否	1 448	88.1	每周读书报时间	3.83	9.75
企业培训 （N=1 644）	是	605	36.8	每周上网时间	14.35	20.03
	否	1 039	63.2			
社会机构培训 （N=1 644）	是	103	6.3			
	否	1 541	93.7			

文化资本的积累路径变量，学校用教育年限来测量，大众传媒主要用读书看报时间和上网时间来测量，城市生活经历由于问卷没有设计打工年数的问题，用年龄来近似测量，这三个变量都是连续变量。我们重点考察不同类型的培训对文化资本的积累的影响，因此区分了政府培训、企业培训和社会培训，后三个是2分变量。

3. 分析策略。

本书主要采用多元线性回归（OLS）模型分析方法。首先，重点考察城市文化资本对新生代农民工心理融合的影响，同时分析社会人口特征变量和经济层面、社会层面融合，对新生代农民工心理融合产生的影响。其次，分析对于城市文化资本存量产生影响的因素，特别是考察哪些途径有利于城市文化资本的积累。

（二）研究结果与讨论

1. 城市文化资本与新生代农民工心理融合。

模型1中放入了主要控制变量，包括性别、婚姻状况、受教育年限、年龄、年龄平方、住房类型、工作类型；模型2增加了月收入变量；模型3则在模型2的基础上加入了社区关系融合变量；模型4在模型3的基础上加入了城市文化资本变量。所有模型都具有一定的解释力，随着变量的增加，模型的调整R^2也在增长。模型都在0.001的水平上显著。

模型1显示性别和婚姻状况对新生代农民工心理融合的影响不显著，受教育年限、年龄、年龄平方、住房类型、工作类型对心理融合均有显著影响。受教育年限越多，心理融合程度越高。新生代农民工的年龄与心理融合呈现出U型曲线关系，即低年龄和高年龄段的新生代农民工较中间年龄段的心理融合度高。低年龄段的新生代农民工，外出打工时考虑的问题少，开拓冒险精神较强，其心理融合度高；高年龄段的新生代农民工，经过多年打拼，基本能够适应城市生活，能够立足城市，其心理融合度也高，而中间年龄段的新生代农民工面临着结婚、生子等诸多问题，常常徘徊于"留城"或"返乡"之间，其心理融合度低。从住房类型来看，与住单位宿舍相比较，自有住房对心理融合有积极显著影响，而租房无显著差异。中国人向来讲究"安居乐业"，有了稳定的住所，才有安全感，才有更高的心理融合水平。从工作类型来看，与制造类工作的比较，服务类和自雇及其他类工作对心理融合有着显著的正向影响。这可能是制造类工作条件相对较差，工作时间较长，与城市居民互动较少；而与之相比较，服务类和自雇及其他类，工作条件相对好且体面，与城市居民互动机会和频率较高，所以心理融合度较高。

与模型 1 比，模型 2 在增加收入变量之后，模型的 R^2 增益为 26%，解释力有所提升。对模型 1 和模型 2 进行 F 检验，二者在 0.001 水平上有显著差别。月均收入对心理融合有显著影响，新生代农民工外出务工的首要动机还是挣钱，其收入越高、与预期越接近，那么其面临的生活压力就小，其满足感也高，那么其心理融合的程度也高。这与才国伟、张学志[1]的相关研究结论一致。

模型 3 在模型 2 的基础上加入了社区关系融合，模型的 R^2 增益为 130%，解释力大幅提升。模型显示社区关系融合与心理融合显著相关。社区融入可以为农民工的城市融入提供稳定的社会支持网络，社区融入程度越高，其社会资本可能越丰富，心理融合的程度也越高。这也与其他学者的研究结论一致，如王丽霞等。[2] 同时，婚姻状况变量的影响变得显著起来，在控制其他变量的情况下，已婚者比未婚者心理融合程度低。一方面，已婚者中 76% 的人育有小孩，他们经济压力较大，另一方面，有孩子者中，有 47% 的人至少有一个孩子是放在老家照顾，增加他们对孩子的挂念。但是，加入社区关系融合变量后，年龄的影响不再显著，二者可能存在一定的相关性。

模型 4 加入了城市文化资本变量，模型的 R^2 增益为 18%，模型的解释力进一步提升。首先，控制了社会人口变量和收入、社区关系融合变量，城市文化资本对新生代农民工的心理融合仍然有显著的影响，证明了本书提出的理论假设。其次，加入城市文化资本变量后，收入和社区关系变量的影响仍然显著，在一定

---

[1] 才国伟、张学志：《农民工的城市归属感与定居决策》，载于《经济管理》，2011 年第 2 期。
[2] 王丽霞、王连伟、堵琴囡：《文化认同、社区融入与市民化：新生代农民工城市融入的有效路径——基于对 F 省 Q 市城市社区文化建设的调研》，载于《晋阳学刊》，2013 年第 2 期。

程度上，验证了其他学者如悦中山等[1]关于文化、社会、经济层面的融合将有助于心理融合实现的理论假设。此外，年龄因素的影响变得更加显著。但是，收入影响的显著性有所下降，教育年限的影响不再显著，表明城市文化资本可能与二者之间存在一定的相关关系（见表9-9）。

表9-9 新生代农民工心理融合回归模型

指标	模型1	模型2	模型3	模型4
（Constant）	4.050*** (0.792)	4.097*** (0.785)	2.954*** (0.752)	2.936*** (0.738)
性别	0.050 (0.043)	0.016 (0.043)	0.003 (0.041)	-0.005 (0.040)
婚姻状况	-0.055 (0.053)	-0.068 (0.052)	-0.124* (0.050)	-0.095* (0.049)
教育年数	0.014# (0.008)	0.017* (0.008)	0.018* (0.007)	0.006 (0.007)
年龄	-0.110# (0.064)	-0.120# (0.064)	-0.085 (0.061)	-0.134* (0.060)
年龄平方	0.002# (0.001)	0.002# (0.001)	0.002 (0.001)	0.003* (0.001)
住房类型				
租房	0.005 (0.048)	0.013 (0.047)	0.042 (0.045)	0.032 (0.044)
自有住房	0.358*** (0.055)	0.360*** (0.054)	0.265*** (0.052)	0.236*** (0.052)
工作类型				
服务类	0.117* (0.049)	0.118* (0.048)	0.142** (0.046)	0.117** (0.045)
自雇及其他类	0.143* (0.057)	0.114 (0.057)	0.122* (0.054)	0.097# (0.053)
收入自然对数		0.000*** (0.000)	0.000*** (0.000)	0.000* (0.000)

[1] 悦中山、李树茁、靳小怡等：《从"先赋"到"后致"：农民工的社会网络与社会融合》，载于《社会》，2011年第6期。

续表

指标	模型1	模型2	模型3	模型4
社区融合			0.234*** (0.021)	0.214*** (0.021)
城市文化资本				0.377*** (0.056)
F 检验值	8.578***	9.750***	21.346***	24.144***
调整 R^2	0.056	0.071	0.164	0.195
调整 R^2 增益		26.79%	130.99%	18.90%
样本数	1 143	1 143	1 143	1 143

2. 城市文化资本的影响因素分析。

既然城市文化资本对心理融合有显著影响,那么不同群体之间城市文化资本是否有显著差异?又有哪些因素影响城市文化资本的积累?这是我们接下来探讨的问题。通常认为,家庭和学校、培训和大众传媒是积累文化资本的主要途径。那么,这些途径或者手段对新生代农民工城市文化资本的积累是否有影响呢?这是我们关心的问题。由于新生代农民工是完成家庭和学校教育进入城市务工的。因此,我们重点考察除了家庭以外的其他影响因素(见表9-10)。

表9-10　　　　　　城市文化资本积累影响因素分析

指标	非标准化系数 B	非标准化系数 Std. Error	标准化系数 Beta	T	Sig.
(Constant)	1.684	.080			.000
性别	.047	.021	.063	21.037	.022
教育年数	.033	.004	.255	2.295	.000
年龄	.006	.003	.061	9.229	.023
工作类型					
服务类	.041	.023	.052	2.278	.076
自雇及其他类	.089	.027	.093	1.774	.001
住房类型					
租房	.023	.023	.031	3.246	.317
自有住房	.084	.026	.099	1.001	.001

续表

指标	非标准化系数 B	Std. Error	标准化系数 Beta	T	Sig.
参加培训					
参加政府培训	.084	.031	.072	3.239	.007
务工单位培训	.098	.020	.129	2.716	.000
社会机构培训	.079	.041	.050	4.797	.058
大众传媒					
周读书报时间	.011	.002	.191	1.897	.000
周上网时间	.001	.001	.025	7.155	.343

首先，我们可以看到性别之间的城市文化资本有显著差异，男性比女性的城市文化资本丰富（见表9-9）。问卷没有设计在城市务工年限，我们用年龄大致测量城市生活经历，结果显示年龄与城市文化资本呈显著正相关，验证了城市生活经历有助于城市文化资本积累的假设。从工作类型来看，与制造类相比，服务类和自雇及其他类城市文化资本更丰富。首先，从住房类型来看，与住单位宿舍者相比，自有住房者有显著差别，而租房者无显著差别。综合来看，无自有住房者的流动性高、工作性质为制造类的、比较年轻且为女性的新生代农民工城市文化资本较低。因此，他们应当成为重点教育培训对象。其次，从城市文化资本积累的主要途径来看。虽然，受教育年数对城市文化资本有显著正向影响。但是，绝大多数新生代农民工在进城务工前就结束了学校教育，只有极少数能够在工作以后又回到学校读书。从大众传媒来看，每周读书看报的时间与城市文化资本之间有显著正相关，而与每周上网时间没有显著影响。可能读书看报可以了解更多的法律知识、了解城市的生活常识，而上网更多是休闲娱乐。从表9-10我们看到，参加过不同类型的培训者与没有参加过者之间的城市文化资本有显著差异。尽管，各类培训往往不重视有关城市文化资本方面内容的培训，但是培训仍然是影响新生代农民工城市文化资本积累的重要因素。而新生代农民工的培训参与率却不高，仅有11.9%的人参加过政府组织的、减免学费的培训（10%的人参加过流出地政府组织的培训，3%的人参加过务工地政府组织的培训），36.8%参加过企业组织的培训，还有6.3%的人自费到社会机构参加培训。可见，新生代农民工参加政府组织的减免学费的培训比例较低。

三、提升新生代农民工文化资本的建议

教育培训被认为是帮助农民工实现再社会化的重要途径。政府为了帮助农村劳动力顺利向城市转移,先后出台多项政策。如 2003 年农业部、劳动保障部、教育部、科技部、建设部、财政部等六部委联合颁布了《2003～2010 年全国农民工培训规划》。2004 年起,又共同组织实施了"农村劳动力转移培训阳光工程"。同时,各级政府也高度重视农民工培训工作,不断加大投入力度。但是,培训效果并不理想,其原因之一是培训的内容仅仅局限于短时技能培训,转移前的引导性教育、城市生活常识教育和法制普及严重滞后[①]。另外,新生代农民工对城市生活知识培训需求意识不强。据课题组调查数据,当问及"你最需要什么样的培训",49% 的人选择提高技能培训,13% 选择适应产品设备更新培训,7% 选择转岗转业培训,21% 选择转岗转业培训,6% 选择职业资格证书培训,只有 2.7% 的人选择城市生活知识培训。那么,城市生活知识和技能对于新生代农民工城市社会融合是否重要,本书得出的结论是肯定的。

本书借用布迪厄的文化资本概念,用以指称城市生活知识和技能。通过调查数据验证了文化资本对于新生代农民工心理融合具有显著积极的影响。同时发现,经济层面、社会层面的融合也对新生代农民工的心理融合具有显著影响,表明社会融合的三个层面相互影响,心理融合为最高境界。从新生代农民工的社会人口特征来看,工作类型、住房类型、年龄和婚姻状况均对心理融合有显著影响。低年龄段和高年龄段的新生代农民工较中间年龄段的心理融合度高,已婚者较未婚者心理融合度低。自有住房对心理融合有积极显著影响,从事制造类工作新生代农民工较其他类农民工心理融合度低。

从不同群体城市文化资本存量的差异看,男性比女性有更丰富多城市文化资本,从事自雇及其他和服务类工作的新生代农民工较制造类的有更多的城市文化资本,拥有住房者有较多的城市文化资本。从文化资本的积累途径来看,受教育年数、城市生活经历对城市文化资本有显著影响。各类培训,包括政府组织的、企业组织的和社会机构组织的均对城市文化资本的积累有显著的影响。大众传媒也对城市文化资本的积累有正向影响,但是读书看报的影响显著,上网的影响却不显著。

基于上述研究发现,提出以下建议,以期能够促进新生代农民工的社会融合。

---

① 张悦玲、高彦:《基于人力资本培训的农民工市民化问题研究》,载于《农村经济与科技》,2012 年第 2 期。

首先，提高新生代农民工的城市文化资本，促进新生代农民工社会融合。第一，提高新生代农民工在流入地的培训参与率。培训是新生代农民工城市文化资本积累的重要途径。总体来说，新生代农民工培训参与率比较低，特别是政府组织的培训参与率低，参加流入地政府组织的培训更低。调查数据显示，如果务工地有培训机会，67%的人想在务工地参加培训。因此，在农民工培训的经费投入方面，应当根据新生代农民工的数量适当增加流入地政府的培训经费，调动基层政府培训非本地户籍的农民工的积极性。第二，在培训中适当增加关于城市文化资本的内容和课时。目前，已经开展的农民工培训工作中，对农民工城市文化资本的培养关注不足，存在课时少、无专职教师、授课形式单一、内容贫乏等问题。建议在今后的培训中要增加课时、加强师资，丰富授课内容，采取灵活多样的教学形式，比如高华[①]提出可以用小组社会工作的方法来开展农民工引导性培训。第三，注重利用纸质传媒帮助新生代农民工提升城市文化资本。研究发现传统的书报传媒与电子传媒相比较，更有利于新生代农民工积累城市文化资本。因此，创造条件让新生代农民工利用社区图书馆，或者在新生代农民工集中居住的宿舍区设立图书室，让他们能够方便、快捷地接触到书报。第四，从培训的对象来看，重点加强对流动的、制造类的、女性农民工的引导性培训，提升他们的城市文化资本，因为他们的城市文化资本相对较低。

其次，采取其他综合措施，促进新生代农民工社会融合。第一，采取家庭友好政策，促进新生代农民工社会融合。我们发现中间年龄段的新生代农民工心理融合程度低，他们的特点是结婚时间较短，孩子年龄较小。因此，对于已婚的特别是育有孩子的农民工家庭，适当补助子女的抚养费，减轻经济负担，采取适当灵活的工作时间，完善社区照顾，解决子女的照料贫困，帮助实现家庭团聚。第二，提高新生代农民工住房公积金的参保率，使他们能够在务工地买得起房子。研究发现，住房对于新生代农民工的社会融合有显著影响。住房公积金是帮助新生代农民工实现购房梦的重要手段。但是，我们发现，新生代农民工住房公积金的参与率并不高。在务工地参加的只有20.4%，在老家参加的占3.9%，没有参加的占52.5%，还有23.2%的人回答不清楚是否参加了。一方面要提高住房公积金的参与率，还要完善相关配套政策，使之能够在一定条件下利用公积金进行购房。第三，提高工作质量。研究发现制造类的工作，其城市文化资本低，心理融合度也低。改善工作环境，增加工作的稳定性，保证工人休息的权利，通过轮岗增加工作丰富性等手段培养工人的爱岗敬业精神，促进其在务工地产生归属感

[①] 高华：《借鉴小组社会工作方法开展农民工引导性培训》，载于《职业技术教育》，2008年第28期。

与融入感。第四，本书尚存一定的局限。首先，作为一项探索性的研究，尤其是对于城市文化资本的测量还有待深化与完善；其次，数据的收集并非是完全概率的抽样；最后，不同类型的城市文化资本积累的主要途径有哪些差异，其发挥作用的机制如何是以后需要深入探讨的。

第十章

新生代农民工的职业教育、社会能力与社会融合

第一节 理论分析与变量分析

一、理论分析

"中国城镇化调查"数据显示,1980年后出生的(以下简称80后)新生代农民工已经成为城市流动打工主体,超过九成的80后农民工不打算回乡就业,而是倾向于选择大中型城市定居。这个庞大群体的社会融合状况和在社会融合中面临的挑战,也直接影响着他们城市化的步伐。

现有研究发现,农民工的社会融合状况受农民工自身条件和外界环境的多重因素的影响。从农民工自身条件来看,农民工的性别、婚姻状况、党员身份、教育年限、月收入、在城市居住时间长短、农民工个体所拥有的社会支持网络等均

会影响农民工融合。① 从外部环境看,城乡有别的户籍制度,由此衍生出劳动力市场、社会保障制度和教育制度对农民工的社会排斥,以及社区服务的匮乏等,均严重阻碍了新生代农民工的社会融合。②

无论是从人力资本、社会资本还是文化资本的角度研究农民工社会融合,"资本"视角决定了研究重点是已经拥有的、可以创造经济和社会价值的个体资源,换言之,"资本"体现了农民工在不同维度上与社会互动的效果。然而,农民工在社会互动过程中所依赖的基础技能和社会动机,无论人力资本、社会资本或是文化资本的视角都无法系统地描述。因此,尽管诸多研究发现经济资本或社会资本对农民工社会经济地位和社会融合有重要影响,但对于如何对农民工进行干预以提升他们的人力和社会等资本,除了加强对他们的教育投入和创造更适合于他们融合的社会环境外,并未提出更具体的干预措施。

从社会能力的视角来看,个人与社会互动的效果,以及在互动过程中个人所拥有的社会技能、社交地位和社会关系均是一个人"社会能力"(social competence)的外在表现。③ 新生代农民工社会融合的过程,正是其个人与城市社会互动的过程,社会融合的结果,在很大程度上应当是新生代农民工社会能力的功能性结果。

诸多研究指出,大力发展农民工职业教育,有利于促进农民工转化成为现代市民,并通过人力资本的改善,为其在劳动力市场的稳定提升创造条件,为其不断融入城市社会提供可能性。④ 国务院发展研究中心 2010 年农民工调查数据显示,接受过职业教育的农民工的工作稳定性更强,缴纳社会保险的比例更高,且

---

① 许丽明:《基于多层次分析框架的农民工城市融合文献综述》,载于《安徽农业科学》,2010 年第 32 期。
李树茁、任义科、靳小怡等:《中国农民工的社会融合及其影响因素研究——基于社会支持网络的分析》,载于《人口与经济》,2008 年第 2 期,第 1~8 页。
张文宏、雷开春:《城市新移民社会融合的结构、现状与影响因素分析》,载于《社会学研究》,2008 年第 5 期,第 117~141 页。
任远、邬民乐:《城市流动人口的社会融合:文献述评》,载于《人口研究》,2006 年第 3 期,第 87~94 页。

② 余运江、高向东、郭庆:《新生代乡—城流动人口社会融合研究——基于上海的调查分析》,载于《人口与经济》,2012 年第 1 期,第 57~64 页。
孟颖颖:《新生代农民工城市融合障碍构成原因探析——基于社会排斥理论的视阈》,载于《西北人口》,2011 年第 3 期,第 11~16 页。
董章琳、张鹏:《城市农民工社会融合的影响因素分析——基于重庆市 1032 名农民工的调查》,载于《重庆理工大学学报(社会科学版)》,2011 年第 2 期,第 19~25 页。

③ Rose - Krasnor L. The Nature of Social Competence:A Theoretical Review. Social Development,1997,6:pp. 111 - 135.

④ 周化明、袁鹏举、曾福生:《中国农民工职业教育:需求及其模式创新——基于制造和服务业 1141 个农民工的问卷调查》,载于《湖南农业大学学报(社会科学版)》,2011 年第 6 期。
张蕾、王桂新:《第二代外来人口教育及社会融合调查研究:以上海为例》,载于《西北人口》,2008 年第 5 期。

中等职业教育对农民工收入具有积极的正向促进作用,[①] 这在客观上为农民工的经济融合奠定了较好的基础。

以上研究揭示了职业教育与农民工城市就业稳定性、收入以及社会保障参保率等的关系,这对研究农民工经济融合有一定的参考意义。新生代农民工处于职业发展的早期。这一时期正是他们逐步认同新的职业身份、适应城市生活、模仿城市生活范式、为未来社会融合打基础的阶段。职业教育对于农民工社会融合的促进意义,不应仅仅停留在经济融合方面。杜威的职业教育理论指出,职业教育的目的不仅仅是为了培养从事某种技术的工人,而是要培养他们更为开阔的头脑,让他们对即将从事的职业产生兴趣,具备适应社会和处理事务的能力[②]。新生代农民工的职业教育,也不应仅以培养新型"农民工"为终极目标,而应该以培训"新公民"为目标进行职业教育的理论转型和课程设置。[③]

新生代农民工的职业教育,除了讲授即将步入行业的技能之外,职业教育要更加关注对新生代农民工社会融合综合能力的培养。然而,目前国内尚没有职业教育在社区融合和心理文化融合等方面如何发挥作用的研究,也没有基于实证研究为职业教育理论转型和课程改革如何推进新生代农民工的社会融合提出的政策建议。

本课题组在河南、安徽、广东和福建等地职业教育学校调研过程中发现,部分职业教育学校越来越重视对学生的职业兴趣和社会适应能力的培训,尝试开发城市生活、沟通交流技能等课程,旨在提升学生未来在城市工作的适应能力和社会融合状况。在与职业学校学生访谈时,学生也谈到在学校培养的能力,提升了他们未来在城市立足和生活的信心。

因此,本章将从分析新生代农民工社会能力与社会融合状况的相关性入手,识别出对社会融合有重要意义的个人能力。研究还将通过对有职业教育经历的新生代农民工和没有职业教育经历的新生代农民工两个群体在社会能力的差异性分析,区分出职业教育对不同社会能力的培养和促进作用。这一发现会提升新生代农民工职业教育和在岗培训内容设置的针对性和有效性,为大力发展职业教育,促进新生代农民工社会融合这一重要政策提供有价值的实证资料。

本章所用数据及其清理的过程与第八章社会融合研究与新生代农民工社会

---

① 刘万霞、秦中春:《职业教育对农民工就业的影响分析——基于对全国2730个农民工的调查数据分析》,载于《调研世界》,2011年第5期。
刘万霞:《我国农民工教育收益率的实证研究——职业教育对农民收入的影响分析》,载于《农业技术经济》,2011年第5期,第25~32页。
② 韩双双、王小丁:《论杜威的职业教育——走向人与社会的融合》,载于《太原师范学院学报(社会科学版)》,2009年第4期。
③ 万恒:《面向90后农民工的职业培训应加强公民教育》,载于《职业技术教育》,2010年第25期。

融合指数相同。本章主要研究目标是探寻新生代农民工的职业教育对社会能力的影响，再分析社会能力与社会融合之间的关系，最后探讨职业教育如何通过影响社会能力增进或阻碍新时代农民工的社会融合水平。本章的操作分为两个阶段：

第一阶段：识别对新生代农民工社会融合有重要影响的能力。具体做法是通过构建新生代农民工各项能力与社会融合状况的回归模型，识别出对社会融合有重要影响的能力。

研究假设1：城市生活能力、职业发展能力和常识了解能力对于社会融合有正向的影响。

第二阶段：分析职业教育对社会能力的影响。具体做法是通过对新生代农民工中曾经有职业教育背景和没有相关背景的新生代农民工两个群体的社会能力差异性分析，检验职业教育对社会能力的影响。

研究假设2：有职业教育经历的新生代农民工的城市生活能力、职业发展能力和常识了解能力均好于未曾接受职业教育的新生代农民工。

研究设计3：职业教育经历对新生代农民工的社会能力有正向影响。

二、变量分析

（一）因变量

第一阶段研究的因变量为新生代农民的社会融合状况。国内学界对农民工社会融合的研究集中在对社会融合理论和维度的讨论，以及对农民工社会融合现状的描述和影响分析上。"社会融合"被认为是个体和个体之间、不同群体之间、或不同文化之间互相配合、互相适应的过程。[1] 在这个过程中，新移民在居住、就业、价值观念等城市生活的各个方面融入城市社会、不断向城市居民转变，农民工与城市市民之间差异逐渐消减。[2]

无论是国际还是国内的研究均认识到社会融合的多重维度，并进行了丰富的理论探索，也基于各种理论梳理出种类繁多的社会融合维度。但在解释各个维度的内涵时，可以发现各个研究中提出的维度有重叠，或是对同一核心维度又有不

---

[1] 任远、邬民乐：《城市流动人口的社会融合：文献述评》，载于《人口研究》，2006年第3期，第87～94页。

[2] 马西恒、童星：《敦睦他者：城市新移民的社会融合之路——对上海市Y社区的个案考察》，载于《学海》，2008年第2期，第15～22页；《中国农民工的社会融合及其影响因素研究——基于社会支持网络的分析》，载于《人口与经济》，2008年第2期，第1～8页。

同解读。但多位国际和国内学者都意识到，流动人口城市适应的维度存在着一定的递进关系，特别强调社会融合始于经济融合，经过文化接纳和行为适应，最终达到身份认同和情感归属。①

本书将社区融合和心理融合作为因变量，重点分析社会能力对新生代农民工社区融合和心理融合的影响，同时将经济层面的融合作为控制变量纳入模型。

1. 社区和社会关系融合。

主要通过"认识社区很多居民、和邻居经常来往、会为邻居主动提供帮助、帮助过其他居民、我的孩子和本地孩子一起玩，以及我的父母与社区里其他老人一起聊天"6个题目组成的5点里克特社区融合量表，内容包括从（1）"非常符合"至（5）"非常不符合"，得分越低说明社区融合状况越好。

2. 心理融合。

主要包括归属感和社会距离2个指标。本书借鉴伯伦和霍利（Bollen & Holy）②提出的主观社会融合量表（perceived cohesion scale）来测量新生代农民工的心理融合，共有6项题目。每个题目都采用5点里克特量表，从"完全不同意"（1）到"完全同意"（5），得分越高说明心理融合程度越高。社会距离是由7个题目组成的5点里克特量表构成的。这是一个逆向计分的题目，得分越高说明社会距离越大。我们在使用的时候将进行反向计分。

我们将社区和社会关系融合量表得分，以及归属感和社会距离量表得分相加取均值，作为一个连续变量代入模型。

（二）自变量

无论是城市居民还是正在城市化的农民工，他们都有获得有质量生活的需求。而根据国际研究发现，一个人拥有相对舒适的物质生活、建立良好的人际关系、具备职业发展和自我实现的基本能力，才能保证他们享受较高品质的生活，③这些能力正是社会融合的前提和动力。

参照安德森和迈思科（Aderson & Messick）开发的包括自我意识、主观能动性、照顾自己的习惯、自我价值感、人际交往中的觉察能力、与他人建立积极关系的意愿、使用资源解决问题的能力、自我控制、好奇心、学习意愿、灵活地获

---

① 朱力：《论农民工阶层的城市适》，载于《江海学刊》，2002年第6期，第82~88页。
杨菊华：《从隔离、选择融入到融合：流动人口社会融入问题的理论思考》，载于《人口研究》，2009年第1期，第17~29页。
② Bollen K A, Hoyle R H. Perceived cohesion: A conceptual and empirical examination. Social Forces, 1990, 69 (2): 479–504.
③ 万恒：《面向90后农民工的职业培训应加强公民教育》，载于《职业技术教育》，2010年第25期。

取信息、语言能力以及常识等社会能力指标,[①] 本书设计了一个新生代农民工社会能力量表。为更好地帮助研究对象理解这些指标,将量表的问题转化为"为人处世的能力、生活自理能力、学新东西的能力、城市生活能力、表达沟通能力和心理素质"。

安德森和迈思科的指标体系是为衡量儿童的社会能力而开发,用来衡量已经进入职业阶段的青少年有必要加上就业有关的社会能力。本书同时参考艾雷德(Ronald)等人提出的"广义就业能力"(a broad model of employ ability),这个框架里针对个人维度的就业能力,除包括上述基本社会技能以外,还包括工作相关的知识和工作经验,以及社交网络等指标[②],这些指标在量表中被表达为"工作有关的专业技能、行业知识、人脉"。艾雷德特别强调了基本读写和计算能力、面试时的表达能力的作用,因此量表也采取了这些指标,表达为"基础文化知识、法律知识、普通话"。

课题组在开展大规模问卷调研之前,曾在浙江、江苏和福建等地进行前期调研,与新生代农民工就这些能力进行讨论和澄清,最终在问卷中设计了一个由12个题目组成的社会能力自评表,每个题目都采用5点里克特量表,从"很好"(5)至"很差"(1),得分越高说明该能力越强。

从量表的整体情况来看,新生代农民工社会能力的基本特征,可以发现新生代农民工对自己与社会交往相关的能力评价普遍比较低,仅有"法律知识"整体得分值达到"一般",而其他各项能力均自认为"不太好",特别是"生活自理能力"很差。法律知识好于其他能力,说明目前新生代农民工的培训非常关注法律知识的普及已经表现出了效果(见表10-1)。

表10-1　　　　　　新生代农民工自评社会能力量表得分

变量名称	平均值	标准差
工作有关的专业技能	2.37	0.870
行业知识	2.53	0.862
人脉	2.37	0.829
为人处世的能力	2.31	0.790
生活自理能力	1.96	0.833
在城市生活的能力	2.24	0.857

[①] Anderson S, Messick S. Social competency in young children. Developmental Psychology. 1974, 10 (2): 282-293.

[②] Ronald W M, Colin L. The Concept of Employability. Urban studies. 2005, 42 (2): 197-219.

续表

变量名称	平均值	标准差
学新东西的能力	2.22	0.839
表达和沟通能力	2.37	0.858
心理素质	2.21	0.857
普通话	2.40	0.896
法律知识	3.04	0.938
基础文化知识	2.64	0.907

为了更好地说明新生代农民工的社会能力及后文统计时更加方便、清晰，我们首先对该自评表进行了 Bartlett 球形检验，发现很适合做因素分析（见表10-2）。之后，我们采用主成分分析法，抽取因素时限定特征根大于1者，采用最大变异法来进行正交转轴，经过反复比较，萃取了3个因素对总变异解释率为最高，达到71.107%，最后得出的了三个维度的社会能力，即职业发展能力、城市生活能力、常识了解能力。

表10-2　　　　　KMO 值及 Bartlett' 检验结果

KMO 抽样适当参数		.925
Bartlett 球形检验	卡方值	6 975
	自由度	66
	显著性水平	.000

因素分析后发现，生活自理能力、城市生活的能力、心理素质、学习新东西的能力、为人处世的能力、表达和沟通能力被划分为一组，我们将这组命名为"城市生活能力"；行业知识、工作有关的专业技能和人脉划分为一组，将其命名主"职业发展能力"；法律知识、基础文化知识和普通话划分为一组，将其命名为"常识了解能力"。

（三）控制变量

年龄、性别、婚姻状况、教育水平以及是否有子女在已往研究中被证明对农民工社会融合有显著的影响。① 因此，本书将这些变量作为控制变量代入模型。另外，如前文所述，本书还将经济融合的部分指标作为控制变量代入模型，以控制社会融合不同维度间接影响的混杂因素。

模型中主要选取职业阶层、住房类型和社会保险3个指标进行测量。职业阶层的赋值方法，普通员工为1分，技术工人2分，自雇及其他3分，管理人员（包括基层和中高层管理人员）4分。住房类型主要是指在务工地是否已经有了自己的房产，题目设置通过居住在自己或父母的房子、单位宿舍、租房住，在赋值中，居住在自己或父母的房子赋值1，其他情况赋值0；社会保险主要是指在务工地参加城镇养老保险、医疗保险和失业保险的情况，如果三种都参加赋值3，参加其中两种赋值2，参加其中一种赋值1，都没参加的赋值0。

（四）研究假设

基于前文所述，在相同的制度背景下，新生代农民工社会融合个体间的差异，在很大程度上是新生代农民工策略性运用各种社会技能、与城市环境互动的结果。因此，本书的研究假设为：社会能力与社会融合呈正相关关系，即社会能力越强的新生代农民工，他们的社会融合状况越好。具体来讲，根据本书自变量选择情况（见变量测量部分），上述假设包括如下三个分假设：

（1）城市生活能力越强的新生代农民工，他们的社会融合状况越好。

（2）职业发展能力越强的新生代农民工，他们的社会融合状况越好。

（3）常识了解能力越强的新生代农民工，他们的社会融合状况越好。

---

① 叶鹏飞：《探索农民工城市社会融合之路——基于社会交往"内卷化"的分析》，载于《城市发展研究》，2012年第1期，第81~85页。

余运江、高向东、郭庆：《新生代乡—城流动人口社会融合研究——基于上海的调查分析》，载于《人口与经济》，2012年第1期，第57~64页。

魏万青、陆淑珍：《禀赋特征与机会结构——城市外来人口社会融合的代际差异分析》，载于《中国农村观察》，2012年第1期。

悦中山、李树茁、靳小怡等：《从"先赋"到"后致"：农民工的社会网络与社会融合》，载于《社会》，2011年第6期，第130~152页。

王桂新、陈冠春、魏星：《城市农民工市民化意愿影响因素考察——以上海市为例》，载于《人口与发展》，2010年第2期，第2~11页。

李树茁、任义科、靳小怡等：《中国农民工的社会融合及其影响因素研究——基于社会支持网络的分析》，载于《人口与经济》，2008年第2期，第1~8页。

张文宏等：《城市新移民社会融合的结构、现状与影响因素分析》，载于《社会学研究》，2008年第5期，第117~141页。

第二节　数据模型和影响分析

一、社会能力与社会融合的数据模型

根据第二节的研究设计,我们首先通过建立社会能力与社会融合之间的关系来探寻城市生活能力对社会融合的影响程度。

从表10-3中可以看出,社会能力与社会融合之间具有显著性相关。其中职业发展能力与社会融合的相关度最大,r = 0.241,其次是城市生活能力、常识了解能力。整体的社会能力与社会融合之间的相关系数为 r = 0.264。即务工青年的社会能力越好,该群体的社会融合情况越好。

表10-3　　　城市务工青年社会能力与社会融合的相关分析

变量	社会融合	职业发展能力	城市生活能力	常识了解能力	社会能力
社会融合	1				
职业发展能力	0.241**	1			
城市生活能力	0.239**	0.684**	1		
常识了解能力	0.206**	0.488**	0.635**	1	
社会能力	0.264**	0.820**	0.941**	0.797**	1

注：** 表示双尾检验结果在0.01的水平上差异显著。

为了进一步厘清社会能力中哪种因素对社会融合的影响作用最大,我们根据前面因子分析后形成的三个能力因子：城市生活能力、职业发展能力、常识了解能力依次放入到模型之中,来探寻三者对社会融入的贡献率。回归模型中,我们首先代入控制变量,然后依次放入上面三种能力,得出了最终模型(见表10-4)。

表10-4 新生代务工青年社会融合与社会能力回归模型摘要

变量名称	模型1 β	模型1 T值	模型2 β	模型2 T值	模型3 β	模型3 T值	模型4 β	模型4 T值
男性	-0.075	-4.137***	-0.090	-5.091***	-0.087	-4.993***	-0.084	-4.810***
年龄	-0.020	-0.915	-0.017	-0.769	-0.030	-1.378	-0.033	-1.556
已婚	-0.008	-0.306	-0.019	-0.740	-0.018	-0.727	-0.017	-0.674
教育水平	-0.013	-0.628	-0.038	-1.888	-0.048	-2.427*	-0.062	-3.041**
有子女	0.046	1.875	0.049	2.028*	0.046	1.909	0.045	1.873
有住房	0.208	11.768***	0.211	12.257***	0.207	12.112***	0.208	12.157***
参加了1种	0.049	2.727**	0.033	1.894*	0.033	1.886	0.031	1.762
参加了2种	0.020	1.089	0.018	1.023	0.016	0.927	0.015	0.867
参加了3种	0.088	4.515***	0.069	3.636***	0.070	3.661***	0.067	3.510***
技术工人	0.075	3.986***	0.044	2.399**	0.043	2.335*	0.042	2.284*
自雇及其他	0.038	2.123*	0.028	1.589	0.027	1.528	0.024	1.365
管理人员	0.072	3.820***	0.039	2.096**	0.033	1.800	0.030	1.643
职业发展能力			0.234	13.348***	0.151	6.432***	0.145	6.160***
城市生活能力					0.125	5.343***	0.083	3.192***
常识了解能力							0.079	3.561***
回归模型摘要	$R^2=0.071$ $A-R^2=0.067$		$R^2=0.122$ $A-R^2=0.118$ Δ增量贡献率71.8%		$R^2=0.130$ $A-R^2=0.126$ Δ增量贡献率6.5%		$R^2=0.134$ $A-R^2=0.129$ Δ增量贡献率2%	

注：* 表示 P<0.05；** 表示 P<0.01；*** 表示 P<0.001。

模型 1 中放入了主要控制变量，包括性别、婚姻状况、有无子女、年龄、住房类型、职业阶层、社会保险；模型 2 增加了职业发展能力变量；模型 3 则在模型 2 的基础上加入了城市生活能力变量；模型 4 加入了常识了解能力变量。所有模型都具有一定的解释力，随着变量的增加，模型的调整 R^2 也在增长。

模型 1 显示有无子女、性别、住房类型、职业阶层、社会保险等对社会融合均有显著影响，这与前述文献研究的结果一致。年龄和婚姻状况对新生代农民工的社会融入影响不显著，这与其他研究发现的未婚农民工比已婚农民工留城意愿更加明显这一结论[1]不符，这一原因可能是我们的样本大部分是 22～30 岁之间的农民工，他们大部分没有结婚，数据差异性不大，所以造成了上述结果。

在住房类型上，拥有自己房产的新生代农民工比没有房产的新生代农民工的社会融合情况要好。也就是说，在流入地是否拥有自己的住房对社会融合具有正向影响。拥有较多社会保险项目的新生代农民工群体对社会融合具有显著的正向影响。这是因为，社会保险项目是一种制度化背后的社会福利，拥有越多的社会保险项目，也就意味着自己今后的生活有了更好的保证，在这座城市就有了立足的基础。从职业阶层来看，越是高的阶层，社会融合越好。这可能是因为阶层较高的人在工作条件、社会交往机会等方面存在着优势，更容易适应城市的要求，可以更好地融入城市。这验证了刘传江等人提出的"农民工的劳动强度越大，该群体可能越不愿留在城市，社会融合情况越差"，[2]也证明了经济层面的社会融合对最终的心理融合有重要的影响。

在增加职业发展能力变量之后，相比模型 1，模型 2 的 R^2 增益了 83%，解释力大幅提升至 12%，职业发展能力对社会融合具有显著的正向影响，在模型 2 中，职业阶层对社会融合的影响力开始下降，也意味着职业发展能力与其所处的职业阶层有相关性。

模型 3 中加入了城市生活能力，模型的 R^2 增益为 6%，解释力进一步提升，模型结果显示了城市生活能力与社会融合显著相关，职业阶层变量的影响力进一步减弱。模型 4 在模型 3 的基础上，加入了常识了解能力变量，模型的 R^2 增益为 2%，模型的解释力略有提升。加入常识了解能力变量后，职业阶层已经没有了显著性影响，这也进一步说明，社会能力与其所处的职业阶层之间有一定的关联性。

---

[1] 赵艳枝：《外来人口的居留意愿与合理流动——以北京市顺义区外来人口为例》，载于《南京人口管理干部学院学报》，2009 年第 4 期，第 17～19 页。

任远：《"逐步沉淀"与"居留决定居留"——上海市外来人口居留模式分析》，载于《中国人口科学》，2006 年第 3 期，第 67～72 页。

[2] 刘传江：《新生代农民工的特点、挑战与市民化》，载于《人口研究》，2010 年第 3 期，第 34～39 页。

二、职业教育对社会能力的影响分析

职业教育是国民教育体系和人力资源开发的重要组成部分,是广大青年打开通往成功成才大门的重要途径。2013 年全国农民工监测调查数据显示,新生代农民工总数为 12 528 万人,占农民工总量近一半。其中,30 岁以下农民工接受过农业技能培训的比例在 5% 左右,非农业技能培训的比例大约为三成。31~40 岁之间的比例分别为 9.1% 和 31.8%。

从以往针对农民工职业教育的研究来看,学者们更多关注的是职业教育对农民工的经济收入、工作技能水平、适应能力等经济方面的影响,很少有学者从提高农民工社会能力的角度对职业教育的作用进行深入的分析。正是基于以上原因,文章从提高新生代农民工社会能力的角度出发,分析大力发展职业教育,尤其是加强职业教育中社会能力的培养,对于尽快适应城市生活等具有一定的促进作用,也会加快新生代农民工社会融合。

(一)群体内部在社会能力上的差异性分析

依据调查样本中的教育情况,将新生代农民工内部划分为 2 个群体,即农民工接受职业教育组(记为"1"),农民工群体未接受职业教育组(记为"0"),然后对比这两个组在职业发展能力、城市生活能力、常识了解能力三个维度上,是否存在着显著性差异。

从表 10-5 可以看出,在职业发展能力上,两组之间的均值基本相同,但我们还是能够看出,群体内部,接受过职业教育的农民工要好于没有接受过职业教育的农民工(M1 = 3.655 > M0 = 3.539)。此外,在生活能力及常识了解能力上,也基本体现出上述特点。但偏离度比较大,这可能是因为新生代农民工从事的工种并不完全相同造成的。如建筑业与服务业之间,在社会能力的偏重点上就是不同的。建筑业偏重职业发展能力,而服务业对与城市规则以及人际交往等常识了解能力,要求就相对较高。

表 10-5 不同群体在个人融合能力上的基本情况描述

变量名称	组别	平均数	标准差	人数
职业发展能力	农民工接受职业教育组	3.655	0.701	1 210
	农民工未接受职业教育组	3.539	0.745	2 374

续表

变量名称	组别	平均数	标准差	人数
城市生活能力	农民工接受职业教育组	3.895	0.648	1 210
	农民工未接受职业教育组	3.725	0.673	2 374
常识了解能力	农民工接受职业教育组	3.421	0.730	1 210
	农民工未接受职业教育组	3.234	0.762	2 374

之后，我们又对不同群体在三个维度上是否有显著性差异进行了独立样本 t 检验，发现农民工接受过职业教育组与未接受过职业教育组在工作能力、生活能力、常识了解能力上分别存在着极其显著的差异。由此可见，初步验证假设，即职业教育对个人融合能力具有一定的促进作用（见表10－6）。

表10－6　　不同群体在个人融入能力上的差异性检验

变量名称	工作能力	生活能力	常识了解
T值（P）	4.554***	7.232***	7.047***

注：＊表示 P＜0.1，＊＊表示 P＜0.05，＊＊＊表示 P＜0.01。

（二）职业教育与社会能力之间的相关分析

为了进一步探索职业教育与社会能力之间的关系，我们首先对职业教育与社会能力之间进行了相关性分析（见表10－7）。

表10－7　　新生代务工青年职业教育与社会能力的相关分析

变量	职业教育	职业发展能力	城市生活能力	常识了解能力	社会能力
职业教育	1				
职业发展能力	0.074**	1			
城市生活能力	0.120**	0.684**	1		
常识了解能力	0.117**	0.488**	0.635**	1	
社会能力	0.124**	0.820**	0.941**	0.797**	1

注：＊＊表示双尾检验结果在0.01的水平上差异显著。

通过相关分析发现，职业教育与新生代农民工的社会能力之间有着一定的正向相关性，两者之间的相关系数为 $r = 0.125$。各维度上，职业教育对社会生活能力的相关度最高，系数为 $r = 0.117$，说明两者之间的关联性比较大。

（三）职业教育与社会能力之间的 OLS 回归分析

为了进一步探索职业教育与社会能力之间的关系，我们构建了职业教育与社会能力的回归模型，力图发现职业教育在多大程度上，对社会能力造成影响。

1. 因变量。

第二阶段的因变量是社会能力。社会能力的研究兴起于 20 世纪 60～70 年代，属于研究儿童青少年的社会化发展程度、衡量社会互动有效性的发展心理学理论。由于研究视角和研究方法的不同，不同的研究对社会能力的指标和内涵有着不同的界定，其中有三类研究取向得到学术界的广泛认同。一是通过考察个人的技能和行为来研究其社会能力的社会技能取向（social skills approach），该取向重视对社会互动有促进作用的技能和行为，但忽视了个人所处的环境对能力的影响；二是通过考查同伴之间的社交地位研究社会能力的取向（peer status approaches），该取向考察同伴对与研究对象互动效果的评价，但无法解释社会能力缺乏的原因；三是通过行为的功能性结果来研究社会能力的结果取向（functional approach），该取向关注个人的社会目标获得以及良好的发展结果。

随着研究深入和不同流派的争鸣，麦克福尔（McFall）提出了一个综合维度的定义。他将社会能力定义为"对个体在某一情境下的行为进行的有效性判断"，[①] 可以看出，社会能力既包括某一行为结果，还包括具体的情景变量。根据这一定义，新生代农民工的"社会能力"，则具体指新生代农民工在城乡二元结构的社会环境中，伴随着认同职业身份、适应城市生活、寻求个人发展的过程，使用的一系列社会技能以及这些行为产生的社会效果。

社会能力的研究我们主要采用了前文提到的社会能力量表，该量表共有 12 个题目，我们通过因子分析，得到三个维度，即职业发展能力、城市生活能力、常识了解能力，每个题目都采用 5 点里克特量表，从"完全不同意"（1）到"完全同意"（5），得分越高说明社会能力越强。表 10-8 是因变量的各题项得分：

表 10-8　　新生代农民工自评社会能力量表得分（N = 4 588）

变量名称	平均值	标准差
工作有关的专业技能	2.37	0.870
行业知识	2.53	0.862
人脉	2.37	0.829

[①] McFall R M. A review and reformulation of the concept of social skills. Behavioral Assessment, 1982, 4 (1): 1-33.

续表

变量名称	平均值	标准差
为人处世的能力	2.31	0.790
生活自理能力	1.96	0.833
在城市生活的能力	2.24	0.857
学新东西的能力	2.22	0.839
表达和沟通能力	2.37	0.858
心理素质	2.21	0.857
普通话	2.40	0.896
法律知识	3.04	0.938
基础文化知识	2.64	0.907

2. 自变量。

第二阶段主要是探寻职业教育对社会能力的影响，所以，我们将职业教育情况作为核心的自变量。问卷通过对新生代农民工询问"您参加过职业教育吗？"参加过职业教育的赋值为"1"，没有参加过的赋值为"0"。为了弄清楚，除了职业教育因素外，还有哪些因素可能会影响新生代农民工的社会能力，我们还设置了其他一些变量来进行比较。有研究表明社会培训对于新生代农民工的就业及经济增长具有正向的促进作用。[1] 因此，我们将社会培训情况作为控制变量纳入模型之中，参加过社会培训的赋值为"1"，未参加的赋值为"0"。

此外，工作经历经常被学者们作为研究新生代农民工经济融合的重要变量。以往研究指出，工作经验积累对工资有正向作用，且边际作用随时间递减。工资与总体经验呈二次曲线的关系，工资随着经验的增加先上升，到达一个顶点后再下降。[2] 我们将农民工的工作经历作为其中的一个变量来进行考查。在变量的设置中，参考其他研究者的做法[3]认为，外出打工的时间越长，其工作经验越丰富。在问卷中，通过对新生代农民工"您从什么时候开始做这份工作？"来进行测算。离调查时间越近，工作经验越不丰富，反之亦然。

---

[1] 蔡昉：《劳动力市场变化趋势与农民工培训的迫切性》，载于《中国职业技术教育》，2005年第32期，第17~20页。

[2] 张泓骏、施晓霞：《教育、经验和农民工收入》，载于《世界经济文汇》，2006年第1期，第18~25页。

王子、叶静怡：《农民工工作经验和工资相互关系的人力资本理论解释——基于北京市农民工样本的研究》，载于《经济科学》，2009年第1期，第112~124页。

[3] 王子、叶静怡：《农民工工作经验和工资相互关系的人力资本理论解释——基于北京市农民工样本的研究》，载于《经济科学》，2009年第1期，第112~124页。

（四）控制变量

在社会能力的研究中，众多学者发现性别[①]、年龄[②]、婚姻状况、有无子女状况[③]、父母文化程度、[④] 社会交往情况[⑤]均会对社会能力产生影响。有鉴于此，我们也将以上变量加入模型之中，作为控制变量进行考察。

表 10-9 是职业教育对社会能力影响的 OLS 回归分析模型：

表 10-9 新生代务工青年职业教育与社会能力回归模型摘要

变量名称	模型 1	模型 2	模型 3	模型 4
Constant	.184	-1.480	-1.626	-1.132
男性 1	1.983**[2] (0.034)	2.413** (0.041)	2.409** (0.041)	2.300** (0.039)
年龄	0.378 (0.008)	-0.135 (-0.003)	0.064 (0.001)	-0.372 (-0.008)
已婚	-1.300 (-0.033)	-1.044 (-0.026)	-0.655 (-0.016)	-0.423 (-0.011)
有子女	0.211 (0.005)	0.394 (0.009)	-0.155 (-0.004)	-0.443 (-0.011)
高中及中专（父亲）	1.630 (0.030)	1.314 (0.024)	1.132 (0.020)	0.839 (0.015)
大专及以上（父亲）	1.950 (0.038)	1.831 (0.036)	1.682 (0.033)	1.725 0.033
高中及中专（母亲）	5.504*** (0.098)	5.329*** (0.096)	5.144*** (0.092)	5.068*** (0.091)

---

① 刘连启、刘贤臣、胡蕾等：《青少年社会能力及其相关因素研究》，载于《中国心理卫生杂志》，1998 年第 1 期，第 50~51 页。

② 刘艳、邹泓：《社会能力研究的概述与展望》，载于《教育研究与实验》，2003 年第 1 期，第 47~50 页。

③ 施学忠：《人的社会能力和适应性的影响因素研究》，载于《中国公共卫生》，2003 年第 2 期，第 104~105 页。

④ 刘国艳、王惠珊、张建端等：《30~36 月龄城市幼儿性别及家庭因素与社会能力发展的关系》，载于《中国心理卫生杂志》，2010 年第 4 期，第 295~298 页。

张晓：《童年早期社会能力的发展：一个潜变量增长模型》，载于《心理学报》，2011 年第 12 期，第 1388~1397 页。

⑤ 陈斌斌：《作为社会和文化情境的同伴圈子对儿童社会能力发展的影响》，载于《心理学报》，2011 年第 1 期，第 74 页。

续表

变量名称	模型1	模型2	模型3	模型4
大专及以上（母亲）	2.041** (0.040)	2.046** (0.040)	2.117* (0.041)	1.961* (0.038)
有本地朋友		6.078*** (0.103)	5.664*** (0.096)	5.177*** (0.088)
工作经历		2.515** (0.048)	2.477** (0.047)	2.354** (0.044)
社会培训			6.106*** (0.104)	5.023*** (0.086)
职业教育				5.548*** (0.096)
回归模型摘要	$R^2 = 0.020$ $A-R^2 = 0.017$ $F = 8.513***$	$R^2 = 0.032$ $A-R^2 = 0.029$ Δ增量贡献率60% $F = 11.100***$	$R^2 = 0.042$ $A-R^2 = 0.039$ Δ增量贡献率31.3% $F = 13.588***$	$R^2 = 0.051$ $A-R^2 = 0.047$ Δ增量贡献率21.3% $F = 15.130***$

注：* 表示 $P<0.1$；** 表示 $P<0.05$；*** 表示 $P<0.01$；1. 参照组分别是女性、未婚、没有子女、初中及以下、没有本地朋友、没有参加社会培训、没有参加过职业教育。2. 数值为T值，括号内为beta系数。

模型1中放入了主要控制变量，包括性别、婚姻状况、有无子女、年龄、父母的文化程度；模型2在模型1的基础上加入了社会关系以及工作经历变量；模型3在模型2的基础上加入了社会培训变量，最后在模型4中引入了核心变量——"职业教育"，所有模型都具有一定的解释力，随着变量的增加，模型的调整 R^2 也在增长。

模型1显示年龄和婚姻状况、子女情况对新生代农民工社会能力的影响不显著，性别对社会能力有着显著影响。其中男性比女性的社会能力情况要好，这其中的原因可能是男性在城市中大多从事比较辛苦的行业，强调在城市中的职业发展能力。为了在城市中能够得到好的工作，他们需要不断地加强其他方面的能力。另外，女性从事的职业大部分是服务业，职业发展能力的高低体现得不是很明显，使得她们整体的社会能力低于男性。以往研究也发现，社会能力总平均分男生高于女生。从各成分平均分来看，男生活动能力显著强于女生，[1] 这是因为

---

[1] 刘连启、刘贤臣、胡蕾等：《青少年社会能力及其相关因素研究》，载于《中国心理卫生杂志》，1998年第1期，第50~51页。

生活在城市及青壮年的社会能力与适应性较好，这可能与男性的性格外向、城市环境影响及青壮年充沛的体力、精力有关。[①] 但也有学者提出性别上，在整个童年早期，女孩比男孩表现出更高的社会能力水平。[②] 我们认为，之所结论相反，是因为选取样本不同造成的。本书主要是探讨了青年的社会能力，而非儿童的社会能力。

在父母的文化程度上，父亲对子女的社会能力影响不显著，但母亲教育水平对新生代农民工的影响是极其显著的，说明母亲的教育水平对子女的影响在一定程度上是大于父亲的。不过，母亲文化水平对子女社会能力的影响呈现倒U形状态，即大专及以上的影响能力居中，高中及中专水平的影响最大，初中及小学的影响水平最小。这其中的原因可能是母亲在孩子的成长过程中，与子女的交流比较多，对他们今后各种社会能力的形成与发展具有影响。之所以是倒U形的原因可能是，文化水平较低的母亲对于孩子的教育较少，社会能力也就差些；母亲的文化水平越高，对其子女的干预越多，反而不利于其社会能力的提升。这一研究结果也印证了其他研究者的结论，父母的受教育程度及父母对子女的了解程度与其社会能力发展相关。其中，母亲对孩子越了解、每天照看时间越长、母亲职业以及所受教育程度越高，越能促进幼儿社会能力发展。[③] 母亲受教育程度越高，孩子起始的社会能力水平就越高。[④]

与模型1比，模型2在增加社会交往及工作经历变量之后，模型的R^2增益为60%，解释力大幅提升。从模型来看，社会交往对社会能力都具有显著的正向影响，而工作经历对社会能力具有负向影响。新生代农民工在本座城市中拥有较多的朋友，就会形成较多的社会资本，这对于他们了解城市习俗，熟悉城市环境具有重要的作用，这也无形中增强了他们的社会能力。有研究者提出，在社会网络方面，有本地朋友者居留倾向是无本地朋友的2.59倍。[⑤] 这也从侧面印证了我们的结论。因为，能够表现出强烈的城市定居意愿，他们的社会能力势必很强。

---

① 施学忠：《人的社会能力和适应性的影响因素研究》，载于《中国公共卫生》，2003年第2期，第104~105页。

② 张晓、陈会昌、张银娜等：《家庭收入与儿童早期的社会能力：中介效应与调节效应》，载于《心理学报》，2009年第7期，第613~623页。

③ 刘国艳、王惠珊、张建端等：《30~36月龄城市幼儿性别及家庭因素与社会能力发展的关系》，载于《中国心理卫生杂志》，2010年第4期，第295~298页。

刘连启、刘贤臣、胡蕾等：《青少年社会能力及其相关因素研究》，载于《中国心理卫生杂志》，1998年第1期，第50~51页。

④ 张晓：《童年早期社会能力的发展：一个潜变量增长模型》，载于《心理学报》，2011年第12期，第1388~1397页。

⑤ 罗恩立：《就业能力对农民工城市居留意愿的影响》，载于《城市问题》，2012年第7期，第96~101页。

在工作经历方面，工作经历越丰富，新生代农民工的社会能力反而变得越来越弱。在流入地工作时间在 1~4 年的人群，融合能力最高，这与我们的设想是不一样的。不同的原因可能是，新生代农民工刚到一个陌生城市，表现出一种强烈的融入欲望。为了融入，他们不断增强自己的能力。但随着在城市中工作及生活中遇到的问题，他们发现大部分都是因为相关制度造成的，而这已经超出了自己的能力范围，所以导致社会能力逐渐下降。

与模型 2 比，模型 3 在增加社会培训变量之后，模型的 R^2 增益为 31.3%，解释力大幅提升。从模型来看，社会培训情况对社会能力具有显著的正向影响。新生代农民工在开始工作之前，自己或者企业都会开展一些基本的学习项目或岗前培训，正是这些社会培训使得初来乍到的务工青年，很快地了解到一些城市的基本习惯，也为后来培养自己的社会能力打下了基础。

模型 4 中在前两个模型的基础上又加入了职业教育变量，模型的 R^2 增益为 21.3%，解释力又有所提升，模型显示职业教育与社会能力显著相关。说明新生代农民工通过职业教育以后，可以显著地提高他们的社会能力。李立文也提出，"尽管新生代农民工文化水平好于第一代农民工，但其教育水平仍不能适应快速的城市社会变迁。因此，开展职业和成人继续教育，是增强他们的社会适应能力的重要措施"。[①]

但是，从最终的模型来看，个人情况、工作经验、社会培训、职业教育对社会能力的影响力总体上还不是很高。$R^2 = 0.051$，即整个模型只能解释 5.1% 的变化，说明还有其他因素影响着社会能力，这也是我们下一阶段研究的方向。

第三节 研究结论与政策路径

一、影响社会能力的主要因素

我们通过对当前学术界的文献进行查找后，发现并没有专门的文献对于"社会能力"这一名词进行充分讨论或界定，与之比较接近的是城市适应能力、城市适应与发展能力等。如前面的分析，我们在社会能力设置了三个维度，即职业发

---

① 李立文、余冲：《新生代农民工的社会适应问题研究》，载于《中国青年研究》，2006 年第 4 期，第 12~15 页。

展能力、城市生活能力、常识了解能力。有些研究者的城市社会适应能力也基本是从经济适应能力、社会适应能力、文化适应能力三个方面入手进行研究。[①] 上述模型分析结果验证了我们前面提出的研究假设，城市生活能力、职业发展能力以及常识了解能力均与社会融合呈现显著的正相关关系，即社会能力越强，新生代农民工的城市化状况越好。

在职业发展能力上，有学者提出农民工就业能力主要包括工作技能水平、工作搜寻能力、适应能力等，并且通过分析提出，"个体层面的就业能力最能解释农民工城市融入的变异。"[②] 这一观点与我们得出结论是一致。通过上述的回归分析发现，新生代农民工职业发展能力对该群体的社会融合具有显著的正向影响，这也印证了"就业能力因素中的文化素质、社会交往、组织和社区支持显著影响农民工的城市居留意愿。"[③] 与工作有关的技能、行业知识和人脉等职业发展技能不但能帮助农民工在城市里找到工作，本书还发现这些技能是实现职业阶层上升发展的重要影响因素。稳定的工作和更高的职业阶层，是实现新生代农民工在城市扎根的前提条件，这一发现更进一步证明，社会融合的不同维度之间存在递进关系，新生代农民工的经济融合会显著影响社区融合和心理融合。

在城市生活能力上，有研究指出，"由于农民工的乡土性，使得他们在言行举止、业余生活、人际交往方面与市民之间存在着显著的差异，这严重影响了该群体的社会适应。"[④] 这一观点也符合我们的结论，模型证明，城市生活能力中的内容确实会显著地影响新生代农民工的社会融入。唐茂华提出，农民工的城市生活能力提升的真正价值在于"将他们的努力转化为培育和提升下一代的永久性转移能力，为下一代资本的积累创造条件。"[⑤] 这在本次调查中也体现明显，问卷中显示，有约31%的新生代农民工留居城市是为了其子女能够接受良好的教育。他还提出，缺乏长期的城市生活能力是影响该群体在城市永久地定居下来的主要原因，而影响城市生活能力的主要原因是经济成本的压力，即收入与成本的比较。[⑥] 由于我们的研究并没有将收入放到模型之中，主要是重点考察了职业教育的影响，因此，没能得出这一结论，但这也对我们今后的研究提供了很好的思路。

常识了解能力，包括普通话、基础的法律和文化知识等，构成新生代农民工与外界环境互动时的背景知识体系，会在他们找寻工作、面试、交朋友等各个方

---

① 张少停：《郑州市都市区建设中农民工城市社会适应能力问题研究》，郑州大学硕士论文，2013年。
马云：《消除农民工歧视重在提高其城市适应能力》，载于《农业经济》，2006年第9期，第77~79页。
②③④ 马云献：《就业能力对农民工城市融入的影响研究》，载于《统计与决策》，2012年第11期，第117~120页。
⑤⑥ 唐茂华：《农民工城市生活能力的简要测度及其政策含义》，载于《天府新论》，2007年第3期，第61~65页。

面产生影响。对于常识的判断和掌握，也会影响新生代农民工在工作和生活环境中，对于和自己有关事件的反应和态度。比如当他们的劳动权益受到伤害时，他们懂得拿起法律武器保护自己，知道可能获得帮助的渠道，用比较清晰的语言表达自己的处境和观点，这些能力均对他们克服社会融合的不利因素有积极的促进作用。

然而，从本书呈现的数据来看，新生代农民工的各项社会能力偏低，几乎都在一般水平以下，这至少可以说明两个问题。一是新生代农民工社会能力很差。应试教育强调文化知识和考试成绩而忽视对综合素质的培养，对于人力资源的片面追逐，使得各级政府和职业教育学校更重视学历、证书和那些能产生经济效益的技术，导致新生代农民工缺乏学习这些能力的机会。然而，从社会能力的视角反观则发现，社会能力包含的技能和动机，往往是获得人力资本的基础，而这些至关重要的技能，却无法从正式教育系统里获取，需通过与家庭和周围人的互动中体验。而大部分新生代农民工都曾经是留守儿童的经历，使得他们也缺乏从父母和家庭成员之间习得这些能力的机会。

基于上述研究发现，本书建议在职业教育阶段和农民工在职培训中，充分重视提升新生代农民工的综合能力，专门设计出符合青少年心理发育阶段的能力提升课程，重点对他们的社会交往、表达沟通、换位思考、解决问题、积极乐观等能力进行培养和支持，通过改善他们的社会能力来促进他们的社会融合效果。同时，针对大部分新生代农民工在家庭中获得人力资本缺乏问题，国家、企业、社会要加大对家庭人力资本的投入，构建家庭教育支持系统，多渠道投入，多方面配合，使新生代农民工社会能力从童年期就开始积累，有效促进其社会融入。

二、完善职业教育体系的路径

潘洪其指出，当前农民工的培训主要有三个层次，一是提升受教育水平和职业技能素质，二是普及在城市中的基本生活常识和法律常识，三是培养其在多元化利益分配格局中的话语能力等。由此可以看出，新生代农民工的职业教育首先是从基本技能入手，然后上升到在城市中的生活习惯，进而到在城市中有平等的权利，而这也是农民工市民化的基本步骤。

我们从最终的模型来看，加入职业教育后对社会能力的影响力总体上还不是很高。$R^2 = 0.051$，即整个模型只能解释5.1%的变化，说明还有其他因素影响着社会能力。部分研究者在对农民工工作情况考查后也发现，农民工进入城市以后，其就业岗位和生活的改变使他们面临的困境，折射出其先前的教育并不能满足目前的文化和技能水平的要求。① 这表明教育与其他因素共同对该群体的能力产生影响。

很多研究指出，当前农民工在融入城市的过程中存在着很多阻碍，而教育的缺失却是导致这些问题普遍存在的原因之一。② 进城农民工与城市之间，存在着"文化冲突"，城市适应性教育有助于农民工自身素质的提高，为"文化冲突"提供缓冲与过渡的平台，加快农民工的城市适应，尽早地融入城市之中。③ 我们的研究结论也赞成该观点，因为职业教育或培训确实提高了农民工的社会能力，这又进一步提升了他们适应城市的能力。

从研究的结果来看，新生代农民工在不同层面上的能力对社会融合的影响是不相同的。总的来说，职业发展能力对社会融合的影响是高于城市生活能力和常识了解能力的。这也说明，当前职业教育的培训首先应该明确农民工的需要，明白他们到底需要哪些方面的培训或职业教育。这些结论基本印证了一些研究者提出的当前农民工教育中存在的一些问题。即，用人单位重视从市场招聘有经验的农民工而忽视培训和培养自己企业中已有的务工青年，政府重视疏导民工潮，但在对农民工的教育培训方面却投入较少。④ 同时，在培训或者职业教育中，教育内容与实际需求脱离、课程的针对性不强，地方性特点不明显、时间和培训地点等问题比较突出。

我们通过对福建省某职校的学生调查发现，学校教育更多的重视技能培训，而对学生生活等综合能力的培养不够。数据显示，有九成以上的学生，认为学校课程设置中专业技能的课最多，而关于求职技巧、职业安全、法律常识、沟通技巧能等社会能力的课程设置偏少。因此，"为了让农民工能够融入城市，就要打破在城市培训中将农民工边缘化的思维定式，要把农民工的培训看作是最大的社会福利，帮助他们实现离土又离乡、做工在城市、生活在城市、扎根在城市并由农民转为市民的'转型理想'"。可见新生代农民工的职业教育或培训要从政府、学校、自身等多个方面入手，才能真正提升该群体的社会能力，实现新生代农民工的社会融合。

第一，政府层面要出台相关的政策，大力发展农民工职业教育，重新定位职业教育在促进农民工社会融合中的作用。当前，国家在定位职业教育的发展的地位时，存在着一些偏差。如2010年发布的《国家中长期教育改革和发展规划纲

---

① 刘青秀：《从农民外出务工看中国农村教育》，载于《开放教育研究》，2002年第4期，第49~51页。
② 胡晓红：《教育缺失与农民工市民化》，载于《湘潮（下半月）》，2007年第1期，第26~27页。
③ 谢建社、黎明泽：《农民工教育研究综述》，载于《学习与实践》，2007年第4期，第121~130页。
④ 雷世平、姜群英：《农民工培训工作面临的问题及对策》，载于《中国农业教育》，2005年第1期，第7~9页。

要》指出,职业教育要着力培养学生的职业技能和就业创业能力,并将职业教育定位为"缓解劳动力供求结构矛盾的关键环节",并没有对职业教育的接受者,也就是大量的青年农民工的综合能力的培养予以足够的关注,这对于新生代农民工整体社会能力的提高是极为不利的。同时,相关部门要加强教育监督,对各地区教育大纲的执行情况给予及时的公布。虽然,从最近几年的教育部《职业学校教学大纲》来看,除了7门公共基础课程外(语文、数学、英语、体育与健康、计算机应用基础、物理、化学),还包括了要加强德育、公共艺术等课程的学习等,以此来提高学生们的基础知识和提升学生的人文修养与艺术鉴赏水平,但是从各地的教育政策执行情况来说,并不理想。因此,教育主管部门要加强监督,促使职业教育学校重视学生的全面发展。

第二,职业学校要转变教育观念,始终坚持全人教育的理念。全人教育主张以人的发展以及全面提升作为教育的出发点。不同于以往教育只重视知识的传授和技能的习得,它强调教育要对人的智力、情感、审美、身体、精神以及创造性等方面都有所涉及。"在全人教育看来,所谓人的养成,就是要把一个自然人教育成为一个文化人、社会人、理性的人、有道德的人。而教育不仅是一种探索知识、培养技能、准备职业的途径,也是一个塑造人格、涵养道德、发展理性、追寻生命意义的过程。"① 职业教育作为系统化的学历教育,对新生代农民工的培养应当是符合其长远发展的全面素质教育。

因此,在职业教育的课程体系设计中,要将教育重点从仅关注其某项技术的培训,转为培养青年学生的职业发展能力和应对社会变化的适应能力。针对培训内容与实际需求相脱节的问题,建议职业学校和社会培训的课程设计中充分重视培养新生代农民工的综合能力,设计出符合青少年心理发育阶段的能力提升课题,重点培养他们的社会交往、表达沟通、换位思考、解决问题的能力。职业学校在课程设置上,要体现出多元化课程,因材施教。针对新生代农民工当前社会能力存在的主要问题,进行课程的设置与改革,在短时间内提高其融入城市的能力。

第三,新生代农民工以及职校学生自身也要转变观念,努力提升自身的社会能力。本次研究,从学生们对职业教育作用的主观态度来看,他们认为在学校里的学习对他们今后找工作(55.5%)、获得职业资格证书(53.8%)的作用比较大,而对于他们的城市生活能力、基本常识的获取、沟通交往能力的作业是比较小的。正是这样,新生代农民工选择职业教育或培训,本身就对于毕业后实现就业有很高的期待,而对提升其社会能力的意向偏弱。这也就强化了职业学校对于

---

① 陈宏武、陈鑫:《全人教育视角下高职学生职业素养培育》,载于《教育与职业》,2013年第4期,第95~96页。

学生就业率的追求，使得更多的关注投向技术培训而非能力培养。

　　第四，本书尚存在一定的局限。首先，作为一项探索性研究，本书对新生代农民工的社会能力仅从社会技能层面进行探讨，而更为系统的社会能力指标体系还有待深化与完善；其次，本研究使用的数据并非是完全概率抽样，这造成样本在代表性上的不足；最后，研究发现职业阶层对社会融合的影响随着社会能力变量的加入而不再显著，说明职业阶层与社会能力存在相关关系，限于研究主题和篇幅，并未对这一发现进行深入探讨，这一问题值得在未来研究中关注和思考。

附件

问 卷

编号：
调查地点：市县审核：＿＿＿＿＿＿
被访者户籍所在地：省＿＿＿＿＿市（县）；目前务工所在地：省＿＿＿＿＿市（县）

城市务工青年的工作与生活状况调查

您好！

为了解城市务工青年的工作和生活情况特开展本调查。您的合作对于我们了解相关情况有十分重要的意义。请您在其中一个选项上划"√"，除特别说明外，只选一个答案。若有横线，填上相关的文字说明。回答没有对错之分，您只要根据平时的想法和实际情况回答就行。

谢谢您的合作。

　　　　　　　　　　教育部哲学社会科学研究重大课题攻关项目课题组

第一部分 个人情况

A1 您是＿＿＿＿＿＿年出生的？

A2 性别是？

1. 男　　　　　　　　　　　2. 女

A3 政治面貌是？
1. 党员　　　　2. 团员　　　　3. 民主党派　　　　4. 群众

A4 户口性质是？
1. 城市户口　　　　　　　　　2. 农业户口

A5 出生地是？
1. 本地城市　　2. 本地农村　　3. 外地城市　　　　4. 外地农村

A6 婚姻状况是？
1. 未婚　　　　2. 已婚　　　　3. 其他

A7 您现在的最高学历是？
1. 没上过学　　2. 小学　　　　3. 普通初中　　　　4. 普通高中
5. 中专/职业高中/技校　　　　6. 大专/高职
7. 大学本科及以上

A8 到2012年底，您总共上过____年学（从小学开始）？

A9-1 不同阶段在哪儿上学的？

选项	城市	农村	城市农村都上过	没上过
学前班或幼儿园				
小学				
初中				
中职/职高/技校				
高中				

A9-2 如下年龄段时，您主要在哪里生活的？

选项	在老家，跟父母一起生活	在老家，但没有跟父母一起生活	在城市，跟父母一起生活	在城市，但不跟父母一起生活
0~3岁				
4~6岁				
小学期间				
初中期间				

A10 除您自己外，您还有____个兄弟姐妹？

A11 您个人在老家有没有分得土地？
1. 有　　　　　2. 没有　　　　3. 不知道

A12 您出来打工的最主要原因是?

1. 没考上高中或大学　　　　　　2. 没希望考上高中或大学
3. 亲戚朋友都出来打工了，我就跟着出来了
4. 想出来见见世面闯一闯　　　　5. 为了赚钱养家
6. 其他

A13 您有职业资格证书吗?（若有多个，按最高程度填）

1. 没有（跳至 A15 题）　　　　2. 初级（国家职业资格五级）
3. 中级（国家职业资格四级）　　4. 高级（国家职业资格三级）
5. 技师（国家职业资格二级）　　6. 高级技师（国家职业资格一级）

A14 您第一个职业资格证书，是什么时候获取的?

1. 学校学习期间　　　　　　　　2. 工作期间
3. 待业期间

A15 您父母的文化程度?

选项	没上过学	小学	初中	普通高中	中专/职高/技校	大专/高职	大学本科及以上
父亲							
母亲							

A16-1 您父亲有工作吗?

1. 有，是什么工作?　　　　　　2. 没有（跳至 A17 题）

A16-2 您母亲有工作吗?

1. 有，是什么工作?　　　　　　2. 没有（跳至 A17 题）

1. 采矿业　　　　　　　　　　　2. 制造业
3. 建筑业　　　　　　　　　　　4. 交通运输、仓储及邮政业
5. 批发和零售业　　　　　　　　6. 住宿和餐饮业
7. 美容美发足浴　　　　　　　　8. 居民服务和其他服务业
9. 其他

A17 您有几个孩子?

1. 没有（跳至 A21 题）　　　　 2. 一个孩子
3. 两个孩子　　　　　　　　　　4. 三个或三个以上孩子

A18 您（最小的）孩子现在主要由谁照顾?

1. 自己带在身边照顾
2. 带来城市但由家里老人或亲戚照顾

3. 留在老家由家里老人或亲戚照顾

A19 请问带在身边的孩子在哪里上学？

 1. 公立幼儿园或中小学   2. 私立幼儿园或中小学

 3. 民工子弟学校或幼儿园 4. 没到上学年龄

 5. 没上学

A20 如果孩子要在本地公立学校上学（或者已经在公立学校上学），面临的主要困难有哪些？

 1. 学校不接收   2. 入学手续烦琐、条件太多

 3. 入教学质量好的学校难 4. 入学费用太高

 5. 学校太远，上学不方便 6. 没困难

A21 总的来说，您在以下这些方面感觉自己怎么样？

选项	很好	不错	一般	不太好	很差
1. 工作有关的专业技能					
2. 行业知识					
3. 人脉					
4. 为人处世的能力					
5. 生活自理的能力					
6. 在城市生活的能力					
7. 学新东西的能力					
8. 表达和沟通能力					
9. 心理素质					
10. 普通话					
11. 法律知识					
12. 基础文化知识					

第二部分 工作情况

被访者的姓名。

联系电话1：[__|__|__|__|__|__|__|__|__|__|__]

联系电话2：[__|__|__|__|__|__|__|__|__|__|__]

身份证号码是：[__|__|__|__|__|__|__|__|__|__|__|__|__|__|__|__|__|__]

B1 您从什么时候开始做这份工作？____年____月

B2 您怎么找到这份工作的？

 1. 政府安排   2. 政府职介

3. 社区就业服务站　　　　　　4. 商业职介（包括人才交流会）

5. 看到广告后申请　　　　　　6. 单位直接招工

7. 家人联系　　　　　　　　　8. 亲戚介绍

9. 朋友介绍　　　　　　　　　10. 其他

B3 您花了多长时间找到这份工作？_____天

B4 应聘本单位时，单位要求您必须有相应的学历吗？

1. 没有要求　　　　　　　　　2. 有，初中及以上

3. 有，高中/中职及以上

B5 应聘本单位时，单位要求您必须有职业资格证书吗？

1. 没要求　　　2. 有，要求初级（国家职业资格五级）及以上

B6-1 您认为，自己有没有某种职业技能或一技之长？

1. 有　　　　　　　　　　　　2. 没有

B6-2 您的这种职业技能主要是从哪里获取的？

1. 家乡地政府（如阳光工程等）组织的培训

2. 务工地政府（如劳动部门等）组织的培训

3. 自己拜师傅学手艺

4. 所在单位/企业组织的技能培训

5. 在学校（技校、职高、中专）学会的

6. 自费参加社会上开办的培训班

7. 工作中摸索（边学边干）

8. 跟着亲戚、朋友或老乡学会的

9. 其他

B7-1 您觉得自己找工作的最大困难是：_____（最多选3项）

1. 没困难，我很好找工作　　　2. 缺乏专业技术或技能

3. 相关工作经验　　　　　　　4. 没有正式的职业资格证书

5. 文凭低　　　　　　　　　　6. 不会讲普通话或本地话

7. 就业政策不优惠　　　　　　8. 社会对我这种人有歧视心理

9. 缺乏相关就业信息和资源　　10. 身体素质差

11. 人际关系差　　　　　　　　12. 其他

B7-2 下列因素对您得到这份工作有多大影响？

选项	很大影响	较大影响	一般	影响不大	完全没影响
1. 学历水平					
2. 身体健康					

续表

选项	很大影响	较大影响	一般	影响不大	完全没影响
3. 相关工作经验					
4. 相关职业资格证书					
5. 相关培训经历					
6. 毕业学校或培训机构的学习成绩					
7. 人际关系，有熟人介绍					
8. 就业信息与资源					
9. 社会上对农民工的看法					

B8-1 您现在的工作是？

1. 建筑工人　　　　　　　　　2. 生产或加工工人

3. 其他生产运输工人：司机、搬运工、送货、维修

4. 服务员　　　　　　　　　　5. 保姆

6. 保洁员　　　　　　　　　　7 保安

8. 快递员　　　　　　　　　　9. 美容美发

10. 其他服务性工作人员　　　　11. 售货员

12. 自己经营：贩卖水果蔬菜食品、收购废旧物品

13. 个体户或私人企业老板　　　14. 其他

B8-2 您现在工作单位的所有制是？

1. 私营企业　　　　　　　　　2. 个体企业

3. 外资企业　　　　　　　　　4. 集体企业

5. 国有企业　　　　　　　　　6. 国家、集体事业单位

7. 党政机关　　　　　　　　　8. 其他企业

B8-3 您现在所在的行业是？

1. 采矿业　　　　　　　　　　2. 制造业

3. 建筑业　　　　　　　　　　4. 交通运输、仓储及邮政业

5. 批发和零售业　　　　　　　6. 住宿和餐饮业

7. 美容美发足浴　　　　　　　8. 居民服务和其他服务业

9. 其他

B9 您现在工作的劳动合同关系是？

1. 正式工　　　　　　　　　　2. 长期合同工（一年及以上合同工）

3. 短期合同工（一年以下合同工）　4. 自我经营

5. 无合同临时工   6. 其他

B10 您工作单位有多少人？

1. 1 人   2. 2~5 人   3. 6~20 人   4. 21~49 人

5. 50~99 人   6. 100~499 人   7. 500 人及以上

B11 您是？

1. 普通员工   2. 技术工人   3. 基层管理人员

4. 中高层管理人员   5. 其他

B12 您的同事中：

1. 本地人多   2. 外地人多   3. 差不多

B13 您有个城市户籍的朋友？

B14 您平均每天工作小时？

1. 8 小时及以下 2. 9~10 小时   3. 11~12 小时   4. 12 小时以上

B15 您平均每月休息几天？

1. 8 天以上   2. 8 天   3. 4 天以上 8 天以内

4. 4 天   5. 4 天以内   6. 没有休息

B16 如果经常加班，加班的原因是？

1. 服从安排，没有加班费   2. 服从安排，有加班费

3. 主动加班，为拿加班费   4. 不经常加班

B17 您的工作环境怎样？

1. 非常好   2. 好   3. 一般   4. 不好

5. 很不好

B18 这份工作的强度？

1. 特别累   2. 比较累   3. 一般/时忙时闲

4. 比较轻松   5. 很轻松

B19 这份工作的工资类型是怎样的？

1. 固定月薪没提成   2. 计件工资

3. 保底计件   4. 计时工资

5. 不保底提成   6. 保底提成

7. 其他

B20 您平均月工资大约_____元？平均每月奖金津贴为_____元？

B21 就您目前具备的工作技能和经验来看，您希望自己一个月挣多少（元）钱？

B22 您的工资是通过集体协商确定的吗？

1. 是   2. 不是   3. 不知道

B23 下列情况中，您单位出现最多的是？（最多选三项）

1. 无故不签劳动合同　　　　　2. 不给上保险
3. 拖欠工资　　　　　　　　　4. 扣工资
5. 加班不给加班费　　　　　　6. 无故解雇员工
7. 不承担工伤责任　　　　　　8. 想辞职不让走
9. 试用期太长（6个月以上）　10. 员工无故受罚
11. 都没有

B24 如果您在工作中权益受到侵害时，您采用过的、最管用的方法是？

1. 找老板/主管协商　　　　　2. 找老乡、朋友、工友帮忙
3. 忍了　　　　　　　　　　4. 找政府部门（如劳动部门）投诉
5. 找媒体曝光　　　　　　　6. 找社会组织或法律援助中心
7. 找工会　　　　　　　　　8. 找法院
9. 采取集体行动（罢工、上访等）　10. 采取个人过激行为
11. 找劳动仲裁委员会　　　　12. 权益没受过侵害
13. 其他

B25-1 您是工会成员吗？

1. 是　　　　2. 不是　　　　3. 没有工会（跳至B26题）

B25-2 你们单位的工会在代表职工维护权益方面的作用如何？

1. 有很重要的作用　　　　　2. 有一定作用
3. 一般　　　　　　　　　　4. 几乎没作用
5. 完全没作用　　　　　　　6. 说不清

B26 对目前这份工作，您在下列方面的满意程度怎么样？

选项	非常满意	满意	一般	不太满意	很不满意
1. 您对目前工作的总体感觉					
2. 工作稳定性					
3. 工资待遇					
4. 工作强度					
5. 同事关系					
6. 个人上升的空间					
7. 学习新东西的机会					
8. 社会福利保障					
9. 企业提供的生活条件（食宿、工作环境等）					

续表

选项	非常满意	满意	一般	不太满意	很不满意
10. 住所与单位之间的交通					
11. 管理人员的态度					
12. 老乡间的相互照应					

B27 您换过几个工作单位？（没换过工作单位跳至 B30 题）

B28 干第一份工作时您____岁？第一个月的收入大约是____元？

B29-1 您干第一份工作时的学历是？

1. 没上过学　　　　　　　　2. 小学

3. 普通初中　　　　　　　　4. 普通高中

5. 中专/职业高中/技校　　　6. 大专/高职

7. 大学本科及以上

B29-2 上学时，您的学习成绩在班级中怎么样？

1. 前几名　　　　　　　　　2. 中上等

3. 中等　　　　　　　　　　4. 中等偏下

5. 后几名

B29-3 干第一份工作前，您参加过职业培训/职业教育吗？

1. 参加过　　　　　　　　　2. 没有参加过

B29-4 您第一份工作的职业是？

1. 建筑工人　　　　　　　　2. 生产或加工工人

3. 其他生产运输工人：司机、搬运工、送货、维修

4. 服务员　　　　　　　　　5. 保姆

6. 保洁员　　　　　　　　　7. 保安

8. 快递员　　　　　　　　　9. 美容美发

10. 其他服务性工作人员　　11. 售货员

12. 自己经营贩卖水果蔬菜食品、收购废旧物品

13. 个体户或私人企业老板　14. 其他

B29-5 您第一份工作所属行业是？

1. 采矿业　　　　　　　　　2. 制造业

3. 建筑业　　　　　　　　　4. 交通运输、仓储及邮政业

5. 批发和零售业　　　　　　6. 住宿和餐饮业

7. 美容美发足浴　　　　　　8. 居民服务和其他服务业

9. 其他

B29-6 您第一份工作的劳动性质是？

1. 正式工　　　　　　　　　　2. 长期合同工（一年及以上）

3. 短期合同工（一年以下）　　 4. 自我经营

5. 其他

B29-7 您离开第一份工作单位最主要的原因是？

1. 收入低　　　　　　　　　　2. 工作不稳定

3. 工作太辛苦了　　　　　　　4. 社会福利差

5. 想自谋职业　　　　　　　　6. 没有发展前景

7. 不喜欢老板或同事　　　　　8. 被单位辞退

9. 单位的原因（亏损、破产等）　10. 想和家人在一起

11. 其他

B30 如下政策法规您了解多少？

选项	完全不了解	基本不了解	说不清	基本了解	非常了解
1. 劳动合同试用期					
2. 劳动合同期限					
3. 工伤责任					
4. 加班费标准					
5. 休假制度					
6. 劳动争议仲裁的程序					
7. 用人单位将员工工资总额的1.5%~2.5%用于培训员工					
8. 失业保险					
9. 养老保险					
10. 医疗保险					
11. 生育保险					
12. 住房公积金					
13. 义务教育法的"以流入地政府管理为主，以全日制公立学校接收为主"政策					
14. 阳光工程					
15. 治安管理处罚条例					

第三部分　职业教育与培训

C1 在工作中，您能做到如下内容吗？

在工作中，您能做到	完全能做到	基本能做到	一般	做得不够好	完全做不到
1. 了解本岗位生产程序和技术要求					
2. 掌握完成本岗位工作（生产）的技能					
3. 理解本岗位工作生产的相关原理					
4. 寻找与判断故障原因					
5. 对工作中的疑问能准确提出问题					
6. 了解自己的长处与短处					
7. 能有效分配自己的工作时间					
8. 主动学习掌握新知识/新技术的能力					
9. 与同事讨论工作、生活中出现的问题的能力					
10. 撰写工作报告与技术文件					
11. 向上级准确汇报工作情况					
12. 准确向下级或同事交代工作					
13. 按时独立完成工作任务，保证质量					
14. 主动提出改进工作生产的质量建议					
15. 与同事合作完成某项工作的能力					
16. 了解本人工作与整体工作的关系					

C2-1 来城市就业前后，您参加过家乡地政府组织或减免学费的培训吗？

1. 参加过　　　　　　　　2. 没有参加过

C2-2 如果没有参加过，主要原因是？

1. 我不知道有这样的培训
2. 听说有类似培训，但我不知道怎么去报名参加
3. 培训需要交费，我负担不起
4. 我没有时间、精力去学习
5. 培训内容没有我所需要的
6. 我感觉培训效果差，学不到东西
7. 我回老家待的时间短或基本不回老家
8. 报名手续太烦琐　9 其他

C3 近3年，您参加过务工单位组织的培训项目或课程吗？
1. 没有参加过任何培训（跳至C14题）
2. 上岗前的岗前培训
3. 为提高生产技术或更新设备的技术培训
4. 为提高管理能力的管理类培训
5. 宣讲企业文化的讲座
6. 教人适应城市生活的培训
7. 文化知识补习类培训
8. 其他类型培训

C4 培训中，是谁教您的？
1. 单位内部人力资源部门或专门培训部门
2. 工作场所的师傅、小组长等
3. 外部民办培训机构
4. 公办职业学校/机构
5. 其他

C5 培训采用最多的方法是？
1. 师傅带徒弟　　2. 工作指导　　3. 讲授法　　4. 其他

C6 培训时间是怎么安排的？
1. 利用上班时间脱岗培训　　2. 利用下班或周末培训
3. 边工作边培训

C7 参加单位组织的培训，您需要交钱吗？
1. 自己交全部学费，单位不出费用
2. 自己和单位各出部分费用
3. 单位全部负责

C8 如果能从在职培训中获得技能，那么这些技能？
1. 只能适应于本单位　　2. 除本单位外，还适用于其他单位
3. 适合其他任何单位　　4. 说不好

C9 单位组织的培训是否满足了您的需要？
1. 完全满足　　2. 基本满足　　3. 说不清　　4. 不能满足
5. 完全不能满足

C10 单位会给进城务工青年进行专门、针对性培训吗？
1. 经常培训　　2. 有一点培训　　3. 没有培训

C11 单位鼓励您参加培训或学习吗？（可多选）
1. 没有任何鼓励

2. 给予物质和奖金奖励

3. 给予荣誉鼓励，如获奖证书、大会表扬等

4. 负担部分培训费用

5. 在时间上提供方便

6. 定期提供政府或其他机构培训信息

7. 对参与培训的员工在职位晋升上予以考虑

8. 其他

C12 参加完单位培训之后，您对以后的工作有什么考虑？

1. 跳槽到工资更高的单位

2. 在原单位更好地服务工作

3. 先在原单位待一段时间，若没有机会升职加薪再寻找机会跳槽

4. 利用所学知识技能自己创业

C13 参加完单位培训，您的工资是否有所提升？

1. 没有提升　　　　　　　　2. 提升 200 元以下

3. 201～500 元　　　　　　　4. 501～1 000 元

5. 1 000 元以上

C14 近 3 年来，除企业组织的培训外，下列教育培训形式您参加过哪种？

1. 没有参加过任何职业培训

2. 参加过老家政府组织或减免学费的培训，比如阳光工程、雨露工程

3. 参加过务工地政府组织或减免学费的培训，比如工会、劳动部门办的培训班

4. 自己全自费参加过社会培训机构的培训

5. 自学、成人本专科

6. 其他类型的培训

C15 您为什么参加这些培训？

1. 没有其他学习机会　　　　2. 能学到技术

3. 就业单位要求　　　　　　4. 为了找到好工作

5. 其他

C16 您最近参加的是哪种培训？

1. 参加老家政府组织或减免学费的培训，比如阳光工程、雨露工程

2. 参加务工地政府组织或减免学费的培训，比如工会、劳动部门办的培训班

3. 自己全自费参加社会培训机构的培训

4. 其他类型的培训

C17 以下请根据最近一次您参加的培训填写。

C17-1 您怎么知道培训信息的？您希望通过什么方式得到培训信息？

1. 电视、广播
2. 报纸杂志
3. 亲朋好友告之
4. 向培训部门或培训学校询问
5. 用人单位的宣传通知
6. 村、县等政府部门通知
7. 路边广告看板或宣传册
8. 网络查找
9. 其他

C17-2 您当初参加培训的心态是什么样？（可多选）

1. 自己想学门手艺
2. 被村干部/村里人或区委会/劳动部门给拉去的
3. 反正免费，学了总有好处
4. 别人去学了，我也跟着去学
5. 其他

C17-3 培训时间多长？

1. 15天及以下　　2. 17~30天　　3. 31~60天　　4. 61天~90天
5. 91天及以上

C17-4 培训主要讲啥内容？

1. 农业生产/管理知识
2. 非农业类技术类培训，比如客房服务、电焊
3. 个体经营/企业管理知识
4. 城市生活类、就业指导类知识
5. 其他

C17-5 参加培训，您交了____元培训费用？政府减免或补贴了____元培训费用？

C17-6 培训主要是通过什么方式进行的？

1. 课堂教授
2. 实践操作
3. 师傅帮带
4. 电视、网络学习
5. 其他

C17-7 培训完，有没有国家职业资格认证或类似认证？

1. 没有
2. 有

C17-8 培训内容怎么样？

1. 很不实用　　2. 不太实用　　3. 一般　　4. 比较实用
5. 很实用

C17-9 教学设备或设施怎么样?

1. 很差　　　2. 比较差　　　3. 一般　　　4. 较好

5. 很好

C17-10 您对培训的整体感觉（包括师资、内容、授课方式、组织安排等）满意吗?

1. 非常满意　　2. 比较满意　　3. 一般　　　4. 不太满意

5. 非常不满意

C17-11 您觉得培训对就业有帮助吗?

1. 帮助很大　　2. 有些帮助　　3. 一般　　　4. 无太大帮助

5. 纯属浪费时间和金钱

C17-12 如果效果不好或不太好，您觉得在培训中最大的问题在哪里?

1. 培训内容不实用　　　　　　2. 教学方式不合适

3. 教学设备设施不好　　　　　4. 培训教师素质不高

5. 实践操练不到位　　　　　　6. 培训时间太短

7. 没有足够的补助　　　　　　8. 不推荐就业

9. 培训时间段安排不合适　　　10. 培训地点不方便

11. 其他

C18 您怎么看待职业培训的?

选项	完全同意	同意	一般	不同意	完全不同意
1. 培训对找工作很重要					
2. 培训对增加收入很重要					
3. 培训对我未来的发展很重要					
4. 培训对适应城市环境很重要					
5. 培训对提高技能水平很重要					
6. 只有不要钱，我才会去参加培训					
7. 只要培训有效果，我愿意掏钱学习					
8. 在培训中遇到困难，我会坚持培训					

C19 哪些因素会阻碍您接受职业培训?

选项	没有阻碍	有些阻碍	严重阻碍
1. 找不到培训信息			
2. 工作忙，没时间和精力参加培训			

续表

选项	没有阻碍	有些阻碍	严重阻碍
3. 培训费用太高			
4. 培训内容不实用			
5. 培训地点不方便			
6. 培训内容太难			
7. 教学方式不合适			
8. 培训教师水平不高			
9. 培训完不能马上挣到钱			
10. 培训后的认证证书对就业没用			
11. 缺乏单位的时间支持			
12. 家人不支持			

C20 未来 2 年,您有参加培训的计划吗?

1. 有　　　　　　　　　　2. 没有

C21 您更愿意在哪里接受职业培训?

1. 家乡地　　　　　　　　2. 务工地

C22 您更喜欢谁给您提供职业培训?

1. 单位　　　　2. 家乡地政府　　3. 务工地政府　　4. 社会培训机构

5. 无所谓,只要效果好就行

C23 您最需要获得什么样的培训?

1. 为提高技能水平的培训

2. 为适应本行业产品或设备更新的培训

3. 为了换岗位或换行业的转岗或转业培训

4. 企业管理或自我经营、创业类培训

5. 为获取职业资格证书的培训

6. 城市生活知识等培训

C24 您上过职业学校吗?

1. 没有上过(跳至 C26 题)　　2. 职高/技校/中专

3. 高职

C24-1 您选择职校的最主要原因是?

1. 中考时没考上高中　　　　　2. 担心考不上大学

3. 希望学门技术　　　　　　　4. 家庭经济不允许继续读高中、大学

5. 职业学校毕业生更好找工作　6. 其他

C24 – 2 在职业学校时参加实习专业是否对口？

1. 非常对口　　　　2. 有些对口　　　　3. 不清楚　　　　4. 不怎么对口

5. 根本就不对口

C24 – 3 您觉得职业教育阶段对您最有用的教学形式是？

1. 课堂理论学习　　　　　　　　　2. 校内实训实习

3. 校外实习　　　　　　　　　　　4. 其他

C24 – 4 您认为职业学校的教育最需要改进的是？

1. 加强理论学习　　　　　　　　　2. 改善校内/实训实习

3. 完善校外实习　　　　　　　　　4. 教学方法灵活多样

5. 提高仪器等硬件设备　　　　　　6. 其他

C25 – 1 如果您没上过职业学校，您目前会首选下列哪种渠道学习一项技能？

1. 1~3年的全日制职业学校（跳至C26题）

2. 成人的职业学校（如，成人中专）

3. 社会上交钱的培训机构

4. 政府免费的技能培训

5. 进入单位后边干边学

C25 – 2 您目前不选择全日制职业学校的最主要原因是？

1. 学习期限太长　　　　　　　　　2. 要交学费

3. 学到的技能不实用　　　　　　　4. 学习时间安排上不灵活

5. 其他

C26 您认为有必要对中专、技校、职高等中等职业学校学生免除学费吗？

1. 有必要　　　　　　　　　　　　2. 没有必要

第四部分　社会融合

D1 您个人的日常生活开支情况？

1. 伙食费＿＿＿元/月

2. 衣着（根据过去一年支出平均到月）＿＿＿元/月

3. 房租＿＿＿元/月

4. 文化娱乐（上网、购买光碟、报纸杂志）＿＿＿元/月

5. 朋友聚会＿＿＿元/月

6. 上学（参加培训）＿＿＿元/月

7. 医疗（根据过去一年支出平均到月）＿＿＿元/月

D2 每个月底您有剩钱吗？

1. 没有，月底还要借钱花　　　　　2. 没有，挣得正好够花

3. 有时候剩点钱，但不多　　　　　4. 每月多少都有剩钱

5. 每月有固定的攒钱

D3 如果您现在不能继续工作，手头上的积蓄能够支撑多久？

1. 一个星期左右　　　　　　2. 一个月左右

3. 3～5个月　　　　　　　　4. 5个月～一年

5. 一年以上　　　　　　　　6. 不知道

D4 请问在老家（户口所在地）和目前工作、生活的地方，您参加了哪些社会保险？

选项	老家参加了	务工地参加了	两地都没有参加	不清楚
1. 养老保险				
2. 医疗保险				
3. 失业保险				
4. 工伤保险				
5. 生育保险				
6. 住房公积金				
7. 商业保险（包括养老、医疗）				

E1 您居住的情况是怎样的？

1. 自己或父母的房子　　　　2. 单位宿舍

3. 租房住

E2 您目前居住的小区属于哪种类型？

1. 单位宿舍　　　　　　　　2. 商品房小区

3. 单位家属区　　　　　　　4. 公租房、廉租房

5. 经济适用房　　　　　　　6. 高档商品房小区

7. 城乡接合部或城中村的民房　8. 其他

E3-1 您跟谁一起住？

1. 自己住　　　　　　　　　2. 家人

3. 老乡/同事工友/朋友　　　4. 其他人

E3-2 如果您和家人一起住，请问几个人在一起住（人）？

E4 您从目前生活的社区中获得过的社会服务中最多的是？

1. 无任何服务　　　　　　　2. 劳动就业

3. 社会救助　　　　　　　　4. 医疗卫生和计划生育

5. 社区教育　　　　　　　　6. 社区矫正

7. 文化娱乐　　　　　　　　8. 体育健身

9. 法律服务　　　　　　　　　10. 老年服务

11. 儿童服务　　　　　　　　　12. 残疾人服务

13. 其他

E5 您了解关于社区事务的最主要信息途径是？

1. 小区里的公告栏　　　　　　2. 居委会电话、布告通知

3. 居委会组织居民开会　　　　4. 居民相互告知

5. 业主委员会　　　　　　　　6. 无任何信息途径

7. 其他

E6 您在社区最经常的活动是？

1. 在附近工作　　　　　　　　2. 平常买菜买东西都在附近

3. 参与社区提供的一些服务　　4. 参与社区志愿服务

5. 没什么参与，就是在这里住而已

E7 对于社区事务，您实际参与过最多的是？

1. 什么都没参加过（跳至 E8 题）

2. 居民互助类活动（例如邻里间生活上的相互照顾）

3. 公益和志愿活动（例如无偿帮助社区内的残疾人、孤寡老人；参加社区公益劳动等）

4. 文化娱乐类活动（例如节假日的娱乐活动）

5. 政治类活动（例如居委会、业委会的选举；社区事务监督、协商等）

6. 其他

E8 您从来没有参加过社区事务的最主要原因是？

1. 我所在的社区从来没有举办过这些活动

2. 不知道有这些活动　　　　　3. 活动都是针对本地人的

4. 没时间　　　　　　　　　　5. 我不感兴趣

6. 不好意思　　　　　　　　　7. 其他

E9 下列说法是否符合您的情况？

选项	非常符合	比较符合	不确定	比较不符合	非常不符合
1. 我认识社区里的很多居民					
2. 我和邻居经常来往					
3. 当邻居有事时，我会主动提供帮助					
4. 我帮助过社区里的其他居民					
5. 我接受过社区里其他居民的帮助					
6. 我的孩子和本地孩子一起玩					

续表

选项	非常符合	比较符合	不确定	比较不符合	非常不符合
7. 我的父母会和社区里的其他老人一起聊天娱乐					

E10-1 您喜欢您住的社区吗？

1. 喜欢　　　　2. 不喜欢　　　　3. 无所谓

E10-2 您觉得您的住所的环境怎么样？

1. 很好　　　　2. 比较好　　　3. 一般　　　　4. 比较差

5. 很差

E11 过去一年里您参观次博物馆，去 KTV 唱歌__次，去电影院看__次电影，参加__次体育活动。

E12 请问您每个星期读书看报纸杂志有__小时，上网__小时，看电视__小时。

E13 您平常和谁玩的最多？

1. 工友/同事　　2. 朋友　　　　3. 老乡　　　　4. 恋人/爱人

5. 同学　　　　6. 家人/亲戚　　7. 没有玩伴　　8. 其他

E14 遇到生活方面的困难，您最先会向谁求助？

1. 自己解决　　　　　　　　　2. 找家人和亲戚帮忙

3. 找工友和师傅帮忙　　　　　4. 找同学/朋友帮忙

5. 找工厂的老板帮忙　　　　　6. 找政府有关部门反映情况

7. 其他

E15 如果让您去干下面这些事，您觉得您会吗？

选项	知道怎么做，做起来很轻松	知道怎么做，但还是有些害怕	不会但敢去问别人	不会做也不敢去打听
1. 看着红绿灯过马路				
2. 使用市内公共汽车地铁等				
3. 去自动取款机存取钱				
4. 去银行办理转账				
5. 去大医院看病				
6. 办理工商执照				

E16 阅读各个字母的说明，请把字母填入相应的表格中（没有的就不填）

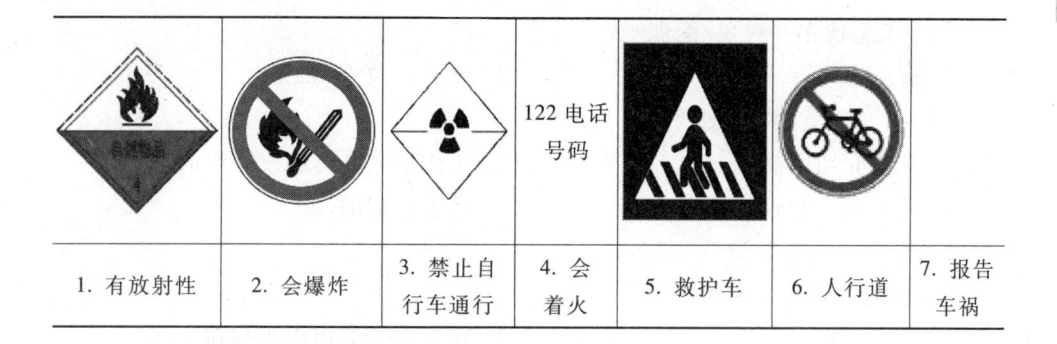

1. 有放射性	2. 会爆炸	3. 禁止自行车通行	4. 会着火	5. 救护车	6. 人行道	7. 报告车祸

E17 您主要是从哪里知道上两题（E15 – E16）里的内容的？
1. 在职业学校学习的
2. 在小学或中学时学习的
3. 从父母或其他亲朋那里知道的
4. 从电视、广播、网络或书籍中知道的
5. 从公共场所张贴的宣传栏知道的
6. 在工作单位学习的
7. 没有获得途径

E18 归属感与参与感

选项	完全同意	同意	一般	不同意	完全不同意
1. 我在这里有一种归属感					
2. 我感觉我是这里的一个成员					
3. 我认为我自己是这个城市的一部分					
4. 我对这个城市充满激情					
5. 如果我是本地人，我会很开心					
6. 这个城市的人是全国最好的					
7. 经常有人对我不礼貌					
8. 经常有人对我不尊重					
9. 去外面吃饭或买东西时，我得到的服务会比别人得到的差					
10. 经常有人觉得我脑子挺笨的					
11. 经常有人好像挺怕我的					
12. 经常有人觉得我不诚实					
13. 经常有人觉得我低他们一头					

G1-1 您现在有对象/配偶吗？

1. 有   2. 没有（跳至 G3 题）

G1-2 您跟您对象/配偶是怎么认识的？

1. 家里介绍的   2. 工作地老乡、朋友介绍的

3. 同事或一起打工认识   4. 网上认识的

5. 其他

G2 您的对象现在在哪里？

1. 和我住在一起   2. 在同一个城市但不住在一起

3. 在老家   4. 在别的地方

G3 您找对象最看重哪点？

1. 有文化有技术   2. 经济条件

3. 性格   4. 人品好

5. 家庭背景   6. 有城市户口

7. 其他

G4 您最主要从下面哪个渠道获取健康知识（包括生殖健康、恋爱与婚姻等知识）？

1. 上学时老师教   2. 同学朋友

3. 父母   4. 媒体宣传

5. 健康知识的培训   6. 其他

H1 您未来打算干什么？

1. 务农   2. 打工

3. 上学深造   4. 自己创业（开店）

5. 不知道/没打算

H2 您打算在哪里干？

1. 回老家农村   2. 回家乡城镇

3. 在目前的这个城市   4. 别的城市

5. 其他

H3 一般来说，农村人要想成为本地城市人，您认为下列条件的重要程度是怎样的？

选项	重要	一般	不重要
1. 获得城市户口			
2. 在城市买房子			
3. 在城市有稳定工作			

续表

选项	重要	一般	不重要
4. 参加城市的社会保障项目（如养老、医疗社会保险）			
5. 与城里人结婚			
6. 在城里有很多朋友			

H4–1 如果有可能，您是否愿意将户口转为本地城镇户口？
1. 愿意　　　　　2. 不愿意　　　　3. 说不清

H4–2 您想一辈子住在城市里吗？
1. 想（跳至 H4–3 题）　　　　2. 不想（跳至 H4–4 题）
3. 没考虑过

H4–3 如果想，最主要原因是？
1. 家乡太落后　　　　　　　　2. 城市挣钱更多
3. 为了后代在城市上学　　　　4. 习惯了城市生活
5. 城市生活方便　　　　　　　6. 其他

H4–4 如果不想，最主要原因是？
1. 外面找工作太难　　　　　　2. 人总要落叶归根
3. 需要回家照顾老人和孩子　　4. 家乡有更好的机会
5. 在城市受歧视或生活不习惯　6. 没有知识技术在城市受限制
7. 其他

H5 总的来说，您觉得幸福吗？
1. 不幸福　　　　　　　　　　2. 不太幸福
3. 一般，不好也不坏　　　　　4. 比较幸福
5. 非常幸福

H6 如果感到"不太幸福"或"不幸福"，那么最主要原因是？
1. 收入低/家庭经济状况不好　　2. 找不到工作/工作不稳定
3. 缺少朋友和社会生活　　　　4. 没有伴侣和家庭生活
5. 夫妻关系不好/家庭矛盾　　　6. 住房条件差
7. 身体不好　　　　　　　　　8. 子女的问题
9. 与周围人的关系不好　　　　10. 说不清

（填写联系方式）问卷到此结束，谢谢您的填答！

参 考 文 献

一、中文参考文献

[1] 埃莉诺·奥斯特罗姆：《公共事务的治理之道——集体行动制度的演进》，上海译文出版社 2012 年版。

[2] 安迪·格林：《教育、全球化与民族国家》，教育科学出版社 2003 年版。

[3] 白南生、李靖：《农民工就业流动性研究》，载于《管理世界》，2008 年第 7 期。

[4] 白小瑜：《新生代农民工的社会资本》，载于《湖北民族学院学报》（哲学社会科学版），2006 年第 1 期。

[5] 包亚明：《布迪厄访谈录——文化资本与社会炼金术》，上海人民出版社 1997 年版。

[6] 边燕杰：《城市居民社会资本的来源及作用：网络观点与调查发现》，载于《中国社会科学》，2004 年第 3 期。

[7] 蔡昉：《"民工荒"现象：成因及政策涵义分析》，载于《开放导报》，2010 年第 2 期。

[8] 蔡昉：《劳动力市场变化趋势与农民工培训的迫切性》，载于《中国职业技术教育》，2005 年第 32 期。

[9] 曾湘泉、卢亮：《标准化和灵活性的双重挑战——转型中我国企业工作时间研究》，载于《中国人民大学》，2006 年第 1 期。

[10] 陈斌斌等：《作为社会和文化情境的同伴圈子对儿童社会能力发展的影响》，载于《心理学报》，2011 年第 1 期。

[11] 陈成文、谭日辉：《社会资本与大学生就业关系研究》，载于《高等教育研究》，2004 年第 4 期。

[12] 陈宏武、陈鑫：《全人教育视角下高职学生职业素养培育》，载于《教育与职业》，2013 年第 4 期。

[13] 陈媛媛：《工作转换对农民工收入的影响——基于珠三角两代农民工的调查》，载于《南方经济》，2013年第3期。

[14] 陈昭玖、邓莹、申云：《农民工就业能力的影响因素分析》，载于《江西农业大学学报》（社会科学版），2012年第6期。

[15] 成艾华、姚上海：《农民工的代际差异分析》，载于《统计与决策》，2005年第20期。

[16] 程连升：《超时加班与就业困难——1991~2005年中国经济就业弹性下降分析》，载于《中国经济史研究》，2006年第4期。

[17] 程蹊、尹宁波：《浅析农民工的就业质量与权益保护》，载于《农业经济》，2003年第11期。

[18] 董章琳、张鹏：《城市农民工社会融合的影响因素分析——基于重庆市1032名农民工的调查》，载于《重庆理工大学学报（社会科学）》，2011年第2期。

[19] 符平、唐有财：《倒"U"型轨迹与新生代农民工的社会流动——新生代农民工的流动史研究》，载于《浙江社会科学》，2009年第12期。

[20] 顾明远：《教育大辞典（第三卷）》，上海教育出版社1991年版。

[21] 郭丛斌：《二元制劳动力市场分割理论在中国的验证》，载于《清华大学教育研究》，2004年第4期。

[22] 郭星华、邢朝国：《社会认同的内在二维图式——以北京市农民工的社会认同研究为例》，载于《江苏社会科学》，2009年第4期。

[23] 国家人口和计划生育委员会流动人口服务管理司编：《2010中国流动人口发展报告》，中国人口出版社2010年版。

[24] 韩双双、王小丁：《论杜威的职业教育——走向人与社会的融合》，载于《太原师范学院学报（社会科学版）》，2009年第4期。

[25] 何俊志：《结构、历史与行为——历史制度主义的分析范式》，载于《国外社会科学》，2002年第5期。

[26] 何瑞鑫、傅慧芳：《新生代农民工的价值观变迁》，载于《中国青年研究》，2006年第4期。

[27] 和震：《职业教育校企合作中的问题与促进政策分析》，载于《中国高教研究》，2013年第1期。

[28] 胡涤非：《农村社会资本的结构及其测量——对帕特南社会资本理论的经验研究》，载于《武汉大学学报（哲学社会科学版）》，2011年第4期。

[29] 胡晓红：《教育缺失与农民工市民化》，载于《湘潮（下半月）》，2007年第1期。

[30] 胡永远、马霖、刘智勇：《个人社会资本对大学生就业市场的影响》，

载于《中国人口科学》，2007年第6期。

[31] 黄敬宝：《社会资本与大学生就业——基于2010年北京18所高校调查》，载于《生产力研究》，2012年第6期。

[32] 黄匡时、嘎日达：《社会融合理论研究综述》，载于《新视野》，2010年第6期。

[33] 简新华、黄锟：《中国工业化和城市化过程中的农民工问题研究》，人民出版社2008年版。

[34] 凯瑟琳·西伦著，王星译：《制度是如何演化的：德国、英国、美国和日本的技能政治经济学》，上海人民出版社2010年版。

[35] 康门斯：《制度经济学》，商务印书馆1983年版。

[36] 赖德胜、孟大虎、李长安、王琦等：《2014中国劳动力市场发展报告——迈向高收入国家进程中的工作时间》，北京师范大学出版社2014年版。

[37] 赖德胜、石丹淅：《推动实现更高质量的就业：理论探讨与政策建议》，载于《第一资源》，2013年第1辑。

[38] 赖德胜、石丹淅：《完善培训体系，促进农民工和谐就业》，载于《人民政协报》，2013年10月16日（10版）。

[39] 赖德胜等：《2011中国劳动力市场报告——包容性增长背景下的就业质量》，北京师范大学出版社2011年版。

[40] 雷世平、姜群英：《农民工培训工作面临的问题及对策》，载于《中国农业教育》，2005年第1期，第7~9页。

[41] 李军锋：《就业质量的性别比较分析》，载于《市场与人口分析》，2003年第6期。

[42] 李立文、余冲：《新生代农民工的社会适应问题研究》，载于《中国青年研究》，2006年第4期。

[43] 李明、徐建炜：《谁能从中国工会会员身份中获益》，载于《经济研究》，2014年第5期。

[44] 李明华：《农民工高等教育需求、供给和认证制度研究》，中国言实出版社2011年版。

[45] 李实：《经济新常态是收入分配改革的重大机遇》，载于《光明日报》，2015年3月23日（08版）。

[46] 李树茁、任义科、靳小怡等：《中国农民工的社会融合及其影响因素研究——基于社会支持网络的分析》，载于《人口与经济》，2008年第2期。

[47] 李源潮：《加快建设世界一流的高技能人才队伍》，载于《人民日报》，2011年12月22日（03版）。

[48] 李长健、唐欢庆：《新生代农民工犯罪的文化社会学研究》，载于《当代青年研究》，2007年第3期。

[49] 李珍珍、陈琳：《农民工健康状况影响因素分析》，载于《南方人口》，2010年第4期。

[50] 厉以宁：《历经风雨学以宁国——工业化的比较研究》，载于《北大商业评论》，2006年第1期。

[51] 林南、俞弘强：《社会网络与地位获得》，载于《马克思主义与现实》，2003年第2期。

[52] 林世宁、赖晓雯、蔡珊珊：《全国高校毕业生创业率仅为2.1%》，载于《羊城晚报》，2014年12月14日（A01版）。

[53] 琳达·狄更斯、聂尔伦：《英国劳资关系调整机构的变迁》，北京大学出版社2007年版。

[54] 琳达·克拉克、克里斯托弗·温奇著，翟海魂译：《职业教育：国际策略、发展与制度》，外语教育与研究出版社2011年版。

[55] 刘冰、李强、何勤英：《劳动关系视角下的就业流动意向研究》，载于《南京师大学报（社会科学版）》，2012年第5期。

[56] 刘传江：《新生代农民工的特点、挑战与市民化》，载于《人口研究》，2010年第3期。

[57] 刘春建：《ABC理论在心理健康教育中的应用》，载于《内蒙古教育》，2003年第11期。

[58] 刘国艳、王惠珊、张建端等：《30～36月龄城市幼儿性别及家庭因素与社会能力发展的关系》，载于《中国心理卫生杂志》，2010年第4期。

[59] 刘俊威：《中国新生代农民工就业能力内涵与特征研究》，载于《安徽农业科学》，2012年第40期。

[60] 刘俊彦：《新生代——当代中国青年农民工研究报告》，中国青年出版社2007年版。

[61] 刘连启、刘贤臣、胡蕾等：《青少年社会能力及其相关因素研究》，载于《中国心理卫生杂志》，1998年第1期。

[62] 刘青秀：《从农民外出务工看中国农村教育》，载于《开放教育研究》，2002年第4期。

[63] 刘素华：《就业质量：内涵及其与就业数量的关系》，载于《内蒙古社会科学（汉文版）》，2005年第5期。

[64] 刘万霞、秦中春：《职业教育对农民工就业的影响分析——基于对全国2730个农民工的调查数据分析》，载于《调研世界》，2011年第5期。

[65] 刘万霞：《我国农民工教育收益率的实证研究——职业教育对农民收入的影响分析》，载于《农业技术经济》，2011年第5期。

[66] 刘艳、邹泓：《社会能力研究的概述与展望》，载于《教育研究与实验》，2003年第1期。

[67] 刘玉侠、尚晓霞：《新生代农民工城市融入中的社会认同考量》，载于《浙江社会科学》，2012年第6期。

[68] 鲁昕主译：《技能促进增长——英国国家技能战略》，高等教育出版社2011年版。

[69] 罗恩立：《就业能力对农民工城市居留意愿的影响》，载于《城市问题》，2012年第7期。

[70] 罗恩立：《新生代农民工的就业能力研究》，载于《中国人力资源开发》，2010年第2期。

[71] 马莉萍、丁小浩：《高校毕业生求职中人力资本与社会关系作用感知的研究》，载于《清华大学教育研究》，2010年第1期。

[72] 马西恒、童星：《敦睦他者：城市新移民的社会融合之路——对上海市Y社区的个案考察》，载于《学海》，2008年第2期。

[73] 马云：《消除农民工歧视重在提高其城市适应能力》，载于《农业经济》，2006年第9期。

[74] 马云献：《新生代农民工就业能力评估及代际差异——基于河南的调查》，载于《郑州航空工业管理学院学报》，2011年第12期。

[75] 孟颖颖：《新生代农民工城市融合障碍构成原因探析——基于社会排斥理论的视阈》，载于《西北人口》，2011年第3期。

[76] 彭国胜：《青年农民工的就业质量与阶层认同——基于长沙市的实证调查》，载于《青年研究》，2008年第1期。

[77] 齐心：《延续与建构：新生代农民工的社会网络》，载于《江苏行政学院学报》，2007年第3期。

[78] 邱爱芳：《影响新生代农民工社会认同的因素与对策分析》，载于《山东青年政治学院学报》，2011年第3期。

[79] 任远、邬民乐：《城市流动人口的社会融合：文献述评》，载于《人口研究》，2006年第3期。

[80] 任远：《"逐步沉淀"与"居留决定居留"——上海市外来人口居留模式分析》，载于《中国人口科学》，2006年第3期。

[81] 邵文红：《关于高职院校人才培养模式的思考》，载于《教育发展研究》，2013年第3期，第69～72页。

[82] 沈红、谷志远、刘茜：《大学教师工作时间影响因素的实证研究》，载于《高等教育研究》，2011 年第 9 期。

[83] 施学忠：《人的社会能力和适应性的影响因素研究》，载于《中国公共卫生》，2003 年第 2 期。

[84] 石丹淅、赖德胜、李宏兵：《新生代农民工就业质量及其影响因素研究》，载于《经济经纬》，2014 年第 3 期。

[85] 石丹淅、赖德胜：《自我雇用问题研究进展》，载于《经济学动态》，2013 年第 10 期。

[86] 石丹淅、田晓青：《新生代农民工就业现状调查分析——基于 2012 年河南省 4 市数据》，载于《调研世界》，2013 年第 3 期。

[87] 石红梅：《已婚女性的时间配置研究》，厦门大学博士学位论文，2006 年。

[88] 石伟平：《比较职业技术教育》，华东师范大学出版社 2001 年版。

[89] 史淑桃：《大学生就业质量性别差异渐显的原因与对策》，载于《湖北社会科学》，2010 年第 12 期。

[90] 苏丽锋：《我国转型时期就业质量研究》，北京师范大学博士学位论文 2012 年版。

[91] 孙慧：《新生代农民工就业能力探讨》，载于《太原城市职业技术学院学报》，2013 年第 8 期。

[92] 唐斌：《"双重边缘人"：城市农民工自我认同的形成及社会影响》，载于《中南民族学院学报（人文社会科学版）》，2002 年第 1 期。

[93] 唐茂华：《农民工城市生活能力的简要测度及其政策含义》，载于《天府新论》，2007 年第 3 期。

[94] 田艳芳：《健康状况和健康冲击对工作时间的影响》，载于《人口学刊》，2011 年第 2 期。

[95] 万恒：《面向 90 后农民工的职业培训应加强公民教育》，载于《职业技术教育》，2010 年第 25 期。

[96] 汪霞、李东琴：《新生代农民工就业能力提升的自身因素分析——基于对北京市新生代农民工的调查数据》，载于《Technology and Market》，2011 年第 7 期。

[97] 王春光：《对新生代农民工城市融合问题的认识》，载于《人口研究》，2010 年第 2 期。

[98] 王春光：《新生代农村流动人口的社会认同与城乡融合的关系》，载于《社会学研究》，2001 年第 3 期。

[99] 王桂新、陈冠春、魏星：《城市农民工市民化意愿影响因素考察——

以上海市为例》，载于《人口与发展》，2010年第2期。

[100] 王桂新、沈建法、刘建波：《中国城市农民工市民化研究——以上海为例》，载于《人口与发展》，2008年第1期。

[101] 王晶、孙瞳：《男女两性休闲时间的差距——基于第三期中国妇女社会地位调查吉林省数据研究》，载于《云南民族大学学报》，2013年第1期。

[102] 王君健、井风：《浅议农民工融入城市的社会支持系统》，载于《重庆科技学院学报（社会科学版）》，2007年第3期。

[103] 王小洁、李磊、刘鹏程：《贸易开放对农民工工时的影响研究——来自2007年外来务工人员调查数据的经验分析》，载于《财经研究》，2014年第5期。

[104] 王兴周、张文宏：《城市性：农民工市民化的新方向》，载于《社会科学战线》，2008年第12期。

[105] 王子、叶静怡：《农民工工作经验和工资相互关系的人力资本理论解释——基于北京市农民工样本的研究》，载于《经济科学》，2009年第1期。

[106] 魏晨：《新生代农民工的城市社会融入研究》，载于《湖北广播电视大学学报》，2007年第2期。

[107] 魏万青、陆淑珍：《禀赋特征与机会结构——城市外来人口社会融合的代际差异分析》，载于《中国农村观察》，2012年第1期。

[108] 吴克明、石丹淅：《大学生自愿性失业新解：博弈论视角》，载于《高教探索》，2010年第6期。

[109] 吴克明：《教育与工作流动研究》，中国海洋大学出版社2007年版。

[110] 吴雪萍：《国际职业技术教育研究》，浙江大学出版社2004年版。

[111] 肖六亿：《技术进步的就业效应——基于宏观视角的分析》，人民出版社2009年版。

[112] 谢建社、黎明泽：《农民工教育研究综述》，载于《学习与实践》，2007年第4期。

[113] 新生代农民工基本情况研究课题组：《新生代农民工的数量、结构和特点》，载于《数据》，2011年第4期。

[114] 徐国庆、石伟平：《APL的理论与实践及其对我国教育的启示》，载于《外国教育资料》，2000年第1期。

[115] 许传新：《农民工的进城方式与职业流动——两代农民工的比较分析》，载于《青年研究》，2010年第3期。

[116] 许传新：《新生代农民工的身份认同及影响因素分析》，载于《学术探索》，2007年第3期。

[117] 许丽明：《基于多层次分析框架的农民工城市融合文献综述》，载于

《安徽农业科学》，2010年第32期。

[118] 杨春江、李雯、逯野：《农民工收入与工作时间对生活满意度的影响——城市融入与社会安全感的作用》，载于《农业技术经济》，2014年第2期。

[119] 杨光斌、高卫民：《历史唯物主义与历史制度主义：范式比较》，载于《马克思主义与现实》，2011年第2期。

[120] 杨国勇：《我国两代农民工城市就业的差异及特点分析》，载于《北京劳动保障职业学院学报》，2007年第3期。

[121] 杨河清、韩飞雪、肖红梅：《北京地区员工过度劳动状况的调查研究》，载于《人口与经济》，2009年第2期。

[122] 杨河清、李佳：《大学毕业生就业质量评价指标体系的建立与应用》，载于《中国人才》，2007年第8期。

[123] 杨菊华：《从隔离、选择融入到融合：流动人口社会融入问题的理论思考》，载于《人口研究》，2009年第1期。

[124] 杨菊华：《流动人口在流入地社会融入的指标体系——基于社会融入理论的进一步研究》，载于《人口与经济》，2010年第2期。

[125] 杨卫国、谢欢：《就业能力概念的发展演变》，收录于曾湘泉等：《"双转型"背景下的就业能力提升战略研究》，中国人民大学出版社2010年版。

[126] 杨宜音：《新生代农民工过渡性身份认同及其特征分析》，载于《云南师范大学学报（哲学社会科学版）》，2013年第5期。

[127] 杨宜勇：《失业冲击波》，今日中国出版社1997年版。

[128] 姚洋、钟宁桦：《工会是否提高了工人的福利？——来自12个城市的证据》，载于《世界经济文汇》，2008年第5期。

[129] 叶鹏飞：《探索农民工城市社会融合之路——基于社会交往"内卷化"的分析》，载于《城市发展研究》，2012年第1期。

[130] 於嘉：《性别观念、现代化与女性的家务劳动时间》，载于《社会》，2014年第2期。

[131] 余伟、郑钢：《跨文化心理学中的文化适应研究》，载于《心理科学进展》，2005年第6期。

[132] 余运江、高向东、郭庆：《新生代乡—城流动人口社会融合研究——基于上海的调查分析》，载于《人口与经济》，2012年第1期。

[133] 俞玲：《农民工低收入的经济学解析》，载于《经济论坛》，2012年第1期。

[134] 袁凌、李健、许丹：《企业劳动关系研究进展》，载于《经济学动态》，2012年第3期。

[135] 悦中山、李树茁、靳小怡等：《从"先赋"到"后致"：农民工的社会网络与社会融合》，载于《社会》，2011年第6期。

[136] 悦中山、李树茁、费尔德曼：《农民工社会融合的概念建构与实证分析》，载于《当代经济科学》，2012年第1期。

[137] 臧志军：《职业教育国家制度的比较研究》，华东师范大学博士学位论文，2013年。

[138] 张创伟：《关于职业教育选择策略的若干基础分析》，载于《天津职业大学学报》，2003年第5期。

[139] 张春泥：《农民工为何频繁变换工作——户籍制度下农民工的工作流动研究》，载于《社会》，2011年第6期。

[140] 张斐：《新生代农民工市民化现状及影响因素分析》，载于《人口研究》，2011年第6期。

[141] 张泓骏、施晓霞：《教育、经验和农民工收入》，载于《世界经济文汇》，2006年第1期。

[142] 张蕾、王桂新：《第二代外来人口教育及社会融合调查研究：以上海为例》，载于《西北人口》，2008年第5期。

[143] 张世伟、贾鹏、周闯：《城市中农村迁移家庭的劳动供给行为分析》，载于《中国人口·资源与环境》，2011年第8期。

[144] 张卫枚：《新生代农民工就业质量分析与提升对策——基于长沙市的调查数据》，载于《城市问题》，2013年第3期。

[145] 张文宏、雷开春：《城市新移民社会融合的结构、现状与影响因素分析》，载于《社会学研究》，2008年第5期。

[146] 张文宏：《社会资本：理论争辩与经验研究》，载于《社会学研究》，2003年第4期。

[147] 张晓、陈会昌、张银娜等：《家庭收入与儿童早期的社会能力：中介效应与调节效应》，载于《心理学报》，2009年第7期。

[148] 张晓：《童年早期社会能力的发展：一个潜变量增长模型》，载于《心理学报》，2011年第12期。

[149] 张莹瑞、佐斌：《社会认同理论及其发展》，载于《心理科学进展》，2006年第3期。

[150] 赵立新：《从社会资本视角透视城市农民工就业》，载于《兰州学刊》，2005年第5期。

[151] 赵艳枝：《外来人口的居留意愿与合理流动——以北京市顺义区外来人口为例》，载于《南京人口管理干部学院》，2006年第4期。

［152］周皓：《流动人口社会融合的测量及理论思考》，载于《人口研究》，2012年第3期。

［153］周化明、袁鹏举、曾福生：《中国农民工职业教育：需求及其模式创新——基于制造和服务业1141个农民工的问卷调查》，载于《湖南农业大学学报（社会科学版）》，2011年第6期。

［154］周丽华、李守福：《企业自主与国家调控——德国"双元制"职业教育的社会文化及制度基础解析》，载于《比较教育研究》，2004年第10期。

［155］周明宝：《城市滞留型青年农民工的文化适应与身份认同》，载于《社会》，2004年第5期。

［156］朱力：《论农民工阶层的城市适》，载于《江海学刊》，2002年第6期。

［157］［美］西奥多·W. 舒尔茨：《论人力资本投资》，北京经济学院出版社1990年版。

［158］［瑞典］胡森：《国际教育大百科全书——成人教育职业教育卷》，西南师范大学出版社2006年版。

［159］《中国大百科全书·教育（第三卷）》，中国大百科全书出版社1985年版。

二、英文参考文献

［1］Acemoglu D, Pischke J S. Beyond Becker: training in imperfect labour markets. The Economic Journal, 2001, 109 (453).

［2］Acemoglu D, Pischke J S. The structure of wages and investment in general training. Cambridge: National Bureau of Economic Research, 1998.

［3］Ager A S A. Understanding integration: a conceptual framework. Journal of refugee studies, 2008: 166–191.

［4］Altman, B. W., Post, J. E. Beyond the Social Contract: An Analysis of the Executive View at Twenty-five Larger Companies. In D. T. Hall (ed.) The career is dead-long live the career. San Francisco Jossey–Bass, 1996, pp. 46–71.

［5］Anderson S, Messick S. Social competency in young children. Developmental Psychology, 1974, 10 (2): 282–293.

［6］Anker, R., Chernyshev, I. Measuring Decent Work with Statistical Indicators. International Labor Review, 2003, 142 (2), pp. 147–177.

［7］Arends-Tóth J, Vijver F J R V. Multiculturalism and acculturation: views of Dutch and Turkish-Dutch. European Journal of Social Psychology, 2003, 33 (2):

249－266.

[8] Arrow K J. The Economic Implications of Learning by Doing. The Review of Economic Studies, 1962, 29 (3).

[9] Ashton D, Green F. Education, Training and the Global Economy. London: Edward Elgar Publishing, 1996.

[10] Ashton D, Sung J, Halseya H, et al. Education, Culture, Economy and Society. Oxford: Oxford University Press, 1997.

[11] Ashton D, Sung J. Adopting the market for skill formation: Two Contrasting Approaches. Leicester: Centre for Labour Market Studies, University of Leicester, 2000.

[12] Ashton D, Sung J. Education, skill formation and economic development: the Singaporean approach. Education: culture, economy and society, 1997: 207－218.

[13] Ashton D. The Skill Formation Process: a paradigm shift. Journal of Education and Work, 1999, 12 (3).

[14] Autor D H, Levy F, Murnane R J. Skills Training in the temporary help sector: Employer Motivations and Worker Impacts. Report to the US Department of Labor Employment and Training Administration, Massachusetts Institute of Technology, Cambridge Massachusetts, 1999.

[15] Becker G S. Human Capital: A theoretical and empirical analysis, with special reference to education, by Gary S. Becker. Cambridge: The National Bureau of Economic Research, 1964.

[16] Berry J W. Immigration, Acculturation, and Adaptation. Applied Psychology, 1997, 46 (1): 5－34.

[17] Bescond, D, Chataignier, A. Seven Indicators to Measure Decent Work: An International Comparison. International Labor Review, 2003, 142 (2): 179－211.

[18] Black, M. An Empirical Test of the Theory of On－The－Job Search. The Journal of Human Resources, 1981, 16 (1): 129－140.

[19] Blau. F D, Kahn. L M. Causes and Cosequences of Layoffs, Economic inquiry, 1981, XIX: 270－296.

[20] Bollen K A, Hoyle R H. Perceived cohesion: A conceptual and empirical examination. Social Forces, 1990, 69 (2): 479－504.

[21] Bonnet, F, Figueiredo, J B, Standing, G. A Family of Decent Work Indexes. International Labor Review, 2003, 142 (2): 213－238.

[22] Booth A L, Snower D J. Acquiring skills: Market failures, their symptoms

and policyresponses. Cambridge: Cambridge University Press, 1996.

[23] Borjas, G, Rosen, S. Income Prospects and Job Mobility of Younger Men, in Ehrenberg, Ronald (ed.) Research in Labor Economics 3, Greenwich: JAI Press, 1980: 159-181.

[24] Brown P, Green A, Lauder H. High skills: globalization, competitiveness, and skill formation. New York: Oxford University Press, USA, 2001.

[25] Busemeyer M R, Trampusch C. The comparative political economy of collective skill formation// Busemeyer M R, Trampusch C. The political economy of collective skill formation. New York: Oxford University Press, 2011.

[26] Busemeyer M R, Trampusch C. The political economy of collective skill formation. New York: Oxford University Press, 2012.

[27] Caillods F. Converging trends amidst diversity in vocational training systems. Int'l Lab Review, 1994, 133.

[28] Campbell K, Marsden P, Hurlbert J. Social resources and socioeconomic status. Social Networks, 1986, 8(1): 1.

[29] Campbell M. Skills for prosperity? A Review of OECD and Partner Country Skill Strategies. center for learning and life chances in Knowledge Economies and Societies, 2012.

[30] CBI (Confederation of British Industry): Making Employability Work: An Agenda for Action. London: CBI, 1999.

[31] Coleman J S. Social Capital in the Creation of Human Capital. The American Journal of Sociology, Supplement: Organizations and Institutions, 1988, 94: S95-S120.

[32] Crouch C, Fpnegold D, Sako M. Are Skills the Answer? The Political Economy of Skill Creation in Advanced Industrial Societies. Oxford: Oxford University Press, 1999.

[33] Culpepper P D, Thelen K: Institutions and collective actors in the provision of training: Historical and cross-national comparisons// Skill formation: Interdisciplinary and cross-national perspectives. New York, NY, US: Cambridge University Press, New York, NY, 2008.

[34] Estevez-Abe M, Iversen T, Soskice D. Social protection and the formation of skills: a reinterpretation of the welfare state//Hall P A, Soskice D W. Varieties of capitalism: The institutional foundations of comparative advantage, Oxford: Oxford University Press, 2001.

[35] Farber, H S. The Analysis of Interfirm Worker Mobility. Journal of Labor

Economics, 1994, 12 (4), pp. 554 – 593.

[36] Finegold D, Soskice D. The failure of training in Britain: analysis and prescription. Oxford Review of Economic Policy, 1988, 4 (3).

[37] Fokkema T, de Haas H. Pre-and Post – Migration Determinants of Socio – Cultural Integration of African Immigrants in Italy and Spain. International Migration, 2011.

[38] Ghai, D. Decent Work: Concept and Indicators. International Labor Review, 2003, 142 (2): 113 – 145.

[39] Green A. The reform of post – 16 education and training and the lessons from Europe. Journal of Education Policy, 1991, 6 (3).

[40] Gruber. J M, Brigitte, C. Health Insurance and Job Mobility: The Effects of Public Policy on Job – Lock. Industrial and Labor Relations Review, 1994, 48 (1): 86 – 102.

[41] Hall P A, Soskice D W. Varieties of capitalism: The institutional foundations of comparative advantage. Oxford: Oxford University Press, 2001.

[42] Iversen T, Soskice D. An asset theory of social policy preferences. American Political Science Review, 2001, 95 (4).

[43] Jovanovic, B. Job Matching and the Theory of Turnover. Journal of Political Economy, 2007, 87: 972 – 990.

[44] Keep E, Mayhew K. Vocational education and training and economic performance. BritainVs Economic Performance, 1998 (3).

[45] King K. 2012: the year of global reports on TVET, skills and jobs: consensus or diversity? Geneva: Graduate Institute of International and Development Studies, 2013.

[46] Lee J H, Heo N, Lu J, et al. Qualitative Exploration of Acculturation and Life – Span Issues of Elderly Asian Americans. Adult span Journal, 2013, 12 (1): 4 – 23.

[47] Lee, S., McCann, D. Messenger, J. C. Working Time Around the World. London: Taylor & Francis Group, 2007: 66 – 68.

[48] Lucas R E. On the Mechanics of Economic Development. Journal of Monetary Economics, 1988.

[49] Maurer M. Skill Formation Regimes in South Asia: A Comparative Study on the Path – Dependent Development of Technical and Vocational Education and Training for the Garment Industry. Peter Lang Pub Incorporated, 2011.

[50] Mayo, E. The Human Problems of Industrial Civilization. New York: Macmillan, 1979.

[51] Mincer, J, Jovanovic, B. Labor Mobility and Wages. In Rosen, Sherwin (ed.) Studies in Labor Markets. Chicago: University of Chicago Press (for NBER), 1981.

[52] North D C. Institutions, institutional change and economic performance. Cambridge: Cambridge University Press, 1990.

[53] Osborne, M. J. Acoursein Game Theory. Cambridge, Mass.: MITPress, 1994.

[54] Park R E. Human Migration and the Marginal Man. American Journal of Sociology, 1928, 33 (6): 881–893.

[55] PILZ M. The future of vocational education and training in a changing world. Springer, 2012.

[56] Powell M. Skill formation and globalization. London: Ashgate Pub Co, 2005.

[57] Putnam R D. Making Democracy Work: Civic Traditions in Modern Italy. Princeton University Press, 1994.

[58] Redfield R, Linton R, Herskovits M J. Acculturation. Oceania, 1935, 6 (2): 229–233.

[59] Romer P. M. Endogenous Technological Changes. Journal of Political Economy, 1990.

[60] Ronald W M, Colin L. The Concept of Employability. Urban Studies, 2005, 42 (2): 197–219.

[61] Rose-Krasnor L. The Nature of Social Competence: A Theoretical Review. Social Development, 1997, 6: 111–135.

[62] Royalty. A. B. Job-to-Job and Job-to-Nonemployment Turnover by Gender and Education Level. Journal of Labor Economics, 1988, 16 (2): 392–443.

[63] Schultz, T. W. Investment in Human Capital. The American Economic Review, 1961, 51 (1): 1–17.

[64] Sjaasted, L. The Costs and Returns of Human Migration. Journal of Political Economy, 2006, 70: 80–93.

[65] Streeck W. National diversity, regime competition and institutional deadlock: problems in forming a European industrial relations system. Journal of Public Policy, 1992, 12 (4).

[66] Sung J, Turbin J, Ashton D. Towards a framework for the comparative analysis of national systems of skill formation. International Journal of Training and Development, 2000, 4 (1).

[67] Vanhuysse P. The New Political Economy of Skill Formation. Public Admin-

istration Review, 2008, 68 (5).

[68] Wachter M L, Gordon R A, Piore M J, et al. Primary and Secondary Labor Markets: A Critique of the Dual Approac. Brookings Papers on Economic Activity, 1974, 1974 (3): 637-693.

[69] Ward C. The A, B, Cs of acculturation. Matsumoto D. New York: Oxford University Press, 2001: 411-445.

[70] Wolter S C, Mühlemann S, Schweri J. Why some firms train apprentices and many others do not. German Economic Review, 2006, 7 (3).

[71] Yoakam, D G. A Theory of Human Motivation. Quarterly Journal of Speech, 1943, 29 (4): 512.

后 记

"城市化进程中新生代农民工职业教育与社会融合问题研究"课题组经过五年的努力，顺利完成了研究报告，形成了本著作。

城镇化是我国改革开放以来重要的社会变迁过程，是全面深刻的社会变革，是实现现代化的必由之路。新型城镇化的核心是"人"的城镇化，新生代农民工的职业教育和社会融合关乎新型城镇化的顺利推进，关乎全面建成小康社会目标实现。鉴于城市化进程中新生代农民工职业教育与社会融合问题的复杂性，课题组采用跨学科、跨组织、跨领域的研究方式进行，跨学科主要为教育学、经济学、管理学、社会学等，跨组织主要为高校、民主党派、政府、社会机构等，跨领域主要为学术与社会、理论与实践等。课题组以"职业教育——就业能力——社会融合"为研究主线，探讨如何通过职业教育、提升新生代农民工的就业能力，从而促进社会融合。

课题组先后在全国20余个省级行政区开展了大范围的调研，通过现场督导、委托调查、访谈员调查等方式发放问卷，共收集了6 289份有效问卷。针对新生代农民工集中流出地河南省郑州市、漯河市、洛阳市、焦作市等，集中流入地广东省广州市、珠海市、惠州市以及福建省晋江市、北京市大兴区等进行了实地调研。课题组召开了十余场政策研讨会，访谈了全国两会农民工代表、政府代表、企业代表等，深入剖析城镇化进程中的新生代农民工职业教育和社会融合中存在的突出问题、地方经验、有效建议等。课题组专门组建了项目办公室，组织召开了四十余次由课题组成员、有关专家、职业院校、政府部门参与的项目研讨会，不断提炼研究成果。

本著作是在全国人大常委会原副委员长、民进中央原主席、北京师范大学中国教育政策研究院原院长严隽琪教授的亲自指导和组织下，在全国人大常委会委员、民进中央副主席、中国教育政策研究院原执行副院长庞丽娟教授的亲自推动和协调下，由北京师范大学中国教育政策研究院课题组共同完成的成果。本著作是集体智慧的结晶。褚宏启、薛二勇负责了本著作的基本框架设计、主要内容编排、基本观点提出、统筹校对工作等，带领研究团队设计了调查提纲和调研问卷，开展了实地调研、问卷调查，对调查研究的内容进行了初步分析。薛二勇承担了本著作的通讯工作，为本著作的通讯作者。周秀平、高莉协助做了大量的组织工作、调查工作、资料分析以及内容编排等。本著作各章节的撰写人如下：第一章为褚宏启、高莉；第二章为和震、李晨、刘荣民；第三章为刘荣民；第四章为薛二勇、李廷洲；第五章为和震、李晨；第六章为赖德胜、石丹淅、高春雷、田晓青；第七章为赖德胜、石丹淅、王琦；第八章为郭元凯、李振刚、胡晓江、周秀平；第九章为李振刚、南方、胡晓江；第十章为南方、郭元凯、胡晓江。

　　理论研究、调查研究过程中，课题组得到了民进中央和部分省级组织的精心安排，部分省、市、县的教育、人社、发展改革、财政部门的大力支持，部分企业、社团、公益组织的积极参与。课题开题报告、中期汇报和课题鉴定过程中，董奇教授、庞丽娟教授、李实教授、方展画教授等专家学者提出了许多宝贵的意见。教育部社科司和经济科学出版社对本书的编辑和出版给予了大力支持。在此特向他们表示衷心感谢！

　　本著作是全面研究城镇化进程中新生代农民工职业教育与社会融合问题的有益尝试。此问题十分复杂，涉及面非常宽广，影响因素繁多，由于研究水平有限，不当之处恳请不吝指正。

课题组

2019 年 5 月

教育部哲学社会科学研究重大课题攻关项目成果出版列表

序号	书　名	首席专家
1	《马克思主义基础理论若干重大问题研究》	陈先达
2	《马克思主义理论学科体系建构与建设研究》	张雷声
3	《马克思主义整体性研究》	逄锦聚
4	《改革开放以来马克思主义在中国的发展》	顾钰民
5	《新时期　新探索　新征程——当代资本主义国家共产党的理论与实践研究》	聂运麟
6	《坚持马克思主义在意识形态领域指导地位研究》	陈先达
7	《当代资本主义新变化的批判性解读》	唐正东
8	《当代中国人精神生活研究》	童世骏
9	《弘扬与培育民族精神研究》	杨叔子
10	《当代科学哲学的发展趋势》	郭贵春
11	《服务型政府建设规律研究》	朱光磊
12	《地方政府改革与深化行政管理体制改革研究》	沈荣华
13	《面向知识表示与推理的自然语言逻辑》	鞠实儿
14	《当代宗教冲突与对话研究》	张志刚
15	《马克思主义文艺理论中国化研究》	朱立元
16	《历史题材文学创作重大问题研究》	童庆炳
17	《现代中西高校公共艺术教育比较研究》	曾繁仁
18	《西方文论中国化与中国文论建设》	王一川
19	《中华民族音乐文化的国际传播与推广》	王耀华
20	《楚地出土戰國簡册［十四種］》	陈　伟
21	《近代中国的知识与制度转型》	桑　兵
22	《中国抗战在世界反法西斯战争中的历史地位》	胡德坤
23	《近代以来日本对华认识及其行动选择研究》	杨栋梁
24	《京津冀都市圈的崛起与中国经济发展》	周立群
25	《金融市场全球化下的中国监管体系研究》	曹凤岐
26	《中国市场经济发展研究》	刘　伟
27	《全球经济调整中的中国经济增长与宏观调控体系研究》	黄　达
28	《中国特大都市圈与世界制造业中心研究》	李廉水

序号	书　名	首席专家
29	《中国产业竞争力研究》	赵彦云
30	《东北老工业基地资源型城市发展可持续产业问题研究》	宋冬林
31	《转型时期消费需求升级与产业发展研究》	臧旭恒
32	《中国金融国际化中的风险防范与金融安全研究》	刘锡良
33	《全球新型金融危机与中国的外汇储备战略》	陈雨露
34	《全球金融危机与新常态下的中国产业发展》	段文斌
35	《中国民营经济制度创新与发展》	李维安
36	《中国现代服务经济理论与发展战略研究》	陈　宪
37	《中国转型期的社会风险及公共危机管理研究》	丁烈云
38	《人文社会科学研究成果评价体系研究》	刘大椿
39	《中国工业化、城镇化进程中的农村土地问题研究》	曲福田
40	《中国农村社区建设研究》	项继权
41	《东北老工业基地改造与振兴研究》	程　伟
42	《全面建设小康社会进程中的我国就业发展战略研究》	曾湘泉
43	《自主创新战略与国际竞争力研究》	吴贵生
44	《转轨经济中的反行政性垄断与促进竞争政策研究》	于良春
45	《面向公共服务的电子政务管理体系研究》	孙宝文
46	《产权理论比较与中国产权制度变革》	黄少安
47	《中国企业集团成长与重组研究》	蓝海林
48	《我国资源、环境、人口与经济承载能力研究》	邱　东
49	《"病有所医"——目标、路径与战略选择》	高建民
50	《税收对国民收入分配调控作用研究》	郭庆旺
51	《多党合作与中国共产党执政能力建设研究》	周淑真
52	《规范收入分配秩序研究》	杨灿明
53	《中国社会转型中的政府治理模式研究》	娄成武
54	《中国加入区域经济一体化研究》	黄卫平
55	《金融体制改革和货币问题研究》	王广谦
56	《人民币均衡汇率问题研究》	姜波克
57	《我国土地制度与社会经济协调发展研究》	黄祖辉
58	《南水北调工程与中部地区经济社会可持续发展研究》	杨云彦
59	《产业集聚与区域经济协调发展研究》	王　珺

序号	书　名	首席专家
60	《我国货币政策体系与传导机制研究》	刘　伟
61	《我国民法典体系问题研究》	王利明
62	《中国司法制度的基础理论问题研究》	陈光中
63	《多元化纠纷解决机制与和谐社会的构建》	范　愉
64	《中国和平发展的重大前沿国际法律问题研究》	曾令良
65	《中国法制现代化的理论与实践》	徐显明
66	《农村土地问题立法研究》	陈小君
67	《知识产权制度变革与发展研究》	吴汉东
68	《中国能源安全若干法律与政策问题研究》	黄　进
69	《城乡统筹视角下我国城乡双向商贸流通体系研究》	任保平
70	《产权强度、土地流转与农民权益保护》	罗必良
71	《我国建设用地总量控制与差别化管理政策研究》	欧名豪
72	《矿产资源有偿使用制度与生态补偿机制》	李国平
73	《巨灾风险管理制度创新研究》	卓　志
74	《国有资产法律保护机制研究》	李曙光
75	《中国与全球油气资源重点区域合作研究》	王　震
76	《可持续发展的中国新型农村社会养老保险制度研究》	邓大松
77	《农民工权益保护理论与实践研究》	刘林平
78	《大学生就业创业教育研究》	杨晓慧
79	《新能源与可再生能源法律与政策研究》	李艳芳
80	《中国海外投资的风险防范与管控体系研究》	陈菲琼
81	《生活质量的指标构建与现状评价》	周长城
82	《中国公民人文素质研究》	石亚军
83	《城市化进程中的重大社会问题及其对策研究》	李　强
84	《中国农村与农民问题前沿研究》	徐　勇
85	《西部开发中的人口流动与族际交往研究》	马　戎
86	《现代农业发展战略研究》	周应恒
87	《综合交通运输体系研究——认知与建构》	荣朝和
88	《中国独生子女问题研究》	风笑天
89	《我国粮食安全保障体系研究》	胡小平
90	《我国食品安全风险防控研究》	王　硕

序号	书　名	首席专家
91	《城市新移民问题及其对策研究》	周大鸣
92	《新农村建设与城镇化推进中农村教育布局调整研究》	史宁中
93	《农村公共产品供给与农村和谐社会建设》	王国华
94	《中国大城市户籍制度改革研究》	彭希哲
95	《国家惠农政策的成效评价与完善研究》	邓大才
96	《以民主促进和谐——和谐社会构建中的基层民主政治建设研究》	徐　勇
97	《城市文化与国家治理——当代中国城市建设理论内涵与发展模式建构》	皇甫晓涛
98	《中国边疆治理研究》	周　平
99	《边疆多民族地区构建社会主义和谐社会研究》	张先亮
100	《新疆民族文化、民族心理与社会长治久安》	高静文
101	《中国大众媒介的传播效果与公信力研究》	喻国明
102	《媒介素养：理念、认知、参与》	陆　晔
103	《创新型国家的知识信息服务体系研究》	胡昌平
104	《数字信息资源规划、管理与利用研究》	马费成
105	《新闻传媒发展与建构和谐社会关系研究》	罗以澄
106	《数字传播技术与媒体产业发展研究》	黄升民
107	《互联网等新媒体对社会舆论影响与利用研究》	谢新洲
108	《网络舆论监测与安全研究》	黄永林
109	《中国文化产业发展战略论》	胡惠林
110	《20世纪中国古代文化经典在域外的传播与影响研究》	张西平
111	《国际传播的理论、现状和发展趋势研究》	吴　飞
112	《教育投入、资源配置与人力资本收益》	闵维方
113	《创新人才与教育创新研究》	林崇德
114	《中国农村教育发展指标体系研究》	袁桂林
115	《高校思想政治理论课程建设研究》	顾海良
116	《网络思想政治教育研究》	张再兴
117	《高校招生考试制度改革研究》	刘海峰
118	《基础教育改革与中国教育学理论重建研究》	叶　澜
119	《我国研究生教育结构调整问题研究》	袁本涛 王传毅
120	《公共财政框架下公共教育财政制度研究》	王善迈

序号	书名	首席专家
121	《农民工子女问题研究》	袁振国
122	《当代大学生诚信制度建设及加强大学生思想政治工作研究》	黄蓉生
123	《从失衡走向平衡：素质教育课程评价体系研究》	钟启泉 崔允漷
124	《构建城乡一体化的教育体制机制研究》	李 玲
125	《高校思想政治理论课教育教学质量监测体系研究》	张耀灿
126	《处境不利儿童的心理发展现状与教育对策研究》	申继亮
127	《学习过程与机制研究》	莫 雷
128	《青少年心理健康素质调查研究》	沈德立
129	《灾后中小学生心理疏导研究》	林崇德
130	《民族地区教育优先发展研究》	张诗亚
131	《WTO主要成员贸易政策体系与对策研究》	张汉林
132	《中国和平发展的国际环境分析》	叶自成
133	《冷战时期美国重大外交政策案例研究》	沈志华
134	《新时期中非合作关系研究》	刘鸿武
135	《我国的地缘政治及其战略研究》	倪世雄
136	《中国海洋发展战略研究》	徐祥民
137	《深化医药卫生体制改革研究》	孟庆跃
138	《华侨华人在中国软实力建设中的作用研究》	黄 平
139	《我国地方法制建设理论与实践研究》	葛洪义
140	《城市化理论重构与城市化战略研究》	张鸿雁
141	《境外宗教渗透论》	段德智
142	《中部崛起过程中的新型工业化研究》	陈晓红
143	《农村社会保障制度研究》	赵 曼
144	《中国艺术学学科体系建设研究》	黄会林
145	《人工耳蜗术后儿童康复教育的原理与方法》	黄昭鸣
146	《我国少数民族音乐资源的保护与开发研究》	樊祖荫
147	《中国道德文化的传统理念与现代践行研究》	李建华
148	《低碳经济转型下的中国排放权交易体系》	齐绍洲
149	《中国东北亚战略与政策研究》	刘清才
150	《促进经济发展方式转变的地方财税体制改革研究》	钟晓敏
151	《中国—东盟区域经济一体化》	范祚军

序号	书名	首席专家
152	《非传统安全合作与中俄关系》	冯绍雷
153	《外资并购与我国产业安全研究》	李善民
154	《近代汉字术语的生成演变与中西日文化互动研究》	冯天瑜
155	《新时期加强社会组织建设研究》	李友梅
156	《民办学校分类管理政策研究》	周海涛
157	《我国城市住房制度改革研究》	高 波
158	《新媒体环境下的危机传播及舆论引导研究》	喻国明
159	《法治国家建设中的司法判例制度研究》	何家弘
160	《中国女性高层次人才发展规律及发展对策研究》	佟 新
161	《国际金融中心法制环境研究》	周仲飞
162	《居民收入占国民收入比重统计指标体系研究》	刘 扬
163	《中国历代边疆治理研究》	程妮娜
164	《性别视角下的中国文学与文化》	乔以钢
165	《我国公共财政风险评估及其防范对策研究》	吴俊培
166	《中国历代民歌史论》	陈书录
167	《大学生村官成长成才机制研究》	马抗美
168	《完善学校突发事件应急管理机制研究》	马怀德
169	《秦简牍整理与研究》	陈 伟
170	《出土简帛与古史再建》	李学勤
171	《民间借贷与非法集资风险防范的法律机制研究》	岳彩申
172	《新时期社会治安防控体系建设研究》	宫志刚
173	《加快发展我国生产服务业研究》	李江帆
174	《基本公共服务均等化研究》	张贤明
175	《职业教育质量评价体系研究》	周志刚
176	《中国大学校长管理专业化研究》	宣 勇
177	《"两型社会"建设标准及指标体系研究》	陈晓红
178	《中国与中亚地区国家关系研究》	潘志平
179	《保障我国海上通道安全研究》	吕 靖
180	《世界主要国家安全体制机制研究》	刘胜湘
181	《中国流动人口的城市逐梦》	杨菊华
182	《建设人口均衡型社会研究》	刘渝琳
183	《农产品流通体系建设的机制创新与政策体系研究》	夏春玉

序号	书名	首席专家
184	《区域经济一体化中府际合作的法律问题研究》	石佑启
185	《城乡劳动力平等就业研究》	姚先国
186	《20世纪朱子学研究精华集成——从学术思想史的视角》	乐爱国
187	《拔尖创新人才成长规律与培养模式研究》	林崇德
188	《生态文明制度建设研究》	陈晓红
189	《我国城镇住房保障体系及运行机制研究》	虞晓芬
190	《中国战略性新兴产业国际化战略研究》	汪 涛
191	《证据科学论纲》	张保生
192	《要素成本上升背景下我国外贸中长期发展趋势研究》	黄建忠
193	《中国历代长城研究》	段清波
194	《当代技术哲学的发展趋势研究》	吴国林
195	《20世纪中国社会思潮研究》	高瑞泉
196	《中国社会保障制度整合与体系完善重大问题研究》	丁建定
197	《民族地区特殊类型贫困与反贫困研究》	李俊杰
198	《扩大消费需求的长效机制研究》	臧旭恒
199	《我国土地出让制度改革及收益共享机制研究》	石晓平
200	《高等学校分类体系及其设置标准研究》	史秋衡
201	《全面加强学校德育体系建设研究》	杜时忠
202	《生态环境公益诉讼机制研究》	颜运秋
203	《科学研究与高等教育深度融合的知识创新体系建设研究》	杜德斌
204	《女性高层次人才成长规律与发展对策研究》	罗瑾琏
205	《岳麓秦简与秦代法律制度研究》	陈松长
206	《民办教育分类管理政策实施跟踪与评估研究》	周海涛
207	《建立城乡统一的建设用地市场研究》	张安录
208	《迈向高质量发展的经济结构转变研究》	郭熙保
209	《中国社会福利理论与制度构建——以适度普惠社会福利制度为例》	彭华民
210	《提高教育系统廉政文化建设实效性和针对性研究》	罗国振
211	《毒品成瘾及其复吸行为——心理学的研究视角》	沈模卫
212	《英语世界的中国文学译介与研究》	曹顺庆
213	《建立公开规范的住房公积金制度研究》	王先柱

序号	书 名	首席专家
214	《现代归纳逻辑理论及其应用研究》	何向东
215	《时代变迁、技术扩散与教育变革：信息化教育的理论与实践探索》	杨浩
216	《城镇化进程中新生代农民工职业教育与社会融合问题研究》	褚宏启 薛二勇
……		